19 LECTURES ON SINIC AND
WESTERN CIVILIZATION

中西文明十九讲

侯建新 主编

商务印书馆
创于1897 The Commercial Press

图书在版编目（CIP）数据

中西文明十九讲 / 侯建新主编 . — 北京：商务印书
馆，2022
ISBN 978 - 7 - 100 - 20462 - 0

Ⅰ . ①中… Ⅱ . ①侯… Ⅲ . ①东西文化—比较文化
Ⅳ . ① G04

中国版本图书馆 CIP 数据核字（2021）第 221367 号

中西文明十九讲

侯建新　主编

商 务 印 书 馆 出 版
（北京王府井大街 36 号　邮政编码 100710）
商 务 印 书 馆 发 行
北京艺辉伊航图文有限公司印刷
ISBN 978 - 7 - 100 - 20462 - 0

2022 年 2 月第 1 版　　　开本 710×1000　1/16
2022 年 2 月北京第 1 次印刷　印张 38¼

定价：148.00 元

序　言

侯建新

《中西文明十九讲》一书，本是天津师范大学通识教育教材。若干年前，在一次关于大学生通识教育的校内交流会上，探讨中国传统文化与当代大学生人文素养之间的关系，与会者认为，当下中国大学生专业知识和技能尚好，但人文修养和健全人格不尽如人意，反映出我们的教育似有不平衡之处。按照中国传统文化主张，人的外在素养与内在元质理应内外相应，"文""质"并重，相辅相成，所谓"文质彬彬，然后君子"。综合性大学的基本理念理应是人的教育，而不是简单的职业教育，不论文科生还是理科生，都应当努力成为既有知识，又有文化，既有理想，又有教养，渴求知识和真理的一代学人。一番讨论，引发共鸣，大家再次肯定大学生通识教育对于人的全面提升的必要性，拟定开设一门人文通识课程，涉及中外历史文化，争取成为文理科学生（历史学学生除外）通选课程。此乃撰写这本教材的初衷。

后来我参加教育部"义务教育历史课程标准修订"工作，对我国基础教育的现状有了更多的了解，发现文理科教育不够均衡的现象，至少从中学阶段就开始了。课程标准修订工作，有一个重要环节，须到基层实地调研。一次，在我国中部某大城市中学历史教师座谈会上，一位与会教师坦言，他并非历史教员，而是体育教员，眼下"代课"而已。莫非这位教员体育、史学兼通？

非也，他说只因历史师资短缺不得已而为之。访客无不瞠目，当地教师却不以为意，看来外专业教师"客串"历史课，早已习焉不察。不仅师资不足，基本课时也不能保证，初中三年级尤甚。面临中考，虽然课表上历史课尚在，实际上常常被必考的"主科"挤占，因此历史课被称为"让路课"。坦率地说，历史课——人文素养教育之必修，在中学缺乏应有之地位，缺乏尊严。高中一年级后"文理分班"，大部分学生纷纷选择理科，从此彻底告别"历史"。进入大学后，中学阶段的欠账也很难得到弥补，因为大学文理科之间总是井水不犯河水。不难发现，就目前情况而言，我国大部分年轻学子，特别是理工科学生，即使读到博士学位，他所得到的历史人文教育也是相当有限的，甚至是残破的。历史学是人文社会科学的基础，已经得到社会上下共识，然而我国的历史学基础教育现状委实令人担忧。近年结合中、高考考试科目调整，教育部在中学推出均衡文理科关系的一些举措，但愿情势向好而行，并能经受时间的检验。

有先哲云：我们走得太快，灵魂落在了后面！我们希望这本书对我们大学的通识教育尽一份绵薄之力。这是中西文明系列讲座通识课，中西文明，博大精深，包罗万象，本身就是跨文化、多学科的博雅教育。而且我们用心选择典型性的专题，既讲出中西文明的主旨，又保持中西文明各自的系统性。希望该课程对提升大学生的史学素养有所助益，更重要的是，帮助年轻学子打开一扇窗，透过史学视域，开拓视野，激发探索人生、社会和真理的渴望。过去与现在，历史与生活，原本是相通的，现代国民不能没有历史思考力，历史感是这个时代最珍贵的品质之一。

基于以上想法，我们成立了课题组，授课人也是本教材的作者，他们基本都有高级职称，多数是博士生导师。此外，还荣幸邀请山东大学顾銮斋教授、南开大学王以欣教授和季乃礼教授、曲阜师范大学邱文元教授加盟，以完善本教材的知识体系。因网络教学和辅导的需要，大部分专题讲座都做了录像。全书共分为三部分——西方文明篇、中华文明篇和中西文明互鉴篇，涉及政治、经济、法律、宗教、哲学、科技、婚姻、文学等多方面内容。各个专题作者风格不一，但是大家的心愿是共同的：希望每位走出校门的毕业生，不仅是专业人才，还是内心世界丰富的现代"君子"。

此项工作需要教学、研讨和写作相结合，比较复杂，又总有事情插入进来，几年过去了，忽然而已。虽动手不晚，却杀青迟迟，有几分惭愧，更多是欣慰——了却一桩心愿！天津师大欧洲文明研究院和历史文化学院教师团队及前述兄弟高校教师，他们放下个人案头工作，投身到本科生通识课程建设中来，不负承诺，无怨无悔，在此向他们表示由衷的感谢。感谢时任天津师范大学党委书记王璟同志，并致以真诚的敬意，他重视通识教育，积极支持这个项目，给予大家很大鼓励。感谢田涛教授，作为教学院长，他积极承担了该项目的启动、讲稿撰写和录像等组织工作。感谢张秋升教授，他主持了后一阶段的教材编写和编辑，付出了辛勤的劳动。感谢天津市教委资助，感谢天津师大教务处以及商务印书馆学术编辑中心郑殿华编审，感谢欧洲文明研究院陈太宝博士，他们都为该成果面世作出了贡献，在此一并表示诚挚的感谢。

目　录

西方文明篇

中华文明篇

中西文明互鉴篇

西方文明篇

第一讲　何谓西方文明

侯建新（天津师范大学欧洲文明研究院教授）

第一讲主要回答的问题是，什么是西方文明？人们认识事物，一般都是经过由表及里、由浅入深，由现象到本质的逻辑顺序。国人对西方文明的认识始于近代鸦片战争的惨痛失败，以为坚船利炮是强大之本，后来扩展到制度，遂有维新变法之举。物质、制度固然重要，然而实际上欧洲文明确立，更是一种观念积淀和社会共识的形成。为此，笔者首次提出欧洲文明研究中"元规则"（meta-rules）概念。欧洲文明"元规则"类似"胚种"，内涵高度稳定，是欧洲公共生活中深层次、始基性规则系统，渗入法律和政治制度层面，是决定规则的"规则"。文明元规则应然权利，深刻影响着社会走向，从而奠定西方文明基础，使西方成为西方。西方对自己认识也有一个历史过程。19 世纪中叶，当中国首次与西方世界交手并开启认知西方文明进程的时候，西方也在重新审视自己：西方文明从哪里来，本质特征是什么，肇始于何时？

历史上的欧洲文明即今天的西方文明，又称北大西洋文明，是当今世界主要文明之一，也是我们必须与之打交道的重要文明。所谓欧洲，基本是文化意义上的欧洲，所以说，西方是不能借助罗盘找到的。地理上的边界有助于确定它的位置，但是这种边界

　　上图是"大航海"之后近代欧洲人绘出的最早的世界地图之一。图中 A、B、C 系本文作者标注，分别代表欧洲大部分国家以及欧洲移民在北美洲和大洋洲建立的国家。近代以来虽然它们不在同一地理位置，却有着共同的文化边界，都属于西方文明或北大西洋文明。

时时变动，具有时间和文化概念。正是从这个意义上，西欧无疑是早期西方文明的核心地区，地理与文化是重叠的；南欧、中欧和北欧大体亦然。不过，一部分东欧国家以及俄罗斯，虽然地处欧洲却不被认为属于这个意义上的欧洲国家。所谓文化意义上的欧洲，近代以来更加明显。"大航海"以后欧洲移民在美洲和大洋洲建立起来的国家，如美国、加拿大、澳大利亚和新西兰等，被认为是西方国家，虽远离欧洲本土，依然同根相连，叶枝相牵。很明显，西方文明的空间维度有一定的迁动性和扩张性，未必与自然地理上的欧洲合一。

一、西方文明肇始于何时？

现代意义上的文明（civilization）一词，大约出现在 18 世纪中叶欧洲，最先被两个重要的启蒙运动学者使用，他们是法国人米拉波（Mirabeau）和英国人弗格森（Adam Ferguson）。"文明"相对于野蛮状态而言，一方是开化的人，另一方是野蛮人。那时的西方人认为，在人类社会中唯有自己是开化的、有教养的，所以"文明"一词只有单数形式。大约 19 世纪初叶，"文明"一词初次以复数形式出现，表明承认西方文明以外的其他文明。从此文明不再特指欧洲，而是泛指一个历史时期内一个群体的集体生活所具有的各种特征。特征不同，文明也就不一样。布罗代尔指出，"一个文明首先是一个空间，或者如人类学家所说的，是一个'文化区域'，一个场所"，"文明是具有边界的文化区域"。[1] 也有学者将文明理解为一个既定社会的稳定的价值与规则，这个社会中历代人都具有的头等重要的思维模式。[2]

关于"文明"与"文化"的关系，也有众多论述。首先应该承认文明与文化有着极为密切的关系；其次还应该承认文明是达到了标志性历史阶段的高级文化，文明是文化的归宿。在二者关

---

[1] 〔法〕费尔南·布罗代尔：《论历史》，刘北成、周立红译，北京大学出版社 2008 年版，第 226、228 页。

[2] Adda B. Bozeman, "Civilizations under Stress: Reflections on Cultural Borrowing and Survival", *The Virginia Quarterly Review*, Vol. 51, No. 1 (Winter 1975), p. 1.

系的诸多论述中，大概亨廷顿的说法最为简洁明了，他说文明是放大了的文化，文明是文化的实体。按照国际学界的主流看法，文明一般有四个标准，从而与文化做了区分：其一，一定要有文字。有文字记载的历史才是文明史，之前的历史则是"史前史"。其二，具备了金属冶炼技术，最早的金属器具多指熔点低的青铜器，可制成生产工具和武器，对社会生活影响重大。其三，要有一定规模的城池，城市意味着不直接从事粮食生产的居民群体出现。其四，产生了最初的社会分野，出现了凌驾于社会之上的公共权力。以上四个标准不分先后，都是人类文明社会不可或缺的标志。

按照这样的标准，历史学家们认为，最初的文明诞生在五千年到六千年之前。人类历史上曾先后出现数十种文明形态，其中有上古时代基本独立形成的文明，被称为"原生型文明"。随着时光的流逝，一些文明凋零了，一些文明得以延续或再生，当今世界上的主要文明不过七八家，其中二次发酵文明居多，又被称为"次生型文明"。所谓次生型文明无不采纳一种或若干种原生型文明的某些成分，它们是再生文明，已然是不同质的文明。我们认为西方文明是次生型文明，与古希腊罗马文明即古典文明有本质的不同，尽管与它们有着某种联系。

随着罗马帝国崩溃，古典文明逐渐完结，亨廷顿说，古典文明"已不复存在"，如同美索不达米亚文明、埃及文明、克里特文明、拜占庭文明、中美洲文明、安第斯文明等文明一样不复存在。他认为西方文明则是成形于8世纪和9世纪次生型文明。古典文明已经完结，一个最基本的事实是，罗马帝国覆亡后，原文明主体发生更迭。伯尔曼指出，伊拉斯谟是文艺复兴的重要代表人物，波隆那大学是中世纪罗马法复兴的策源地，然而伊拉斯谟不是古希腊人；波隆那大学的罗马法法学家们也不是古罗马人。显然，西方不是罗马人而是西欧诸民族创造的。西方文明并非由古典世界一直延续下来，事实上，罗马文明在其帝国灭亡前就已经被蛮族文明替代。高度发达、极其精致的罗马法律体系与日耳曼民俗法差异极大，距罗马最后一位皇帝被废黜很早以前，罗马文明在西部就已经被哥特人、汪达尔人、法兰克人、撒克逊人以及其他日耳曼人的原始部落文明所取代。[①] 笔者以为，随着文明的主体更迭，由西欧诸蛮族推动的一系列重大事件，都是古典时代不可能发生的，诸如蕴含契约因素的欧洲封建制的创立，获得"政教分离自觉"的教皇革命，实行代表制的议会制度的确立，以及"第三等级"的产生和崛起，等等，都具有划时代的意义。不过，仅仅这样简单地援引历史结局是不够的，最有力量的论证还是回到历史事实本身。将西方文明与古典文明绑定为一体的始作俑者是欧洲人。可惜，中世纪的欧洲人没有这种自觉，文艺复兴时期的人文主义者也没有意识到这一点。

15 世纪初叶，处于中世纪晚期的欧洲人，一方面对强势的基督教教会及其文化深感压抑，希望获得更自由的空间；另一方面随着更多希腊罗马古籍新发现，被其典雅富丽的文风所吸引，希望早已衰败湮没的古典文化得以"再生"与"复兴"，"文艺复兴"（Renaissance）即因此得名。其实，他们不知其所处的时代已是中世纪与资本主义社会转捩点，面临着时代性的重要突破，岂是古典世界可比？！罗素说，他们不过企图用古典人的威信替代教会的

---

① 〔美〕哈罗德·J. 伯尔曼：《法律与革命：西方法律传统的形成》（第一卷），贺卫方等译，法律出版社 2008 年版，第 117 页。

威信而已。这些一心改善现状的人文主义者，无限美化遥远的古典世界，认为罗马帝国崩溃后的历史进入千年愚昧与沉睡，直到人文主义精神重新觉醒，因此"黑暗时代"（Dark Ages）、"中世纪"（Medieval, Middle Ages）等话语，一时大行其道，形成一套话语体系。"中世纪"概念，最先出现在15世纪意大利人文主义历史学家比昂多的著作中，其含义不难发现，指两个文化高峰之间的停滞期、低谷期，带有明显的贬义；另一方面，将自己与古典文明绑定，为自己行为的合理性声张，结果不期然而然地将后来人们所说的西方文明与古典文明混为一谈。只要你使用那些概念，就是在重申相应的历史认知，令人难以置喙。三百年后，当爱德华·吉本在18世纪撰写其巨著《罗马帝国衰亡史》时，仍然拜倒在古典文明脚下，将中世纪史看成一部衰亡、阴暗的历史。一直到19世纪末叶，仍不乏欧洲历史学家将中世纪称为理智处于昏睡状态中的"死海之岸"。[1]

　　该话语高调持续数百年，临近20世纪才出现拐点，所以对西方自身以及对全球学界的影响不可小觑。中国史学界亦不能幸免，地理和文化相距越是遥远，越是容易留住对方长时段、高分贝释放的声音。例如，翻开几年前我国中学历史教科书，历时千年的中世纪史内容几近于无，寥寥几笔便进入文艺复兴话题。也有不同的声音。据我所知，国内学者最早提出不同观点的是雷海宗先生，20世纪30年代他在《西洋文化史纲要》中指出：欧西文化自公元5世纪酝酿期开始直至今日，是"外表希罗内质全新之新兴文化"。近年也有学者明确指出，欧洲文明不是古典文明的延伸，而

---

[1]　Philip Lee Ralph, *The Renaissance in Perspective*, New York: St. Martin's Press, 1973, p. 5.

是新生文明。[①] 当下国际学界，传统看法依然存在，然而文艺复兴时期的话语不断被修正，被颠覆！尤其进入 20 世纪后，越来越多的学者认为，西方文明与古典文明具有本质区别。

　　随着西方人对外部世界的了解不断深化，对自身文明的认识逐渐发生变化，认为西方文明诞生于中世纪，不同于古典文明。活跃在 19 世纪中后期的基佐，是早期代表人物之一。弗朗索瓦·皮埃尔·基佐（1787—1874 年），是法国著名历史学家和政治人物，他在《欧洲文明史》中明确区别了欧洲文明与古典文明，而且做了不失之深刻的分析。基佐敏锐地发现欧洲文明有着"独特的面貌"，不同于古典文明，也不同于世界上的其他文明。他认为，在大多数古代文明中有一种明显的单一性，例如在古希腊，社会原则的单一性导致了一种迅速惊人的发展。"但是这种惊人的腾飞之后，希腊似乎突然耗竭了。"在别的地方，例如在埃及和印度，这种单一性使社会陷入一种停滞状态。社会继续存在，"但一动也不动，仿佛冻僵了"。欧洲不一样，它存在着多样性，各种势力处于不断斗争的状态，神权政治的、君主政治的、贵族政治的和平民政治的信条相互阻挠，相互限制，相互修正。基佐认为欧洲的多样性，为欧洲带来无限的发展机会。[②] 大约同时代的黑格尔等，也表达了相近的观点。黑格尔在《历史哲学》中认为，世界精神的太阳最早在东方升起，东方国家是人类历史的幼年时期，

①　侯建新：《欧洲文明不是古典文明的简单延伸》，《史学理论研究》2014 年第 2 期；侯树栋：《断裂，还是连续：中世纪早期文明与罗马文明之关系研究的新动向》，《史学月刊》2011 年第 1 期；田薇：《关于中世纪的"误解"和"正名"》，《清华大学学报》（哲学社会科学版）2001 年第 4 期。

②　〔法〕基佐：《欧洲文明史》，程洪逵、沅芷译，商务印书馆 1998 年版，第 20—40 页。

古希腊罗马文明是它的青壮年，最后，"太阳"降落在体现"成熟和力量"的日耳曼民族身上，实现了世界精神的终极目的。他特别指出，"在表面上，日耳曼世界只是罗马世界的一种继续。然而其中有着一个崭新的精神，世界由之而必须更生"。[①]黑格尔的"日耳曼世界"显然指中世纪开始的西方文明。

将西方文明与古典文明区分开来的历史观引进职业历史学领域，最早当数斯宾格勒（1880—1936 年）和汤因比（1889—1975 年），其各自作品《西方的没落》和《历史研究》是两部代表作，具有广泛的影响。在斯宾格勒那里，他认为世界历史上主要有八种文明，其中"古典文明"和"西方文明"都是独特的、等值的、自我本位的，都有不能抗拒的生命周期。"西方文明是最年轻的文明"。这样的观点同样体现在汤因比的《历史研究》中，汤因比指出，古希腊罗马文明无疑已经完结，被两个接替者所取代，一个是西方文明，另一个是拜占庭文明。他特别指出，所谓神圣罗马帝国不过是一个幽灵，没有什么作用，不能因此便将西方历史视为希腊史的延伸。

对传统话语的致命冲击，往往来自中世纪研究的新成就。本来，从一定意义上讲，文艺复兴话语建立在贬斥和虚无中世纪的基础上，他们极力赞美的文艺复兴时期的人文主义好像是从地下突然冒出来的，而不是中世纪发展的结果。随着原始文献解读和考古学发展，中世纪研究越来越深入，人们越来越不相信"黑暗中世纪"的传统描述；恰恰相反，中世纪是充满创生力的时代。一批杰出的中世纪史学家，从实证到理论彻底颠覆了人们关于中

---

① 〔德〕黑格尔：《历史哲学》，王造时译，上海书店出版社 2001 年版，第 339—340 页。

世纪的认知，例如，梅特兰《英国宪政史》（1908年）、亨利·皮雷纳《中世纪的城市》（1925年）、库尔顿《中世纪的乡村》（1925年）、贝内特《英国庄园生活》（1938年）、马克·布洛赫《封建社会》（1935—1940年）以及波斯坦等《剑桥欧洲经济史》（1941—1989年），不胜枚举。这些作品极大更新了人们头脑中中世纪生活的历史画面，时常令人震撼不已！

　　20世纪中叶以后，西方文明始于中世纪的观点得到更多的认可。一批历史教科书改写了历史，或者说系统性恢复了早期欧洲文明的历史原貌，代表作之一是布罗代尔撰写的《文明史纲》。该书出版于1963年，是一部教科书，亦堪称经典学术著作。费尔南·布罗代尔（1902—1985年），法国年鉴学派即20世纪最重要史学流派的集大成者，以其一系列奠基性研究成果蜚声世界。他在该书的"欧洲文明"部分，首个黑字标题即是"欧洲发展成形：5到13世纪"。他认为，欧洲的空间是在一系列战争和入侵过程中确定下来的，欧洲文明发展成形于5—13世纪。查理曼帝国分裂后，欧洲面临着动乱和入侵，推动了地方性防御性的反应，于是封建主义出现。他认为，封建制的确立和推广使欧洲成为欧洲，他甚至同意称早期欧洲为"封建文明"。布罗代尔认为，封建主义（Feudalism）打造了欧洲。11和12世纪，在封建王朝的统治下，欧洲达到了它的第一个青春期，达到了它的第一个富有活力的阶段。这种封建统治是一种特别的和非常具有原创性的政治、社会和经济秩序。[①] 关于封建制与欧洲文明内涵的关系，年鉴学派的另一位代表人物布

[①] 〔法〕费尔南·布罗代尔：《文明史纲》，肖昶等译，广西师范大学出版社2003年版，第294、296页。

　　这是一幅欧洲中世纪生活的典型画面，农夫、耕牛、条田和城堡。欧洲文明采纳古典文明、基督教和日耳曼传统的某些元素，然而从本质上讲却是崭新的文明、再发酵文明，中世纪是其文明创生肇始期。

洛赫也做过经典性论述。同样问世于 20 世纪中叶亦广受欢迎的教科书《欧洲中世纪史》，由时任美国历史学会主席查理·霍利斯特主编，至 2006 年，该书已再版 10 次，成为美国数百所大学的通用教材。该教材最新版本的开篇标题醒目而明确："欧洲的诞生，500—1000 年"。作者认为新的欧洲文明与古罗马文明有着亲属关系，然而却是迥然不同的文明。

　　亨利·皮雷纳（1862—1935 年），著名比利时历史学家，终生致力于探求西方文明的形成时间与条件，因而这个问题被学界表述为"皮雷纳命题"（The Pirenne Thesis）。皮雷纳确认，西方文明终结了古典文明，不过文明的变换并非随罗马帝国崩溃而实现，西方文明的形成和罗马世界的衰退皆为一个历史过程；罗马世界的衰退又与伊斯兰教狂飙般的扩张和地中海格局的变化联系在一起。此两点乃皮雷纳命题之要点。他认为古典文明是地中海文明，罗马人的数百年扩张使地中海地区愈发成为一个具有相当统一性的文明空间。皮雷纳认为罗马帝国千年演化过程不会戛然而止，西方文明形成要比通常认为的时间晚得多，其过程也漫长得多，正是在这一过程中古典传统慢慢消失，而新的文明元素则逐渐生成。他认为及至 750—800 年，西方文明确立。[①] 皮雷纳格外关注伊斯兰扩张对西方文明形成的影响，甚至说"没有穆罕默德，就根本无法想象查理曼"云云，显然过于夸张了，不过他从更广阔的视野分析罗马帝国与西方文明的消长，将历史的时间要素和空间要素有机结合，以及对文明更迭复杂性的论述，还是极富学术魅力的。不只皮雷纳，不少学者都看到了伊斯兰世界对西方文明形成的刺激作用，如《西方文明简史》作者杰克逊·斯皮瓦格尔指出："在 700 年到 1500 年之间，与伊斯兰世界的冲突帮助西方文明界定自身。"

哈佛大学伯尔曼教授用平实、贴切的语言论证了西方文明诞生于中世纪，它拣选和吸纳其他文明包括古典文明的某些元素，却很难说它承袭了哪个特定文明。他集四十年心血写成的《法律与革命》，是一部探究西方法律传统形成的鸿篇巨制，也是一部界定西方文明内涵和外延的力作。伯尔曼指出，人们习惯上将西方世界与古典世界视作一脉相承的文明，实为一种误读：西方作为一种历史

---

① Henri Pirenne, *Mohammed and Charlemagne*, Meridian Books, 1959, pp. 17, 144, 285.

文化和一种文明，不仅区别于东方，而且区别于以色列、古希腊和古罗马。它们是不同质的文明。西方文明与它们之间存在着某些联系，然而，主要的不是通过一个保存或继承的过程，而是通过采纳的过程，它有选择地采用了它们，在同时期采用了不同部分。他又说，不难发现，某些罗马法幸存于日耳曼的习惯法之中，幸存于教会的法律中，希腊哲学也是一样，不过这些学问也不可避免地要受到改造。人们可能看到，12世纪意大利比萨自由市的法律制度，采用了许多罗马法的规则，可是，"相同的准则具有极不同的含义"。所以，西方不是指古希腊、罗马和以色列民族，而是西欧诸民族，他们吸收古典世界的一些文化元素，并以自己的方式予以改造，往往"以会使原作者感到惊异的方式"予以改造。[①]麦奇特里克也指出，早期中世纪社会探究，就是具体地考察各种元素怎样逐渐整合成一种新的文明。[②] 这些评述是颇有说服力的。

追溯国际学界学术史特别是近百余年来发生明显转向的学术史，也就是在回到历史事实本身。回到真实的历史只是起点，在似是而非的文明的剥离中发现真谛，其最终主旨在于，通过大量史实与理论分析，揭示西方文明的本质特征。西方文明的根本特征是个人和个人权利的成长，尽管该原则不是总在发生作用，相反，在中世纪大部分时间里仅有少数人享有并且在一定程度上享有，可是它毕竟是欧洲文明千年发展史的一条主线。整个中世纪都可以理解为个体成长及个人权利成长的历史，同时也是权利

---

① 〔美〕哈罗德·J. 伯尔曼：《法律与革命：西方法律传统的形成》（第一卷），贺卫方等译，法律出版社2008年版，第2—3页。

② R. Mckitterick ed., *The Early Middle Ages: Europe 400—1000*, Oxford: Oxford University Press, 2001, p. 27.

享有者范围不断扩大的过程。凭此，欧洲赢得现代社会的第一张入场券。弗兰克·梅耶指出，在过去五千年的诸多伟大文明中，西方文明是独特的，这里所说的独特性，就其最重要的特征而言，西方文明不是仅与古典文明以及每一个相关文明有所区别，而是与其他所有的文明都有所区别。[①]倘若对中世纪与古典文明有较为深入的把握，就不难发现二者基本气质如此不同，不论人们对国家和权力的心理，对超自然力量的态度，还是社会组织方式、城乡布局等都不一样。古典时代没有个体的独立，看不到个人权利成长的轨迹，个体融于城邦整体中，最终融于帝国体制中；他们的自由限于参政的积极自由而不是抵御公权侵犯的消极自由。梅因在《古代法》指出："古代法律"几乎全然不知"个人"，它所关心的不是个人而是家族，不是单独的人而是集团。在这种情况下，基佐说，他们能依附于城邦，当庞大帝国形成时则依附于帝国，对于古希腊和古罗马城邦的帝国走向，以及臣民那么容易地接受专制政治信仰和感情，我们不应感到惊奇。[②]诚然，古典世界在人类上古时期达到一定高度，但是最终还是与其他文明一样，未能摆脱谋求强大王朝和帝国的归宿。古典世界是杰出的，但是毕竟未能做出本质上的突破，走向现代文明的突破是欧洲蛮族做出的。个体及个体成长史，是观念、规则等产生的原点，也是文明产生的原点。

至于"欧洲"一词进入欧洲人的实际生活，已到中世纪末期，此前该词只见于零星记载。据奥地利历史学家弗里德里希·希尔在《欧洲思想史》中的考证，"欧洲"这个概念是在罗马帝国后期的

[①] Franks S. Meyer, "Western Civilization: The Problem of Political Freedom", *Modern Age* (Spring 1968), p. 120.

[②] 〔法〕基佐：《欧洲文明史》，程洪逵、沅芷译，第27、28页。

帝国东部开始形成，"最初，它只是用以表明一种区别"。罗马历史学家卡修斯在公元 199 年观察到，在罗马皇帝的军队中，来自帝国西部的"欧罗巴人"与东方的"叙利亚人"有显著不同。甚至到 5 世纪初，历史学家还交替使用"欧罗巴人"和"欧罗巴人军队"这两个词。这是"欧洲"一词能查到的最早的文字记载。[①]随着蛮族入侵，先后出现了一系列蛮族王国，法兰克是蛮族王国的主要代表。加洛林王朝开始正式使用"欧洲"这个概念。布罗代尔认为，公元 751 年建立的加洛林王朝就是第一个"欧洲"，标示为"欧罗巴，加洛林王朝统治"（Europa, vel regnum Caroli）。加洛林王朝的著名统治者查理大帝，被后来的宫廷诗人赞誉为"欧洲之父"（Pater Europae）。后来十字军东征，在与阿拉伯穆斯林的冲突中，"欧洲"概念也曾浮出水面。不过，一直到文艺复兴初期，该词也很少出现在人文主义者的笔下。"欧洲"一词进入欧洲人的实际生活，并且较频繁地出现在欧洲所有的语言中，则是15、16 世纪的事情了。

二、文明重构：采纳与创生

我们以往习惯于将欧洲文明的源头和形成，上溯到古希腊罗马，继而归因于近代启蒙运动，却低估了日耳曼人的贡献，低估了中世纪的贡献。事实是，西方文明是西欧诸民族在中世纪创造的，是突破性的创造。他们采纳、改造不同文明的不同元

---

① 见〔奥〕弗里德里希·希尔：《欧洲思想史》，赵复三译，广西师范大学出版社 2007年版，第 1 页。

素，不单单有古典文明，还有以色列及基督教的，更有日耳曼的（Germania，相对于 Roman 而言）。有着完全不同传统的日耳曼人，踏着罗马帝国的废墟入主欧洲，政治学家萨拜因说，从此，"欧洲的政治命运永远地转移到了日耳曼侵略者之手"[①]。

日耳曼人来自欧洲北部多雾的海边，分为不同的部落，却有着大致相近的传统、惯例和制度，其中最重要的是马尔克（Mark）村社制度。在古代日耳曼部落里，马尔克制度几乎是唯一的制度，它在日耳曼人的全部生活里扎下了根，给欧洲文明打上了深深的烙印。如同孟德斯鸠所指出，欧洲一些优良的制度"是在森林中被发现的"。人们通常认为庄园是乡村经济社会生活的唯一中心，近几十年来的欧洲研究认为村庄共同体更重要，笔者认为，传统的村庄共同体与庄园组织都很重要，事实上，中世纪乡村社会实行庄园－村庄双重管理结构。[②] 因此，即使在农奴制下，村庄也没有丧失集体行为，一些村庄共同体还有自己的印章，甚至有旗帜。中世纪的庄园法庭，明显地保留了日耳曼村民大会的古老遗风。一切重大的安排，村民诉讼以及与领主的争端，都要由这样的法庭裁决。在乡村公共生活中，"村规"（by-laws）享有很高的权威，长期保持旺盛的生命力，受到乡村社会的高度认同。村民带着这种观念建立的中世纪城市，就是一个独特的城市共同体，在法兰西和意大利有的还自称为"城市公社"，也有自己的法律和法庭。城市手工业行会，简直就是村庄组织的翻版，商会亦然。大学被称为中世纪最美丽的花朵，最初就是教师行会共同体。上层统治架

---

① 〔美〕乔治·霍兰·萨拜因：《政治学说史》（上册），盛蔡阳、崔妙因译，商务印书馆 1986 年版，第 242 页。

② 侯建新：《西欧中世纪乡村组织双重结构论》，《历史研究》2018 年第 3 期。

构也深受日耳曼传统的影响。按照日耳曼人观念，政府唯一目标就是保障现存的法律和权利，所以，村庄以及地方习惯法往往成为王国法律的基础。科恩在对中世纪王权研究过程中，发现欧洲中世纪的政治思想基本源于古代日耳曼人传统，后者是欧洲封建制得以创建的政治资源。如同日耳曼部落里的"亲兵制"，欧洲封建制中的领主附庸关系有着类似的相互权利和义务关系，领主可以制裁未尽义务的附庸，附庸亦可抵抗失约的领主，同样不违背封建道德，即使对方是一个国王。①尽管日耳曼习俗是粗陋和半野蛮的，可不难发现，不论乡镇基层还是上层政治架构，日耳曼人的法律、制度以及共同体观念为早期西方提供了社会组织胚胎。

　　基督教是塑造欧洲文明的重要力量，但它也必须经过中世纪的过滤和演化，才能显现其潜在的要素。首先，它以统一的一神信仰，凝聚了基督教世界所有人的精神，这一点对于欧洲人统一的身份意识、统一的精神归宿意识，具有无可替代、空前重要的意义。而这样的统一意识，对于欧洲人的身份自觉、文明自觉，又发挥了重大作用。布罗代尔指出：在欧洲的整个历史上，基督教一直是其文明的中心。它赋予文明以生命。其次，它为欧洲人提供了完整的、具有显著的文明高度的伦理体系。基督教早期是穷人的宗教，其博爱观念在理论上（在实际上受很多局限）突破了家庭、地域、身份、种族、国家的界限。耶稣的殉难，以及他在殉难时对迫害他、杀死他的人的宽恕，成为博爱精神极富感染力的象征。博爱精神既为信徒追求大的超越、神圣，实现人生价

---

① Fritz Kern, *Kingship and Law in the Middle Ages*, translated with an introduction by S. B. Chrimes, New York: Praeger Publishers, 1956, Introduction, p. xviii.

值、生命意义提供了舞台，也为信徒践行日常生活中的道德规范提供了守则。当基督教出现之后，千百年来折磨人、迫害人、摧残人、杀戮人的许多暴虐传统，才遭遇了从理论到实践的系统的反对、谴责和抵制，以对苦难的同情为内容的人道主义才开始流行。它广泛分布的教会组织，对中世纪动荡、战乱的欧洲社会秩序重建，对于无数穷苦人苦难的减缓，起过无可替代的作用。最后，它关于上帝面前人人平等的观念，包含无论高贵者还是低贱者皆有"原罪"的理念，势必导致对世俗权力的怀疑，为以后的代议制度孕育预留了空间。权力制衡权力的实践在罗马时代已出现，但基督教的原罪说才提供了坚实的理论依据，开辟了真正广阔的前景。上帝救世说中，个人是"原罪"的承担者，而灵魂得救也完全是个人行为，与种族、身份、团体无关；个人的宗教和道德体验超越政治权威，无疑助益个体观念的发展。而这是古典世界所不曾发生的。

中世纪基督教会的消极影响也无可讳言，他们在相当长的时间里、相当严重的程度上用愚昧的乌云遮蔽了理性的阳光，诸如猎杀女巫运动，对"异端"的不宽容，对"地心说"的顽固坚持，等等。更为严重的问题是教会自身的腐败，随着教会政治、经济势力的膨胀，教会也不能避免权力和财富的侵蚀，甚至较政府权力部门有过之而无不及。作为近代早期宗教改革的重要成果之一，基督教逐渐淡出世俗，完全回归到心性与精神领域。

古典文明最终走向衰落，然而它的一些文化元素为西方文明提供了一定的资源。古典文明的理性思考，对中世纪神学和经院哲学、对自然科学产生了深刻影响。雅典无疑开创了多数人民主的先河，不过也应清楚地看到，雅典民主有以众暴寡的倾向，不具备现代民主的气质。说到底，古典时代没有个体的独立，所以看不到对个人权利的关注，看不到个人权利成长的轨迹。古罗马对于欧洲文明最重要的贡献是罗马法。不过，最初高度发达和精致的罗马法律体系并不为蛮族所接受，蛮族仍然实行自己的习惯法。12 世纪出现罗马法复兴和传播，罗马法为欧洲法律提供一些概念和范式，后者在被采纳过程中也被改造，气质大变，所谓 12 世纪欧洲罗马法复兴，与其说复兴，不如说再造。教会法学家们热衷于解读罗马法有价值的基本元素，其中更新罗马法中的个人权利概念，功莫大焉。表面上他们在不停地辨析和考证罗马法，试图厘清罗马法的本意；实际上在不断输入当时的社会共识，表达一种全新的见解。罗马法复兴运动中，意大利的博洛尼亚大学作为引导性的研究中心，格外引人注目，法学家伊尔内留斯等人的研究成果，被认为是中世纪欧洲知识分子最杰出的成就，甚至是唯一成就。人们发现，在他们的《注释集》里，罗马法的思想原则、精神内核发生了很大变化。特别值得注意的是，"权利"本来是罗马私法中的概念，现在则进入公法领域，逐渐彰显个体权利和自然权利，为建构欧洲文明的政治框架提供了重要的元素。

欧洲文明表现出了人类各个文明都有的精华与糟粕并存的特征。无论如何，罗马帝国覆亡以后，特别是 8 世纪以后，上述文明诸种元素熔于一炉，或者一拍即合，或者冲撞不已，更多则是改造和嫁接，形成了一种新的文明源泉。罗马帝国千年演化过程不会戛然而止，西方文明形成要比通常认为的时间晚得多，其过程也漫长得多，正是在这一看似无序的过程中，文明元素逐渐更生。经过长期痛苦的磨合，至中世纪中期，西方文明的内核基本孕育成形。

中外学者不断努力，试图对西方文明核心做出概括性阐释。

例如，亨廷顿认为西方文明的主要特征是：古典文明的遗产、天主教和新教、欧洲语言、精神权威和世俗权威的分离、法治、社会多元主义、代议机构和个人主义。西方文明所有重要的方面，他几乎都涉及了，不过这些"特征"似乎不在一个平面上，因果混淆，而且一部分是现代西方的外部特征，未能揭示西方何以成为西方的根本所在。梅因的研究值得关注，他的目光回溯到文明早期。他承认每一种文明都有其不变的根本，他称之为"胚种"，一旦成形，它的规定性就是穿越时空的。他发现当下控制着人们行动以及塑造着人们行为的道德规范的形式，都可以、也一定可以从这些"胚种"中展示出来。也就是说，欧洲文明是不断变化的，然而也有不变的东西，它所具有的原始特征，从初始到现今，反复出现，万变不离其宗。令人感兴趣的是，希尔在《欧洲思想史》中指出了同样的道理，他称不变的东西是欧洲精神地图上铺开的"重叠的光环"。这些主题在欧洲历史中反复出现，直到今天，还未失去它们的意义。紧跟着的这句话说得更明了：如果哪位读者首次看到它们时，它们已经穿着现代服装，那么我们不难辨认它们在历史上早已存在，虽然穿着那个时代的服装。不论希尔的反复出现的"重叠的光环"，还是梅因的"胚种"，这些杰出学者在文明研究中，都在求索原始、不变的根本元素，颇有先贤屈原在"吾将上下而求索"中"人穷则返本"之呼唤！

三、西方文明确立

笔者认为，破解西方文明奥秘的钥匙就在中世纪！中世纪中期形成的"元规则"（meta-rules）乃是西方文明不变的内核，而主体权利（subjective rights）则是其文明之魂[1]，大概也就是梅因所说的"胚种"。自然权利在一定意义上相当于主体权利，只是角度不同而已。关于自然权利的起源，人们通常认为自然权利观念如同内燃机一样是现代社会的产物，所幸欧美学界近几十年的研究成果正在刷新传统结论，越来越多的学者认为，自然权利观念起源于中世纪。20 世纪中叶后，这种观点在西方学术界占据了主流地位，以法国哲学家米歇尔·维利（Michel Villey）为代表，将自然权利的渊源追溯到 14 世纪。可是 20 世纪末，以布赖恩·蒂尔尼（Brian Tierney）为代表的历史学家则追溯得更远，认为自然权利观念产生于 12 世纪。是时，一位意大利教士格拉提安（Gratian），将罗马法注释学家的成果连同他那一代人的成果，以及数千条教会法法规，汇编成书，为了纪念他的杰出贡献，后人称该书《格拉提安教令集》（*Decretum of Gratian*，简称《教令集》）。在这部《教令集》中，格拉提安重新解释了罗马法中 ius 的概念，启动了这一概念中主体的、主观的含义之阐释。继而，12 世纪若干教会法学家不断推进，鲁菲努斯（Rufinus）是自然权利概念发展的关键人物，他指出："ius naturale"是一种由自然灌输给个人的力量，使其趋善避恶。[2] 关于自然权利的这种定义变得普遍，被称为 12 世纪最伟大的教会法学家休格（Huguccio）也指出：ius naturale 是一种行为准则，在其最初的意义上始终是个人的一

---

[1]　参见侯建新：《主体权利与西欧中古社会演进》，研究生课程讲坛，《历史教学问题》2004 年第 1 期。

[2]　Brian Tierney, *The Idea of Natural Rights: Studies on Natural Rights, Natural Law and Church Law, 1150—1625*, Cambridge: Scholars Press, 1997, pp. 62, 66, 178. 该著作获美国 2001 年度哈斯金斯勋章（Haskins）。

种属性，"一种灵魂的力量"，与人类的理性相联系。至此，自然权利概念逐渐清晰起来。在这场革命中，第一次确认了自然权利（natural rights）和实在法权利（positive rights）两大法律体系的并立。

蒂尔尼多次指出 12 世纪法学在西方思想形成中的重要作用，其实，更应当关注到 12 世纪社会条件发生了重要变化，再好的种子落在石板上，也不会发芽成长。诚如布洛赫所描述的那样：在那个时期，自我意识的成长的确从独立的个人扩展到了社会本身。从民众心灵深处产生的观念，与神职人员虔诚追求交汇在一起。实际上，基于多元的文化交流和灵动的现实生活，在上至教皇、教会法学家、中世纪思想家，下至普通乡镇教士踊跃参与的讨论中，欧洲社会形成了颇有系统的权利话语及其语境，阐明了一系列权利观念，其中自然权利概念应机而生，被称为一场"语义学革命"（semantic revolution）。一扇现代社会之窗被悄悄地打开。进入 14 世纪，著名学者奥卡姆（Ockham，William of）明确将罗马法中的 ius 阐释为个体的权能（potestas），并将这种源于自然的权利归结于个体，因此被誉为"主体权利之父"。他说：这种权利永远不能被放弃，因为实际上它是维持生命之必须。自然权利的出现，突破了以往单一的法律体系，在各个领域产生广泛影响，成为深层次的社会规则系统生成的出发点。

在欧洲中世纪语境下，"自然权利"无异于"生而自由"，因为中世纪书面语言拉丁文"权利"（libertates）既表示权利也表示自由，中世纪的"自由"有特殊含义，它相对于拘禁、依附的状态而言，具有摆脱束缚、实现自己意志的指向。因此，剑桥大学布雷特也认为，从法律思想史而非神学意义上，自然权利可以被解释为"生而自由"。同样值得关注的是，中世纪"语义学革命"产生的自然权利被归结于个人——不是普遍的人、抽象的人，而是具体、单个的人，正是在这个意义上，自然权利又称为主体权利。一般认为，"个人"是与近代、与"市场经济"或资本主义联系在一起，可事实是，当资本主义在欧洲发生并形成强大冲击力的时候，权利和自然权利已形成一定的话语体系，并且已达数世纪之久。中世纪欧洲是个共同体社会，"个体"还不发达，他们却"试探性地表达权利，并首先聚焦于个体"，颇为独特。彭宁顿由此认为主体权利不是资本主义社会的产物，它早已是西方思想的一部分。[1] 这也颇令蒂尔尼感叹，他说，"所有早期文明社会无不珍视正义和合理秩序，然而他们通常不会以个人自然权利（ individual natural right ）概念来表达他们的理想"，欧洲中世纪形成的这些观念"难道不是西方文化的独特产物吗"？[2] 也有欧洲学者对此不感到惊讶：艾伦·麦克法兰将英国个人主义追溯到1200年；戴尔则认为英国自 13 世纪就启动了向现代社会的转型，开始从共同体本位逐渐转向个人本位。他们的研究与蒂尔尼等自然权利追踪者的足迹似殊途同归。这些在古典世界都不曾被发现，在那里几乎全然不知"个人"。

　　自然权利是西方文明出发点。12 世纪仅是权利语言演进的一部分，如同埋下胚种，就要生根发芽、开枝散叶一样，在 12 世纪以及整个 13 世纪，法学家们创造出许多源自自然权利的权利，发

---

[1]　Kenneth Pennington, "The History of Right in Western Thought", *Emory Law Journal*, Vol. 47 (Winter 1998), p. 240.

[2]　Brian Tierney, *The Idea of Natural Rights: Studies on Natural Rights, Natural Law, and Church Law 1150—1625*, Cambridge: Scholars Press, 1997, pp. 1—2.

奥卡姆（Ockham，William of），约1285年生于英国，1349年卒于德国。著名中世纪经院哲学家，他明确将罗马法中的ius阐释为个体的权能，并将这种源于自然的权利归结于个体，因此被誉为"主体权利之父"。

展出一种强有力的权利话语体系，衍化成相应的"元规则"，构成西方文明内核。这个体系包括五个方面的基本内容，即"财产权利""同意权利""程序权利""抵抗权利"和"生命权利"，它们是欧洲公共生活中深层次、始基性规则系统，是决定规则的规则。这些元规则明确而透明，有着广泛的社会共识，从而奠定西方文明的基础，使西方成为西方。元规则是不可让渡的应然权利，消极自由权利，却深刻影响着实定法权利，进而深刻地影响着社会走向，一旦转化为实定法权利即受到法律保障，因此与实际生活过程并非无关。到中世纪中期，法律具有高于政治权威的至高性这一观念被普遍接受，伯尔曼说，"虽然直到美国革命时才贡献了'宪政'一词"，但自12世纪起，所有西方国家在某些重要的方面，法律高于政治这种思想一直被广泛讲述和经常得到承认。关于欧洲文明五项元规则，此处仅作梗概性表述。

一曰财产权利（rights to property）。进入中世纪，财产权纳入个人权利体系，而且财产权分析总是与自然权利联系在一起。方济各会创建于1209年，宣称放弃一切财产，效仿基督，衣麻跣足，托钵行乞，受到历届教皇的鼓励。可是约翰二十二世成为罗马教皇后，却公开挑战"使徒贫困"论的合理性，认为方济各标榜放弃一切所有权是不可能的。显然，该教皇只从实在法角度论证财产权，却无视方济各会不能放弃、也不能被剥夺的自然权利意义上的财产权。奥卡姆从"人法""神法"以及"权利"等大量概念分析入手，结合基督教经典教义，论证了他复杂的主体权利思想。奥卡姆承认方济各会士没有财物的实在法权利，然而他们来自福音的自然权利却是不可剥夺的，是合法权利，无须任何契约认定的权利，位阶高于实定法权利的权利。结果，奥卡姆成功捍卫了方济各会的合法性，同时彰显了财产观念中的自然权利。中世纪自然权利观念深刻地影响社会上的财产权利观。《爱德华三世统治镜鉴》（*Speculum Regis Edwardi III*）强调这样一个原则：财产权是每个人都应当享有的权利，任何人不能违背他的意志夺走其物品，这是"一条普遍的原则"，即使贵为国王也不能违反。否则"必将受到现世和来世的惩罚"。作者排除侵权行为的任何华丽借口，"不存在基于共同福祉就可以违反个人主体权利的特殊情况"。[1]13 世纪初叶《大宪章》的主要内容，主要关涉臣民的财产权利。即便依附佃农的财产权利也并非空白，他们依照惯例拥有一定的土地权利，并且受到法律保护。有保障的臣民财产权，有利于社会财富的普遍积累。

一曰同意权利（rights to consent）。"同意"作为罗马法的私法原则，出现在罗马帝国晚期，进入中世纪，"同意"概念被广泛引申到公法领域，发生了质的变化，成为西方文明极为重要的元规则之一。其一，"同意"概念进入了日常生活话语。按照日耳曼

---

[1] Cary J. Nederman, "Property and Protest: Political Theory and Subjective Rights in Fourteenth-Century England", *The Review of Politics*, Vol. 58, No. 2, 1996, pp. 332, 343.

传统，合法的婚姻首先要经过父母同意，但至 12 世纪中期，年轻男女双方同意更为重要，并且成为一条基督教教义。同意原则甚至冲破了蛮族法和罗马法的传统禁令，教会婚姻法规定只要男女双方同意，即使奴隶与自由人之间的婚姻也是有效的，奴隶之间的婚姻亦然。其二，"同意"原则成为公权合法性判定的重要基础。教会法学家认为，上帝授予人类拥有财产和选择统治者的双重权利，因此，不论世俗君主还是教皇，都要经过一定范围人士同意，才能具有足够的权威和足够的合法性。日耳曼诸蛮族入主欧洲，无论王国颁布新法典，还是国王加冕，无不经过一定范围的协商或同意。乡村基层社会亦如此，庄园领主不能独断专行，必须借助乡村共同体佃户，否则很难实行统治。最后，值得关注的是，在确立同意原则的同时，提出对"多数人同意"的限制。其表述相当明确："民众持有的整体权利不比其个体成员的权利更高"，对个人权利的威胁可能来自统治者，也可能就来自共同体内的多数派。实际上排拒了"多数人暴政"。中世纪即发出这样的警示难能可贵。可见，"同意"规则与古典时代判然不同，是民主程序，更是个人权利，后者不可让渡。

一曰程序权利（rights to procedure justice）。中世纪法学家把坚持正当程序看作一个具有独立价值的要素，在他们的各种权利法案中，程序性条款占据了法律的中心地位。正当审判程序原则最早见于 1215 年英国《大宪章》规定：对于封臣，如未经审判，皆不得逮捕、监禁、没收财产、流放或加以任何其他损害。实行陪审制的英国普通法，更有利于"程序正义"要素的落实，理由是刑事审判属于"不完全的程序正义的场合"，即刑事审判的正当程序不一定每次都导致正当的结果，于是，"一种拟制的所谓半纯粹的程序正义"陪审制成为必要的弥补。在欧洲大陆，审判程序也趋向严格和理性化，形成规范的诉答制度和完整的证据制度，即纠问制（inquisitorial system）。大陆法系不断出台强化程序的种种限定，以防止逮捕权等权力的滥用。这不是说欧洲中世纪法庭没有暴力。由于僵硬的证据要求，为获取口供以弥补证据不足，刑讯逼供成为法官的重要选项，纠问制法庭的暴力倾向尤其明显，其残忍程度甚至不逊于宗教裁判所。"程序正义"从程序上排拒权力的恣意，强调"看得见的正义"、最低限度的正义以及"时效的正义"等。对当事人而言，则是最基本的、不可让渡的权利。人们往往热衷于结果的正义，而真正的问题在于如何实现正义以及实现正义的过程。

一曰抵抗权利（rights to resist 或 rights to self-defense）。抵抗权又称自卫权，即防御公权力侵害的权利，在中世纪，一般指臣民或弱势一方依据某种法律或契约实施抵抗的权利，名副其实的消极自由权。欧洲封建制的核心是领主附庸关系，即相互的权利与义务关系。西方学者普遍认为，在这样的封建关系中含有一种名副其实的契约因素。与其臣属一样，封建主也负有义务，违背这些义务同样构成一种重罪。附庸对领主的约束并非一纸空文。人们普遍接受这样的理念：封君不能为所欲为，效忠是有条件的。附庸的权利得到法律认定，逻辑上势必导致合法抵抗权，抵抗权无疑是检验附庸权利真伪的试金石。附庸离弃恶劣领主的权利，是欧洲著名"抵抗权"的最初表达，被认为是个人基本权利的起点。这不是说欧洲封建制没有奴役和压迫，而是说奴役和压迫受到了一定的限制；不仅有道德说教，更有法律约束。倘若一方违约，另一方可以解除关系，即"撤回忠诚"（diffidatio）。撤回忠诚是从 11 世纪开始的西方封建关系的法律特性的一个关键。[①] 抵抗权规则没有终结暴力，然而却突破了单一暴力抗争模式，出现政治谈判和法庭博弈，有利于避免"零和游戏"的社会灾难，有利于物质和精神的良性积累，有利于制度更新。

一曰生命权利（rights to life）。生命权之不可剥夺是近代启蒙学者的重要议题，同样产生于中世纪。教皇英诺森四世和尼古拉斯三世等，都同情方济各会士放弃法定财产权利的修为，支持会士们继续获得维持生命的必需品，同声相应，显然他们都在为生命权利观背书。进入 14 世纪，教会法学家更加明确指出，人们可以放弃实在法权利，但不可放弃源自上帝的自然权利，这是人人皆应享有的权利，所以方济各会士有权利消费生活必需品，不管是否属于他所有。同理，在极端需要的情况下穷人可以拿走富人余裕的物品，此谓"穷人的权利"。当近代洛克写下"慈善救济使每个人都有权利获得别人的物品以解燃眉之急"的时候，生命权观念在欧洲已经走过了若干世纪，并且为社会捐献和社会救济提供了最广泛的思想与实践基础。生命权也是穷人革命的温床。13 世纪教会法学家提出穷人在必要时有偷窃或抢劫粮食的"权利"，他们付诸行动时理直气壮，"似乎在实施他的权利而不是谋划一次偷窃"。不过该规则同时提出穷人索取不能超过必需的限度，否则即为"暴力掠夺"。[②] 然而如何区分"必需索取"与"暴力掠夺"的界限，在实践中却很难把握。显然，生命权规则与其他元规则一

---

① 〔美〕哈罗德·J. 伯尔曼：《法律与革命——西方法律传统的形成》（第一卷），贺卫方等译，第 301—302 页。

② Kenneth Pennington, "The History of Right in Western Thought", *Emory Law Journal*, Vol. 47, (Winter 1998), p. 244.

《大宪章》手稿。1215 年英国约翰王在贵族和教士压力下被迫签署，全文共 63 条，是一份权利清单，涉及同意权、程序权和抵抗权等，其中超过一半的条款关涉臣民财产权利。

样，对西方文明的影响既深远又复杂。

以上，并未详尽无遗地列出西方文明的所有元规则，这些元规则也并非未曾出现于其他文明之中，不过将这些规则从生活中淬炼出来，自成体系，约束公权，笃定个体，激发社会活力，的确赋予西方文明以独有的秉性。越来越多的学者认识到，西方文明是独特的，不是普遍的，正是这些独特的内在规定性，使该文明有别于世界其他文明。经过几百年的发展，欧洲率先进入现代社会。英国 1688 年发生政权更迭，史称"光荣革命"，确立了君主立宪制。接着，美国、法国、意大利、德意志等也先后确立新政制或发生政制转型。经济上，欧洲培育出人类历史上第一个以工业为主要生产方式、以城市为主要生活舞台的文明，彻底地改变了整个人类生产和生活模式。这样的文明为什么发生在欧洲？是古典时代不衰的辉煌还是日耳曼人传统或基督宗教力量使然？笔者以为，任何单独的文明都不足以产生西方文明，回答这个问题的一个极其重要的选项，就是多方文明要素的互动、互鉴和互补。我们发现，西方文明是一条大河，中世纪西欧诸民族是文明的主体，颇具个性和活力的日耳曼文化，凝聚了基督教世界所有人精神的基督教信仰，还有以色列文明和古典文明元素，经过中世纪的过滤与演化，不断为它注入丰沛的水量。经过长期的碰撞与融合，到中世纪中期形成了一种新文明的源泉。中世纪绝非"空档期"，恰恰相反，它是不同文化的汇通期、凿空期，更是开拓期，孕育确立新文明，循序趋近新纪元。正是在这样的基础之上，西方文明才形成近代以来浩瀚汹涌、汪洋恣肆、奔腾向前的大河景象。西方文明的发展历程雄辩地证明，一个文明要有伟大、持久的生命力，它就要不断地从不同文明吸收营养，不断地自我革命，不断地开拓创新。

我们列出了西方文明初创期确立的五项元规则，不意味着这些元规则总是存在并总是通行于西方社会。实际上，一些元规则所涵盖的基本权利最初只在有限的人群范围内和有限的程度上实行，尽管享有这些基本权利的人群范围在不断扩大，中世纪甚至整个西方历史都可以看作这个进程的一部分。中世纪有农奴制，大部分农民丧失了一定的人身自由，那是领主对佃农的奴役。还有国王对臣民的奴役，基督教信徒对其他宗教信徒的奴役，男人对女人的奴役，无论其范围大小、程度轻重，作为曾经长期存在于西方历史上的现象，无疑是消极、阴暗的。作为平等对立面的形形色色的特权，贯穿于西方历史，曾经严重阻碍社会的进步。进入近代，还有殖民者对殖民地人民的残忍和奴役，两次让人类社会成为绞肉机的世界大战，这些事实都铭刻在西方文明历史上。显然，西方文明元规则没有使西方变成一片净土。

此外，这些元规则本身也有内在深刻矛盾的一面。例如，第二次世界大战期间，纳粹势力一度席卷大半个欧洲，德国纳粹政权对犹太人等少数族裔的大屠杀臭名昭著。不少欧洲学者把大屠杀当作西方文明发展进程中的"一次例外"，不愿意从欧洲文明本身去寻找根源。现在，已有越来越多的西方学者不认为纳粹主义是特有的德国现象。第二次世界大战结束后不久，时任德国历史学家学会主席格哈德·里特尔出版了《欧洲与德国问题》一书，认为普通德国人也是纳粹主义的受害者，他把德国的"极权主义"归结于法国大革命中出现的"乌合之众"，是法国大革命以来群氓政治病变的结果。里特尔无意否定法国大革命，而是在追踪群氓政治病变的历史轨迹，反思"多数人暴政"。希特勒是西方文明的极端化破坏者，也可以说他放大并毒化了西方文明中的薄弱环节。尽管中世纪的法学家早已发出警告，可是，单个人权利或少数人权利受到多数派胁迫乃至剥夺的情况时有发生；另一方面，则是极端的平等主义和极端的文化多元主义。多数人权利与少数人权利关系等问题，在西方理论与实践中长期得不到妥善解决，随着后现代主义兴起和民粹主义泛滥反而更加复杂化。又例如，依照"生命权"元规则，政府建立健全社会福利制度，全民温饱无虞，因道德层面的自然权利向实定法权利迈进而广受褒奖；另一方面，低效率、高成本的"欧洲病"①等问题又随之产生，成为发达国家制造业空壳化的重要因素之一。至于西方文明其他元规则，如财产权、程序权和抵抗权等，也出现不少新情况、新问题，它们的积极作用同样不是无条件的。"生活之树常青"，即使"天赋人权"旗帜下的主体权利，也不是推之百世而不悖的信条，历史证明，个人过度膨胀的社会和个人过度压抑的社会同样是有害的。

　　"周虽旧邦，其命维新。"中华文明自古以来就以海纳百川、

---

① "欧洲病"，指西方国家由于过度发达的社会福利而患上的一种社会病，其结果是经济主体积极性不足，经济低增长、低效率、高成本，缺乏活力。

兼容并蓄的胸怀闻名于世，正是由于不断地汲取其他文明的精华才使我们文脉永续，生生不息。我们走自己的路，却一刻不能忘怀"开眼看世界"的先贤遗训，这是一个半世纪前与西方世界第一次交手后前人发出的警世之言，自当永远响彻耳畔。我们相信，西方文明，是一个值得花气力研究的文明，也是一个必须直面的文明！我们相信，无论是这个文明之花结出的累累硕果，还是它在行进过程中不得不吞下的历史苦果，都值得我们切磋琢磨或引以为鉴，化作我们"为往圣继绝学，为万世开太平"的有益资源。

第二讲　近代西欧科学技术的兴起

刘景华（天津师范大学欧洲文明研究院教授）

过去我们形成了一些习惯说法，认为西欧的科学革命是从 16 世纪哥白尼开始的，而且基本上只讲天文学，其他就很少讲了。实际上，西欧的科学革命发生在许多方面。而在技术方面，我们过去很少讲，都以为技术革命是工业革命以后的事情，实际上更早，在工业革命之前的三四百年里，欧洲已经出现了许多重要的技术发明创造，这些发明创造对后来的工业革命、对西欧的兴起来说，都起到了关键性作用。本讲主要谈近代西欧科技是怎样兴起的，同时也阐述近代科技兴起对西方文化所形成的影响，兼谈"李约瑟难题"，即与中国做一点比较。

一、从中世纪到近代早期西欧的科学成就

时间上大致从 10 世纪至工业革命前夕，我们可从以下几个主要领域来看科学的发展。

（一）天文学

中世纪没有新的成就，基本上是继承古代托勒密的"地球中心说"。16 世纪哥白尼发动了天文学革命，这是西方最先发生革命

的科学领域。有几个主要的天文学家。

哥白尼：1514 年发表《天文学短论》，首次阐述了太阳中心说思想，公开反对托勒密的地心说。1536 年就有人称赞哥白尼"建构了一个新的世界体系"，"每一个人都为此深感钦佩"。[①] 1543 年，哥白尼在弥留之际发表《天体运行论》。哥白尼理论主要是描述宇宙基本结构，要点有三：（1）宇宙和大地都是球形，（2）天体做匀速圆周运动，（3）"日心—地动说"。

伽利略：发表《关于两个世界体系的对话》。引入了"力学相对性原理"。伽利略认为，运动中所发生的力学现象，与静止状态下的力学现象具有等价性。伽利略举运动的大船和静止的大船例子说明这个原理。现代交通工具也可印证这个原理。比如，尽管火车在高速行驶，车厢里边的小飞蛾子可以做与静止状态下一样的力学运动，不需要做额外运动。这就回答了地球在转动时其力学运动与地球静止时相同的理论问题。它使哥白尼的"日心—地动"体系具备了物理学基础。

布鲁诺：神父，他的天文学著作主要有《论无限的宇宙和世界》。布鲁诺的主要功绩是捍卫哥白尼的日心说，并进一步发展之。在他看来：（1）太阳并不是宇宙的中心，太阳只是太阳系的中心，而太阳系只是宇宙的一部分。宇宙是无限的，是无中心的，是永恒的。（2）宇宙不是上帝创造的，宇宙之外再没有外来的推动力量。（3）地球只是无限宇宙中的一个小小尘埃，地球围绕太阳转，太阳也不是静止不动的。这种理论确实具有超前性。

第谷·布拉赫：丹麦天文学家，被称为望远镜发明以前最伟大

---

① 《文艺复兴书信集》，李瑜译，学林出版社 2002 年版，第 123 页。

的天文观察家，是近代西方天文事业的真正奠基人，第一位有影响的职业天文学家。他是"反哥白尼"模型的，将托勒密和哥白尼两种天文学理论折中化。在这个模型里，一方面，地球是固定不动的，太阳围绕地球这个中心旋转，每年转一圈。这显然是托勒密学说的翻版。另一方面，则是行星围绕太阳旋转，显然这又含有太阳中心说的思想。后对哥白尼学说产生怀疑，认为其说服力不够。

开普勒：论证了行星运动三定律。第一条定律：行星沿椭圆形轨道绕太阳运行，太阳处于两焦点之一的位置。很明显，这条定律发展了"日心—地动说"理论，而且修正了哥白尼等人认为行星绕太阳做圆周运动的错误。第二条定律称为面积定律，认为行星绕太阳运行时，速度是不均匀的，离太阳近时速度快些，离太阳远时速度慢些。但不论是近还是远，由太阳到行星的连线在相等时间里扫过的面积是相等的。第三条定律又叫和谐定律，即行星绕太阳公转周期的平方，与行星椭圆轨道半长轴的立方成正比，所以行星公转的速度是一种和谐。开普勒的观点一发表就得到了伽利略的赞赏。他给开普勒写信，称"在追求真理的道路上，我祝贺自己很幸运地发现了一位这样的同伴"。[①]

（二）数学

数学是一切自然科学的基础。哥白尼发动的天文学革命，本质上是数学的。没有数学，就没有哥白尼的天文学革命。因此《天体运行论》的出版商告诫读者"不懂几何学，请勿入内"。文艺复兴就是这样一个数学催生科学革命，科学革命的要求又不断

---

① 《文艺复兴书信集》，李瑜译，第 135 页。

推动数学发展的伟大时代。数学深奥难懂，以往的科技史家很少进行研究。

促使欧洲人数学思想重新活跃起来的是位意大利人，即比萨的列奥那多（1175—1250 年）。数学史上通常称他为菲波那契。菲波那契是第一个使欧洲人接受阿拉伯记数概念的人。在他出版《算经》之前，欧洲一直采用罗马记数法，没有零。菲波那契最早把零带到了欧洲。引入阿拉伯数字体系，激发了欧洲人对数学的兴趣，也改变了欧洲数学发展的走向。因此可以说，欧洲数学在中世纪后期重新觉醒的第一个兴奋点，就是包括零的用法在内的阿拉伯记数系统。举例：388 CCCLXXXVIII 三百八十八。

菲波那契的数学贡献还有：菲波那契数列。

腓特烈二世时期，科学活动很受重视。当时经常举行一些数学竞赛。在 1225 年一次数学竞赛中，菲波那契向腓特烈二世敬献了这样一个被称为"兔子问题"的问题：从一对兔子开始，如果所有满月的一对兔子都生育一对新兔子，n 个月以后，会有多少只兔子？

这个问题的回答是：每一个月兔子的总对数是它前两个月的兔子总数之和。

根据这个规律，就可以写出一个数列：1，2，3，5，8，13，21，34，55，89，144，233，377，610，987……

这个数列就叫作"菲波那契数列"。如果把邻近的菲波那契数列写成比率式，就会发现，这个比率会逼近一个稳定数值。这个值等于古希腊雕塑家发现的黄金分割，即 1.618。

15 世纪，欧洲数学最主要的成就是三角学的复兴。导致三角学在欧洲复兴的人，是德国数学家缪勒（1436—1476 年）。1464 年，缪勒完成了《三角集成》。1469年出版了《至大论纲要》。这本书的出版，象征着欧洲数学和科学复兴正式开始。哥白尼和伽利略多次使用这本书。因此，从天文学的数学基础意义上，可以说，没有缪勒的《至大论纲要》，就没有哥白尼的《天体运行论》。奥地利数学家雷蒂库斯（1514—1574年）进一步发展了缪勒的计算，使正弦表的角度由1′精确到10″。1539年，雷蒂库斯曾与哥白尼进行两年合作。1541年，雷蒂库斯在《天体运行论》出版前两年，发表了其中的三角学部分。

代数中的求解高次方程，是15、16世纪数学取得的重大突破。

第一部欧洲人翻译出版的关于求解二次方程的数学著作，是西班牙的犹太人海牙（1070—1136年）的著作《论测量与计算》（1145年）。

第一个解出立方方程的根，是意大利波罗那大学数学家达费罗（1465—1526年）。还有数学家塔尔塔格利亚（意为结巴）。但合作者卡尔丹诺抢先发表。

第一个研究负数开平方的，是16世纪意大利数学家玻姆伯利。他还用几何方式证明了正、负实数的运算法则：正正得正；负负得正；正负得负；负正得负。

对数计算的出现，是17世纪欧洲一项重大的数学成就。纳皮尔出版《论述对数的奇迹》（1614年）和《做出对数的奇迹》。英国数学家布里格斯1624年出版拉丁文本的《算术对数》，这是有关对数发现的集大成之作。

解析几何是"近代数学史的起点"，也是17世纪科学发展刺激数学发展的例证之一。几何学通常都是推理的，解析几何则是用代数方法来解析几何学问题，早在欧几里得那里就有了。但后来解析几何发展缓慢。导致解析几何兴起的刺激因素，来自开普勒对行星运动规律的发现。对解析几何兴起做出重大贡献的，是法国数学家费尔马（1601—1665 年）和大哲学家笛卡尔（1596—1650 年），他们虽然同是法国人，但关于解析几何的发明却是各自独立完成的。

当数学成就积累到一定阶段时，必然引发飞跃性的质变，从而导致近代高等数学微积分学的兴起。最早提出较为完整的微分思想的人，首推意大利数学家卡佛莱利（1598—1647 年）。他找到通过微分求积的方法。贡献者还包括帕斯卡、托里切利、费尔马、牛顿的老师巴娄等。牛顿微积分学的真正发明就是从求曲线的切线开始的。

利用数学工具为建立科学理论体系服务，在伽利略等文艺复兴时代科学家那里表现得最为突出。真正意义上的数学进入科学，是从力学开始的。其中，早期最为著名的尝试当数西蒙·斯台文（1548—1620 年）对斜面的静力学研究和伽利略对自由落体运动的研究。

（三）医学生理学

1543 年，是科学史上最令人震撼的一年。哥白尼《天体运行论》的发表，揭示了宇宙、星辰、日月、地球运行之谜，从最宏观的层面冲击了基督教会维护的"上帝创造宇宙说"。维萨留斯出版的《人体构造论》，从解剖学角度对人体结构进行了细致的描绘，从最微观的领域宣告了"上帝造人说"的荒谬。这场医学及生理学的革命是一次深刻的科学革命，这是一场由科学家和艺术家共同发动并完成的革命。

在中世纪这个单一意识形态的时代，医学是个例外，各种学派的医学思想和医疗技术都得到了延续与发展。这可能来自一个根本原因，那就是，神性人类（从教皇到信徒）与世俗人类（从国王到普通民众）在健康与疾病面前都是世俗化的。最崇高的教皇的疾病与最低下的普通民众的疾病并无根本不同。

从医学自身发展看，导致医学革命发生的主要有四点因素：（1）中世纪东西方医学思想的交流与融合。（2）中世纪高等医学教育的影响：其一，建立了严格的高等医学教育体制；其二，促进了解剖学的进步，包括人体解剖和病理解剖。（3）流行病对医学的刺激。14世纪中期，欧洲发生了黑死病（Black Death），1347—1352年五年间，欧洲人口死掉了三分之一，有的地方达到二分之一。流行病的暴发和惨烈结局，使得世俗权力和教会权力走到了一起，共同支持医学科学家们开展对卫生、疾病、生理、药物的精细研究。（4）治疗与防疫方法的进步。

医学生理学革命是逐步累积的，而化学医学的兴起，则彻底改变了医学及生理学的走向。它把医学及生理学由原来的哲学形态，引上了科学的轨道。首创化学医学的化学家巴拉塞尔苏斯（1493—1541年）享有"医学史上的马丁·路德"和"近代医学之父"的美誉。

巴拉塞尔苏斯医学思想的革命性主要体现为告别"四体液说"，倡导"五要素"病理说。古希腊希波克拉底把人体病理原因归结为四种不同体液的失衡，即血液、黏液、黄胆汁和黑胆汁。巴拉塞尔苏斯把病理变化的要素分成五种：（1）宇宙要素。这是一种不同于气候和环境的致病要素。如果是指宇宙射线、太阳紫外线之类，那么这一认识就非常超前了。（2）毒物要素。指通过食物引起的感染性疾病。"毒物"可能是有毒物质，也可能是致病细菌。（3）体质要素。由于身体体质要素的缺失或累积过多而引起的疾病。（4）精神要素。因精神因素（如抑郁、狂躁等）而致的疾病。（5）感染要素。人体通过接触某些感染要素（如花粉、毒汁、烟气）而引起的瘙痒、呕吐、肿胀之类疾病。巴拉塞尔苏斯还进行了治疗原则的革命，即将"辨症施治"变为"辨因施治"。

解剖学革命。达·芬奇（1452—1519 年）是文艺复兴运动中的大艺术家、科学家，又是机械设计师、军事工程师、生理解剖学家等，"在每一个学科都有登峰造极的贡献"。即使现代西方学者也认为，没有几个人能像达·芬奇这样，在这么多的领域取得这么多的成就，他是有史以来最伟大的天才之一。[1] 只是他的其他成就，常被他的艺术名声所淹没。

达·芬奇很早就有人体解剖绘画，如曾将人的头颅与大蒜进行类比的绘画。达·芬奇绘制人体解剖图的最初目的可能是为了绘画。达·芬奇亲自解剖人体先是与一位医生朋友合作，后来他自己独立解剖至少 30 具尸体。他大约绘制了 3500 幅人体解剖图，发表了大约 120 篇解剖学论文。

维萨留斯（1513—1564 年）发表《人体构造论》，为解剖学树立了一个新的里程碑，建立了标准的人体解剖学。这一年维萨留斯 29 岁。

威廉·哈维（1578—1657 年）的心血运动理论。1628 年，他出版了《心血运动论》。这部著作证明了血液循环的本质，证实了血液的流动是由心脏的泵血功能来实现的，标志生理学的真正开始。

----

[1] G. I. Brown, *The Guinness History of Inventions,* Guinness World Records Ltd, 1996, p. 7.

哲学家笛卡尔也在生理学和心理学上做出了贡献，他提出了心、身二元论。身和心既是二元的，又是相互作用的，甚至身对心的影响大于心对身的影响。这种哲学被概括为"心身交感论"。笛卡尔认为，脑里的松果腺是心与身发生交感的场所，这虽然夸大了松果腺的作用，但开创了脑生理和思维科学。

（四）物理学

在牛顿之前，西欧在物理学方面已有许多新理论出现。

1. 运动学

中世纪关于亚里士多德运动学思想有较多争论：第一，物体的运动是否与媒质有关？第二，物体运动的速度为什么是有限的？第三，做自然运动的物体，较重物体会比较轻物体下降得快些吗？

16、17世纪伽利略创建了新运动学，包括：（1）单摆运动。尽管单摆的幅度越来越小，但完成每次摆动所花费的时间居然是一样的。他用绳子系上石头进行重复实验，效果也是一样的。他还进一步发现，对于给定的绳子长度，无论是系上重石头，还是轻石头，或把重石头和轻石头系在一起，单摆的振荡周期都是一样的。（2）自由落体运动。（3）抛射物体运动。伽利略认为，物体在做抛射运动时，是由两个运动合成的。一个是水平方向的匀速运动，另一个是垂直方向的自由加速的下落运动。

2. 光学

牛津大学的格罗塞特斯特最早阐明了光学的意义，认为光学是基础性科学。格罗塞特斯特主要探讨两个光学问题：（1）颜色问题。他认为，颜色从白到黑具有密度的连续变化。白色是最纯粹的颜色，然后逐步增加红色的密度，形成各种不同程度的红色，最后变成黑色，黑色之后就是蓝色。（2）雨虹现象。他认为虹是带水珠的云层反射或折射了太阳光线而形成的观察效果，这个结论接近于现代解释，是从折射、反射、颜色连续变化的理论得出的。罗哲尔·培根是格罗塞特斯特的学生。他对光学的贡献体现在《大百科》中。

对折射定律的研究。13 世纪，"生理光学之父"、波兰物理学家菲特罗（1230—1280 年）发现了抛物面的聚光效果，而且发现光线穿过不同介质在抛物面上形成的反射角度也不同，折射角与入射角之间不存在"成比例关系"。17 世纪初，开普勒断言，光的折射只发生在两种不同媒质的界面上。较密的媒质，对光运动的阻力越大，越有较大的折射率。但油和水是反证。对光的折射最精确的揭示，来自荷兰物理学家斯涅尔和法国哲学家笛卡尔。因此，折射定律在荷兰称"斯涅尔定律"，在法语国家称"笛卡尔定律"。

几何光学以"光线"概念为基础。光为什么会走出一条线来呢？笛卡尔试图给出力学解释：光是由发光微粒组成的实体，光微粒传播需要介质（"光以太"）。发光微粒在运动时会产生一种作用，压迫这些介质，从而刺激眼睛形成观察景象。颜色是光微粒在传播中的转动速率造成的。

英国的胡克（1635—1703 年）从各种薄膜（云母薄片、肥皂泡沫等）的光学特征中得出了光是"发光物体产生出来的微粒的快速振动"结论。光是粒子的，但光粒子不是朝一个方向像子弹那样做直线运动，而是朝着四面八方以幅度很小但频率很快的振动方式，穿过弥漫而且透明的光媒质做直线运动。

1671 年，丹麦物理学家罗默第一次做出光速是一种有限速度的断言，并第一次计算出光速为每秒大约 22 万公里。

1690 年，荷兰惠更斯发表《光论》，在胡克假说的基础上，明确提出光的波动说。这个波动说解释了光的衍射问题，还能解释光折射、反射和双折射。

3. 经典力学

经典力学由牛顿在前人探索的基础上最终创立。他认为整个宇宙像一部大机器，天体像机器齿轮那样相互作用而不停息地运动。每一种具体的物质，也照样存在微粒有组织的机械运动。力学的任务就是揭示这些从宏观宇宙到微观粒子的有组织的运动。

牛顿形成了力学概念体系：（1）力。力是"一个物体对另一物体的挤或压"；力是"运动和静止的原因"。（2）力的基本类型：惯性力，向心力。（3）物体的质量和重量。（4）绝对时间和绝对空间。（5）绝对运动。（6）动量，即运动的量。（7）三个运动基本定律。（8）力的测定。

引力定律是：（1）从开普勒三定律到向心力平方反比规律；（2）从向心力的平方反比定律到引力定律；（3）用引力定律解释行星的运动。

4. 磁学

16 世纪对磁偏角进行了更精细的测量：英国人吉尔伯特（1544—1603 年）最早从事电与磁关系研究，并正确描述了地球磁场。

对磁力起源进行的探索，有：（1）吉尔伯特的地磁活力论；（2）开普勒的太阳磁力说；（3）笛卡尔的机械论磁学。

（五）化学

16、17 世纪比利时化学家海尔孟（1579—1644 年）是从炼金术走向科学化学的过渡人物，而波义耳为科学化学的最后确立扫清道路。波义耳（1627—1691 年）的实验哲学认为，在化学实验中要更多地应用理性的方法。化学实验不必要在归纳的目的下进行。

他的理论有：（1）所有的化合物都是不同的微粒构成的。（2）微粒可以结合成微粒团或微粒簇。（3）生命物质（动物或植物）可以用火法分解出少数几种物质。（4）构成凝结物的物质就是"要素"或"元素"。

在《怀疑的化学家》里，波义耳总结性地给元素下了定义：（1）元素是原始的、简单的、完全没有混杂的物体。（2）元素不能由其他物质组成，也不包括元素之间的相互合成。所有由其他物质组成的，或元素与元素相互合成的都是结合物，不是元素。（3）元素是结合物的组分；完全的结合物最终也将被分解成元素。

二、从中世纪到近代早期西欧的技术创造

这一部分将重点阐述一些对近代西欧文明兴起有决定性作用或是西欧文明之标志的技术发明和创造。

（一）时钟

时钟是在中世纪发明、近代早期完善的西欧文明重要标志。古代的日晷、玻璃计时器、燃烛刻度计时以及水钟等，不是很精确，但农耕社会日出而作，日落而息，不需要很精确的计时。另有重槌驱动钟，一般认为重槌钟是担任过教皇的法国人多利亚克（约 938—1003 年）创制的。但迄今确知的重槌钟，最早的年代是 1286 年。14 世纪早期，这种重槌钟已普遍安装在教堂和城堡里。

钟内装配一种摆控装置，最早是 1350 年意大利机械师德·邓迪制作的钟。最早的装有敲时装置的钟，1386 年出现在英国的索尔兹伯里大教堂。15 世纪以后，出现平衡轮和发条装置技术，发明了表（watch），安装秒针。荷兰惠更斯于 1656 年设计出一种特别的摆钟，被称为"第一只精确的钟"[①]。

时钟出现的意义在于等时的划分，有利于人们对自身活动进行更科学合理的安排；机械钟的使用，改变了时间观念，自觉用时间来规约自己的活动；"不要浪费任何一分钟"成了 17 世纪欧洲人的一种信条，公共场合悬挂的时钟，常以分针最为醒目；秒针的嘀嗒声，既是在催人奋进，也在提醒人们时光在流逝，应当珍惜；在计算能量，在标准化、自动化，以及它自身功用即对时间的精确度量等方面，时钟是近代技术中最好的机器；钟表制造也成了母体工业，催生许多新工业，如精密仪器制造、合金工业；培养了新工艺师阶层。

（二）玻璃制造

玻璃制造起源于古代中东，后来主要往西传入希腊和罗马。玻璃制造技术在西欧得到了重大发展。1317 年，制出了珐琅玻璃。1330 年，出现了彩色窗户玻璃。15 世纪，制出最重要的玻璃产品即透明水晶玻璃。15 世纪时，玻璃制作技术已分为"威尼斯式"和"诺曼式"两大分支。前者主要在欧洲南部，特别是意大利流行，后者主要在欧洲北部传播，包括德国、法国、英国等地。北方玻璃主要取材于含有硅土的沙子，添加陆地植物灰烬作助溶剂；南方玻璃所用硅土取自河床砂石，苏打是助溶添加剂，焚烧海洋

---

① A. Feldman & P. Ford, *Scientists and Inventors,* Bloomsbury Book3, London, 1989, p. 42.

植物后即可获得。玻璃制作的中心技术是吹制法（glass-blowing）。

16世纪，玻璃表面可着各种色彩，如淡棕色、淡灰色、翡翠绿、蓝色等；能在玻璃上绘出不透明的窗格、有色的条纹图案。还出现一种特制的冰玻璃，表面像裂纹，碎裂后可以重新加热成型。而人们同时发现可以用金刚钻刻划玻璃。威尼斯在玻璃上镀一层薄薄银膜，生产出玻璃镜子。17世纪德国人发明了蛋白色不透明玻璃、红宝石玻璃等。

（三）眼镜

眼镜也是在中世纪发明、近代早期完善的西欧文明重要标志。老花眼镜、近视眼镜的发明和使用，都兴起于文艺复兴起源地意大利。

眼镜的发明不晚于1286年。因为1306年有一个修士称，20年前他就看到了有人戴眼镜。在他看来，发明眼镜，是世界上最好、最必需的技术之一。[①] 是谁发明了眼镜？有很多说法。当时的玻璃制造业已形成一种氛围，从各种玻璃的使用很容易引向眼镜的出现，很难说眼镜是谁的单独发明。从词源研究，镜片（lens）是从扁豆（lentil）引申而来的，说明眼镜可能是民间的产物而非学界的发明。早期的眼镜都是为远视眼或老花眼服务的，用的是凸透镜。15世纪中叶凹透镜片出现，使人类近视眼的矫正成为可能。各种眼镜都是基本相似的，大多是将眼镜置于脸的中心，即视线的聚光点上，而不是眼睛的中心。1550年，开始配制双镜片近视镜。老花眼镜的发明使学者和工匠们能将自己的创造活动延

---

① C. Singer, E. Holmyard, A. R. Hall and T. I. Williams ed., *A History of Technology, Vol. 3: From the Renaissance to the Industrial Revolution c.1500—c.1750,* Clarendon Press, Oxford, 1957, p. 230.

续到老年。这大大提高了人类的活动能力和创作能力。学者到年老时，是最有思想、最富智慧的阶段，而视力下降不能读写常使思想和智慧的发挥大受限制，眼镜解决了这一难题。

（四）水力利用

9世纪开始出现水磨坊，主要是磨面、加工粮食。11世纪后开始用水磨来漂练呢绒。14世纪上击式水轮开始取代下推式水轮，意义极其重大：挖渠引水即可装水轮，不受地点限制，从而能使水力广泛利用；对水能资源的利用更加充分。水力广泛用于纺织、采矿、冶炼等工业部门。从14世纪至18世纪蒸汽机发明前，是水力动力时代。

（五）印刷术

古罗马人发明速记法加快了书写速度，但同一时刻始终只能复制一个副本。13世纪，大学出现，巴黎、牛津等地大学为解决课本问题，采用了一种叫作"佩西亚"（pecia）的方法，可让几人同时抄同一本书，提高了速度又减少了差错率。此时仍用羊皮纸。12、13世纪，意大利人通过丝绸之路与中国做生意时，输入了印刷术。12—14世纪，造纸术传入，使欧洲使用和推广印刷术具备了基础物质条件。

15世纪可说是欧洲的"印刷术世纪"：书籍的雕版印刷和活字印刷都是这个世纪的产物。雕版印刷是从宗教招贴画发展来的。最先运用的是木版雕刻印刷术。雕刻时主要是将空白不印字的地方镂空，并使一个个字母互不相连。为了方便雕刻工具的移动，每个字母的顶端和底端都成了尖三角状，由此形成了字母的所谓

"哥特体"。

1430 年代，荷兰的詹斯祖恩曾制作一个个单独的榉木字母，试图把它们拼成字版，他是西方意识到排字方法的第一人。

铜版雕刻印刷。1452 年左右在佛罗伦萨第一次使用。不过，随着活字印刷术的很快流行，书籍的铜版雕刻印刷迅速被淘汰，仅有铜版画作为一种艺术形式流传了下来。

蚀刻金属板印制图画。具体做法是，先将蜡覆盖在金属板上，艺术家在蜡上刻画线条，金属板浸泡在酸液中时，被刻画而无蜡的线条部分受到酸侵蚀后容易沾留油墨，从而印出相应图案。

铸造整块的金属字版，就像铸造印有头像的钱币和印章那样。这种方法将金属熔液倒进黏土模型或沙制模型，不可能使模板上

英国印刷商威廉·卡克斯顿（1422—1491 年）向英国国王理查三世（1452—1485 年）介绍刚印刷出来的书籍。

的字模清晰规整，必须对它们加以修整校正，进行修整往往易使字母受到损伤。

　　金属活字印刷术在欧洲的出现和使用，以 1455 年（或 1454、1456 年）德国人古腾堡出版《四十二行圣经》为标志。古腾堡活字印刷术包括四方面技术：其一是活字字模（锡合金）制作；其二是将字模拼成字版；其三是调配新的油墨；其四是印刷机的设计和印刷过程。1455 年后半个世纪印刷的书，比以往几千年出书的总和还要多。16、17 世纪欧洲文化大发展，与印刷术广泛运用密切相关。反过来看，活字印刷术流行，也是"时代需要所促成"[①] 的。

　　（六）火药应用

　　欧洲人最早使用火药，不晚于公元 7 世纪。英国人制出了混合火药。678 年拜占庭军队作战时，曾使用过所谓"希腊火硝"。13、14 世纪欧洲人开始普遍采用火药制造技术，其源头是中国。传播途径大致是：蒙古人将火药武器用于同阿拉伯人的作战，阿拉伯人称之为"中国盐""中国雪"；而欧洲又同阿拉伯人战争不断，因而得知了中国火药技术。欧洲人并不是照搬中国火药，而是结合本土的材料和气候特点进行改造，其目的是增强火药的爆炸功能，将火药大规模地派上军事用途。增加硝石比例，可能是欧洲人制作火药的一项关键技术。硝石比例都在 66.5%—75%。16 世纪以后，火药配方中硝石的比例则根据枪炮的口径和枪炮筒的强度而变化。火药由

──────────

[①]〔美〕威尔·杜兰:《世界文明史》，第 6 卷《宗教改革》，幼狮文化公司译，东方出版社 1999 年版，第 216 页。

早期的大炮（英国沃里克城堡外景，作者拍摄于 2003 年）

粉末状而颗粒化，这是欧洲火药制作技术改进的又一个关键步骤，因为颗粒状火药显然比粉末状火药更具爆炸力。

欧洲人最早使用的火器是火炮。见于记载的第一架火药炮是在 1318 年。炮弹以石弹为主。15 世纪后，出现大型的射石炮，装有瞄准器的炮。马拉炮架轮，提高了火炮的机动性，还可调整射击高度和射角。移动式野战炮的出现，使火炮从防御性武器演变为攻击性武器。15 世纪里炮管越造越长，大炮用青铜铸造，铸铁炮弹，炮弹中火药量加大。16 世纪，开始利用高炉铸造铁炮，并对炮筒进行"镗孔"，使内膛的口径比较一致、光滑，从而提高发射能力。这是欧洲人制造近代火炮的关键技术之一。专家们认为，这或许是他们制炮工艺超过中国人的开始。

火枪出现要晚。14 世纪出现有点火孔但没有扳机的简单管枪，被称作"手管"。15 世纪，出现装有扳机的火绳枪。16 世纪出现了火轮枪、滑膛步枪、燧石枪、手枪（枪支小型化趋势）。公元 1525 年左右出现了更先进的来复枪管。来复枪管是在枪膛内刻划了膛线，从而增强弹道方向的准确性，提高腔口速度，加大射程。

火药制作、火炮和火枪制造等技术，14、15世纪在欧洲出现后，接着就是一个持续不断演变的过程。参与技术改进活动的，肯定不只几个技术师、发明家，更有众多无名的能工巧匠，甚至还可能有第一线战士，集中了无数人的智慧。火药武器很快就成了西欧最重要的物质优势之一。

（七）机械化

亚·沃尔夫在《十六、十七世纪科学、技术和哲学史》中说，"16世纪和17世纪技术改良和发明的主要目标也是创造机械工具来减轻或取代体力劳动"[1]，因此有15世纪中期至18世纪早期是"机械化第一阶段"之说[2]。这一时期出现的机械化取向和种种机械发明，预示了现代人类从事机械生产的发展方向，有的发明创造还成了现代技术或现代工具的直接源流。这一时期的机械发明创造中，对近代工业产生重大影响的有：

机械传动装置：齿轮。机械传输动能取代了依靠器械重力或人畜体力产生和传输动能。早期齿轮多为木质，因而很难推广。16世纪中叶，金属生产的发展为齿轮制造提供了更好的材料；同时还出现了链条。

螺丝和螺杆。古代螺丝钉和螺杆多为木质。15、16世纪开始

---

[1] 〔英〕亚·沃尔夫：《十六、十七世纪科学、技术和哲学史》，周昌忠等译，商务印书馆1985年版，第520页。

[2] M. Daumas ed., *A History of Technology and Invention: Progress Through the Ages,* Vol.2: *The First Stages of Mechanization,* English edition, translated by E. B. Hennessy, John Murray, London, 1980.

普遍用金属制造螺丝钉。

曲柄连杆系统。使力的作用方向可以随人的意志而改变，即可将机械的持续旋转运动转化为来回往复的直线运动，或将直线往复运动转化为旋转运动。

机械加工工具：金属钻，车床。车床是近代工业中最重要的工作母机。

自动化观念和实践：自动化的理论基础，就是物体运动的规律性，而这种规律性在飞梭、飞轮、钟摆、齿轮、曲柄连杆等部件的运动中明显地体现出来。

16世纪在德国矿山工程中出现的绞车、木轨道路等装置，也预示着运输自动化的前景。

三、近代早期西方科学与技术的汇流

西方著名技术史家道马斯曾有一说，称中世纪以前人类的技术进步可用千年作单位来衡量；而在中世纪晚期，这种进步可以世纪来计量；紧接着，半个世纪、四分之一世纪可作为技术进步的阶段；到17、18世纪之交，十年便可以用作衡量技术进步的时间单位。这在一定程度上形象而简练地概括了14—17世纪即工业革命前几百年技术的加速度发展。

这种现象，直接原因来自科学发展和技术进步两方面。一方面，从哥白尼开始的科学革命，到17世纪后期牛顿时代发展到高峰，科学革命加速了技术革新的步伐，导致18世纪以技术突破为标志的工业革命。另一方面，正是14世纪以来技术不断进步，技术知识不断积累和传播，使技术革新的车轮越转越快，最终在18

世纪引发了技术质变飞跃的工业革命。在这个过程中，科学和技术汇流，也就是相互结合是最关键的。为什么汇流？当然主要是这时候西欧社会发生重大变革的结果，这是个大背景。也就是说，社会发展需要两者汇流，推动两者汇流。

从科学和技术本身发展来看，主要是人这个行为主体发挥了巨大作用：（1）艺术家的活动，激起了"艺术和科技的联盟"①，也将科学和技术相结合；（2）科学家的技术活动；（3）对技术的理论总结，技术发展对科学的需求，特别是技术进一步发展遇到障碍时，需要科学来指导和提升。

（一）艺术家的作用

艺术家的作用表现在：使艺术和科学联盟，将科学和技术结合。

科学和技术的结合，最早的功臣要数艺术家。有三类情况：

第一类情况，艺术家出身，后来转做技术工作。布鲁内莱斯奇（1377—1446 年），起先是金饰匠和雕塑师，做过雕塑，研究过透视画技和比例，后来成为杰出的建筑师，是第一个文艺复兴式建筑——佛罗伦萨大教堂的设计者。他还设计过机器，建造过堡垒，研究过水力学，制作过光学仪器。马尔蒂尼（1439—？）最初是一个画家和雕塑家，后来在技术和工程领域大展身手。第二类情况，是艺术家成为工程师—艺术家后对"机械艺术"和"自由艺术"的双重关心。有的是从艺术需要和艺术眼光来对待技术；有的是用技术成就指导艺术创作，或从技术成果中发掘艺术源泉，

---

① 朱龙华：《意大利文艺复兴的起源和模式》，人民出版社 2004 年版，第 278 页。

对艺术和科技发展都是促进。乌塞洛（1397—1475年）的绘画风格，体现了几何学的影响。德拉·弗兰西斯卡（1415—1493年）写了关于透视原理的论文。这些艺术家有对自然世界和人类世界的新感悟新理解。作为写实主义画家，他们在探求自然规律时，也力图通过想象来发明新的器具和机械。第三类情况，是艺术家一方面搞艺术创作，一方面由于生活需要而从事实用职业，因此对技艺情有独钟。画家兼雕刻家迪·乔治，修建过教堂，写过建筑论文。拉斐尔当过装饰家和建筑师。德国大画家丢勒（1471—1528年），崇尚自然为艺术之源泉，亲身从事许多工程和技术工作，而且还在1525年写出《关于圆规和直尺使用的指南》，1527年出版《要塞论》。

最典型的是达·芬奇。恩格斯说过，在文艺复兴的巨人中，达·芬奇是最为突出的全才式人物。他是画家、雕塑家、画师，又是设计师、建筑师、科学家、工程师，等等。他在生理、工程、技术和机械设计等方面的成就和构想，今天仍然令人叹为观止。

他曾给一个公爵写信毛遂自荐，声称自己在军事工程和建筑方面有种种能力。为免别人说他夸海口，在信的最后还说可以在大公的庭院里当场作测试。达·芬奇笔记本里，有几千页设计草图，包括飞机、直升机、坦克、手枪、辊轴、齿轮、降落伞、潜水器具、闸门、离心泵、水压机、车床，以及织布机、纺纱机、磨粉机、搓绳机、切割锉刀等。许多东西是第一次由达·芬奇构想出来的。有西方人说，达·芬奇好比是中国人，可以发明每一样东西。他显示了有科学眼光和理念的巨人对技术的关心，并提出了技术思路，即主要依靠机械来取代人力。他的设计显示了一种先进的技术思想，那就是靠机械部件（转轮、杠杆、齿轮、螺丝）的运动，取代人工的操作。

他又致力于探讨科学规律，探讨科学实践的方法，还探讨了许多具体科学技术问题：解释月亮的发光，探索水波、声音和光的运动方式，对光和热作解释，探讨数学在科学中的作用，认为自然中的每一运动都受法则支配，这种法则是数学的，不可移易的，可用数量表达的，形成了必要和绝对规范；探讨机械的基本问题，齿轮系统啮合的角度和效果问题，齿轮运转带来的摩擦和磨损问题，尤其是旋转运动与直线往复运动相互转换的问题，引起了达·芬奇的极大兴趣，他设计了好几种解决方案。

可以说，他是现代科学方法的创造者，是他以后时代许多发明的鼻祖。

（二）科学家的技术活动

科学家的技术活动从中世纪就有了，如英国罗哲尔·培根最早记载了凸透镜的放大作用，并且明确提出用类似方法来弥补视力缺陷的建议。这可以看作应用光学的开始。

16世纪中期后，随着科学革命的开始，科学理论逐渐对技术实践活动起着指导作用，科学家们的技术活动也成了此后一个多世纪技术发展的主要方面。科学家从事技术活动有多种情况。一是科学家在科学领域探索时，力图在技术上寻找例证。二是科学家在进行科学实验时，需要制作科学仪器和设备，从而导致新的技术发明和创造。三是许多科学家兴趣所至，在许多技术领域展示自己的才华。四是科学家对已有的技术成果进行总结和升华，进行新的技术创造。五是有的科学家在做实验时得到启发和灵感，常产生意外的收获。六是科学家多有使命感，热心于传播和普及新的技术知识和实用技能。

意大利数学家塔尔塔格利亚向枪炮工匠、军事工程师、选矿师、金属冶炼工、土地测量师、商人们等传播科学知识。他善于将别人的实践经验进行综合和分析。如他没有当过枪炮工匠，却得出炮弹射角在 45° 时射程最远的结论。他把别人发明的象限仪改造成四分仪，共 144 个刻度，极为精确。

17 世纪应用的科学仪器和工具，基本上是由科学家亲手发明或制作的，如显微镜、望远镜、气压计、计算器、空气泵、摆钟、温度计等。另如天文学家布雷默设计了三角尺，哲学家、数学家帕斯卡设计了齿轮计算机，伽利略及助手马佐利尼发明了函数尺等。

伽利略作为科学家，他本人的技术创造和发明活动特别多。他进行过各种物理研究，专注于大量技术难题，如筑城技术、供水技术、机械原理、指南针的通用性、材料测试等。他发明天文望远镜，发明摆钟（未成功），还应用空气膨胀原理发明了测温器，即温度计。伽利略的助手、物理学家和数学家托里拆利发明了水银气压计，人称"托里拆利管"。直至今天，他设计的气压计仍是最精确的科学仪器之一。第谷制作了很多天文观测仪器，用来测量恒星的位置。英国勒恩是天文学家、几何学家，然而他的技术发明领域很广，包括天文学、气象学、物理学、航海学、民用工程、解剖学、乐器制作、几何学、数学、测量学、制图学等领域的创造。他设计了伦敦圣保罗大教堂。荷兰惠更斯是天文学家、物理学家和数学家，也是科学家从事发明创造的典范。他改进了磨制望远镜透镜片的技术，制作了第一架高倍数天文望远镜，设计了世界上第一只精确的摆钟，设计了一种在海上确定经度的船用钟。胡克是哲学家和科学家，也在许多技术领域展示了才华，包括天文学、显微学、物理学，以及科学仪器的设计等。他发现了关于弹性的"胡克定律"，发明了测深仪，制作了海水取样器。后来他也成了建筑设计师。波义耳发明了比重计和安全火柴。

在科学理论指导下的技术创造和发明，缩短了以往技术发明创造中能工巧匠们长期思索和琢磨的过程，加快了技术进步的步伐。

（三）从技术总结升华到科学理论

大量技术成就需要总结，升华到理论或科学层面，举一些例子。

早在 15 世纪，意大利数学家蒙特出版《机械六书》，论述杠杆、滑轮、机轮、轮轴、螺丝等机械问题。16 世纪里，一些论述技术的书籍相继出版，这些著作是 15、16 世纪西欧技术知识的集大成。这些知识已经有一定的新科学含量。1500 年德国布朗希维格出版《蒸馏技术论》。1530 年德国人潘西厄斯出版《炼金术》。1540 年意大利庇林古西奥的《技术论》，记下各种技术见闻。1556 年德国阿格里科拉出版《冶金论》，他被誉为"矿物学之父"。1558 年法国拉麦里出版《机械技术论》，描述了 100 多种机械，包括灌溉设备，排水泵，各种水力、风力和畜力磨坊，移动吊车，各种绞盘，曲柄连杆装置，齿轮装置等。1574 年，德国人埃克尔出版《矿石与选矿论》。16 世纪，出现了许多农业知识书籍，如 1573 年塔塞尔的《农业技术五百要点》。

（四）科技汇流最成功的典型：蒸汽机的发明

蒸汽机的发明过程长达 200 多年，凝结着许多人包括艺术家、科学家和技术人员的心血，有的从科学原理上探讨，有的亲自动手做。

达·芬奇的科技草图中体现了蒸汽机原理。图中圆柱体装置中的水，因受热而变成气体膨胀，推动顶盖，达·芬奇还在上面设计了一个平衡装置。16 世纪，卡当、马西修斯等都研究了蒸汽动力，还提到用冷凝蒸汽来产生真空的方法。阿格里科拉、拉麦里描述的抽水机，装有活塞、阀门，这是后来蒸汽机的关键性部件。抽吸式水泵及扬程问题，直接激起伽利略、托里拆利和帕斯卡等人分析真空问题，导致了对气压、对蒸汽和空气蒸汽机的研究。1601 年意大利波尔塔描绘了一种装置，它可利用蒸汽压力提升水柱，也可压缩蒸汽形成真空。后来的蒸汽机发明者之一萨维里，就是运用了这一原理。1615 年法国工程师德·考斯出版《动力原理》，论证了"水在火的帮助下可以升高"的原理。做法是：一根管子插到盛水容器底部，水加热沸腾后，即创造出一种蒸汽压力，从而使水通过管子上升，当水全部移动后，容器里便出现真空。这一实验对后来蒸汽机技术有很大启发。

1629 年，意大利布兰卡也描述了一个蒸汽系统。容器中的水加热到高温时，便产生蒸汽流冲击叶片，驱动轮子转动，从而带动各种机械运转。

1630 年后，英国伯爵萨默塞特在伦敦附近建造了第一台提水机。这台机子的工作原理与波尔塔和德·考斯论述的基本相同。因此，可以说萨默塞特是建造蒸汽机第一人。从此，蒸汽机技术从理论探索进入到实验阶段。

1654 年德国工程师冯·盖里克发明了一种空气力泵，打开了在机器中利用气压的道路。

荷兰科学家惠更斯做了用火加热水、利用蒸汽膨胀力的实验；还设计了一种用火药膨胀力作动力的机器，这是第一台带有汽缸和活塞的煤气机。惠更斯的助手巴本得到启示，开始试做蒸汽机。巴本在英国发明了他的"蒸锅"，在锅中放水、肉、骨头，利用气压加热，将食物煮熟。这个设备的贡献是形成了一个安全真空管。最早在 18 世纪初发明实用蒸汽机的有两人：法国人巴本、英国人萨维里。后来的纽康门、瓦特进一步改造，最后成为工业用蒸汽机。蒸汽机是第一次工业革命、世界走向工业化的标志。

（五）科学、技术汇流的推动作用

科学和技术汇流大大推进了科学和技术的发展。一方面，有科学家和科学理论的指导，技术创造必然更加生机勃勃。18 世纪工业革命是生产技术的突破，就是科学理论指导所带来的结果。在科学家眼中，技术工作越来越受到鼓励。也有越来越多的人满怀热情投入到技术发明创造活动中来，结果 17、18 世纪是西欧技术发明最多的时代，几乎每天都有新发明出现，发明专利成千上万。另一方面，技术进步也推动了科学的发展。譬如，机械装置和武器需要解决计算问题，因此对数学和力学发展提出了新要求；远洋航行需要天文海洋知识，因而推动了天文学、海洋学、地理学研究。这样的例子不胜枚举。

四、近代科技兴起对西方文化形成的影响

（一）科学技术走向社会中心

古代世界也有许多科学思想和技术发明，但那种时代没有职业科学家。科学活动虽然有不少人喜爱并为之献身，但它作为一种社会性事业似乎并不存在，科学和技术没有获得社会的重视。由个人兴趣而来的科学发明和技术创造活动，很难被视为正经的行当。科学家和发明家也没有独立人格，很少有人敢于宣称自己是专门的科技工作者。那个时候，科学家只有将自身依附于社会强势力量，科技活动和发明者的利益才能得到资助和保护。

在 17 世纪，科学作为一种事业终于得到了社会承认，不再处于社会的边缘。所谓科学得到社会承认，关键是得到主流社会的承认，得到统治者的承认，科学活动和科学家身份取得合法性。随着近代科技兴起，科技进步给社会带来的巨大作用，已为社会所充分认识，也得到了各国统治阶层的扶持和鼓励。17 世纪里，英国皇家学会、法兰西科学院和德国柏林学院等纷纷建立，科学家们第一次有了自己的组织。科学和技术活动从此步向备受社会瞩目的中心位置，科技事业从此演变为社会的主流事业，科学技术转化为巨大生产力的时代由此开始，科学家、发明家逐渐成为社会中最受尊重、最有人格魅力的群体。

技术也一样，技术、手艺，过去一直和社会下层联系在一起。有手艺的人，能搞发明创造的人，并不为社会所器重。在上流社会、主流社会看来，手艺只是手工工匠谋生的小技巧，即使出现

某些新方法、新工具、新设备，也只是普通民众的事，而与不事生产的统治阶级没有多大关系。统治者关心的是劳动者向他们缴纳劳动果实，至于劳动者日常生产中的技术小创造，他们自然是不屑一顾的。

到 16、17 世纪，技术对社会的贡献率越来越大，亦越来越为社会所注目，社会的认可度越来越强，社会产品中的技术含量越来越高。上至国家、国家的统治阶级，下到普通劳动者，都成了技术成果的享受者。1615 年，"技术"（technology）正式成为英语词汇。^① 国家也越来越重视和鼓励技术发明，颁布发明专利，保护发明者的权益。17、18 世纪欧洲出现了发明热潮，有人总结说，几乎每一天都有新发明产生。

（二）重视知识，重视科学方法

当科学由边缘走向中心、推动社会进步时，科学知识越来越受到重视，科学研究的方法论也产生了。这个时代确立了科学研究两种基本方法，一是归纳法，一是推理法，今天不但科学家遵守，也影响着普通人的思维方式。

英国的培根，阐述了各门学科对人类智慧和思想的不同意义，认为"哲学使人深邃，数学使人严密，历史使人明智"；他也特别重视人类知识的积累和学习，提出了"知识就是力量"的著名格言。培根强调用感性和理性两种方法来获得知识、消化知识，认为感觉是一切知识的源泉，感性材料又必须用理性方法来整理消

---

① 　D. S. Cardwell, *Technology, Science and History,* Heinemann Educational Books Ltd, London, 1972, p. 31.

化。他指出，不要像蜘蛛，只知从自己肚里吐丝结网；也不要像蚂蚁，只会采集；而应像蜜蜂那样，既会从花园和田野中采集材料，又会靠自己来"消化和改变这种材料"，进行整理加工。培根提出以归纳法作为科学研究的基本方法。所谓归纳法，就是要从一大堆现象材料中归纳总结出科学真理，归纳法的基础是必须认真地观察事实，由此科学真理的获得必须重视经验、重视实验。培根自己在进行实验时也非常谨慎，重视题目的选择、步骤的检验、资料的分类，要有正反两方面实验的比例，并进行比较。由此培根创立了现代实验科学。

法国的笛卡尔则强调推理的作用。笛卡尔是哲学家，他的哲学精髓是唯理论，唯理论又是从怀疑开始的。在他看来，一切都可怀疑，权威可以怀疑，经验也可以怀疑，经验是不可靠的、不真实的。那么有没有不能怀疑的东西呢？笛卡尔说有，那就是"我"的存在。由此笛卡尔引申出了一个著名的命题"我思故我在"，认为只有"我"的思维存在，我们认识的一切事物才是真实的。"我"的思维就是理性，只有理性才是最可靠的，只有理性才能找到真理，因此科学研究中推理是最重要的。笛卡尔又是数学家，他把数学方法看作是最可靠的研究方法。

探讨科学知识分类的还有荷兰哲学家斯宾诺莎。他认为要区分三种知识。第一种是感性的知识，这是通过个别经验得到的，不需要提炼思索，不能算作真正的科学知识。第二种是理性的知识，这是由一件事推知另一件事而得到的知识。这种知识已经深化，但仍不完满。第三种叫作直观的知识，这是"从事物的本质考察事物"，这才是最正确、最高级的知识。

（三）创新成为科技活动的导向

技术活动的模式也从模仿吸收转变为以创造为主。在中世纪欧洲也有发明创造，但这些发明几乎都是在模仿中国、印度和阿拉伯人的科技成就基础上起步的。这时的欧洲人不忌讳自身的落后状态，愿意接受外来的技术发明和创造，从而成为阿拉伯技术的卓越模仿者。到近代早期，模仿当然还有，更多的是创造，是创新。有个说法称，这时的发明家"看大家所看到的，却想别人所想不到的"①，标新立异成了追求，"物不惊人死不休"成了价值取向。

培根曾经论述了三项发明——印刷术、火药和指南针——的巨大影响，说它们改变了世界的整个面貌，第一项是对于文献，第二项是对于战争，第三项是对于航海。除此之外还有许多技术创新。特别是随着活字印刷术的发明，书籍大量出版，使广大社会民众能够更快、更直接地接触和接受新技术、新思想，提高受教育水平和知识水平。欧洲不但成了有文化的欧洲，也成了有思想的欧洲。

（四）增强了自信心和探索精神

科学革命和技术变革使人类变得更有自信心。科学和技术的辉煌成就，展示了人类征服自然世界的巨大能力。以往那些人类感觉不可思议的现象，那些神秘莫测的事物，那些令人生畏的东西，在科学面前都露出了原本的真相。

人类为了满足自己的需要，还可主动创造出有用的东西，在

---

① G. I. Brown, *The Guinness History of Inventions,* Guinness World Records Ltd, 1996, p. 6.

创造的过程中还能将这些东西不断推向更好形态，不断精益求精，不断推陈出新，人类没有理由不为自己自豪。或许，这是文艺复兴科技成就给人类的最大精神愉悦。

科学技术也使人们感觉到自己的力量无穷无尽，大自然的奥秘人们都可以通过自己的活动打开，人们更充满激情地去探索未知世界。

（五）改变了思维方式

科学革命和技术变革促使人类思维方式更加科学化、精密化、分析化。科学也好，技术也罢，都是以求真为基本原则的。这种求真意识，使人们在面对任何事物和任何问题时，都能具有科学的态度，都能更加细致缜密地考虑影响和制约事物的各种因素，都能深入分析事物构成的各种因子，从而有针对性地找出事物本质和解决问题的方法。科技革命大大强化和普及了这种理性思维。

从科学思维的模式和方法角度看，西欧和中国有重大差别。古代中国人的思维方式是综合性思维，笼而统之，不加细分；也是中庸思维，天人合一，求善不求真，大而化之，这种思维模式不可能孕育要求精确的近代科学。而16、17世纪产生的近代西方科学则是分析性思维，要么是层层深入，从大到小，从外到内，由表及里；要么是以自身为出发点，由小到大，由内到外。这种分析性思维也不是不要综合，而是在分析基础上的综合，在个体的基础上进行总体概括。这种思维模式最符合求真的基本原则。

（六）科技使人际关系简单化、社会化

在社会生活方面，科学技术揭开了大自然的神秘面纱，导引着人类去征服自然世界，而不是热衷于人们内部的倾轧斗争，从而使人与人之间的关系趋向简单化，这是西方近代科学文明的一大特征，由此也形成了西方文化与东方文化的一大差异。此外，科学技术带来先进的交通和交流工具，使地各一方的人们联系更加紧密，也使人们活动的范围扩大，从而使社会生活更加丰富多彩。

科学和技术的进步又使新的社会关系逐渐形成。从事科学和技术工作的人员并非神人，他们也要每天面临生计、工具、仪器、社会和经济等问题，他们的发明创造都不是孤立的，必须考虑别的科技人员的态度，考虑社会其他成员的态度，这种社会关系的相互依存，是现代社会的重要标志。科学技术本身又有细密和严格的分工，各环节之间必须有高度的协作，因此又存在工作关系上的依赖性。既分工又协作，是现代社会运转的主要方式之一。

五、对"李约瑟难题"的一点思考

"李约瑟难题"始终引起学术界的兴趣。所谓"李约瑟难题"，是说中国古代科学技术要比西方发达得多，在科技发明创造方面古代中国有不计其数的世界第一，但是，在许多方面领先的中国古代科学技术并没有促使近代科学技术的产生，16、17世纪起，先进的中国反倒与落后的西方对换位置。造成这一历史现象的原因究竟是什么？

对"李约瑟难题"有种种回应，可以列举若干种有代表性的观点。

一种观点提出，"李约瑟难题"根本就是伪命题。持这种观点的学者认为，西方在近代以前的科技确属落后，但中国古代的科技也未必先进。如果先进的话它必然会有生命力，不至于轻易地被扼杀；如果像灯火一样只能闪亮一时，那它就没有适应社会发展的潮流，也就不具备先进性。有学者甚至认为，中国古代许多发明实际上没有应用价值，如中国的活字印刷采用泥活字，问世近千年也未能形成产业，这样的发明能说有多大的社会价值？倒是14世纪以前的欧洲出现了一些古代中国完全没有的科技成就，如肥皂、眼镜、大炮、机械钟，是在后来人类社会生活中具有深远影响的事物。

以美国戴维·兰德斯为代表的学者认为，中国古代确实有许许多多的技术发明创造，有许许多多的科学思想闪光，但中国的这些科学思想和技术发明，仅仅是一些互不相连的亮点而已，彼此之间在时间上也没有承继关系。一代一代的科学发明出现了，但是很快又消失了；后来的人们重复着同样的创造，同样也很快地消失了。如此循环往复，科学技术的水平几乎与几千年前无异。而西方的科技创造成果虽然不多，但大多数发明是在前人成果的基础上进行不断创造和不断改进的，亮点连成了光线，并且不断地延伸。

应该说，从"李约瑟难题"的提出，到对"李约瑟难题"的回应，大部分研究者都具有追求真理的精神，都抱着实事求是的态度，都试图从某个角度说明问题，因而其观点自有其正确或合理之处，不可轻易否定。

毫无疑问，古代中国的科学技术确实要比中世纪欧洲先进得多。然而中国古代的科技成果大多只是少数个人兴趣和爱好的产物，或者只是秉承当时统治者意志而行事的结果。科技还不成为一种事业，尤其未成为一种社会事业，它对社会生产的关注度较低，难以为社会所知，很少受到大众瞩目，因此它不大具备推广的社会基础，也缺乏传承的社会机制，致使大多数发明创造常常只是停留在初始阶段，重复出现，而很少有一个台阶一个台阶地往更高的发展，很少更深一步的创新。

与中国古代科技活动总是停留在个人行为层面相反，近代西欧科技兴起的最大成功之处，在于它不但成长为一种事业，社会广泛关注的事业，而且还成了社会大众广泛参与或介入的事业，成了几乎是人人的事业。这种关注，说明了一种广泛的社会需要，说明处于转折时代的社会大众对新的生产手段和生活方式的追求，这是科学技术创造的需求前提。这种关注也使科学技术进步不再偏离社会需要的轨道，减少那些仅凭个人兴趣所致的无谓劳动造成的物力和智力资源的浪费，从而集中于有益于社会进步的事业。社会的关注和参与，又使科学技术创造活动能够持续不断地进行，使后人的活动总是能植根于前人成就的基础之上，而不至于中断或失传。社会参与程度的提高，激发了大众的创造力和能动性，也使科学技术成果更加丰富化、多样化。在这种广度的推进中必定会有深度的拓展，在大众创造的基础上必然会有科技精英予以总结和提升。

第三讲　西欧法律的传统

王亚平（天津师范大学欧洲文明研究院教授）

西方的法律体系分为两大法系，即英美法系和大陆法系，这两大法系有着相同的法律传统，即：古希腊哲学思想中有关"正义"和"平等"的两个法理要素；罗马法的法律形式和法律原则；日耳曼人习惯法的传承。古希腊哲人在对人与自然关系的探究中进一步衍生出人与人之间在社会共处中应遵循的准则，这是产生法理学的社会基础。希腊各城邦虽然被马其顿征服，但同时也开启了一个新的希腊化时代，希腊哲人提出的法理要素具体地体现在了罗马人编纂的法典中；迁徙到欧洲的日耳曼人在与罗马人的接触中，选择性地在他们的习俗中融合了罗马法的形式和原则，口耳相传的部落习俗演变为在一个地区规范人们社会性行为的习惯法。吸纳古希腊法理要素以及罗马法形式和原则的日耳曼人习惯法，浸透了西欧封建社会，对西欧后世，尤其是在12世纪西欧法律科学化的过程中施加了重要的影响。

这三种不同社会形态的法律为什么能对西欧各个国家产生巨大的影响？在这里我们将就这一问题对希腊城邦、古罗马的社会以及日耳曼人的社会做一浅显的分析。

一、古典希腊哲学中的法理要素

古希腊城邦

提到古希腊人们首先想到的是城邦，古希腊的城邦不是一种统一的国家政治体制形式，确切地说应该是大大小小规模不等的群居点，"城邦"（polis）是独立的政治实体，各个城邦都有各自的经济结构和社会结构，有各自管理群体社会的方式和组织结构，从而创造了各种对后世政体产生重要影响的政体制度，即：贵族制、僭主制、寡头政治、民主制，等等。英国学者巴克（Ernest Barker）在《亚里士多德的政治学》一书中曾就 polis 这个词如何翻译成英语的问题做过详细论述[①]，他认为从 polis 这个单词中可以引申出很多单词的含义，这就在翻译时要面对两个主要的难题：一是这个词包含很多不同意义的词：citizen，statesman，political theory，constitution，civic body，因此只有把所有这些词义组合起来，取义公共社团和城邦（polis）的共同生活。二是这个词更多是用于法律的意义，很少用于社会的意义，而我们今天意义的 constitution 绝不是一种生活。西方学者将这个词翻译为 city-state（城市国家），我国学界将其翻译为"城邦"。在拉丁语系中，以 polis 这个词为词根派生出了政治、政治学、政策等多个政治学的名词；然而，polis 这个词很难用现代的政治学的术语一对一地简单地进行翻译，它包含了多种不同意义的现代单词的词义，但

---

① 〔英〕巴克：《亚里士多德的政治学》（*The Politics of Aristotle*），牛津大学出版社1946 年版，"前言"，第 54 页。

却不具有今天我们通常所说的政治学的含义。什么是"政治"？根据我国出版的《简明哲学词典》中的解释：政治"就是参与国事，确定国家活动的方式、任务和内容"。抑或可以这样说，国家制度、国家管理、对阶级的领导和党派斗争等问题，都属于政治的范围。但是在西方的语境中"政治"更多的是具有公共社会的内涵，德国学者科布勒就曾经为政治作了这样的定义："政治是以塑造公共生活为目的的行为。"美国政治学学者萨拜因认为："按照雅典人的概念，城邦是一个社会，在这个社会中，它的成员过着和谐的共同生活；在这个社会中，允许尽可能多的公民积极参与活动，不因为地位的高低或财富的多少而受歧视；在这个社会中，它的各个成员的才能都找到了自然的、自发的和愉快的出路。"因此，"在公民的和睦相处并参与共同生活这样的概念所确定的范围内，雅典人的这一理想为政治上的两个基本准则找到了适当的位置。这两个基本准则就是自由和尊重法律"。[①] 或许可以这样理解，正是为了维护这种共同生活，古希腊的哲人们对此有了大量的论述。

雅典民主政治的社会基础

雅典城邦大约有 25 万人，居住在面积约 1000 平方英里领土上。雅典城邦位于希腊东南部的阿提卡半岛上，这里有漫长曲折的海岸线，有利于航海的良好港湾。然而半岛上少平原多山地，崎岖不平且又贫瘠多石。山地不适于农业经济，但雅典城邦依然

---

① 〔美〕乔治·雷·萨拜因：《政治学说史》，盛葵阳等译，商务印书馆 1986 年版，第35、37—38 页。

是一个农业社会，公元前 5 世纪末期，大约 3/4 的自由公民居住在乡村，拥有农村的财产，然而大地产很少，多是小农田，最大的土地占有者拥有的土地只不过才 70 英亩，一般拥有 45 英亩土地就已经是大土地占有者了，而最小的土地占有者甚至只占有 5 英亩土地。这与斯巴达城邦在经济结构上有很大的差异，斯巴达人定居在伯罗奔尼撒半岛东南部的拉哥尼亚地区，这里有适于农业生产的肥沃的平原，此后占领的美塞尼亚的土地也很肥沃，这些土地基本掌握在城邦的贵族手中，形成了奴隶主专制的政体。雅典城邦的地理环境不适于农业，但山地可以为手工业提供大理石、银、陶土等原料，使手工业、航海业有了与农业并行发展的可能，公元前 7 世纪末期，雅典已经发展成为一个巨大的手工业中心，其生产的陶器远销黑海沿岸、埃及、伊达拉里亚以及伊比利亚。

在民主制的政体中以雅典为代表。雅典是学者们研究最多的希腊城邦，雅典城邦的政体是民主制，构成雅典民主政体基础的是其特有的社会结构和经济结构。活跃的手工业和商业使雅典社会中保有大量的自由民，这些自由民一般是外邦人，又被称为平民，大约有 3 万—4 万，被分为“重甲步兵”和“日庸级”两个等级。雅典城邦的平民没有参与城邦政治的权利，有权参与城邦政治的只有公民（politai），能够获得公民权利的依据是其出身，而公民掌握政治权力大小的依据则是财富，在这个以财富划分等级的社会中，公民之间除了财产以外没有很明显的界限。参与城邦政治的公民与平民之间，因为利益冲突产生的矛盾成为雅典城邦社会中的主要矛盾，缓和这个主要社会矛盾是雅典城邦一系列改革的主要目的，这无疑成为雅典民主政治的社会基石。

雅典的政治结构

雅典城邦的这种社会结构决定了它没有也不可能建立起一个由少数人统治的机构，城邦在处理政治事务中无法排斥那些贫穷的自由的公民，这就有了公民大会这样的社会机制。公民大会由富有的和贫穷的自由公民组成，它是雅典的最高权力机构，掌有政治的创议权。公民大会每年召开40余次会议，每次的与会人数平均5000余人，城邦中的所有重大的事务几乎都要在公民大会上进行讨论和表决。监督公民大会的五百人议事会，以抽签的方式选出议事会的成员。因此富有者很少能通过财富扩大自己在公民大会和在五百人议事会中的权势。为了保证那些通过抽签而被选出的穷人议事会成员，不会因履行应尽的职责而减少生计，被称为"平民领袖的"执政官伯里克利执行新政，在参与城邦的管理过程中给予他们相应的报酬。伯里克利认为："任何一位公民只要有所作为，他就会被推荐担任公职；这不是一种特权，而是对功绩的报偿。贫穷绝不是一个障碍，一个人不论他的身世多么寒酸都能为他的国家造福。"希腊的城邦制度是西方宪政制度最原始的起源，这是众多学者都认同的观点，但正如莫里森所言，"城邦既是人类组织权力的产物，也是一个不完善的制度"。尤其是当通过抽签选举出的富人在城邦的政治体制中的政治影响越来越大时，公民大会的民主性自然相应地要有所削弱，尽管富人对城邦事务的控制从来没有得到合法的认可，雅典的民主政体的民众性始终发挥着作用。可以这样说，正是因为社会中的大众民主性和富人企图对政权进行控制的政治要求，才激发了古希腊学者对人与人之间关系的极大兴趣。

如何调解在城邦中居住的公民之间的相互关系，保障社会秩序，是雅典人在认识自然界、认识人的自身过程的同时不断探索的重要问题之一，这就必然引发了希腊哲人们对城邦的讨论。美国的法律哲学家博登海默在其关于法理学的著作中开宗明义地指出："希腊人经由对自然、社会和社会制度所做的彻底且基本的分析而成了西方世界的哲学先师，与此同时，希腊哲学也成为了人们考察整个世界哲学的一个显微镜。希腊思想家提出的一些假设和结论因日后的经验和发现而未经受住时间的考验，但是这些思想家用哲学的术语提出和讨论人生的基本问题的方法以及寻求解决这些问题的各种可能进路的方法，却可以说是持之有效的。"

古代希腊的哲学家们在围绕关于城邦的辩论中阐述着对自然界、社会和社会制度的认识，其焦点之一就是关于城邦问题。尤其是柏拉图和亚里士多德，尽管他们论述城邦的观点有所不同，然而，他们论述的角度则是相同的，他们在界定、分析众多城邦的共同点，阐述其显著差异的过程中着力讨论的是城邦中的人。他们共同关注的是人的存在（being），存在于自然界的人，存在于社会群体中的人。或者可以更确切地说，人必须依赖大自然才能生存，而且人具有自然合群的本性；因此，人与自然界的关系，以及人在社会群体中的相互关系，是在论述城邦时不能不涉及的两个重要问题。

古希腊的城邦政体是在氏族制度逐渐瓦解的历史时期产生的，个体小农经营农业的方式，个体小手工业者构成的手工业结构，简单的产品交换方式，都是瓦解氏族社会结构的重要因素，同时也是构成新的社会结构的经济基础。因为是在交换方式的作用下氏族社会机构逐渐地瓦解，在新形成的社会关系中就奠定了三个最基本的法律要素，即：

> 主体——你、我、他；身份享有的权利和应尽的义务＝公民权
>
> 所有权——我的、你的、他的（财产的私有权）
>
> 契约——我、你、他之间的交往、分配，利益的交换

古希腊的城邦可以说是一种按照政治方式组织起来的政治体制，但因为它是从氏族制度中演变发展而成的，因此其本身又具有宗族社会遗留下来的多种因素，宗族的习惯和传统与新的政治秩序之间必然会产生矛盾，相互进行着较量，更何况古希腊城邦的主要经济活动是商业，商业活动本身具有的游动性加大了社会的流动性，人与人之间的社会关系超越了氏族部落的范围，有学者指出，"因此，氏族、胞族和部落已不适宜于作为政治集团了：大量的雅典公民不属于任何氏族；他们是移民，他们虽然取得了公民权，但是并没有被编入任何旧的血缘团体；此外，还有不断增加的仅仅被保护的外来的移民"。毋庸置疑，如何保持或者保障变化中社会的秩序和安定，是古希腊先哲们最关注的问题。"因此，古希腊哲学家们又试图在服从习惯和传统以外和在政治最高权力者即时性的意志以外为社会控制探寻到某种可靠的基础。"在这个还没有形成统一权力的新建构的社会团体中，建立稳定的社会秩序，适当地调节新的生产方式和交换活动中人与人的社会关系，是希腊先哲们明确提出和要回答的问题，由此引发了关于"正义"的论述，正如庞德所说的，"法律科学的起源之一乃是有关正义和社会秩序的古希腊哲学理论"。[①] 因此，正是在希腊人围

---

① 〔美〕罗斯科·庞德：《法理学》，邓正来译，中国政法大学出版社 2004 年版，第 26—27 页。

绕 polis 进行的辩论中，对城邦进行分析的过程中，提出了"正义"的概念，并且从"正义"中引申出了法治的议题。如何进行法治是从柏拉图时期起的哲学家们一直探讨的问题，在西欧消失了几百年的希腊哲学于 12 世纪重新回归，与处于上升地位的商品贸易相遇，经院哲学家们在宗教哲学的辩论中再次对古希腊哲人曾经辩论的议题投注了极大的热情，在经院哲学的思辨中衍生出了欧洲近代的政治学、法理学等诸多重要的问题，其中对西欧法律影响最大的是，提出了"正义""习惯法和制定法"这两个法理概念。

古希腊哲人阐述的"正义"

古希腊人所说的"正义"ius（justice，公正的道理）主要是指财产权，"欠债还钱"是"正义"的表现，这是保持以交换为主要活动的社会平稳的一个重要方面。柏拉图认为，正义的承载体是"国家"，这个国家是"混合式"的，是要通过力量的均衡达到国家的和谐，均衡的原则是调节权利和利益。国家中的公民应该分为三个等级，即：普通人、兵士和卫国者。每个人都有具体职责，每个人都应该把自己的活动局限在符合其职责的范围内，一个人应当做他的能力使他所处的生活地位中的工作；因此，社会中就有了执掌权力的人，辅助权力的人，从事商业、手工业、农业和从事战争的人，各守本分、各司其职，这就是正义。

"理想国"
　　一个人应当做他的能力使他所处的生活地位中的工作
　　人的天分和能力不同，在国家从事根据他的能力占有的位置的工作在一个理想的国度中应该有三个等级，即：

金质人（哲学家），统治者

银质人（军人），保卫者

→ 这两者应该没有私人财产和家庭

铜质人（手工业者和农民）——→ 有私人财产、家庭

如何做到这些呢？柏拉图认为"建立一个城邦并为它立法乃是使人脱离孩提时代的一种最好尝试"，在理想的具有正义的城邦里，哲学家就是王，或者君王具有哲学的精神和力量，使政治的伟大和智慧合二为一。然而，柏拉图认为这样的城邦只是一种很难完全实现的"理想国"，因为它只能是依靠法律进行统治的。这样就能实现：

社会井然有序→人人各司其职、各守本分→国家的结构＝国家是正义的承载者

但这只是"理想"，很难真正实现；为此，柏拉图提出了法律的重要性，撰写了著名的《法律篇》，对城邦的政制进行较为全面的阐释。但是，柏拉图并不认为给予法律最高的权威是管理城邦最佳的方法，这是因为希腊城邦时期所说的"法律"，"在当时可以指伦理习惯、商业惯例、宗教仪式、一般意义上的法律、一项法律规则，以及整个社会控制"；所以，柏拉图认为，应该给予明晓统治艺术、具有大智慧的人以最高的权威，但很难找到那种"具有高才智和不会做出错误判断的人"控制整个社会。所以，正义分为：人类的正义、神的正义。柏拉图在阐释正义的时候，为其赋予了唯心的色彩。

柏拉图的高徒亚里士多德没有完全秉承他老师的观点，他认为，正义是一种"平等"的观念，因为正义是以公共利益为依归

的，是因人要求过共同的政治生活的本性使然，从而组成了家庭、村庄、城邦这样的社会共同体。亚里士多德认为，国家是以至善为目的的最高的集体，它是由若干个乡村结合而成，乡村则是由若干个家庭结合而成。在这个最高的集体——国家中，法律是正义的体现。法律是国家用来掌握权力并处罚违法者的一种规章，法律还是一种社会秩序，而良好的社会秩序所基于的是遵守法律的习惯。"要使事物合乎于正义，须有毫不偏私的权衡，法律恰恰是这样一个中道的权衡。"

在亚里士多德看来，正义是一种社会美德，关系到周围人的态度。公正的人的标准：除了赋予他的东西以外，他不想拥有比这更多的；在社团里，正义表现在平等里，谁也不能无缘无故地拥有比赋予他的东西更多的；因此，正义有两种表现形式：一是"交换公正"，在每个单一的个人之间的权利关系里都有正义，它存在于各种契约之中，因此就是缔约的公正，也就是交换公正。交换公正的原则是平衡，对违规者的惩罚就是等价的报偿，是对被违权者的补偿，这种平衡是通过法官来实现的。二是分配公正，在一个特定的共同体之内分配荣誉、财产，等等。分配公正的原则在于，由于政治制度不同，准则也就不同，在贵族政体中，贵

亚里士多德（Aristotle），古希腊哲学家，一位百科全书式的著名学者，在哲学、政治学、法学和自然科学领域都对后世产生了重要影响。在欧洲 12 世纪文艺复兴时期，出现了一个研究亚里士多德主义的时代。

族和平民因为出身、财产的不同而不平等；在民主政体中，公民
是平等的。所以，亚里士多德又把正义分为：自然的政治正义和
习惯的政治正义；普遍正义和个别正义；分配的正义和矫正的
正义。

习惯法（神法）和制定法

柏拉图把正义分为人类正义、神的正义两大类。亚里士多德
也把正义分为两大类：自然正义，即在任何地方都有同等的效力，
不取决于人们是否接受；惯例正义，即可以用这种或那种方式确
定的正义规则。由此就产生了两类法律：制定法（当权者的命令）
和自然法（社会中约定成俗的习俗或神法）。亚里士多德认为公平
是公正的一种形式，存在于行为偏离法律的措辞里，是对法律权
利的一种必要的补充，因为法律是普遍被掌握的，但法律总是会
显示出某些漏洞。任何法里有一些规定在实质上是公正的，立法
者不能对其做别的安排，另一些规定是建立在实在法之上的，而
自然的公正就存在于实在法的秩序里，所以必然要有自然法和实
在法。实际上就是习惯法和行政命令之间的关系。

公元前 7 世纪是希腊城邦制发展的开端，各种类型的城邦制度
促进了立法活动的活跃。公元前 621 年雅典的执政官德拉古对当时
现存的习惯法进行整理，汇编成册，编定了雅典的第一部成文法。
此后的历任执政官，如梭伦、克里斯提尼等，都把立法作为其执政
时期进行改革的重要内容；在斯巴达及其他的城邦中也都有立法活
动。毋庸置疑，这些立法活动必定程度不同地触动了社会中一定
群体的利益，因此必定引起他们的反对。反对的依据是约定俗成
的习俗，这些习俗都是以神法的形式出现，古希腊悲剧作家索福

克勒斯的悲剧《安提戈涅》在这方面为我们提供了一个比较典型的实例。这部创作于公元前 442 年的作品被直至今日的后世法学家们津津乐道，尤其是在谈到自然法时。在这里我们不妨对这部悲剧做个简要的介绍。

悲剧中讲述的故事发生在古希腊的底比斯，俄狄浦斯国王的两个儿子相互争夺王位，结果兄弟自相残杀而死。他们的舅父克瑞翁"渔翁得利"登上了王位，新国王以"使城邦繁荣幸福"的原则为依据宣布命令，按照习俗隆重安葬厄勒忒俄克勒斯，同时下令任何人不得埋葬波吕涅刻斯，因为他曾借其岳父的兵力征战，是底比斯城邦的叛徒。波吕涅刻斯的妹妹安提戈涅不顾克瑞翁的法令，按照习俗安葬了她的哥哥波吕涅刻斯。克瑞翁派兵抓住了这个大胆的少女，讯问她为什么胆敢违背法令，安提戈涅回答说："因为向我宣布这法令的不是宙斯，那和下界神祇同住的正义之神也没有为凡人制定这样的法令；我不认为一个凡人下一道命令就能废除天神制定的永恒的不变的不成文的律条，它的存在不限于今日和昨日，而是永恒的，也没有人知道它是怎么出现的。"为此，克瑞翁下令将安提戈涅关进石窟。克瑞翁的儿子、安提戈涅的未婚夫海蒙为了爱情在安提戈涅被处死后自杀殉情，克瑞翁的妻子因无法承受丧子之痛而在宫中自尽。先后失去了儿子和妻子的克瑞翁，在先知的劝说之下终于幡然觉醒，然而悲剧已经发生，最终克瑞翁落得孤独地留在人世上的悲惨命运。

希腊的哲学家们用神的概念来诠释习俗和习惯法，将约定俗成的惯例看作是神的旨意，因此是不能更改的。《安提戈涅》非常生动形象地描述了古典希腊时期神法与制定法之间的矛盾冲突。所谓的神法，更确切地说就是"没有人知道什么时候出现"，而且是"永恒的、不变的、不成文的"习俗，是自然生成的规则，也就是自然法。

古代自然法思想

所谓的自然法实际上是一个哲学的概念，在中世纪是经院哲学的概念，是从哲学的角度对习惯法的阐述。真正确切提出自然法这个术语的是罗马人西塞罗，在古希腊时期还没有这个术语，但是有强烈的思想。这是因为处于古代文明社会中的希腊人还强烈地依附着大自然，在他们的认识论里还没有完全地把人从自然界中剥离出来。自然界对人类产生的极为强烈的影响，在宗教上的反映自不必说，在哲学、政治学以及法学方面的反映也是如此。英国学者莫里森说："古典自然法并不意味着自然权利，而是意味着自然的功能、目的和义务。古典自然法构建了一个为自己定位并赋予自身意义的关系网，在这个关系网外的是存在的死亡。"古希腊的哲学家们认为，人是大自然中的一个元素，在自然界中每个人或每件事物都有为他或它规定的地位与规定的职务，即使是代表着法律和正义的主神宙斯也要服从统御万物的法令。亚里士多德强调："自然的正义规则，在任何地方都具有同等效力，而不取决于我们是否接受它。"[1]

希腊先哲们关于自然的观念在希腊化时代发生了变化，斯多葛主义的哲学家们认为，"自然的过程是严格地为自然律所决定的"，自然的过程是被一个"立法者"所规定的，而这个"立法

---

[1] 〔美〕博登海默：《法理学：法律哲学与法律方法》，邓正来译，中国政法大学出版社 1999 年版，第 11 页。

者"同时也就是一个仁慈的天意，因为神与世界是分不开的。"一切事物都是那个叫作'自然'的单一体系的各个部分；个体的生命当与'自然'相和谐的时候，就是好的。就一种意义来说，每一个生命都与'自然'和谐，因为它的存在正是自然律所造成的；但是就另一种意义来说，则唯有当个体意志的方向是朝着属于整个'自然'的目的之内的那些目的时，人的生命才与'自然'相调和。"人与自然之所以能够和谐，能够调和，是因为在人的本性和整个自然界之间存在着一种基本的道德上的吻合，因为人是有理性的，神也是有理性的，正当的理性是自然法则，教给人们必须做什么，回避什么，各项原则不可改变，是到处适用的公正和正确的标准，无论是统治者还是臣民都要遵守，因为自然法则是神的法律。斯多葛派的哲学家们把自然法看作是遍及整个宇宙并规范宇宙秩序的神的理性的表达，认为人类固有的自然法是泛神论世界观的一个方面。

古希腊哲学家们阐述的正义和自然法是当时法律思想体系中两个最基本的法理要素，在此后的社会历史的发展进程中，从这两个基本法理要素中产生了权利与义务的观念。

二、罗马法的原则

罗马法在世界法律体系中占有非常重要的地位，马克思说它是"商品者社会的第一个世界性法律"。古典时期的罗马经历了三个历史时期：王政时代、共和时期和帝国时期。罗马法的产生和完善是在这三个历史时期的进程中逐步完成的。罗马法的内容非常丰富，它包括：(1)罗马的习俗和习惯；(2)平民议会制定的法令；（3）元老院决议；（4）长官的告示；（5）皇帝敕令，主要是皇帝的敕谕、敕裁、敕示、敕答；（6）具有法律解答权的法学家的解答与著述。

古罗马的社会

古代罗马国家发源于意大利半岛，最初是古希腊的殖民地，公元前753年开始修建罗马城，公元前600年左右落成。罗马与古希腊在地理环境、经济结构和政治结构方面都有显著的不同。首先，古罗马的社会经济结构与希腊有着极大的差异，意大利半岛虽然有漫长的海岸线，但可作良港的地方不多；与希腊半岛相比，在意大利半岛上更适宜农业生产活动，这就使罗马社会相对稳定。阿尔卑斯山把意大利半岛和欧洲大陆一刀切开，山内陡峭，而山外却很平坦，从大陆进入意大利比较容易，而由半岛进入大陆则较难。阿尔卑斯山阻碍了意大利半岛上的居民向外迁移，却又无法有效地阻挡中欧民族的进入，这就导致外来移民借助武力强行进入这一地区，致使战争连绵不断，这也成为古代罗马历史上一个显著特征。

意大利半岛与阿提卡半岛的不同点是有较大的平原，因此原始农业经济较为稳定，形成了以父权制家庭为最基本的社会劳动单位，父权以一夫一妻制的婚姻为基础，家庭的成员中除了有血缘关系的直系亲属外，还包括奴隶以及受其保护的人。在这个家庭中，丈夫是一户之主（pater familias），掌有对属于这个家庭所有成员的支配权，包括生杀大权在内。"较小群体的结构通过原始家庭的政治特点表现着自己，它的基本表现为'家父'权力至高无上性……这种权力曾是一种涉及要事物和隶属于家父的自由人的统一主权，因此它的对象是土地及其附属品……隶属于家父的自由人和奴隶，以及处于支配权之下的牲畜。"社会的生活、经济活动以及社会的交往都局限在家庭的范围内，被称为"自有法家庭"（familia proprio iure）。罗马的这种父权家长制的观念被应用于国家这个共同体中，国王就像家长对家庭成员那样对其臣民拥有司法权；因此，在罗马父权制的家庭中逐渐产生了"法"（ius），德国学者瓦尔德施泰因认为罗马家庭是"一个封闭的法律社团"。公元前 8 世纪，意大利半岛上的拉丁人、萨宾人和埃特鲁斯人在相互的征战和兼并中，完成了以血缘关系为纽带的部落到确立地域性的城邦制度的过渡，罗马进入了王政时代。公元前 6 世纪初期，罗马在确立奴隶制的同时结束了王政时代，开始了共和时期。共和时期的政治结构：两名执政官（取代王）；元老院（300 人），罗马氏族的成员构成，是议事机构；公民大会（库里亚，地域单位）。

　　共和时期的罗马是一个由移民和各个氏族部族构成的国家，移民构成了新的社会阶层——"平民"（Plebejer）。"平民"这个社会阶层的成员，一是来自被兼并或者被征服部落中的逃亡者，二是因为工商业活动而迁移来的居民，他们是因为在罗马的广场上每八天开设一次的集市而在附近定居的。"平民"从法律的角度看是自由人，他们一般从事手工业、商业，或者租佃罗马氏族贵族的土地。尽管平民被包括在了城邦的公民大会中，也有相当的经济实力，但因其不是罗马氏族部落的成员而不能享有与罗马人同等的政治权利，又因为其不隶属任何一个罗马氏族家族而无法获得氏族特权的庇护，更谈不上享有氏族的权利。平民与罗马氏族部落成员在权利上最大的差异在于，他们无权获得公有地，但却要承担捐税的负担，必须履行服兵役的义务。在罗马这个社会中，"公共权力在这里体现在服兵役的公民身上，它不仅被用来反对奴隶，而且被用来反对不许服兵役和不许有武器的所谓无产者"。另一方面，共和时期的罗马是一个由移民和各个氏族部族构成的国家，每个部族的家庭实行着各种不同的甚至是相互矛盾冲突的习俗，父权的司法权与国家的司法权被混合在一起，这也是平民和氏族贵族之间产生矛盾的一个重要原因。掌握元老院和公民大会权力的氏族贵族掌握着司法审判大权，以元老院决议的形式发布着各种法令，平民与罗马氏族成员之间的矛盾日益激化。公元前494年，平民以拒绝服兵役为条件迫使贵族承认了其推举的护民官，借助朱庇特神的权威通过了"神圣约法"，以此保证护民官的不可侵犯性，为维护自身的利益推举护民官有了自己在政治上的代言人和保护者。为了保证平民现行习俗和传统具有法律的效力，抑制贵族滥用特权侵害其利益，平民于公元前451年提出要求，由平民与贵族共同组成法律委员会，即十人编纂委员会，统一编纂现行的习俗和传统，次年颁布了《十二表法》（The Twelve Tables）。

罗马法

所谓的《十二表法》，是十人编纂委员会把在罗马现行的习俗和传统进行成文编辑后，刻在了12块木板上，竖立在罗马的广场，后因木板损坏而改为刻在铜板上，因此国内学者也将其翻译为《十二铜表法》。公元前391年高卢人入侵后12表被焚毁，今天所了解的表的内容都是西方学者从散见在拉丁文史料中收集的，其内容：第1—3表：程序和执行（传唤、审理）；第4—5

表：家庭和遗产（债务、家长权、继承和监护）；第 6—7 表：合约、租借、邻里关系（所有权和占有、土地和房屋）；第 8 表：个人的违法行为（私法）；第 9 表：刑事（公法）；第 10 表：有关安葬的规定（宗教法）；第 11—12 表，对前 10 表内容的补充，共计 105 条。《十二表法》不是现代立法意义的法律，它并非一个新制定的法典，也不是对现行权利进行详尽阐述的编纂法典，它只是把当时在平民中、在罗马氏族部落中实行的习惯和传统进行了编纂，使之规范化，并以文字的形式固定下来，将其公布于众。《十二表法》中所涵盖的内容是直至今天在各个国家的法律中都不会不涉及的一些内容，即：法庭的传唤、审理；债务人的义务和债权人的权利；私有财产以及土地和房屋的占有、继承和监护。恩格斯评价说："罗马法是纯粹私有制占统治的社会的生活条件和冲突的十分经典性的法律表现。"[①] 虽然《十二表法》具体内容的价值是很有限的，但是它在进行规范化时确定了一些原则，这些原则对后世产生了不可忽视的持续性的影响。意大利研究罗马法的学者格罗索说："《十二表法》是一种具有确定性的作品，它虽然也确定了具体的界线和限度，但它的主要特点仍然是揭示规范、澄清规范、介绍规范和解释规范，而不是正式地创造和制定规范，就像我们在论述法学理论时所谈到的那样。"[②]

应该说《十二表法》中的具体条文，并不适应此后的各个历史阶段的西欧社会，而且我们今天所说的罗马法也并不仅仅是指

---

① 〔德〕恩格斯：《论封建制度的瓦解和民族国家的产生》，载《马克思恩格斯全集》，人民出版社 1967 年版，第 21 卷，第 454 页。
② 〔意〕朱塞佩·格罗索：《罗马法史》，黄风译，中国政法大学出版社 1994 年版，第 107 页。

《十二表法》，更多是指东罗马皇帝查士丁尼主持编纂的法典，之所以《十二表法》对后世产生极大的影响是在于，在揭示规范、澄清规范、介绍规范和解释规范时，在介绍和解释的过程中，为后世制定法律确定了如下的原则：在《十二表法》中一个非常重要的内容是划分了个人权利（ius privatum）和公共权利（ius publicum）的界限。罗马的个人权利主要反映在长久以来引发社会矛盾的债务奴隶的问题上，为了防止贵族滥用特权，《十二表法》首先强调了诉讼程序和审理的公开性，"如当事人双方能自行和解的，则讼争即认为解决"；"如当事人不能和解，则双方应于午前到广场或会议厅进行诉讼，由长官审理"；"如诉讼当事人为富有者，则担保其按时出庭的保证人，应为具有同等财力的人；如为贫民，则任何人都可充任"。通过上述的这些条款，保证了通常是债务人的平民与债权人的贵族之间在法律上的平等地位，并在平等中强调了个人的权利。任何个人的权利都会涉及他人的利益，个人与个人之间的关系通过家庭之间的关系反映出来，在《十二表法》中有关相邻关系的条文、有关道路通行的条文以及有关宗教的条文，说明的是一种社会的公共关系，例如："建筑物的周围应留二尺半宽的空地，以便通行"；"凡在自己的土地之间或邻地之间筑篱笆时，不得越过自己土地的界限；筑围墙的应留空地二尺；挖沟的应留和沟深同等宽的空地；掘井的应留空地六尺；栽种橄榄树和无花果的应留空地九尺；其他树木留五尺"。条文中还规定，"用人为的方法变更自然水流，以致他人财产受到损害时，受害人得诉赔偿"，"非经所有人同意，不得在离其房屋六十尺以内进行火葬或挖造坟墓"，等等。《十二表法》中明确地规定，"不得为了任何个人的利益，制定特别的法律"。正是通过这一系列的条文确立了社会的公共权利（ius publicum）的原则。罗马帝国时期著名的历史学家李维称《十二表法》是"一切公法和私法的渊源"。《十二表法》为后世西方法学确立了三个法律原则，一是通过保护个人的私有财产，遵守合约，调解债务人和债权人之间的关系等，确定了个人的权利（ius privatum）。二是通过调解邻里关系、规定道路的通行权，划分了个人权利和公共权利之间的界限。个人的权利不是无限的，要受到公共权利的制约，例如上述在划定宅基地和道路之间的距离时的规定。三是强调诉讼程序的公开性，传讯、拘捕、庭审，未经审判不得处死，可以说这在客观上一定程度地限制了强权。

　　《十二表法》促进了罗马从王政政体向共和政体的过渡，保障了在新的国家体制中法律的统一，通过一些补充条款实现了贵族与平民之间在社会意义方面的法律平等。随着罗马疆域的不断扩大，罗马公民与异邦人之间的交往更为广泛，罗马帝国囊括了越来越多的民族和文化、越来越多的习俗与传统。"扩张使罗马开始实现了对海洋的统治，并打开了地中海的大门，这种扩张自然而然地把国际贸易提到罗马人经济生活和法律生活的首要层面上来。整个商品经济的发展都自然地同这种贸易的发展联系在一起。"商业贸易活动必然要改变罗马人和异邦人之间的关系，与此同时与经济活动和财产有关的纠纷大大地增多，并且在法律关系上具体地体现出来，如何确保罗马法中规定的商业契约对异邦人具有同样的法律效力，成为罗马法发展的一个重要内容。公元前242年，罗马设立了外事裁判官（praetor peregrinus）以调解罗马人与异邦人之间以及异邦人之间的争议，并相对于罗马公民享有的 ius civile，提出了除罗马人之外的其他部族人享有的 ius gentium，在维护各自 ius（权利）的法律实践中制定了法律程序和程式诉讼，由此在罗马人与异邦人之间建立了平等的法律关系。

《十二表法》的颁布在客观上限制了罗马氏族贵族的强权，但他们在国家的领导地位依然没有削弱。瓦尔德施泰因认为，《十二表法》通过一些补充条款实现了贵族与平民之间在社会意义方面的法律平等。由于平民会议的决议与元老院的决议一样也具有了约束所有罗马公民的效力，平民由此在政治方面与氏族贵族建立了一种平等的法律关系。英国学者安德森就曾这样指出："在罗马共和国最后两个世纪，罗马民法以它特有的同一性和特殊性出现。从公元前 300 年开始，罗马司法体系开始根本上重视对公民间非正式私人合同关系和交换的规定。其基本定位是基于经济贸易——买卖、雇佣、租赁、继承、担保——以及家庭——婚姻或遗嘱。"他认为，这些不是公民对国家的公共关系，也不是家长对其依附者的父权关系，共和国司法的强制干预与这些方面都是无关的；但是，这些关系却通过颁布法令（lex）的方式予以承认，给予保护，由此形成了 ius 和 lex 两类密切相关且又有区别的法律形式。前者含有较多的习俗和传统的因素，而后者则更多地体现了掌握权力的统治者的意志，因为它的中心含义是命令，西塞罗将其称为"有关命令和禁止的正确理性"。这两类法律形式在元首制时期和帝国时期得到了统一和进一步发展。

法律实践催生了法学家，由此也有了法学论著，同时他们还承担着当时的法学教育。罗马的法学家们尤其是在个人财产方面，在此之前的司法体系中尚未明确提出有关无条件的个人财产的概念，个人财产常常附带有某种依附于当权者或者其他的依附关系的条件，"第一次将个人财产所有权从任何外在的条件和限制中解放出来"，罗马法"最先制定了私有财产的权利、抽象权利、私人权利、抽象人格权利"，而且"罗马人也完全是根据私人权利的准则来看待君主权利的。换句话说，他们把私人权利看成国家权利的最高准则"。所以恩格斯评价说："罗马法是纯粹私有制占统治的社会的生活条件和冲突的十分经典性的法律表现。"

罗马法学家

《十二表法》是罗马时期最早的立法形式，但这只是罗马法的一个方面，在罗马的历史上一直存在着外族入侵和对外征服，领土不断扩大，商业活动的范围扩大，与其他民族的交往增多等情况，而《十二表法》只适用于罗马城内享有公民权的罗马人。公元前 242 年，罗马设立了外事裁判官（praetor peregrinus）调解罗马人与异邦人之间以及异邦人之间的争议，公元前 2 世纪下半叶前后颁布了《爱布兹法令》（lex Aebuia），确立了法定的诉讼程序。相对于罗马公民享有的 ius civile，有了除罗马人之外的其他部族人享有的 ius gentium（万民法）的概念。由于权利（ius）的多样性，在法律实践中产生的矛盾和疑难问题频频出现，因此对法律的解释不可避免，罗马法学家并不是我们所说的专业人员，他们不接受报酬，解释法律只是他们对于公共生活的贡献，他们是精通法的政治家。他们大多都是一些执政官、祭司或者祭司长，他们或许置身于任何诉讼程序之外，但却为法庭的实际调查提供具有司法原则的观点，并对一些疑难的司法问题进行解释。从屋大维（公元前63—14年）统治时期起，一些法学家就以法学顾问的身份被授予了对法律的"解答权"，此后一些著名的法学家受命担任国家的高级官职。奥古斯都时期，一些法学家被赋予公开解释法律的特权；而在哈德良皇帝时则进一步规定，如果在享有解答特许权的法学家们就某一疑难问题解答达成统一的意见时，其意见即具有法律效力。公元1世纪左右，对法律问题解释的差异形成了萨宾和普罗库卢斯两大学派，公元2世纪左右产生了一批法学家。他们通过对司法疑难问题的解释建造了伟大的法学论著大厦，同时还承担着当时的法学教育工作。其中最著名的有五大法学家：盖尤斯（Gaius，小亚细亚人，约130—180年）、帕比尼安（Papinianus，叙利亚人，约150—212年）、乌尔比安（Ulpianus，叙利亚人，约170—228年）、保罗（Paulus，？—约222年）和莫迪斯蒂努斯（Modestinus，？—约244年）。这五大法学家几乎都不是罗马人，他们的出生地似乎也在印证了罗马法在当时的国际性。今天对这五大法学家了解更多的是盖尤斯，这是因为在19世纪初德国历史学家尼布尔在弗罗那修道院的图书馆里，发现了盖尤斯于161年成书的《法学阶梯》的手抄本，经过德国研究罗马法的著名学者萨维尼的考据鉴定，这是5世纪的手抄本，可以说这是查士丁尼编纂法典的一个蓝本，也是盖尤斯的法学著作能够较为完整地存留下来的一个重要原因。

　　《法学阶梯》分为4卷，第一卷是有关人的，即：人的分类、婚姻、收养、监护和保护；第二卷是有关物的，即：所有权、物权，涉及公有物、私有物、遗嘱和继承，等等；第三卷是有关契约的，涉及了债权问题；第四卷是有关诉讼的，即：为了获得某物而对物的诉讼，为了获得罚金对人的诉讼，等等。

　　自然法权思想

　　罗马法学家不仅在法律实践方面做出了很大的贡献，同时还提出了重要的法理学的概念和观点，尤其是在希腊化时代，希腊古典哲学中有关法律的观点对罗马法法理学体系的形成产生了深刻的影响，例如有关"自然权利"（ius naturale）理论的提出。希腊化时期重要的哲学流派斯多葛学派的创始人芝诺，被看作是自然权利的奠基人，但是最早创造出这个术语并对其进行阐述的是西塞罗。

　　西塞罗（Marcus Tullius Cicero，公元前 106—前 43 年）生活在罗马从共和向帝国过渡的历史时期，他接受过良好的希腊文化和罗马文化教育，曾经在罗马军团中服役，担任过大法官，做过西里西亚的执政官和总督，还在克洛迪乌斯做过护民官，丰富的阅历沉淀了他的思想，他在传播希腊哲学思想的同时建立起了一套拉丁语的哲学术语，在诠释希腊哲学有关"正义"的概念时创造了 ius naturale 这个术语。西塞罗在阐述这个术语时指出，正义是法律的本质和目的，法律是正义的标准，无正义也就无法律。他在《法律篇》中写道："正义的来源就应在法律中发现，因为法是衡量正义和非正义的标准。"他强调，"正义为大自然所固有"，所以，"正义只有一个；它对所有的人类社会都有约束力，并且它是基于一个大写的法，这个法是运用于指令和禁令的正确理性。无论谁，不了解这个大写的法——无论这个法律是否以文字形式记录在什么地方——就是没有正义"。西塞罗认为，是理性构成了法律的基础和本源，他对法律的一个基本的界定是"法律是植根于自然的、指挥应然行为并禁止相反行为的最高理性，……这一理性，当它在人类的意识中牢固确定并完全展开后，就是法律"。法律是源于自然的理性，这种理性是超越了人类的理性，因为它是自然中本来就具有的，是神的理性，因而"（最高的法律）这种法律的产生远远早于任何曾存在过的成文法和任何曾建立过的国家"。西塞罗写道："那些最有智慧的人一直都有这种看法，即法律并非人的思想的产物，也不是各民族的任何立法，而是一些永恒的东西，以其在指令和禁令中的智慧统治整个宇宙。因此，这些智慧者一直习惯说，法律是神的首要的和最终的心灵，其理性以强迫或制约而指导万物……"西塞罗强调，真正的法律是与自然相适应的正确理性，它适用于所有的人并且是不变而永恒的。通过它的命令，这一法律号召人们履行自己的义务；通过它的禁令，它使人们不去做不正当的事情。它的命令和禁令永远在影响着善良的人们，但是对坏人却不起作用。用人类的立法来抵消这一法律的做法在道义上绝不是正义的。限制这一法律的作用在任何时候都是不能容许的，而要完全消灭它则是不可能的。无论元老院还是人民都不能解除我们遵守这一法律的义务，它也无须塞克斯图斯·埃利乌斯来加以阐述和解释。它不会在罗马立一项规则，而在雅典立另一项规则，也不会今天是一种规则，而明天又是一种规则。有的将是一种法律，永恒不变的法律，任何时期任何民族都必须遵守的法律，而且看来人类也只有一个共同的主人和统治者，这就是上帝，他是这一法律的起草人、解释者和监护人。不服从它的人们放弃了他的较好的自我，而由于否定一个人的真正本质，他将因此而受到最严厉的惩罚，尽管他已经逃脱了人们称之为处罚的一切后果。意大利法学家彭梵得认为，在西塞罗的自然法思想中，理性、正义、法律这三者在很大程度上是同义的，只不过它们表达的是同一事物的不同方面而已。

西塞罗提出的自然法的概念，在斯多葛派晚期的学者那里发展为具体体现正义和公正的理性自然的思想，其中心意旨是自然中的一切事物都可以用理性来解释；每一个行为都必须以理性来证成。因此，智者的生活必须与自然理性相契合；他的符合那一原则的行为将使得他能够超越任何诱惑的力量。自斯多葛派之后，罗马的法学家们也都纷纷对"自然法"（ius naturale）下了自己的定义：乌尔比安说"自然法是大自然教给一切动物的法"；保罗说自然法"永远是公正和善良的东西"；晚些时候的东罗马帝国的皇帝查士丁尼在其《法学阶梯》中阐述的自然法的原则是，"在一定程度上是根据神明制定的，总是保持稳定和不变"，"自然法是自然教授给所有动物的法律"。美国学者萨拜因在归纳早期自然法的概念时说："自然法的概念使人们对风俗习惯进行有见识的批判，它有助于消除法律的宗教的和礼节的性质，它倾向于促进在法律面前人人平等，它强调意图的因素，并使没有道理的严酷性得以缓和。简言之，它在罗马法学家的面前提出了一个使他们职业成为一种城市公正的行业的理想。"他认为，从罗马共和至现代，自然法的中心思想是："对于人整个作为理性的和社会动物的本性来说是个极其恰当的原则，这个原则是或者应当是各种形式的成文法所以能存在的依据。"[①] 爱尔兰教授 J. M. 凯利对西塞罗的自然法思想和西塞罗之后的罗马法学家的自然法思想进行了比较，他得出的结论可能会有助于我们更好地理解西塞罗："他们（指其他罗马

---

① 〔美〕乔治·雷·萨拜因：《政治学说史》，盛葵阳等译，商务印书馆 1986 年版，第196、211 页。

法学家）言说的'自然'的意涵几乎全都与西塞罗的原初高级法的观念大不相同。当他们谈到某一规则或制度背后的自然法或自然理性时，他们讨论的不是天上之神的律法或理性，而是地上之人的自然本性，即：人的境遇，人的常识，生命的事实，商业关系的特征，如此等等；而'自然'在他们那里，就是合宜的法律处理。"他认为，"西塞罗的永恒、神圣而高贵的自然法之于罗马法学家的实践性的自然法的关系，在某种程度上犹如后来的岁月中，在现代的开端之时出现的阿奎那和天主教会的神圣的自然法之于格老秀斯世俗的、理性主义的自然法的关系"；① 正因为如此，西塞罗被看作是连接古代与中世纪之间的使者。

法典编纂

通过罗马早期的立法活动，逐渐形成了 ius 和 lex 两类密切相关且又有区别的法律形式。前者含有较多的习俗和传统的因素，而后者则更多地体现了掌握权力的统治者的意志，因为它的中心含义是命令。lex 包括公民大会和元老院的决议、皇帝的敕令。公元 2 世纪罗马进入了帝国时代，皇权被确立，"皇帝喜欢的东西就具有法律效力"成为一条著名的准则。皇帝的谕令（constitutiones）具有法律（lex）的效力。在谕令的诸多形式中，与制定法联系最紧的是告示（Edicta），其中最著名的是《安东尼谕令》（212 年），它将罗马市民籍授予了大批帝国自由居民。皇帝对于私法的影响主要是对个案做出的决定，有两种主要形式：裁

---

① 〔爱尔兰〕J. M. 凯利：《西方法律思想简史》，王笑红译，法律出版社 2002 年版，第 58 页。

决（decreta）和批复（rescripta）。罗马的法典的编纂活动开始于2 世纪，129 年罗马皇帝哈德良（76—138 年）命令法学家优利安努斯，把所有以前的告示汇编成册，即《永久令》，并宣布不得修改；294 年，戴克里先皇帝命令法学家格里哥尼安，把从哈德良至戴克里先时期的所有皇帝敕令汇编为《格里哥尼安法典》；君士坦丁时期编纂了《赫摩根尼安法典》；438 年狄奥多西皇帝把君士坦丁大帝（306—337年在位）之后的历任皇帝所签署的宪令进行汇集，编纂了第一部官方法典《狄奥多西法典》，16 卷。而对后世产生巨大影响的是东罗马的皇帝查士丁尼的法典编纂。

查士丁尼 527 年登基，次年就组建了一个十人委员会，对大部分罗马法进行了重新整理汇总，编纂成一部由四部分构成的《民法大全》（Corpus Iuris Civilis，又译作《国法大全》）。第一部分是按年代顺序收录了自哈德良皇帝以来列位皇帝颁布的敕令的《法典》（Codex），共有12 卷，第 1 卷规定了教会

上图为《民法大全》中的一页。527 年新登基的东罗马皇帝查士丁尼组建十人委员会编纂法典，其中包括《法典》《学说汇纂》《法学阶梯》和《新律》，总称《民法大全》。11 世纪末，经院哲学家们在意大利一座修道院发现了这部法典的手抄本，从而开启了对罗马法的研究，并对西欧中世纪法律科学创立产生了重要影响。

法和帝国公职人员的权利与义务；第 2—8 卷涉及的是私法（抑或说是民法）的内容；第 9 卷是关于刑法；第 10—12 卷则是有关行政法的内容。第二部分收录了在罗马帝国时期被赋予"解答权"的法律学者们的学说著述《学说汇纂》（Digesta 或 Pandectae），共有 50 卷之多。第三部分是查士丁尼皇帝命人以盖尤斯的《法学阶梯》为蓝本而编写的 4 卷本的《法学阶梯》（Iustiniani Institutiones），旨在为学习罗马法的学生提供一个概览。但是这部法学教程与普通教科书不同，该书的内容被赋予了解释法律的效力。第四部分是查士丁尼去世之后法学家们整理其在位期间颁布的宪令，题为《查士丁尼新律》（Novellae Constitutiones Justiniani）。1583 年，法国法学家丹尼斯·高第弗洛依首次使用《民法大全》（Corpus Juris Civilis），来指称包括《新律》在内的查士丁尼编纂的全部法典。此后，《民法大全》被列入大陆法系国家的法律学生必读书目之中，成为了世界上最具有影响力的法学著作之一。19 世纪德国法学家耶林，说罗马人曾三次征服世界，一是以武力，二是以基督教，三是法律。

三、日耳曼人的习惯法

希腊古典时期的法律思想以及罗马法并没有随着西欧古典时期的结束而完全消亡，进入西欧的日耳曼人在建立新的社会秩序的时候，接受了罗马人的法律要素。习俗或者说习惯与法之间有着千丝万缕的联系，借用今天时髦的一个名词，也可以说是法的一种"原生态"。"习惯是法的最自然和最自发的渊源"，因为长期的习俗得到社会最为广泛地认可，并且自发地遵守。英国学者詹宁斯认为，习惯是统治者得以运行统治机器的一种方式，习惯能使僵化的法律框架符合日益变化的社会需要和日益变化的政治思想；所以，"法的最后雏形存在于人民的意识中"。这里不妨援引英国学者哈耶克对现代社会中关于习惯的阐述，它同样也适合于日耳曼人的社会，他认为："在我们生活于其间的社会中，我们之所以能够成功地对我们自己做出调适，而且我们的行为也之所以有着良好的机会去实现它们所指向的目标，不仅是因为我们的同胞受着已知的关系的支配，而且是因为他们也受着这样一些规则的约束——而对于这些规则所具有的目的或起源，我们常常是不知道的，甚至对于这些规则的存在，我们也常常是无意识的。"同样，日耳曼人生活的社会也存在着他们没有意识到的规则，以此调节着日耳曼社会中的人际关系，他们受着这些规则的约束。毋庸置疑，日耳曼的习惯法是在日耳曼人的社会中得到认可，并随着日耳曼人迁徙西欧而得以存留，成为西欧中世纪法律体系中的一个重要元素。

日耳曼人

日耳曼（German）本是个地理概念，居住在罗马帝国东北部地区，因为他们讲着罗马人听不懂的语言，所以罗马人称其为 barbarity, barbarian，即说着"巴拉巴拉"语言的人，国内学界将其翻译为"蛮族"。公元前 1 世纪中叶，恺撒（Gaius Julius Caesar, 公元前 100—前 44 年）远征高卢，在那里设立了高卢行省，此后继续向莱茵河以东扩张，在莱茵河以东的地区设立了东西两个日耳曼尼亚行省（Province Germania）。恺撒在他后来写的《高卢战记》（*Bellum Gallicum*）中，将居住在日耳曼尼亚省的所有异族人统称为日耳曼人，称居住在英国的异族人为凯尔特人，这两种称谓一直沿用至今。

从公元 2 世纪起，处于半游牧社会状态的日耳曼人逐渐地进入罗马帝国境内，逐渐开始了农业化的过程，并且在进入的地区打下日耳曼人村社制度的烙印。首先是在所有制方面，日耳曼人的村社是一种住户的联合体（genosse），从半游牧向农业民族的过渡时期，社会最基本的结构是具有父系家族制性质的 gens（sippe familia），在这个 gens 中既有血缘关系也有亲缘关系，还包括家臣、家奴这些非自由人，他们无权参与氏族的公共活动，不经主人允许不得随意离开。德国历史学家布鲁诺在经过多年的研究后给 gens 下了这样的定义：这是一个和平的团体，它保障氏族内部的安定，每个成员都有相应的义务和权利，氏族之外的人没有安全的保障；它也是一个保护的团体，通过血亲复仇、罚金、决斗等方式保护其成员的名誉和人身安全；同时它也是一个法律的团体，在每个 gens 的内部都有自己独立的司法机制，处理有关财产的继承、转让以及婚姻等事宜；gens 还是一个军事的团体，具有用军事保护土地和财产安全职责，也不乏用武力夺取他人土地的目的，这些都是亲兵承担的责任；最后，它是一个居民的团体，是一个农业生产单位，在 gens 内部分配的土地耕作，组织农业生产活动。

日耳曼人的社会结构

日耳曼人不是一个完整的政治实体，而是各自独立的部族群体，每个群体都有自己的首领，有着自己的社会生活习俗，构成了各自独立的社会。在这个社会中已经有了很明显的社会等级制度，日耳曼人的社会等级不是按照财产的多寡而是根据其出身和血缘关系划分的，通过判案的罚金多少明确地反映出来。

在日耳曼的部族中，军事首领也就是国王，是最大的贵族，通常是这个部族最古老的氏族家族。国王是氏族统一的象征，是与神进行交流的中介，神通过他表现出来，神的力量通过他释放出来，通过他宣布丰收、胜利、和平。但国王的权力基础是民众的权利和意愿；换句话说，不是人民属于国王，而是国王属于人民，如果国王的神的力量消失就会被废黜。国王不是继承的，而是在一定的氏族贵族家族范围内，由全体成员选举产生的。国王和贵族都有自己的亲兵：由其培养、装备的年轻人，与主人有常备的关系，战时、和平时期，获得国王以土地或其他战利品给予的报酬。国王通过 Gao 对地方进行统治，Gao 是一个自治的地方行政单位，Gao 之下的是百户，百户是一个军事单位，也是一个贵族的亲兵单位。组成百户的是村民大会，这是一个民众自我管理的机构。村民大会一般是在月相变化时定期举行，会议的决议必须一致通过，执行决议的是贵族，他们是村民大会的代理人。

在日耳曼人的社会中，实行的是共同所有制（das genossen-schaftliche Eigentum），这种共同所有制的核心不是物品归谁所有，而是谁可以使用物品，使用就意味着要分配；所以，村社所有的土地被分成大小不等的份地，每个村社成员都可以分得一块份地。每个人获得财产的数量，通过扔链球这种古老的日耳曼的传统方式决定。非耕种的土地，如森林、草地、池塘和荒地等，则供全体成员共同使用。共同耕作、共同播种以及共同收获，使得每个村社成员都不能随心所欲地进行生产活动，致使其社会性的活动受到村社的约束，或者如美国学者汤普逊所认为的，这种强制性的集体劳动就是一种支配的力量。土地的所有方式以及耕作方式，致使日耳曼人不得不以村社的形式群居，进入罗马帝国境内之后，这种群居的村社取代了罗马的一些大地产主，成为被占土地的共同业主。村社成员都是自由人，享有平等的权利，表现形式为：每个自由人都有份地和宅基地。在这个基础上形成了日耳曼人的法律。

日耳曼人的法律

日耳曼人的土地制度是以马尔克为单位，马尔克是一个村落式的居住点，是一个法律单位，它为每个马尔克成员规定了应享有的权利以及必须履行的义务。每个马尔克成员都有义务参加马尔克的公民会议，共同参与筑桥修路以及其他一些公共设施的建设和维护；他们有权受到保护，有权决定是否接受新的成员的迁入。马尔克又是一个经济活动单位，在马尔克中还没有出现完全的土地私有制度，实行的是所谓的 Gewere，这是一种对财产的保护权利，其法律效力是，享有保护权的人可以防护对物的侵犯，承认法律赋予给物的没有明确界限的权利，而且可以转让隐含在保护后面的权利。英国著名的法律史学家亨利·梅因认为，日耳曼人在财产权方面的这一特色几乎成了中世纪欧洲土地所有权的主要特点："封建时代概念的主要特点是，它承认一个双重所有权，即封建地主所有的高级所有权以及同时存在的佃农的低级财产权或地权。"[①]19 世纪西方的法学家认为，这个词相当于中世纪拉丁

---

① 〔英〕亨利·梅因:《古代法》，沈景一译，商务印书馆 1959 年版，第 167 页。

语的 investitura（任职），它是古老的德意志物权法的基础，它涉及的是社团的概念和作用，是一种共同都能参与的保护权，共同保护的权利来自于对用益物体的实体有保护的义务，承担尽可能将其增多的义务，同时还关系到共同保护的权利。日耳曼人的马尔克还是社会的最基本单位，马尔克的一切社会事务都是由公民会议集体决定，每个成员在裁判以及管理等方面都享有一定的权利和必须履行的义务，成员享有权利和履行义务的依据是拥有宅基地。在这样的经济和社会的结构中，几乎不存在立法制度，调节社会活动和经济活动中的一切规则都是依据长年形成的、大家共同遵守的约定俗成的习俗和传统而定。

在这种制度中，马尔克享有对土地的占有权，以份地的形式分配给每个自由成员，马尔克的土地有三种形式：一是份地，获得份地的马尔克成员不占有份地，而是享有对份地的用益权。份地是一种长条形的耕地，耕地的耕种、收获都必须服从马尔克的统一安排。二是公共地，即林地、草场、沼泽地、河流。三是宅基地，这是家庭的财产，是这个家庭祖先的所在地，是神的所在地。无论是份地、公共地还是宅基地都只能在马尔克内部流转，而且受到马尔克的保护，凡损害他人庄稼、财产或未经允许私自砍伐树木的都要处以罚金。马尔克内部实行的是一种习俗或习惯法，习惯法不是人制定的，而是在社会中约定俗成的，律法条文口口相传没有文字记录，其内容简单易记形成了一定的俗套，律法的内容通过形式表现出来。

日耳曼人的成文法

日耳曼人的大迁徙加速了罗马帝国的覆灭，在罗马帝国境内建立了部落王国：西哥特王国、旺达尔王国、伦巴德王国，等等。部落王国建立后，帝国的行政边界消失了，帝国的行政制度失去了作用，但帝国的法律制度和宗教都传承下来，日耳曼人的氏族制度在民族大迁徙的过程中逐渐与罗马帝国的政治制度相融合。日耳曼的习惯法是口口相传的习俗，英国著名的法学教授米尔恩这样解释"习俗"这个概念：这个词"是描述性的（prescriptive），又是规定性的（descriptive）；它描述在一种特定的社会场合下一直在做的事并且规定应该继续做下去"。罗马帝国则以文字记录的方式确定了一些规章，形成了另一种法律习惯，这两种法律习惯在日耳曼人建立的王国中结合在了一起。5 世纪中叶，先后在罗马帝国境内建立日耳曼部落王国的国王们，授命用拉丁文编纂日耳曼人现行的习俗作为法律来颁布，以使罗马人了解和遵守日耳曼人的习俗和传统，以此调解王国所在地区各民族之间的纠纷。较晚进入意大利的伦巴德人，在那里废除了原有的公民法和司法制度，颁布了一部以日耳曼人传统习俗为基础的新法典，在这个时期相继有了西哥特王国的《尤列克法典》、伦巴德人的《洛塔列法典》。德国著名的法学史家萨维尼在研究中世纪罗马法史时认为，进入罗马帝国疆域内的日耳曼人，都在很大程度上吸收了罗马法律的因素，不仅用拉丁文记录了各自的风俗习惯，而且还加入了罗马法律中的一些法规；尽管如此，这些日耳曼人法典中的内容反映的大多是日耳曼人认同的社会正义观念，法律史学家们将其称为习惯法的成文法。

　　法兰克王国最初的墨洛温王朝，也同时存在着罗马法和日耳曼习惯法这两种法律体系；但随着罗马帝国的土地税制度不再与法兰克王国的国家体制相符合，社会的公共事务和公共权力随着法兰克王国特定的统治关系而逐渐消失，拉丁文化和观念也逐渐地淡漠，罗马法体系自然逐渐地退出了法兰克王国的历史舞台。在这些成文的习惯法中，迄今为止现有的保存比较完好的是法兰克人的《撒利克法典》(Lex Salica)，《撒利克法典》是"比较原始的、比较富于蛮族色彩的法律"，它反映了日耳曼人社会中比较普遍的社会矛盾和现象。在《撒利克法典》的序言中这样写道：

> 法律是成文的法规；习俗是扎根于古老的风俗或不成文法的惯例；loi（法律）这个词是从 legere（传说）这个词衍生出来的，因为它是成文的；习俗是一种完全扎根于生活方式的长期的习惯；习惯是由于生活方式而得以确立的某种权利，它往往被看作法律；法律是一切由于合于理性而早已确立的适合于良好的风纪并有利于灵魂的拯救的事物；但我们把它称为习惯，这是一种通常的用法。①

《撒利克法典》是法兰克人的首领克洛维（481—511 年在位）在其执政的晚期，命人用拉丁语记录下来的日耳曼人普遍通行的习俗。现存的《撒利克法典》是 8 世纪中叶的手抄本，是迄今发现的最早的手抄本。在《撒利克法典》的开篇中，非常明确地记述了该法典组成的部分和制定的过程，它是"由他们当时处于统帅地位的部族领袖们口授的"，继承了摩西为希伯来部族制定神

---

① 〔法〕基佐：《法国文明史》，沅芷等译，商务印书馆 1998 年版，第 1 卷，第 222—223 页。

法、希腊人制定法律、古罗马的《十二表法》以及一直到罗马帝国时期狄奥多西制定法典这一系列的传统，为了让日耳曼的法兰克人、阿雷曼人、博伊人等各部族中，熟悉各自习俗的人口述各部族的习惯，把适合的习惯挑选出来，"因为一种长期的习惯往往被当作一条法律"，此后又加上了必要的、删去了不适合的东西，并根据基督教的教规，改正了与异教习俗一致的东西，由熟悉法律的专门人士编纂了这部法

上图为《撒利克法典》中的一页。《撒利克法典》是在法兰克撒利克部族中流行的习惯法，5 世纪末法兰克国王克洛维命 4 名修道士将其编纂为一部法典，故称《撒利克法典》，它是当时法兰克人的第一部成文法。法典中民法、刑法、实体法、程序法混为一体，其法律有效性一直持续到 9 世纪，《撒利克法典》是研究法兰克王（帝）国社会的重要史料之一，其中某些法律原则对今天的西欧仍然有着不小的影响。

典。基佐认为，《撒利克法典》是一部打有罗马烙印的日耳曼人的法规，它表明了从日耳曼人社会状况变成罗马社会状况这一过程；同时也表明了这两种的衰微和融合的过程，在这个过程中出现了一个新的社会。

第四讲　基督教与西欧社会发展

郑　　阳（天津师范大学欧洲文明研究院讲师）

宗教在社会发展中的角色是中西文明间一个很大的差别。虽然佛教和道教也在中华文明中占有一定地位，但宗教对于中国社会的影响始终有限。中国人立足于此生，习惯于世俗世界。就中国的历史而言，我们看不到作为政治力量出现的宗教；我们也很难想象基于超验彼岸世界的道德观和伦理体系，中华传统用以评判永恒价值的标准源于世俗人生的三不朽：立德、立功、立言；而实现不朽的途径——格物致知、正心诚意、修身齐家、治国平天下——同样是基于世俗生活。

西方文明在这点上与我们迥然不同。大量西方学者强调基督教对于西方文明的塑造作用与影响力。法学家小约翰·维特认为，西方法律传统的革命性转变主要由西方宗教传统的变化所引发，这些是西方文明演进的关键时刻。政治学家塞缪尔·亨廷顿不仅把"天主教与新教"归为西方文明的核心特征，他甚至指出，"西方的基督教，先是天主教，尔后是天主教和新教，从历史上说是西方文明唯一最重要的特征"。[①] 对于这些观点，中国人难免会认

---

① 〔美〕塞缪尔·亨廷顿：《文明的冲突与世界秩序的重建》，周琪等译，新华出版社1998年版，第60页。

为它太过夸大。我们的文化体系几乎无法把宗教作为构建社会的关键因素加以考量，不仅如此，宗教甚至难以以正面形象出现在塑造文明的历史进程中。宗教与迷信常被混为一谈；鬼神天命常被作为一种手段，用来实现某些不可告人的世俗目的；对于中国历史中的"灭佛运动"，人们往往强调其解放生产力、巩固世俗政权的积极性；而对于欧洲历史中的宗教战争，人们则常常抱有不解甚至是嘲讽的态度。这种基于自身文明的思维定式和观念成见，显然不利于我们对异种文明的理解和评价。

事实上，亨廷顿概括的西方文明的其他核心特征，包括精神权威与世俗权威的分离、法治、社会多元主义、代表机构、个人主义等，或多或少都与基督教有着密切的关系。尽管在当今的西方社会中，基督教已经不再扮演政治力量或公共权力的角色，但从西方文明的历史进程看，基督教对西方社会的架构有过三次重大的变革性影响：其一，基督教作为欧洲文明的来源之一，为其提供了一种全新的价值观和政治理念；其二，11世纪的教皇革命使得基督教政教分离的二元权力观在西欧社会中落实为货真价实的二元政治架构；其三，16世纪以降的新教运动推翻了之前精神世界的权力格局，推动了个人主义在西欧社会的发展。这里，我们也将从这三点入手，介绍基督教对西欧社会发展的塑造与影响。在此之后，我们也许会发现，亨廷顿的观点或许仍有夸大，但在程度上却远非许多人设想的那般极端。

一、欧洲文明来源：基督教

我们从"欧洲文明"或"西方文明"说起。众所周知，现代资本主义脱胎于欧洲，随着欧洲的扩张而及于北美、大洋洲，于是有后来的"西方文明"，"西方文明"实质上是"欧洲文明"在地理和文化上的延伸与发展。因此，这里把讨论的重点放在欧洲。就"欧洲文明"而言，国内外都存在着一种观点，认为它始于以希腊罗马为代表的古典文明，在经历了"黑暗的中世纪"后，欧洲人再次复兴了古典文明，是谓"文艺复兴"，之后宗教改革、资产阶级革命、工业革命接踵而至，现代资本主义文明由是诞生。换而言之，这种看法认为现代西方文明是从希腊罗马开始一直延续至今的一贯体。

事实上，越来越多不同领域的中外学者都对这种观点提出反对意见，认为"欧洲文明"是次生的、混合的文明，它与"古典文明"并非一体延续。政治学家亨廷顿认为，西方文明应该是第四代的文明，起始时间应该是在8—9世纪；法学家哈罗德·伯尔曼在地理与文化维度强调西方文明独立性，明确指出西方文明并不混同于它的三大精神原型——"以色列""古希腊"和"古罗马"，西方文明的发展主要不是对其精神原型的保存和继承，而是对之进行与时俱进的采纳、改造和创新。侯建新先生从历史学的角度出发，指出古典文明与欧洲文明属于不同的文明体系，欧洲文明源于对古典文明、古代日耳曼传统以及基督教这三种不同质文化的扬弃与契合，日耳曼人是文明创生的主体，它始于5世纪，初步成型于12世纪，并在16世纪衍生出了资本主义文明；丛日云先生从政治学的角度指出，西方从古代到中世纪存在政治范式上的转变，古典文明的政治遗产是民主，而中世纪的政治则产生了宪政。虽然现代西方文明在制度层面是民主与宪政的复合，但古典文明无法独立发展出宪政，宪政需要其他历史机遇和条件，以及其他文化元素的嵌入，或者是新文化元素与原有文化元素的嫁接。这些均清楚地表明了古典文明与中世纪的欧洲文明之间存在质的差别。

假使我们接受欧洲文明是一种不同于古典文明的新文明，那么基督教对于这个新文明意味着什么呢？基督教在这个新文明诞生过程中，扮演的是何种角色呢？概括而言，基督教是欧洲文明的来源之一。对于这个问题，汤因比在其《历史研究》中提出了著名的"蛹体论"：他把统一教会视为新文明诞生的蛹体。用他的话说：

> 统一教会之所以具有存在的理由是因为：在一种人类文明崩溃和另一种文明产生以前的这一危险的间歇时期，它保存了宝贵的生命胚种，因而使活着的文明的种子继续递嬗下去。因此，教会是文明的繁殖系统的一个部分，充当从蝴蝶到蝴蝶之间的卵、幼虫和蛹体。

汤因比在此处试图用"第二代文明统一国家——统一教会——第三代文明"的模型解释普遍的人类文明进程，但这种模型明显是由"罗马帝国衰亡——基督教——欧洲文明兴起"的历史建构出来，因此只对欧洲历史具有较强的解释力。不过，在评估这种理论之前，我们首先需要了解一下罗马帝国到欧洲文明出现前基督教发展的历史背景。

基督教诞生于公元 1 世纪的罗马帝国，发展迅速。从公元 40 年到 3 世纪中叶，基督徒每 10 年的增长比率约为 40%，人数从 1000 上升到了近 3400 万，达到帝国人口总数的 56.5%，并逐渐形成了罗马、亚历山大里亚、安条克、以弗所、耶路撒冷等数个中心。对于这种新兴宗教，罗马帝国起先采取镇压的政策，但时至公元 313 年，罗马皇帝君士坦丁颁布了《米兰敕令》，使基督教成为了合法宗教。此时，基督徒已经遍布罗马各个社会阶层并形成了庞大的教会组织。公元 380 年，另一位罗马皇帝狄奥多西一世颁布法令确立基督教为罗马帝国的国家宗教；公元 392 年，他又下令关闭一切异教神庙，这些标志着基督教正式成为罗马帝国的唯一国教。5 世纪以降，蛮族纷纷入侵，最终导致西罗马帝国于 476 年覆灭，西欧呈现出蛮族王国并立的局面；在这个过程中，罗马成为整个西部教会唯一的中心，而罗马主教也逐渐演变成为教皇，不仅拥有宗教权威，还有一定的世俗权力，成为西欧社会中一股举足轻重的文化、政治势力。

值此西欧历史即将进入中世纪、欧洲文明即将诞生之际，作为"蛹体"的基督教为之提供了何种资源呢？概括而言，基督教为欧洲文明提供的最重要财富是一套全新的观念体系和一种应然的政治范式：基督教在独一神至高的原则上为作为个体的人赋予了平等性。在此基础上，基督教以自然法为规范社会共同体的最高准则，以超越凡俗的理想为终极取向，以积极的入世态度为现实指导，设想人兼具属灵与属世的双重本性，并认为应该依据人的双重性实行双重治理。

我们大致可以从观念体系与政治范式两个方面对之进行阐述。

从观念体系出发，基督教独一神论的逻辑后果在于最高权威只能来源于神而不是人，由此，作为个体的基督徒便在上帝面前实现了人格平等。这正如《加拉太书》3：26 - 28 所述："你们因信基督耶稣，都是神的儿子。你们受洗归入基督的，都是披戴基督了。并不分犹太人、希腊人、自主的、为奴的，或男或女，因为你们在基督耶稣里都成为一了。"需要注意的是，基督教的选民观

桑德罗·波提切利所绘壁画《沉思和祷告的圣奥古斯丁》（1480年），位于佛罗伦萨诸圣教堂（chiesa di Ognissanti）。奥古斯丁关于"地上之城"与"上帝之城"、原罪与自由意志，以及恩典与预定的理论，建构并奠定了基督教政治思想的基础。

和原罪论以饱含二元张力的方式强调并诠释了这种平等。一方面，在基督教中，人因受洗礼入教而成为特选子民，这种荣耀撑起了人的自尊与自信，昭示出超越俗世的理想和风骨。另一方面，基督教的原罪论又以否定的方式在罪与堕落的终极意义上强调了人的平等。原罪论在人类第一对夫妻对上帝的违背中发现了人罪性的起源和本质。所有的不和、痛苦和死亡都是人之"罪"引发的后果。由此，所有的人均无法达到终极意义上的完善，基督教中无完人，即便君主亦不例外。总之，基督教的平等具有了一种同时包含高贵与谦卑的"中性"：人生而平等，既不因为是罪人而畏葸不前，也不因为是选民而忘乎所以。

基督教在赋予人平等性的同时，也把一种超越凡俗的终极理想和积极入世的人生态度以二元张力的方式传达出来。基督教把终极价值设定在上帝之城，用耶稣的话说就是："我的国不属这世界"。由此，人的精神世界、属灵生命便得到凸显。这种价值取向使得现实世界和与之相关的世俗权力，都仅仅被赋予了有限的意义。然而，这并不表示基督教把全部眼光都投向彼岸世界，忽略现实与当下。著名的宗教学家米尔恰·伊利亚德便指出，一神宗教的出现使历史之内和历史之外都具有了神圣性，是对古代其他宗教试图"超脱历史"的反叛。试图在历史之外寻求终极意义，这一特征为许多宗教所共有，但这种出世主义取向往往导致对现实世界悲观漠视的态度。一神宗教在历史之内发现神圣，把自然循环的观念后置到背景层面，把历史事件推到中心前台，认为神参与到人类所处的历史活动之中，这在观念上带来了两种新变化：其一，时间成为了不可逆的矢量，历史具有了前进的终点，于是进步的观念便蕴含其中，个体人和人类社会最终都是朝着一种理想的终局而前进，这种预期一扫古代世界思想中消极萎靡的情绪，为人带来了乐观向上的态度。其二，关于神圣和时间的新观念也使日常生活中每个当下的瞬间都变成需要认真对待的对象。对于个人而言，当下的每一刻由此获得神圣性，变得无比珍贵，人在当下的每一刻都要向理想的终局而努力，这样便使基督教在赋予现实世界有限意义的同时，满怀一种乐观、无畏、踏实的精神认真对待当下。

基督教这种乐观而踏实的开拓精神尤其表现在修士会对待劳动的态度上。《圣本尼迪克院规》第48条"论每日的体力劳动"明确指出："懒散是灵魂的天敌。因此，在规定的时间内，兄弟们必须进行体力劳动，同时，也要在规定的时间内沉浸于神圣的阅读之中。"[1] 基督教尊重劳动的积极态度对于欧洲文明的诞生可谓

---

[1] 关于《圣本尼迪克院规》，见 H. Bettenson & C. Maunder, *Document of the Christian Church*, 4ed., Oxford: Oxford University Press, 2011, p. 129。

举足轻重。古典文明，不拘希腊还是罗马，农业都是具有决定意义的经济部门。然而，在这种奴隶制度盛行的文明中，公民鄙视奴隶，特别是从事基础农业生产的力奴，而且对奴隶政治社会身份的鄙视更与奴隶们所从事的生存活动联系在一起，由此形成的一种社会共识就是对体力劳动的鄙视，把体力劳动视为一种堕落。就希腊而言，这点非常突出地反映在知识精英对于公民概念的看法之中。亚里士多德便认为耕种土地的工作最适于奴隶。就古罗马而言，奴隶制的盛行也使农业劳动被视为下贱的活动。帝国后期，破产的自由农宁可涌入城市成为寄生虫，也不愿到乡间劳动。4 世纪时涌入城市的人数曾高达 80 万上下，成为罗马社会中独特的景致。恩格斯对此有着深刻的洞见："垂死的奴隶制却留下了它那有毒的刺，即鄙视自由人的生产劳动"，"于是罗马世界便陷入了绝境"。①

正是基督教为西方世界拔掉了这根观念中的毒刺。汤因比对此的评价是：西方经济与技术"这个强大的物质建筑的心理基础就是相信体力劳动是人们应尽的义务，而且是尊严的活动——劳动就是祈祷。这种信念对于古代希腊把劳动认为是俗夫和奴隶的本分的概念，是一种革命性的转变，如果不是圣本尼迪克把劳动视为神圣，这种信念是树立不起来的"②。如果我们考虑到古罗马作家塔西佗对于日耳曼人的描述，即"他们只有突然冲动的勇猛而不耐心于操劳和艰苦的工作"，"可以用流血的方式取得的东西"就不以"流汗的方式得之"，那么，较之于希腊罗马人鄙视劳动，

① 《马克思恩格斯选集》第四卷，人民出版社 1972 年版，第 146 页。
② 〔英〕汤因比：《历史研究》（下），曹未风等译，上海人民出版社 1997 年版，第 102 页。圣本尼迪克的名字为了与上文一致而改动了译文，原书作"圣般内狄特"。

日耳曼人好战而轻视劳动，基督教关于劳动的观念在锻造欧洲文明的过程中就有了双倍的意义。

无论是基督教的平等观，还是基督教在超越主义理想引导下积极把握当下的人生态度，它们均展现出二重性特征，而这种特征的根本就在于对精神世界与世俗世界的界分。政治学家乔治·萨拜因在其《政治学说史》中坦言，这种界分乃是"基督教观点的精髓之所在"，是"基督教整个伦理思想和政治思想的基础"。正是这种界分确立了一种全新的世界观。

首先，在这种观念中，较之世俗世界，精神世界获得了神圣性、合法性以及至上性。基督教强调："顺从神，不顺从人，是应当的。"换言之，当世俗权力的权威与神的权威发生冲突时，基督徒应该服从后者，因为神的权威才具终极性，自然法才是人类

描绘西多会修士祈祷与劳动场景的 12 世纪手稿，藏于剑桥大学图书馆。修士们对于劳动的态度不仅改造了欧洲的自然景观，而且重塑了欧洲的精神特质。

活动所依据的最高准则。这样，人的精神世界和现实世界、永恒归宿和现世际遇被剥离开来，而所有属灵的事务通过与上帝的直接联系而获得了超越于世俗权力的正当性，于是人在终极意义上的精神人格便获得了独立与尊严，它超越于世俗世界，神圣不可侵犯。

另一方面，世俗世界并非全然毫无意义，其中亦包含神圣性，人们应该服从世俗世界的权威，遵守世俗世界的秩序。在基督教传统中，人之原罪破坏了上帝创世原初的完满，所以现实世界中充满不平等和压迫，并且出现了以国家、王权为代表的世俗权力，这些固然是上帝对人类堕落的惩罚，但同时也不失为上帝给予堕落人类的补救，因为世俗权力为人类社会带来秩序。因此，基督教也强调人在现实社会中服从世俗权力，用《新约》的话说，就是"在上有权柄的，人人当顺服他"。从这里我们可以看出，基督教的世界观体现出服从与反抗的二元张力，而在这种矛盾对抗中，基督教更加消极地看待地上之城，更加积极地追求上帝之城。

值得注意的是，基督教世界观体现出二元张力，其根源在于基督教在明确界分精神与世俗双重世界的同时，也将二者紧密地联系在一起，形成神圣与世俗之间的互动平衡。这点十分重要。印度文明中也存在对精神与世俗的界分，然而印度文明长期以来的一个重大问题恰恰在于它未能给世俗权力赋予任何神圣意义，而把所有价值投向了彼岸世界，这样便无法形成两个世界之间的张力，世俗社会的活力也因之萎缩。基督教同样分开了精神世界与世俗世界，但它认定两者均有神圣性价值，只是世俗世界不是完善的，而精神世界较之世俗世界具有更高权威。这样，在基督教世界中便存在两种权威：精神权威和世俗权威。基督教强调二者之间的张力与互动，以及由此产生的对人和世界的认识与改造。

　　这样一种世界观所形成的政治范式，用《新约》时代的话说就是"恺撒的物当归给恺撒；神的物当归给神"。不过，当时的基督教还处于非法状态，无法使自己的观念被最高统治者接受并获得参与政治的机会，但在这一时期，教会在教义和教会组织方面已经逐渐强大起来，而罗马帝国的迫害也更加激发和强化了基督教精神生活独立的传统。此外，基督教的观念体系在教会内部以及教会之外的相当范围内已经凝聚为一种社会共识，这些都为之后的变化埋下了坚实的伏笔。公元313年以降，基督教成为罗马帝国支持的宗教并进一步成为唯一合法宗教，基督教获得了贯彻和实现其自身政治范式的资格和机会，同时也使它作为一种意识形态和政治势力真正参与到了罗马帝国的公共生活之中。于是在4世纪下半叶，米兰主教安布罗斯对这种政治范式给出了更加明确、更具权力意味的表达："宫殿属于皇帝，教堂属于主教。"到了5世纪末，教皇杰拉斯一世（Gelasius I）最早完整地表达了基督教的这种政治范式，学界也常把基督教的这种政治范式称为"杰拉斯原则"或"二元政治观"。

　　公元494年，在给东罗马皇帝的信中，他写道：

　　　　皇帝陛下，这个世界首先由两种权力统治着：祭司神圣的权威和皇帝的权力。两者中祭司的责任更重些，因为在末日审判时，他们要就国王的命运向上帝做出交待。您知道，最仁慈的儿子，尽管您的尊严高踞全人类之上，不过在负责神圣事务的那些人面前，您需虔诚地低下头，并从他们那里寻求得救之道。您明白，根据宗教的秩序，在神圣事务的接受和正确管理上，您应该服从而非统治。在这些事务上，您依赖着他们的判断而不是使他们屈从于您的意志。因为，如果众主教视您控制的帝国机构为神所授，在涉及公共秩序方面遵守您的法律，唯恐妨碍您在世俗事务中的谕令，那么我请问您，您应该以怎样的热诚服从那些负有管理神圣事务之责的人呢？

此后大约两年，杰拉斯一世又写道：

在基督教降临世间之前，有些人虽然从事世俗事务，却正当与合法地同时是王和祭司。圣史告诉我们，麦基洗德就是这样的人。魔鬼也在他的人民中间仿照这个做法，因为他总是以暴君的精神要求得到像神一样被崇拜的权利，于是异教的皇帝都成为大祭司。但是，当基督这位真正的王和祭司莅临后，皇帝不再享有祭司的头衔，祭司也无权得到君王的荣耀。……因为基督了解人性的弱点，为了救赎其子民而做出了精妙绝伦的安排，厘定了两者的关系。他根据它们自身适当的行为和不同的尊荣，将两种权位区分开来，以使他的子民因健康的谦恭而得到拯救，而不至于因为人类的骄狂而再次迷失。这样，基督教皇帝为了得到永生需要祭司，祭司在世俗事务上依赖皇帝政府的管理。按这种安排，精神行为远离尘世的侵害，"上帝的战士"也不会卷入世俗事务，而那些从事世俗事务的人也不再掌管神圣事务。这样，两种秩序都保持其谦卑，它们都不会通过使一方屈从自己而得到提升，每一方都履行特别适合自己的职责。①

　　"杰拉斯原则"在中世纪欧洲文明的政治领域中所发挥的作用可谓举足轻重。它明确指出要对人类社会进行一种双重的组织和控制，基督徒应该被置于双重的法律和政府之下。教权与王权均由上帝所立，精神信仰和灵魂救赎是教会的职责，而维护法律和正义、保护基督教会的存在和发展则是世俗政府的职责，教权与王权处于二元平衡之中，任何一种权力要行使属于另一方权力的权威都不具有正当性。事实上，基督教二元政治观提出的乃是最基本而重要的权界问题，而这一权界所指向的是精神自主、良心自由之权利。没有这个权界，就不会产生个人之于他人和社会的有尊严的独立人格，也就不会产生真正的自由和平等。基督教对西欧社会发展最重要的影响，正是体现在精神权威与世俗权威的权界博弈之中。正是在这个意义上，18 世纪的法国政治家基佐在其《欧洲文明史》中评价基督教时称："一种精神势力的出现，对神的法规的维护，世俗势力与宗教势力之分离，是 5 世纪时基督教教会赐予欧洲世界的三大恩典。"②

　　然而，要将这种政治范式作为指导原则落实到现实之中具体实施，问题还是非常多的。虽然这两种权威被设想为互相帮助的角色，但在现实中，二者的冲突几乎从来没有中断，某种具体事务究竟属于世俗权威管辖，还是精神权威管辖，情况往往十分复

---

① 关于杰拉斯原则，见 B. Tierney, *The Crisis of Church and State, 1050—1300,* Toronto: University of Toronto Press, 2010, pp. 13—15, 后文中涉及 1075 年《教皇敕令》、1122 年《沃尔姆斯协定》的内容以及 13 世纪教会法学家的相关言论，亦参考此书。
② 〔法〕基佐：《欧洲文明史》，程洪奎、沅芷译，商务印书馆 2005 年版，第 40 页。

杂，而这些问题在中世纪都变得十分尖锐而具体。

二、教皇革命及其对西欧社会的影响

国人了解"教皇革命"，与译介法学家哈罗德·伯尔曼的相关著作关系密切。[①]伯尔曼认为西方的法律传统是由六场革命所塑造，其中第一场革命就是"教皇革命"，其核心事件是教权与王权在 1075—1122 年间的"主教授职权之争"。这场革命首次在西欧社会实现了基督教的二元政治观，确立了天主教会作为独立的法律和政治体的地位。由此，"西欧中世纪在 12 世纪以后走上了宗教权威和世俗权威的二元化的道路，断绝了任何向政教合一政体发展的可能性"[②]，同时，这场革命也推动着宪政思想在西欧的萌发和壮大。不过在介绍"教皇革命"及其影响之前，我们首先了解一下相关的时代背景。

西罗马帝国灭亡后，日耳曼人在入主西欧的过程中逐渐皈依了基督教。法兰克人是日耳曼人中的一支，在他们建立的墨洛温王朝和加洛林王朝，基督教进一步融入到了欧洲的政治与社会之中。比如，赫赫有名的查理大帝便把复兴、强化和强制推行基督教作为其基本的统治策略，他在新征服的地区设立主教区、修道院，任命主教和修道院长，使之像世俗领主一样占有大片领地并拥有各种教俗权力。教皇也因为加洛林王朝的君主加冕而得以创立教皇国并使教权与王权紧密地结合起来。公元 843 年，加洛林

---

① 〔美〕哈罗德·伯尔曼：《法律与革命——西方法律传统的形成》（第一卷），贺卫方等译，中国大百科全书出版社 1993 年版。

② 彭小瑜：《教会法研究》，商务印书馆 2003 年版，第 141 页。

王朝分裂，政治实力迅速衰落，形成了今天德、法两国的雏形国家：东、西法兰克王国。紧接着，欧洲又在东、北、南三个方向分别遭到马扎尔人、维京海盗和穆斯林的入侵，战祸连绵，社会动荡而混乱。

在东法兰克王国，萨克森公爵在加洛林家族绝嗣后被推选为王，开启了萨克森王朝。该王朝的第二代君主奥托一世为了同世俗诸侯对抗，恢复之前查理大帝倚重教会巩固统治的政策，控制主教和修道院长的授职权，任命大批亲信为主教和修道院长，赐予他们大片领地以及领内的司法行政权；而罗马教皇则在 962 年为奥托加冕，使之成为"神圣罗马帝国"的皇帝。从此，德皇与教皇之间建立起了紧密的联系，而"教皇革命"也主要是在教皇与世俗君主的代表——神圣罗马帝国皇帝之间展开。

在西法兰克王国，王权一直处于弱势，9 世纪的大入侵促使地方豪强兴起，他们兴建坞堡，组织私人武装，成为重要的政治势力。当外部入侵结束之后，这些新兴豪强开始相互攻伐，教会和民众都深受其苦。因此，为了稳定社会秩序，法兰西地区的一些教会机构开始组织民众开展"上帝和平运动"，用以限制豪强的暴力活动。在和平大会上，主教们召集当地的世俗领主和骑士出席集会并说服他们宣誓放弃某些勒索和暴力行为。主教的王牌在于其精神权威：他们以革除圣事来威胁为所欲为的世俗豪强。在宗教层面上，革除圣事意味着永罚。虽然主教们只取得了有限的成功，但是他们鼓励人们向教会寻求帮助去限制不义的世俗统治者，极大地提高了教会的声望。

虽然教会的社会声望由此上升，但教会机构的实际状况却很糟糕。首先，9 世纪的大入侵对教会也造成了巨大破坏，教会在培养合格神职人员方面十分乏力；其次，世俗强权，包括君主以及地方豪强，往往从私利出发任命主教和修道院长，这些均致使大量教士和修士不胜其职，甚至道德败坏，社会反响极差。于是从 10 世纪起，欧洲社会在大范围内出现了各种旨在纯化宗教的修道院改革运动，这些运动为教皇革命奠定了坚实的基础。比如，克吕尼修道院在改革中实行总院集权制，即子修道院统统听命于总修道院的制度，这为教皇建构跨地域的政治体提供了制度参考；此外，教皇革命中教会方面的很多领袖，比如教皇利奥九世、格列高利七世，均是修道院改革运动培育出的精英。

教皇革命始于对罗马教皇机构的改革。加洛林王朝衰落后，教皇基本被罗马城的门阀贵族所控制，这种情况一直延续到 1048 年德皇亨利三世任命教皇利奥九世为止，从此罗马教皇成为教会改革的主导机构。当时有三大问题困扰 11 世纪的欧洲天主教会：买卖圣职，教士、修士结婚以及俗人控制教会。其实无论是买卖圣职，还是神职人员结婚，这些现象都是俗人控制教会的体现：前者把圣职理解为一种可以交易的世俗利益，而后者则通过与神职人员的联姻去实现世俗的政治经济目的。事实上，教皇本身也深为俗人控制教会所困。在 955—1057 年的 25 位教皇中，有 13 位是由地方贵族任命的，其余 12 位由德皇任命，而在这 12 位中，德皇还罢黜了 5 位。因此，教会改革派人士担任教皇后，当务之急便是使教皇的任免摆脱俗人的控制。利奥九世改组了罗马的枢机主教团，从整个西部教会选出适合之人担任罗马的枢机主教，这一改革的目的在于使枢机主教团不是只代表罗马地区，而是整个西部教会，从而使教皇摆脱罗马贵族的控制。之后，教皇尼古拉二世在 1059 年颁布谕令，赋予枢机主教选举教皇的权力，于约 980 年的象牙浮雕：德皇奥托二世一家匍匐于耶稣脚下，形象地表明宗教权威之于君主的超越性。欧洲文明中，始终存在独立甚至高于世俗王权的精神权威，是其重要的文明特征。

是具有普遍代表性的枢机主教团成为了"教皇元老院"。与此同时，作为俗人的皇帝只被赋予了追认教皇选举结果的权利。故有学者认为这份谕令是教皇的"独立宣言"。由此，教皇迈出了摆脱世俗政权控制重要的一步。

　　虽然德皇出于对抗手下诸侯、巩固自身权力的角度一度支持教会改革，但是当教会把摆脱俗人控制、实现教会自由作为目标而推进改革之际，德皇和教皇的矛盾便无可避免。在教皇格列高利七世的领导下，教皇革命进入高潮。在推动教会摆脱俗权控制方面，格列高利七世比之前任何一位教皇都要激进。他不但力图明确划出教会与世俗的权力范围，成为独立的教会权力体系的首脑，而且他还大胆地要求去除世俗王权所具有的精神权能，宣称国王的权威甚至低于最低级的神职人员，遑论低于教皇权威。1075 年的《教皇敕令》十分贴切地体现了格列高利七世的指导思想。比如，敕令的第 3 条宣称只有教皇能废黜和恢复主教职位；第 12 条断言教皇可以废黜皇帝；第 14 条指出教皇有权按其意愿任命任何教会的神职人员；第 27 条则指出教皇可以解除臣民对邪恶君王的忠诚，等等。与格列高利七世唱对手戏的世俗君主代表是德皇亨利四世，而双方争执的焦点在于主教的授职权。

主教授职权是指授任主教和修道院院长等高级神职的权力。在这一时期，主教同时兼有神圣与世俗的双重身份，他既拥有主持圣事、布道训诫以及授任下级神职人员等宗教权力，同时也像世俗领主一样拥有教区内的司法行政权。那么，君主和教皇的权界如何划定，谁有权任命主教，这些问题就成了教会独立必须面对的问题。实际上，最晚到5世纪末，教会就已经相当明确地提出了"二元政治观"，但是这种政治理念在实际中落实会遭遇很多问题，其中一个最核心的问题在于，世俗君主究竟是何种身份参与到神圣事务之中。对于这种身份的认知不仅影响到君主任免主教是否具有正当性，同时也涉及基督教社会整体的政治架构。教皇革命之前，君王具有神圣性，他们头顶光环，既是国王也是祭司，是基督教世界的领袖。在西罗马之后的诸蛮族王国中，上帝被视作君王权威的终极来源，这种观点在6世纪时一度十分盛行并凝聚成一句格言："蒙上帝恩典的王"。到了8世纪下半叶，"蒙上帝恩典的王"已是加洛林王室头衔的组成部分，而君主是"基督的代理人"的观念也一直是社会的主流认识。君主的这种神圣性加之他们拥有的世俗权力，使其天经地义地认为教士和贵族均是他的附庸，他不仅有资格授予主教世俗权力，而且可以通过授予戒指和牧杖的仪式来授予神圣的宗教权力。在这里，戒指象征着受封者与他所在教区或教堂的"宗座"结婚，牧杖则象征着他牧养其教民的权威。德皇亨利四世当然也认为自己具有神圣性并拥有主教授职权。

然而，从修道院改革一直到教皇革命，西欧的宗教精英已经越来越意识到其领域各种问题的根源皆在俗人控制教会。格列高利七世的革命性就在于他在顺应教会改革大势的基础上，完全颠覆了之前对君主神圣性的设定，从而把教皇的权力推向高点。就他而言，上帝设立的普世最高统治者是教皇而非君主，所有人，不拘是教士、修士还是普通信徒，都必须服从教皇，君主亦然。从这里我们可以清楚地看出，就精神权力的伸张而言，格列高利七世已经超过了5世纪末的杰拉斯一世。

　　同样重要的是格列高利七世在现实中对基督教政治观念的实践。在由米兰大主教任命问题而引发的冲突中，格列高利七世真正同王权斗争起来。他利用神圣罗马帝国内部的矛盾，通过开除亨利四世教籍的法律手段解除了臣民对他的效忠，使得贵族获得了反抗国王的合法性，一度迫使亨利四世于隆冬时节在卡诺莎城堡外赤足立于雪地三天以求得教皇的谅解，这便是著名的"卡诺莎觐见"。尽管之后亨利四世在得势之后报得一箭之仇，格列高利七世最终在颠沛流离中惨然离世，但教皇就主教授职权开创的革命性斗争并未停止，由神职人员组成的教会体系也在壮大成熟。最终，教权与王权在主教授职权问题上的斗争以妥协告终，这就是1122年的《沃尔姆斯协定》。这份协议规定：德皇保证由教会独自自由选举主教和修道院院长；教皇则承认皇帝有权莅临主教选举，并可以在选举出现争端时介入其中。德国主教授职时，首先由皇帝授予象征世俗权力的节杖，而后由罗马教皇授予象征宗教权力的戒指和牧杖。在意大利和勃艮第等地，授予主教世俗权的仪式应在授予宗教权之后6个月举行，主教授职权统归教皇，皇帝不得介入。

　　如何来看待这份协定呢？显然，《沃尔姆斯协定》没有实现由教皇主导一切的设想，但在另一方面，教会相对于世俗权力的独立却在很大程度上实现了，精神权威与世俗权威的分离也为教俗双方认可，而且教皇还因获得许多之前没有的权力而实力大增。比如，教皇获得了授任圣职之权；教皇有权创设新的主教区、新的修会；管理教会财产；使用作为法律的教令来管理教会。《沃尔姆斯协定》的原则最终被整个西欧地区所接受，这标志着西欧社会的政治结构发生了根本性的变化，而这种根本性最突出的体现就在于基督教的二元政治观在西欧社会变成了货真价实的二元政治架构。

经由教皇革命，神职人员与俗人之间存在本质性差别成为社会共识，这颠覆了之前的观念。教皇革命前，虽然人们知道神职人员不同于俗人，但神职人员与俗人之间的界限却并非泾渭分明。修士被认为是俗人，而主教也可以像平信徒一样生活。人们都是基督徒，教会的概念被理解为由所有基督徒组成的整体。然而，随着教皇革命的展开，蕴含伦理要素之精神权威、包括终极意义之宗教权力的特殊性被不断地强调，这使得神职人员与俗人之间的差异被极大地凸显并被加深，而这直接造成人们对教会观念的变化：此时，教会更多地被理解为仅由神职人员所组成，他们在精神权威上高于俗人。在这个基础上，教会与世俗王权双方都产生了新的变化。

从教会方面看，教皇革命后，神职人员在西欧第一次成为跨封地、跨王国的共同体，在政治、法律方面实现了统一。此后，这个代表精神权威、占据灵魂高地的共同体拥有了自己的权力领域，具有了监督、制约、谴责、抵抗甚至击败最高世俗统治者——皇帝或君主的正当性和能力。从王权方面看，教皇革命消解了传统中君王作为祭司的神圣性，成功地剔除了皇帝和君主的宗教职能和特性。从此，皇帝和君主所隶属的乃是俗人团体，他们从有权挥舞精神权威大棒的圣人变成了戴上道德紧箍咒的俗人，留给他们的只是世俗权威以及在世俗事务中的治权，这不仅为王权划出了权界，而且也为批判王权打下了基础。

总之，这种二元政治架构的要害在于代表精神权威的教权与代表世俗权威的王权平分秋色，西欧的基督徒真正被置于教会与世俗的双重的法律和政府之下，这二者紧密联系却又充满张力，它们彼此觊觎对方的权威，而它们的斗争则大大有助于个人自由的保障。这里，虽然教会作为精神权威的代表，在思想迫害方面存在严重问题，但它却从整体上保护了每个天主教徒私人的内在世界免遭世俗权力的荼毒。就这点而言，阿克顿勋爵的话可谓一针见血："自由根源于、存在于免遭国家权力任意干涉的私人内部领域之中。对良知的尊重与敬畏是所有公民自由的萌芽，也是基督教用以促进自由的方法。这也就是为什么说在欧洲，自由萌生于教会与国家权力的相互对立之中。"①

聚焦于教权与王权的制约和对抗能够在一定程度上解释为何中世纪西欧社会没有发展成单一性的整体社会。同时，如果我们进一步考察教权与王权的交流与互动，还会发现，宪政思想在中世纪西欧出现并发展的根源同样蕴含其中。教皇革命不仅防止了某种状况的发生，同时还推动了另一种事物的出现。

教皇革命后，教会法治建设过程中内部各机构在权力方面形成的张力是欧洲宪政思想出现和发展的重要源泉。事实上，教皇

---

① 〔英〕阿克顿：《自由与权力》，侯健等译，冯克利校，商务印书馆 2001 年版，第 310 页。

革命之前，不懈营建权威和诉诸法律手段便是教皇以及教会其他机构维系自身生存发展的主要方式。教皇革命后，教会法治建设的进程更加迅速，对于权力运作的理性化与规范性要求也日益强烈，这对宪政思想的出现和发展至关重要。下面举一例说明。

教皇在 12 世纪后的西欧社会成为了教会的君主，代表最高的精神权威，具有各种权力。教会法学家如何看待教皇的地位和权力呢？一方面，他们对教皇拥有至尊权力的观念十分推崇。这种推崇我们可以从一位 13 世纪教会法学家对教皇的阐述中窥得一二：

> 教皇是彼得的继承人和耶稣基督的代理人，在尘世居于不仅属人而且属神之位……由此，他统治并审判一切……他因被称为教皇而拥有完全的权力……只要他不违背信仰，他便可以说任何他高兴的话，做任何他高兴的事……没有人能对他说："你为何这样做？"……他的喜好便具有法律效力……他能废除任何法律……没有人居于他的上位……他在所有人之上，不被任何人审判。

另一方面，中世纪的教会法学家也十分清楚占据教皇位置的毕竟也是一介凡人。他也有自由意志，可能犯罪，而且他可以利用其巨大的权力伤害教会。那么，出现邪恶的教皇怎么办？这便涉及了宪政思想中一个核心问题：当某共同体的领袖宣称他拥有凌驾一切的权力进行统治时，该共同体如何能够同时宣称自身拥有凌驾一切的权力免受领袖滥用权力之祸？为此，他们论证说，教会作为整体不会堕落，以法人和代议制为特征的、代表全体教徒的公会议不会出错。在涉及信仰和教会整体地位的根本问题上，教皇也要服从公会议的决定。事实上，这一时期已经出现了枢机主教团和公会议的权威高于教皇的思想。例如，教会法学家阿兰便写道："只有教皇属异端的意志才能被审判，这点是正确的……之所以如此，原因在于在涉及信仰的事务上，他小于枢机主教团或由主教组成的公会议。"在13世纪初，这种观点已经成为教会法学家的共识，他们力图实现的目标在于营建一个体现教会本质结构和特征的基本法律框架，使得任何合法的教会权威，包括教皇，必须在这个框架内运行。一旦教会法学家的这种政治思想流入世俗政治领域，以法治、代议制为特征的现代民主思想便呼之欲出了。

需要指出的是，在教皇革命造就的二元政治架构中，虽然教俗双方存在制约与对抗，但二者之间并不存在隔绝对峙的"铁幕"。相反，他们的交流与互动才是常态，而这为新政治思想的传播、实践、更新、改进提供了良好的环境。事实上，同一个人完全可以在两个领域中均有资深经历并发挥巨大作用。比如，英格兰的托马斯·贝克特便先后担任过国王的御前大臣和坎特伯雷大主教，类似情况不胜枚举。很多新的宪政思想观念通常都是首先出现于教会法学家的作品中，而这些法学家既会在国王的宫廷服务，也在教会的科层体制任职，这便实现了新观念在不同权力领域中的流动。

以上我们简单介绍了教皇革命的过程，以及二元政治架构对西欧社会的影响。可以看出，教皇革命对西欧社会发展起到了开创性的积极作用。然而，教皇革命也有极大的局限性，教会对于异端思想的镇压和封禁，对于非基督徒的仇视和迫害，使得异端裁判所、火刑柱、十字军成为了中世纪西欧无法抹除的负面符号。这些恰恰表明，教皇革命后的西欧社会出现了新的社会问题，对个体精神世界的野蛮管控以及过度卷入世俗事务，成为天主教会阻碍现代性因素进一步成长的重要障碍，这也为新的社会变革埋下了伏笔。

三、宗教改革及其对西欧社会的影响

发端于 16 世纪初、延续百余年的宗教改革打破了天主教在欧洲的一统天下，新教由是而生，伯尔曼同样视其为一场革命，那么如何看待它的发生呢？二元政治架构成为现实后，西欧进入了一种全新的社会状态，很多具有现代性的新因素在这一背景下得到孕育和发展。然而，当这些新因素发展到一定程度并逐渐演变成时代发展的大趋势时，既成政治体系和社会范式的局限性使其成为不利于时代趋势发展的障碍，于是，新趋势不断对之发起挑战，当既成体系无法做出有效回应时，革命便随之发生。从教皇革命到宗教改革，大致是这样的过程。那么，二元政治架构下发生的哪些变化最终促发了宗教改革呢？这些变化大致涉及王权、教会和俗人社会三个方面。

就王权方面而言，教皇革命后，世俗王权在与教权对抗和互动的过程中，发展了自身的权力理论，增强了自身的实力，西欧的俗人社会开始逐渐摆脱封建体制，并且以王权为中心，开始向新君主制的民族国家过渡，而教会作为政治势力，其基层组织遍及欧洲各地，教皇通过圣职任免权、征税权以及宗教司法权控制各地教会，俨然是国中之国，阻碍了民族国家的发展。这使得教权与王权之间矛盾激烈的程度一如既往，而主动权却越来越为王权所掌握。率先在挑战教权问题上取得大胜的是法王腓力四世。1303 年，当教皇卜尼法斯八世准备绝罚他时，法王派出别动队潜入罗马痛打教皇，教皇随即愤懑而死。之后，教廷在腓力的压力下选举法国人担任教皇，并把教皇驻地从罗马迁往法国控制下的阿维农，此后直至 1377 年，连续 7 任教皇都是法王的傀儡，这就是著名的"阿维农之囚"。

　　就教会方面而言，教皇革命后，教廷虽然成功地剔除了世俗君主的宗教职能，但教会本身不仅在众多世俗事务上拥有巨大权力，并且还享有诸多特权，过多卷入世俗事务以各种方式贬损教会的精神权威。"阿维农之囚"后，教廷内部派系斗争同罗马势力与法国势力的斗争搅在一起，造成了同一枢机主教团选出两位教皇并立的局面。西方教会大分裂由此开始，直到 1417 年方告结束。事实上，教皇革命前，人们对买卖圣职、神职人员结婚以及持械战斗进行批判，其落脚点在于攻击俗人控制教会，希望教会独立；而在 15 世纪之后，人们则开始不满神职人员的特权，抨击教士的无知、失职和道德败坏。"反教皇主义""反教权主义"潮流日益流行，其落脚点在于批评教会的不胜其职及其对于世俗领域的过度参与。

　　就俗人社会方面而言，教皇革命对精神权威的强调激发了俗人过"使徒式生活"的热情，俗人开始越来越多地卷入和参与到拥有某种基督教精神的宗教生活，随着教育的发展和技术的进步（比如印刷术），俗人的认知能力日益深化，对信仰的要求也在深化，对基督教的个性化理解导致新思想不断涌现。此外，社会经济水平的提高也推动俗人精神生活方面获得更大的独立性，这些均导致人们对教皇甚至教会作为精神权威的质疑。说来讽刺，西欧宗教热情的高涨和普及，反而使教会遭遇巨大的危机与挑战。

上述三个方面均使精神权威危机的问题日益尖锐。为了应对教皇权威衰落、解决当时教会分裂的现实问题，13世纪时认为公会议权威高于教皇权威的思想变成了现实，这就是所谓的"公会议运动"。1414—1417年的康斯坦茨公会议最终选出新教皇马丁五世，结束了教会的分裂。然而，这位依靠公会议选举上台的教皇在即位之后立刻便着手解散宗教会议，重返之前的教皇君主制，教廷甚至还在1450年组织了对公会议运动的斗争取得胜利的庆典。很多学者认为，公会议运动的失败是宗教改革出现的主要内因，因为这使那些认为教会可以通过温和的内部改革来化解危机的期望彻底落空，许多人转而寻求其他方法。

随着1517年马丁·路德在维登堡教堂的大门贴出《九十五条论纲》，宗教改革在德意志拉开帷幕。之后在1520年，路德完成了著名的三檄文，奠定了新教的神学基础。在《致德意志基督教贵族书》中，他提出了"一切信徒皆祭司"，指出神职人员在属灵方面并不高于平信徒，瓦解了教会等级制。在《教会被掳巴比伦》中，他对圣事活动的批判全面动摇了天主教的宗教实践。在《论基督教徒的自由》中，路德则系统地论述了新教核心教义之一的"唯信称义"——人无法依靠自身力量或是任何外在的宗教活动实现救赎，人获得救赎乃是基于上帝的恩典、借着信心而接受的，这是灵魂得救的唯一途径。路德的宗派也因此得名为"信义宗"。同年12月，教皇开除了路德的教籍，但路德在德意志诸侯的支持下继续与教廷对抗。另一方面，路德的学生兼助手梅兰希顿于1530年完成了《奥格斯堡信纲》，这标志着"信义宗"最终成型。

到了 1555 年，天主教阵营与路德派阵营终于妥协，签署了《奥格斯堡和约》，确立了"在谁的领地，信谁的宗教"的原则。信义宗终于获得合法地位，西欧天主教一统天下的局面被打破。

宗教改革的另一个起源地是瑞士。乌利希·茨温利于 1519 年开始在苏黎世进行宗教改革。他为捍卫改革成果战死后，瑞士宗教改革的中心转入日内瓦并在约翰·加尔文等宗教改革家的推动下走向高潮，形成新教中的"改革宗"。改革宗神学思想的核心是"预定论"。"预定论"认为人之救赎全凭上帝预定。有些人注定得永生，是选民；其余的人则注定受永罚，是弃民。上帝对何者为选民的问题秘而不宣，但人们却可以根据信仰是否坚定、品行是否高尚、事业是否成功等标准判断自己是否是选民，故而人们应该竭尽全力追求现实生活中的成功。这套理论冲破了教会劝人安贫的传统，从宗教角度为所有职业赋予尊严，激励了一种积极进取、充满活力的行动主义。事实上，改革宗信徒中涌现出一大批克勤克俭、锐意进取的新兴资产阶级实业家。著名的社会学家马克斯·韦伯认为，改革宗的入世禁欲主义中蕴含着现代资本主义的精神，是资本主义在欧洲兴起的重要原因。

改革宗是具有国际性影响的新教宗派。在欧洲许多国家，改革宗是深入推动宗教改革的重要力量，而宗教变革通常与残酷的战争相伴。就此而言，英格兰十分典型。英格兰最初的宗教改革由都铎王朝君主亨利八世开启，目的在于加强代表民族国家的君权。1563 年《三十九条信纲》的颁行标志着自上而下的宗教改革完成。由此，新教宗派之一的安立甘宗确立。然而，这场改革的核心在于以英王取代教皇对英格兰教会的领导权，因此它主要是一次政治事件，原有天主教的教义、主教制和宗教仪式基本保持不变。在此背景下，随着欧洲大陆改革宗思想的传入，英格兰才真正出现了更深层宗教改革的浪潮——清教运动。

16 世纪中叶，英格兰教会内出现了要求"清洗"安立甘宗中的天主教因素，实现加尔文主义的改革运动，此即清教运动。当时英格兰的宗教政策时常变化，时而打压时而宽容清教徒，因此，清教徒总是处于流亡与归国的迁徙之中，但这在很大程度上推动着改革宗思想在英格兰的传播和深入。17 世纪后，清教同英格兰国教会安立甘宗的矛盾与英格兰国会同君主之间的矛盾日益紧密相连，成为推动英格兰内战爆发的重要原因。克伦威尔击败王军成为护国公后，他的清教共和国基本坚持宗教宽容的政策。然而，他去世之后王政复辟，宗教宽容的局面又受到威胁。光荣革命成功后，英格兰国会于 1689 年颁布了《宽容法》宣布宗教信仰自由，标志着英格兰宗教改革基本结束。可以说，英国宗教改革的高潮基本与英国革命相伴。

时至 17 世纪，欧洲的宗教改革及其引发的战争基本结束，新教各派在北欧、英国、荷兰、瑞士以及部分德意志地区确立起来，与天主教形成了北南对峙的局面，直到今天。那么，宗教改革对于欧洲社会的最突出的塑造作用体现在何处呢？教皇革命后，西欧社会演变为政教二元的权力架构，精神权威与世俗权威之间的界限为人所承认。然而，就个体而言，其精神世界虽然摆脱了世俗权力的侵害，但却依然在极大程度上受到教会的严格管制，有时这种管制甚至鲜血淋漓。这种局面阻碍着以个人主义为核心的现代性因素进一步壮大。就此而言，宗教改革最大的意义在于：它打破了精神世界于教皇革命后成型的整体主义权力格局，同时牵动世俗权力与精神权威之间的关系被重新审视与调整。在这一过程中，以个体权利为终极指向的价值预设在权力领域的主导地位日益巩固，为欧洲文明走向以世俗个人主义为内核的现代文明铺平了道路。

世俗个人主义是现代西方资本主义文明价值观念和政治体系的内核。社会学家丹尼尔·贝尔在其《资本主义文化矛盾》中对此的描述是：

> 现代主义精神像一根主线，从十六世纪开始贯穿了整个西方文明。它的根本含义在于：社会的基本单位不再是群体、行会、部落或城邦，它们都逐渐让位给个人。这是西方人理想中的独立个人，他拥有自决权利，并将获得完全自由。随着这类"新人"的崛起，开始社会机构的批判（这是宗教改革的显著后果之一，它首次把个人良知遵奉为判断的源泉），对地理和社会新边疆的开拓，对欲望和能力的加倍要求，以及对自然和自我进行掌握或重造的努力。

从政治维度看，世俗个人主义以个体人为社会的终极价值，认为独立个体为了生存并保护自己的根本权利，通过人人同意的契约让渡部分权利组建政府，并服从公共权威和法律，但个人与他人、社会和国家之间存在不可逾越的界限，个人的权利和社会、国家的权力之间处于你进我退、此消彼长的张力之中。[1]学界通常认为最早以此方式阐述世俗个人主义的是霍布斯和洛克。然而，

---

① 丛日云：《在上帝与恺撒之间——基督教二元政治观与近代自由主义》，生活·读书·新知三联书店 2003 年版，第 25—38 页。

这种观念绝非以突变性的方式凭空产生，经由宗教改革发展而出宗教个人主义是世俗个人主义的重要来源。

什么是宗教个人主义呢？史蒂文·卢克斯对之的经典定义是："个人信仰不需要中介，他对自己的精神命运负主要责任，他有权利和义务以他自己的方式并通过自己的努力，直接建立他与上帝的关系。"[①]事实上，宗教个人主义在基督教创教之初便已出现，基督徒因与上帝立约而成为新人，从而具有了神圣意义的良心自由，这构成了基督徒的人格尊严，他们在宗教事务上不愿接受世俗政治权威，良心自由的原则由此确立。然而，当基督教逐渐变成精神权威等级制的机构并宣称教会之外无拯救，当基督徒与上帝之间出现教会这一权力中介，宗教个人主义便折损了。个体的精神自由一方面因作为精神权威的教会免于受到世俗权力的袭扰，另一方面则被天主教会的整体主义所压制。

宗教改革借助于传统的大旗，打破教会权威，恢复原初基督教的宗教个人主义。信义宗的"唯信称义"瓦解了教会建立在"因善行而称义"之基础上的精神权威，"平信徒皆祭司"则瓦解了教会内部的等级制。改革宗批判地继承了信义宗的观点，一方面通过"预定论"把宗教个人主义发展到顶峰，另一方面还把建基于宗教基础之上的个人主义原则和实践推向现实世界，带入俗世生活。就改革宗而言，由于人的选民身份最初已被上帝完全预定，故而通过教会、圣事、善行等因素而获得拯救的任何可能性都被完全排除。基督徒在精神事务上只剩下了"自由"，这种自由建基于直面上帝的个体，绝对彻底。同时，虽然真正选民组成了不

---

① 〔英〕史蒂文·卢克斯：《个人主义》，阎克文译，江苏人民出版社 2001 年版，第 88 页。

可见的教会，但这个不可见的教会中的人员之间没有任何关系，上帝不要求信徒去确定自己以外的选民，这与他无关。于是，选民就是自己的教会，不可见的教会这个神秘的共同体也因失去意义而被消解，失去了任何整体主义的意味，完全变成了个人主义的。

既然选民的救赎已被预定，那么他们在此世应该如何生活呢？改革宗认为信徒要以耶稣为榜样，以《圣经》"十诫"为行动的最高标尺，不断做出善行，过圣洁的生活，这就是新教神学中所谓的"成圣"，这一过程代表着伴随被神归为"义人"同时发生的重生。出于被归为"义人"的感恩之心，选民此世的一切活动都是为了捍卫上帝荣耀的一场战斗，分秒必争，毫无懈怠。事实上，由于"预定论"带来的宗教个人主义，信徒在直面上帝时既会感到无比的孤独，也会产生极度的焦虑。人们为了确证自己是否为选民而在现世的不懈奋斗中寻找证据。这样，信徒基于成圣而改造现实世界的行动便成为获得自我确认的最佳手段，而信仰与焦虑也随之转化为坚定而活跃的行动力。既然改造世界的目标在于捍卫上帝之荣耀，那么改造活动本身便致力于恢复上帝创世时万事万物的应然之貌，消灭一切物质、精神和制度上的僭越。换言之，由于人的罪恶，世间许多事物已经偏离了上帝创造它们的初衷，超越了它们应然的职分甚至发挥完全相反的作用；而信徒改造此世的主旨，就是要让一切复归其位，各得其所，对于一切怠惰予以鞭挞，对于一切僭越予以消灭，使得个人能够在各个位置上尽其应然之责，并力求卓越，精益求精。

前文提及，马克斯·韦伯认为新教伦理为现代资本主义的兴起和发展提供了精神内驱力，这种探讨显然仅聚焦于经济领域。事实上，改革宗改造现实世界的目标与活动具有整体性，并不局限在某一领域。改革宗所激起的个体主义的巨大行动力是全方位的，囊括方方面面，投射到各个领域均能产生巨大的能动效应。将之投射到经济领域，可以刺激和推动现代资本主义的发展；将之投射到宗教领域，便产生对一切精神等级制的敌意，因为人与上帝之间的任何中介因素都是对神的僭越，必须不遗余力地铲除。这里，我们还是把讨论集中在政治领域，重点介绍一下改革宗如何在改造精神世界的同时，重塑个体与世俗权力的关系。

我们先回到信义宗。马丁·路德在打破天主教会的精神权威后，在对待世俗权力的问题上，却秉持"国家全能论"，一方面解放了个体的精神世界，另一方面却又严令人们彻底服从世俗权力，发展出一套彻底的不抵抗学说。由此，教皇革命以来精神权威的等级体系虽被摧毁，但精神与世俗之间的权力平衡也被打破，个人在面对世俗强权时只能逆来顺受，无条件服从。这种精神极度自由、肉体极度束缚的二元分裂具有明显而巨大的危害性，因为它在事实上使得世俗强权凌驾于个人良知之上。德意志的民族精神便深受其影响，甚至纳粹德国的出现及其累累暴行也都在一定程度上与此有关。因此，在打破精神世界旧有权力格局的同时，处理好个体与世俗权力的关系便显得尤其棘手。改革宗在此问题上做出了有益的建设。

约翰·加尔文在建构教会新秩序时已经开创性地将法治原则、民主程序与个体自由有机结合起来。法治防止社会舆论或风潮带来摇摆迁就；民主推动与时俱进，防止因循守旧；个体自由则确保少数派在集体治理和民主程序下受到保护。在此基础上，加尔文也含蓄地表示出用以组织教会的理论亦适用于世俗政权，但在反抗暴政的问题上，加尔文显得保守而晦涩。他承认统治者会因僭越自己的职分而丧失统治的资格，却未能明言人们如何行动。

此后，天主教与新教的残酷斗争迫使改革宗信徒回应世俗暴政的问题，改革宗关于维护个体自由、反抗世俗暴政的理论也在腥风血雨中逐渐成熟起来，成为该宗派核心议题之一。1572 年，法国发生了"圣巴托罗缪惨案"，法国天主教势力在法国王室的许可下，对新教徒展开屠杀，两个月间有数万新教徒丧命，其他被逐或被迫改奉天主教的人不计其数。面对当权者的暴政和屠杀，人们是否只能束手待毙？对此，加尔文的继承者泰奥多尔·贝扎明确提出了"人民并非为统治者而创设，但统治者却是为人民而创设"的观点，认为所有政府均是民众与统治者在共同遵守神法和自然法的基础上缔结契约而成，普通人违背这项契约，应该受到法律制裁，但若是统治者变成暴君，则民众有权利和义务在宪制内通过代表他们的下层官员进行抵抗，如果必要，革命与战争也在所不惜。贝扎还初步探讨了哪些是人不容侵犯的基本大权。对此，贝扎提出居于首位的重要权利是良心自由与宗教活动自由，而后他还根据《圣经》"十诫"引申出生命权、财产权、家庭权等重要权利。虽然他没有对这些基本权利的重要性和触发抵抗的条件做出进一步的讨论，但他却已经为改革宗处理这类问题确立了主题和分析方向。

此后，在 16 世纪的尼德兰革命和 17 世纪的英国革命中，改革宗捍卫自由与权利、抵抗暴政的思想不断丰富完善，并在约翰·弥尔顿的论述中走向高潮。弥尔顿是清教徒，但英格兰自《大宪章》时代以来的自由传统积淀显然也是其重要的思想来源。正是这一背景使得弥尔顿青出于蓝，在设计政治宪制框架时将改革宗遵奉的个人主义原则推向极致，主张"上帝呼召每一个成熟

巴黎画家弗朗索瓦·杜布瓦所绘描述"圣巴托罗缪大屠杀"的油画，此画目前藏于瑞士洛桑州立美术馆。"圣巴托罗缪大屠杀"是新教在反抗暴君问题上出现重大变化的转折点。

的人去做先知、祭司和国王，并同时享有在教会与国家、家庭与社会中言说、敬拜和治理的自然权利与义务"①。在弥尔顿而言，真正的改革不仅在于精英，更在于每个普通人。他认为每个人都是按神的形象所创造，分享着上帝的理性和意志；神法镌写在每个人的理智和良知之中；出于社会性的本能，人们在遵守自然法的前提下通过契约结成社团，社团中的统治权只能建立在一致同意的基础上，如果统治者滥权施暴，就必须被反抗，尽管反抗应力求适度、守序、平和，但在政治领域，如有必要，则可起义和诛杀暴君。与此同时，弥尔顿还沿着贝扎的思路，探究了个体基本

① 〔美〕约翰·维特：《权利的变革：早期加尔文教中的法律、宗教和人权》，苗文龙等译，中国法制出版社 2010 年版，第 333 页。此处译文参照英语原文有所修改。

权利的内容，但在探讨这些权利的同时，弥尔顿还开创性地将之置放于世俗的领域，引申出一系列具有现代意义的权利观念和制度设计。具体而言，弥尔顿将宗教信仰自由视为人最重要的基本权利，但他在分析这项权利时，根据改革宗改造世界的主旨自然将之延伸到言论自由、出版自由；国家与教会分离；拒绝设置法定唯一国家宗教等。弥尔顿也将家庭权视为人的基本权利，但此时他深入探讨的是依据爱情自由结婚和离婚的权利，父母对子女的监护权和教养权，家庭的隐私权和财产权。最后，弥尔顿在探讨个体与世俗权力的关系时，也并未止步于宏观阐述，而是进一步分析了个人具有的结社权、学习权、民主选举权、参政表决权以及陪审团审判权等。

弥尔顿对于个体权利以及个体与世俗权力关系的理论，显然已经在很大程度上超越了加尔文主义，从中我们已经不难看到洛克等世俗自由主义思想家的印迹，只是在后者那里，理性主义取代了宗教神学，"天赋人权""主权在民"等观念变成了世俗形态。尽管如此，弥尔顿秉持的"改革一直在路上"的态度却的确源于新教改造世界的精神，而改革宗思想家的种种关于个体与世俗权力的种种设想，也逐渐在西方文明走向现代的过程中变成现实。就此而言，我们可以用托克维尔的断语做出总结，尽管他是在《论美国的民主》中说出了下面的话：

> 这种文明（指英裔美国人文明）是两种完全不同成分结合的产物，而这两种成分在别处总是相互排斥的，但在美国却几乎彼此融合起来，而且结合得非常之好。我们所说的两种成分，是指宗教精神和自由精神。

......

在他们面前，社会内部产生的束缚社会前进的障碍低头了，许多世纪以来控制世界的旧思想吃不开了，一条几乎没有止境的大道和一片一望无际的原野展现出来。人类的理性在这片原野上驰骋，从四面八方向他们涌来，但在它到达政治世界的极限时便自动停下，颤抖起来，不敢发挥其惊人的威力，甚至开始怀疑自己，放弃改革的要求，控制自己不去揭开圣殿的帷幔，毕恭毕敬地跪倒在它未加争辩就接受了的真理的面前。

因此，在精神世界，一切都是按部就班，有条不紊，预先得知和预先决定的；而在政治世界，一切都是经常变动，互有争执，显得不安定的。在前一个世界，是消极然而又是自愿的服从；而在后一个世界，则是轻视经验和蔑视一切权威的独立。

第五讲　西方的私人财产观念与社会

赵文君（天津师范大学欧洲文明研究院副教授）

　　我在初读哈佛大学教授伯尔曼先生的《法律与宗教》一书时，对其在书中记录的一段同中国朋友的对话，感悟颇深，分享给大家，姑且算作是这一专题的楔子。书中，他们就小孩子的内心世界是否也存在法律价值和法律情感这一问题，各抒己见。伯尔曼先生通过几个例子说明了自己的看法——一个小孩说"这玩具是我的"，反映了隐含的产权法思想；"你答应过我"，反映了隐含的契约法思想；"他占了轮到我的机会"，反映了隐含的侵权法思想；"爸爸说我可以"，反映了隐含的宪法思想。而接下来他的中国朋友的回答，想必会让很多人深有同感，那位中国朋友说，在中国，如果一个孩子说相同的话，他的父母会教育他说："如果这玩具是你的，你应该让给同伴玩。""如果轮到你，你就应该把机会让给朋友。"①

　　我当时默念着、反复品读了这段对话，尚不能理解伯尔曼先生借机传述的用意。后来经过不断的学习和思索，才渐渐明白，这段看似简单的对话背后，实际上映射出中西方截然不同的财产

---

① 〔美〕哈罗德·伯尔曼：《法律与宗教》，梁治平译，中国政法大学出版社 2003 年版，第 202 页。

权思想。中国朋友的那两句话，不仅体现了中国儒家礼法文化的深远影响，也在提醒我们，文化和教育传统的惯性有多大。细细想来，中西方日常生活中的此类差异化场景，可谓比比皆是。作为一个中国青年学人，被伯尔曼先生这种细致入微的观察所折服的同时，我也在思考：为什么在 21 世纪的今天，东西方社会中的价值鸿沟依然在某些方面留有很深的錾痕？西方的财产权观念又是如何形成的？

一、从"This is my house"说起：
西方财产权利观念的内涵与特征

1. 西方关于"财产权观念"的认识："This is my house"

20 世纪 90 年代末，在一次研究生课上，我的导师侯建新先生与大家分享了他在英国访学时的一段经历。那天，他受邀到一位英国教授的家中做客，进屋寒暄后，作为男主人的英国教授首先向侯老师介绍的就是"This is my house"。侯老师问我们几个研究生，这句话应该如何理解。我们不约而同地回答道："这是我家。"侯老师笑了笑说："不全对，英国人对财产的概念与我们不同，这句话除了告诉是他的家之外，还告知这 house 是他个人财产，或者说，不是他与其妻的共同财产。"听罢，我们面面相觑，百思不得其解，为什么他说的不是"This is our house"？为什么在西方人的观念中，一件东西"属于谁"是如此重要？为什么西方人会有这样的财产观念呢？

其实，这种私人财产权利观念并非像蒸汽机一般是现代工业文明的产物，相反，它的产生及确立在西方社会经历了一段比较长的历史时期。卡尔·马克思是最早从理论上系统分析现代私人财产权观念的思想家，他将现代私人财产权观念置于西欧从封建主义生产方式向资本主义生产方式变革的大背景下，以我们较为熟悉的英国为例，发表了自己的看法。他相信，英国在 14 世纪后期的生产方式本身还不具有特殊的资本主义的性质，"资本主义社会的经济结构是从封建社会的经济结构中产生的。后者的解体使前者的要素得到解放"①。在分析中世纪财产权体系的瓦解时，马克思认为，绝对私有财产权是一个现代现象，是资本主义的一个不可或缺的要素，它直到资本主义盛行之时才发展起来。同时他进一步指出，英国从家庭所有制向个人所有制的转变，发生在 15 世纪后期至 16 世纪末。这时的英国经历了一场圈地运动，新兴资产阶级和新贵族主要通过暴力方式剥夺、圈占农民的土地，致使大批农民的生活难以为继，被迫远离家园，成为城市中的雇佣劳动者。在圈地运动的同时，越来越多的人开始关注自身利益的保护和保障，现代的、个人主义的财产法也逐渐获得发展，促使私人财产权体系得以逐步建立起来。用马克思的话来讲，就是封建的土地所有权和小农所有权等等这些，都在这一历史时期内，全部转化成了现代的、个人主义的所有权。而"个人主义所有权"这个词，很好地解释了"This is my house"这句话的深层次含义。其实这个问题并不难理解，我们只需稍稍注意，马克思是用唯物史观对近代西欧私人财产权进行的分析，他始终认为社会生活、政治生活和精神生活是被物质生活的生产方式所制约的，正是由

---

① 〔德〕卡尔·马克思：《资本论》（第 1 卷），中共中央马克思恩格斯列宁斯大林著作编译局译，人民出版社 2004 年版，第 668 页。

于农奴制的瓦解，封建经济基础的更迭，那些与私人财产权相联系的法律的、政治的、宗教的或哲学的意识形态也或慢或快地发生了变革。简言之，是转型中的近代社会存在决定了人们私人财产权观念的变革。

德国学者马克斯·韦伯对现代私人财产权观念的理解同马克思相比，具有一定的相似性。他将一个个结构不同的家庭视为拥有所有权、进行生产和消费活动的独立单位，家庭中的动产归家庭集团所有，家庭范围内的一切财产权都属于家长个人，即便是妻子儿女的特殊所有物，家长财产权也只是在一定程度上受到限制而已。所以，韦伯也认为，土地私有权是在庄园制彻底解体的基础上建立起来的，因而在13世纪的西方没有绝对私有财产权可言。不同的是，在财产权问题上，韦伯较马克思有了一个新发现，即人们对财产积累的态度并不一致。他发现在中国、印度、巴比伦、埃及等国家或地区，无论在古代、中世纪还是近代，都曾存在相当的财产积累阶段，却不存在那种重视个人主义财产权的经济伦理观念。韦伯没有否认马克思强调的社会变迁中"物质"因素的重要性，只是同时注重精神因素起作用的程度。他认为资本主义起源的一个必不可少的成分，是一个价值观念体系，也就是他所指出的"资本主义精神"。韦伯主张，这种独特的经济伦理观念仅仅发展于16世纪奉行新教的欧洲部分地区。只是到了16世纪，西北欧的某些地区才在本质上变得有别于世界上其他任何一种文明，也就是说在财产累积到一定程度后，发展出了一种独一无二的资本主义形式。

马克思和韦伯都认为中世纪时期具有的是非个人主义的封建所有权观念，而近代绝对个人财产权观念是16世纪以后西欧社会的独有观念，他们不断地将研究重点和目光集中在近代早期，关注格劳修斯、霍布斯、洛克以及孟德斯鸠等一些星光夺目的政治思想家的理论著述，关注新航路开辟、新教改革、圈地运动、英国革命、工业革命等一系列社会变革。英国学者哈罗德·珀金就承袭了马克思与韦伯的观点，他认为英格兰绝对财产权观念的决定性转型时期介于15—17世纪之间。珀金指出，封建社会时期英国的财产权，尤其是地产权的含义既多于又少于所有权，是一种非必然的、有条件的权利，同时，由于上帝、教会、国王、下级承租者和占用者，甚至是穷人都可以提出权利主张，它也是一种有限的权利。然后，这一切经历了一次巨变，经过圈地运动，其过程持续了三个世纪，直到内战期间才彻底废除了封建保有权。于是一种封建领主财产权转变成了绝对所有权。[①]

2. 何谓"私人财产神圣不可侵犯"？

"私人财产神圣不可侵犯"这句耳熟能详的话，在很长一段时间内，鼓舞了全世界向往平等与自由的仁人志士。这句话出自法国大革命时期制宪国民会议颁布的纲领性文件《人权宣言》暨《人权和公民权宣言》（1789年8月26日）第十七条。对这一原则的最好解读莫过于那个著名的谚语故事"风能进，雨能进，国王不能进"。18世纪中叶，英国首相老威廉·皮特在一次演讲中告诉大家：在英国，一个身居陋室、衣衫褴褛的穷人，也敢于在他的寒舍里反抗国王的旨意。凛冽的寒风可以吹进破房子，瓢泼大雨可以打进破房子，房子甚至会在风雨中飘摇，但是未经他

---

① H. L. Perkin, "The Social Cause of the British Industrial Revolution", *Transactions of the Royal Historical Society*, 1968, 18: 123—143.

本人的同意，就算是英国国王也不能踏进这所房子半步。由此可知，作为一名政治家，皮特认识到了财产权对穷苦人的重要性和神圣性。

实际上，近代以来，整个欧洲存在着一种共同的趋势：废除各类封建义务，加强耕种者对土地的权利，使农民或农场主对土地的权利变成真正意义的私人财产权。到 1850 年，除了俄国和罗马尼亚而外，农奴制已经从欧洲消失了。当然，农奴制的消失并非意味着所有的土地都归农民所有或立即实现了私人土地产权。但可以肯定的是，几乎是在农奴制消失的同一时期前后，私人公司和有限责任等原则已经牢固地确立了，更重要的是，按照曾任英国首相的墨尔本勋爵的说法，在 19 世纪末 20 世纪初的英国，防止犯罪和保护契约已经成为了彼时政府的重要职责之一，私人财产神圣不可侵犯的观念逐渐根深蒂固。第一次世界大战后，随着欧洲工业化和城市化进程的加速，城市规模迅速扩大，城市与乡村的空间关系随之产生了一些变化，这些变化引发了一系列与私人土地产权有关的新问题。由于对土地所有权的态度不同，社会上出现了两个对立的思潮：一个强调公共利益，另一个强调个人利益。公共利益论者认为土地像空气和水一样，本质上是公共的和可以共享的，合理有效地对土地进行集中使用，可以使所有人受益。通过保护资源和因地制宜的开发，可以使得大家受益，从而维持人口的自然增长。个人利益论者自然是强调私人财产权不应该受到限制，是绝对神圣不可侵犯的。

二战后，为了保障公共性的建设用地，在保护私人土地产权的前提下，西欧等国先后通过立法，建立起了土地开发许可制度。在英国，1947 年《城乡规划法》和修订后的 1990 年《城乡规划法》就做出了一些相关规定。这些规定的出发点是更有效地利用土地资源，要求土地所有权人或土地开发者必须先向国家提出申请，经规划机关审查后，方可开发。而且，依据相关政策和可能对公共利益带来的不同影响，开发意见也被划分为三大类：准许开发、有限制条件的准许开发以及不准许开发。[①]

新世纪以来，根据联合国粮食及农业组织（FAO）专家罗杰·D.诺顿（Roger D. Norton）的考察，当今世界绝对的土地所有权是十分罕见的。不仅世界各国的土地占有形式多种多样，而且同一国家内不同形式的土地权属也有所交叉。例如，国有土地可能以长期租借的形式交给农户，而这一租借权还可以被农户拿来买卖，买卖这个举动本身又属于私人土地权权利范围。所以，可以说，目前土地产权已经不像其他财产的产权那么绝对。土地产权的相关法律十分复杂，涉及多个管辖机构。因此，土地的绝对控制权似乎被弱化了许多，当今的土地所有权可以被视为集合了若干种权利的"权利束"。

显然，进入新世纪的西方社会仍将财产权视为一项主观性权利，因为它反映了人的尊严，代表了自我价值的某种实现，同时也将之视为一项基础性权利，因为它保护了自由的个体做出的自主选择。但有所改变的是，私人财产权已不再是一种只强调个人的绝对性权利，它同时也是一种社会性的权利，个人的权利只有在社会共同体中才能得到实现和保障。这也就意味着，个人的权利要与社会共同体的共同权利保持一致。正如法国思想家霍尔巴

[①] 李兵弟主编：《部分国家和地区村镇建设法律法规制度比较研究》，中国建筑工业出版社 2010 年版，第 55、47 页。

赫所表达的："孤单的个人，或者可以说，处在自然状态中的人有权享有他的能力所能得到的一切。生活在社会里的人如果这样无限制地行使权利，无论对他本人，还是对其他公民，都是极其有害的。人在社会里行使自己的权利应该服从社会生活条件和社会的需要——总之，应该服从公共福利。对整个联合体有害的、对联合体成员有害的行为就是不正当的行为，而是滥用权利的行为。"[①] 然而，我们要理性看待这种进入新世纪后的不同声音，因为从实际来看，不管怎么讲，私人财产权利神圣不可侵犯观念的精神犹在。

最近，在英国伦敦就上演了 21 世纪的"风能进，雨能进，国王不能进"的一桩实例。2008 年 4 月的《东方早报》以伦敦流浪汉"小窝棚"为题报道了这一事例。

> 在英国伦敦附近有一片树林，在树林空地上，有一个 90 平方英尺（约合 9 平方米）的小窝棚。这个"住宅"的主人是一个流浪汉，71 岁的哈里·海洛维斯，他在此已经居住了 21 年。2007 年，他向伦敦市政厅申请对该块土地的所有权证，按照英国物权法，一个人在无争议的情况下占有一块无主土地超过 12 年，那块地就是他的。政府向他颁发了一份地契所有权状，正式宣告他拥有这片土地的所有权。万万没有想到，一名亿万富翁看中了这个地方，开价 200 万英镑，要求流浪汉腾出地方。流浪汉断然拒绝，他的理由是："你看我像那种卖了房子坐着飞机满世界跑的人么？"

---

① 〔法〕霍尔巴赫:《自然政治论》，陈太先、眭茂译，商务印书馆 1999 年版，第 30 页。

上图为伦敦流浪汉哈里·海洛维斯和他的"小窝棚"。根据"私人财产神圣不可侵犯"的法律原则，在英国，他依法拥有"小窝棚"的产权。任何政府及个人在未获得其同意时无权占有或强制拆除。

然而，这毕竟是在英国。英国的财产法具有三大特征：首先，财产私有是常态，而财产公有则是例外，私有财产神圣不可侵犯。所以，只要法律上没有规定属于公有财产，那么，任何机关和个人都不得侵犯公民的个人财产。其次，规定了取得时效制度，行为人占有财产超过一定期限，归占有人所有。这位幸运的流浪汉1986年开始栖居在树林小窝棚中，按照英国法律，如果占有一块无主土地超过12年，那么，他就拥有土地的所有权。第三，城市规划民主化，城市拆迁市场化。在广泛征求社会各界意见，对城市规划进行修改之后，涉及的拆迁问题完全由开发商自行解决，伦敦市政府既不会出面帮助其强制拆迁，也不会动员钉子户"为了公共利益"而放弃自己的财产。

显然，这就是 21 世纪"私人财产神圣不可侵犯"精神犹存的真实写照。从一定意义上讲，"私有财产神圣不可侵犯"是现代西方文明的集中代表，它的一步步发展，折射出了整个现代西方文明演化的历程。对私人财产神圣不可侵犯这个原则的审视，为认识和理解西方财产权利观念的内涵与特征提供了基础。这一原则的核心目的，并非如大家所理解和认为的那样，是私权的最大化或者绝对化。我想强调的是，当我们在宣扬"私人财产神圣不可侵犯"的时候，它的历史基础是什么，其主要内涵和特征是什么，更为重要的是，我们又将通过什么方式，并在什么样的条件下来真正地继承其原则精神。

3. 西方财产权利观念的内涵与特征：天赋、平等、排他、抵抗

接下来，我想对西方财产权利观念做进一步的分析和解释。如果你对西方思想史并非一概不知的话，那么你应该对"自然法"（natural law）① 有些印象和了解，或者至少在哪里听到过或见到过这个词。其实，自然法在西方思想史上扮演着极其重要的角色，是一种深入人心的价值信念与理性准则。在前人对自然法不断深入地剖析和解读的基础上，我发现，财产权利观念逐渐具有了天赋、平等、排他、抵抗等内涵与特征。

天赋

古罗马时期的思想家们承认自然法的存在，他们强调，自然

---

① 《简明不列颠百科全书》第 9 卷"自然法"条目定义如下，是指："人类所共有的权利或正义体系。作为一般承认的正当行为的一组原则，它常和国家正式颁布及由一定法令实施的成文法形成对照。"一般认为，最初的自然法是相对于成文法而言的。

法的基础是正义，而正义所追求的是公平，所以，法律的执行在于追求和保障公平。他们所塑造的理想社会中，因为只存在一种宇宙理性，[1] 所以只有一种法律和一种权利——天赋的（即自然的）法律和天赋的（即自然的）人权。到了中世纪时期，伴随着基督教的兴起，自然法在这一时期被神圣化了，它被视为是法律向自然权利理论发展的主要推动力量。基督教在罗马帝国得到进一步普及之后，自然法在神学方面的运用和阐释逐渐受到了重视，自然法的理论依据开始从哲学向神学转变。自然法思想在中世纪教父思想中占有非常高的地位，他们认为，先有理性动物的理性思维，自然法才得以被创造，而且自然法从一开始就包含于《旧约圣经》和《新约圣经》中，受到这种法律的约束，人们被禁止做他不愿意别人对他做的事，这和我们中国人常说的"己所不欲，勿施于人"有相通的地方，所不同的是，我们很少从法律层面来解释和界定这八个字。

中世纪时期的人们认为上帝创造一切，[2] 包括物质财富，一切源于上帝的思想已经在人们的头脑中达成了共识。当代英国学者彼得·斯特克和大卫·韦戈尔认为，这种思想给中世纪彻底财产权概念打上了明显的宗教印记，使得财产权概念变得更加复杂了。根据基督教的原罪说，人世间的一切财产是被所有人共有的，只是由于人贪婪的本性才产生了私有的财产权，在这种观念下，人

---

[1] 〔美〕梯利：《西方哲学史》，葛力译，商务印书馆 2003 年版，第 132 页。

[2] 上帝是财富的源泉，《圣经·旧约全书·创世记》开篇就记载着上帝在六日内创造世界的过程：第一日开天地，造光明、分昼夜；第二日分天地之水，造空气；第三日分海陆，造植物；第四日造出太阳、月亮和众星，以表明季节和年月日；第五日造出各种水中的鱼类和空中的飞鸟；第六日造出地上的各种动物，并照着自己的形象造出了人类。

只是对上帝负责的管家，而不是人世间真正的、绝对的和不受限制的财产所有者。基督教信仰下的这种解释，毫无疑问，为我们在财产权概念中注入了一个"神圣性"的因子，它意在让人们懂得并相信，财产不再是人与人之间的世俗安排，它把人类对财产权的理解带入了一个高于世俗世界的认识平台——天赋。然而不幸的是，《圣经》和基督教价值观赋予了中世纪财产权神圣的尊严，这一点，一直被人们忽视了。

平等

近代以来，人们往往认为人人生而平等是不言而喻的，将平等看作是不可剥夺的、与生俱来的自然权利，是一种来自上帝的神圣的天赋权利。中世纪的神学家托马斯·阿奎那对这种平等观做出了系统的阐释。他提出，之所以人们的自然权利都是平等的，是因为所有人的位格都是平等的，没有任何一个人的位格比另一个人的位格高，也没有任何一个人的位格比另一个人的位格低。但是由于每个人的身份、职务和所处环境各有不同，所以，在实际生活中，人们的实际权利也不相同。尽管如此，却并不妨碍人们所拥有的平等的基本自然权利。他强调自然权利来自自然法，任何人都不能借着各种名义将其剥夺；同样，每一个享有自然权利的人也必然受到自然法的约束。阿奎那通过自然法揭示出了自然权利的重要性，每个人都有保护自己的生命、健康、自由和财产不受侵犯的权利。如果谁的权利受到侵犯，谁就有反抗他人的权利。自然法赋予了人们平等的自然权利，这些权利是人必遵循且法必保障的，概括来说，包含有以下三种权利：第一，平等权：人人生而平等，没有任何人具有高出他人的权利，人与人之间也

不存在从属或受制的关系。第二，自由权：人人可以自由地使用
自己的身体和财产，在不损及他人安全和利益的情况下，可依自
己的意志去做任何事情。第三，生存权：每个人都有保存自己生
命的权利，并且是不可剥夺的。另外，人想要生存就必须有赖以
维持的条件和最低限度的生活资源，因此，财产权同生存权一样，
是不可侵犯的。

排他

"排他"指的是产权所有人对其财产享有独占或排他的权利，
未经其本人许可，任何人不得利用，否则就是侵权。所有权虽然
表现形态各有不同，但它们具有一个共同特征：简单性和排他性
（或者称为封闭性），即所有权的各项权能集中且仅集中于所有权
人一人之手，所有权强调的是财产的归属意义，具有独占性和专
有性。在对西方法律史的回溯中，我们可以很容易地从日耳曼传
统中找到财产权绝对排他的原始表达。

讨论"排他"，我想先从一个关于苏瓦松花瓶的日耳曼民间传
说开始谈起。据说在法兰克人与高卢人作战时，日耳曼首领克洛
维手下的一个士兵从教堂劫掠了一只漂亮的苏瓦松花瓶。克洛维
为了赢得一个基督教女人的欢心，决定将花瓶归还教堂。那个获
得花瓶（或在分赃时得到花瓶）的士兵拒绝交出。为了证明花瓶
属于他个人，该士兵当着克洛维的面摔碎了花瓶。而且，他还告
诉首领，是你的就是你的，是我的就是我的。这个故事告诉我们，
以武力维护其占有权利的传统是何等地深厚。当然，这里的你我
之分，绝非罗马法的所有权意义，只是一种独具特色的日耳曼传
统权利观念——"占有"，它意指人们对于财产的拥有和处置是绝

对的、完全自由的、没有任何限制的，拥有者对拥有的财产享有最高权利，可以依其意愿自由支配。如果用德国学者埃里希的话来说，就是指某些部落成员的无拘束的独立性，反映出了一种早熟的个人主义。

抵抗

抵抗权作为一种权利观念肇始于中世纪。德国著名法学家鲁道夫·冯·耶林认为："所有重要的法规首先必须从其否定者手中夺取。不管是国民的权利，还是个人的权利，大凡一切权利的前提就在于时刻都准备着去主张权利。"[①] 中世纪西欧的历史土壤为抵抗权的孕育提供了极为重要的条件。法国学者基佐从7世纪中托莱多宗教会议制定的教规中发现了这种抵抗权观念，他在《欧洲文明史》一书中写道："让我们看看7世纪形成的君王制度下的君王概念是什么样的。我的引文摘自托莱多宗教会议制定的教规：国王之所以称为国王，是因为他施政公正。若他以公正行事，他就合乎法理地拥有国王之名。若他不以公正行事，他就可悲地丧失此名。我们先辈有至理名言：国君公正则立，不公正则废。君王的两件主要美德是公正和明理（理性的卓识）。由此可知，面对国王的不公，我们有权抵抗，甚至是将之废黜。"[②]

---

① 〔德〕鲁道夫·冯·耶林：《为权利而斗争》，胡宝海译，中国法制出版社2004年版，第1页。

② 〔法〕基佐：《欧洲文明史——自罗马帝国败落起到法国革命》，沅芷、伊信译，商务印书馆1999年版，第174—175页。

二、西方财产权利观念形成的要素分析

恩格斯在《反杜林论》中早就指出:"没有希腊文化和罗马帝国所奠定的基础,也就没有现代的欧洲。"[①] 西欧人对财产权的认识也在同一时期发端,并对中世纪财产权观念的形成和发展产生了重要的影响。

1. 古希腊、罗马的历史遗产

柏拉图在其《理想国》中较为系统地阐述了他对财产权的思考,他是古希腊最早对财产权做出理论性解释的思想家和哲学家。柏拉图以斯巴达的制度为模板,构建了他理想中的国度,他主张把个人的财产和权利收归国有,从而建立一个乌托邦式的、全体公民共有财产的社会。在他看来,理想的城邦应该由社会中最年长和最有智慧的精英阶层来管理,包括统治者在内的全国人民,共同拥有城邦的全部财产。在这种状况下,人们共有妻子、子女和全部动产。一切称作"私"的东西都从理想生活的各个角落,以各种方式清扫出去。只要可能,连天然的"私有物"也要努力"公有化"。例如,每个人的眼睛、耳朵和手似乎都在"共同地"看、听和动。所有的人都尽可能地对事物进行一致的褒贬。不同的人哀喜一律。在这个社会之中,一切财产的处理原则是"朋友之间不分彼此",一切都是大家共有的,没有什么是属于私人的。[②]

---

① 〔德〕恩格斯:《反杜林论》,《马克思恩格斯文集》(第九卷),中共中央马克思恩格斯列宁斯大林著作编译局,人民出版社 2009 年版,第 188 页。

② 〔古希腊〕柏拉图:《理想国》,郭斌和、张竹明译,商务印书馆 1986 年版,第 138、177、313 页。

个体的人消失在了集体中，这种被异化了的公有制把个人消灭了。马克思评价，柏拉图的理想国"只是埃及种姓制度在雅典的理想化"，它最主要的特点就是压制个性。

亚里士多德则提出了一套与他的老师柏拉图完全不同的财产权理论，在对希腊城邦的实证考察面前，柏拉图的理想社会图景受到了质疑和批判。首先，财产私有比财产公有具有更高的生产力。他认为，凡是属于最多数人的公共事物，常常也是最少受人照顾的事物，因为人们大多都只关怀着自己的所有，而不自觉地忽视公共的事物。对于公共的一切，他至多只留心到其中对他个人或多或少有些相关的事物。如果某一事物已有别人在执管，他就不再去注意了，而且在他自己看来，这也并不代表着是他疏忽了那一事物。

其次，财产公有并不直接导向社会和平。这个道理其实并不难理解，因为公有财产制度的分配过程必然忽视了人们的贡献与报酬的一致性，于是，一些有才能的人可能会对这种制度心怀不忿，他们感觉自己应该比某些人多得一些，而最终得到的却并无差别。实际上，这些人就常常因为心中不平，以致引发一国的内乱。

再次，财产私有给了人们从事慈善事业的可能，并且使他们训练节制和慷慨的品德。显然，人们对朋友、宾客、伙伴甚至是陌生人有所资助后，会从内心深处感到无比愉悦，而不得不指出的是，只有在财产私有的体系中，这种乐善的仁心才能得以发扬。

最后，财产私有不仅符合人性，而且从实践经验方面看比公有优越。在亚里士多德看来，如果财产公有是好的，那么它早就应该成为通行的财产制度。可显而易见的是，当今绝大多数的人都生活在私有财产制度中，在公有财产制度中生活的人却微乎其微。

概而言之，对希腊人来说，城邦是文明生活赖以存在的载体。古希腊先哲在财产权方面的思考也总是围绕城邦生活的具体问题展开的。无论是柏拉图还是亚里士多德，实质上都是政治哲学家，他们都是从城邦的角度来观察宇宙、思考财产权的，因此，无论是公有还是私有，其目的都是更好地维护城邦乃至整个宇宙的和谐秩序。

在希腊人之后，罗马法①诞生。它的目的是确定权利、保护权利，这里的权利指的就是法律所确认和捍卫的利益。毫无疑问，在这一点上，罗马人超越了希腊人。尽管希腊政治哲学家也大谈法律、理性和正义，但是他们仅从普遍道德意义上揭示了理性和正义的内涵，而未能将其与公民的世俗利益联系起来。所以，他们不可能形成具体的权利概念。当代美国著名法学家庞德曾有过这样的评论，事实上，希腊哲学家们并不议论权利问题。他们议论的是，什么是正当的，或什么是正义。但是罗马人却通过法律，来支持凡是正当的或正义的事情，而这就将对利益的保护和捍卫，引到权利的观念上来了。在财产权方面，罗马法学家们展现出了独特的法律天赋。他们第一次用法律形式确立了私有财产权，最先提出了"完全所有权"（dominium）的概念。这个绝对私有制概念从未出现在希腊人的词汇中。意大利学者彼得罗·彭梵得在《罗马法教科书》中谈到，罗马人使用"这个东西是属于

---

① 罗马法指公元前6世纪末至公元7世纪古代罗马制定和实施的全部罗马法律，它通行于整个古代罗马世界，是罗马从建国到查士丁尼法典的制定完成这期间所制定的律法的总称。

我的""这个东西是我的"的说法，来表示所有者。所有权的概念基本上是通过"此物是我的"这句话所确认的，进一步来讲，这种确认包含了两层含义：某物是属于某人的，且此人"直接"行使对该物的所有权。

更为重要的是，罗马法学家在法理和法条上将所有权和占有作区分的过程中，使我们看到了两者之间的特有联系。罗马人没有给"所有权"下定义，也没有为"占有"的概念下过明确的定义，他们只不过经常说占有是一种事实，抽象的无形物不能被占有。在罗马法的语言中，所有权与占有之间只有法律保护的不同，从内容上看不出什么区别。英国学者巴里·尼古拉斯就曾表示，罗马人没有把占有理解为对物的简单持有，而是理解为像所有者那样的持有，是一种对物具有排他性和独享性的持有。

从法理上看，罗马法倾向于将占有视为一种排他性权利来看待，这在一定程度上扩大了占有的内涵，占有成为了一个人对某物享有所有权的基础和前提。意大利法学家彼得罗·彭梵得甚至明确说过，如果撇开法律层面的保障不谈，在罗马人的语言中，占有通常就是用来指所有权的，因为在他们看来，占有所代表的就是所有权的形象及其全部内容。换言之，当某人说"此物是我的"这句话时，在罗马法中已经意味着，该物是属于占有人的，是他个人所有，从而排斥他人对该物的"占有"与"所有"。例如，从公元 2 世纪起，罗马法就承认了同一块土地的两种通用名称：所有权产业（即享有完全所有权的土地）和使用权产业（即因农民为土地的原主人开垦耕作而得以永久占用的土地）。424 年颁布的法律规定，被任何人清理的公共土地（无论是属于国家的山地还是荒地），在经营或占用满 30 年，并交纳了相应的地租和税收后，都可以变为此人正式所有的地产。显然，这种占有的事实中蕴含着"所有"思想的萌芽，这一萌芽为中古西欧私人财产权观念的建立，提供了关键的术语工具和理念参考，罗马法通过发展单纯的"占有"和完全的法律"所有权"之间的新差别，首次将私人财产所有权从外在的条件和限制中解放了出来。

2. 日耳曼[①]传统的影响

以希腊罗马时期为起点，我们进一步往下探究的话，就不可避免地要谈到日耳曼了。日耳曼与中古西欧文明密不可分，对中古西欧私人财产权利观念的形成产生了重要的影响。中古西欧的财产观大多来自日耳曼人的传统与习惯，特别是他们的马尔克（mark）制度。恩格斯曾评价说，在整个中世纪里，这种公社制度是其他一切社会制度的基础和典范。不论是在德意志，还是在法兰西北部，甚至是在英格兰和斯堪的纳维亚，它都浸透了全部的公共生活。

根据塔西佗在《日耳曼尼亚志》中的描绘，以游牧生活为主的日耳曼部族，将牛羊等家畜视为其"所钟爱的唯一财富"，家畜的多少就是衡量财富的标准。土地是由公社共有的，家庭遗产的继承顺序首先是自己的子女，若无子嗣，则遗产依次归兄弟和叔伯诸舅所有。[②]在他们中间，部落的、村镇的或村庄的共同财产极为流行，称为马尔克或公地。马尔克公社制度下的每个日耳曼人

---

① 根据塔西佗的记述，日耳曼是一个部族或民族，不是一个人种。从语言上来说，日耳曼一词也只是他所在时代刚刚出现的新词。日耳曼人这个部族的名称，渐渐变成了一个地方的名称，又从地名变成对当地居民的称呼，最终成为一些人的名称，而这些人的血统、语言和习俗都与原来叫作日耳曼人的那些人不同。

② 〔古罗马〕塔西佗：《日耳曼尼亚志》，马雍、傅正元译，商务印书馆1997年版，第65—68页。

村庄，都包括三类土地：（1）耕地，（2）草地，（3）森林和荒地。这就是所谓的"公地"，即开放给大家的土地。在这种情况下，日耳曼人承认的是一个共有和私有相混杂的所有权观念，毫无疑问，土地是共有的，而对武器、牲畜、工具和家具，以及对一所木制住房和住房周围的土地的所有权，则属于名义上是私有实际上也是私有的财产。此外，他们对于财产的取得方式也有着特殊的理解，在他们看来，如果一个人可以用流血的方式获取某样东西，却以流汗的方式得之，就是文弱无能的表现。这种暴力掠夺财产的倾向使得他们无论在处理公事还是私事时，武器决不离手，用他们的话说——"我们靠武器来保障我们的权利。"[①]更为重要的是，日耳曼人十分重视事实上的占有，几乎不会通过抽象性思维来理解所有权的概念。显然，这在后来的希腊和罗马得到了不同程度和不同方式的继承。

公元 5 世纪中叶，在西罗马帝国的废墟上建立起来的东哥特、西哥特、法兰克、汪达尔和勃艮第等日耳曼王国，让我们看到了一个不同于古典时代的新文明——封建主义。而在封建主义不断酝酿的同时，我们会惊异地发现，在战乱不断的封建社会中，从宫廷到最低层的官僚机构，从乡村到城市，从教会机构到职业机构，日耳曼人的个人自由意志促使私人化的个人登上了历史舞台的中心。财富变成了属于个人的东西，个人则努力寻求将住宅有关的每件事物都变成私有的。在这一时期，日耳曼各王国将国家视为私有财产，王国成为可以世袭的遗产。与此同时，占主导地

---

① 〔美〕约翰·威格摩尔：《世界法系概览》，何勤华等译，上海人民出版社 2004 年版，第 688 页。

位的不再是罗马法，取而代之的是日耳曼入侵者的法律，于是，众多的日耳曼习惯法——"蛮族法典"纷纷出台，而且这些法律对财产的规定，都鲜明地体现了日耳曼的习惯和传统特征：重视保护事实上的财产占有。

因为处于战乱不休的历史时期，所以，对为生存而斗争的日耳曼人来说，占有无疑更为重要。他们通过围篱划定地界，以示尊重土地占有的事实。勃艮第和撒利克法中就规定了由荆棘和围篱圈起来的地域保护原则，其中，葡萄园需要特别的保护，践踏嫩枝的家畜会立即被宰杀，而如果有人将围篱毁坏、拔掉或拖走以作私用，甚至将其藏匿，要被处以 15—62.5 苏勒德斯的处罚。考虑到当时一个奴隶或一匹马的市场价值不过 12 苏勒德斯，这笔罚金的数额显然是沉重的，由此可以想见，围篱在日耳曼人心目中具有举足轻重的地位，他们对这种事实上的、个人对土地财产的占有，给予了足够的保护和重视。古列维奇则认为："蛮族法律准则主要涉及的是：保护自由民的人身权利和财产权利，以及对侵犯这些权利的适当惩罚。"[1]

日耳曼"蛮族法"保护个人财产权利的原则虽然没有产生完全意义上的私人财产权利观念，但在中世纪封建主义的招牌下仍然不断发展，形成了一个重视个人"事实上占有"、双重所有权并存的财产观念体系。从事现代化理论研究的当代日本著名法学家川岛武宜认为，在中世纪的欧洲，作为现代法律基础制度的所有权的所有"并没有彻底地从占有中分离出来，所有经常和占有联

---

[1] 〔俄〕A. 古列维奇：《中世纪文化范畴》，庞玉洁、李学智译，浙江人民出版社 1992 年版，第 81 页。

系在一起。所有上的纠纷往往是离开占有就无法确定"[①]。有些罗马法学家也喜欢把日耳曼这种较为复杂的"所有权"解释为"双重所有权",以此来契合罗马法理论。英国法律史学家亨利·梅因就认为,封建时代关于所有权概念的主要特点,就是它承认一个双重所有权,即封建地主的高级所有权以及同时存在的佃农的低级财产权或地权。实际上,在这种双重所有权结构下,"占有"财产的双方存在着一种原始的封建契约关系,双方依据习惯法行使其财产权,无论是国王、贵族还是普通的自由民或农奴,每个人对财产的"占有"就是中世纪的个人财产权。不过,有必要强调的一点是,中世纪的个人财产权还是等级权利的一种,"占有"财产的双方(如领主与农奴)并不平等,不能与现代个人财产权等同视之。

3. 基督教的贡献

英国历史学家阿克顿曾说过,宗教是历史的钥匙,而在某种程度上,基督教就是理解私人财产权观念的钥匙。在基督教之前,古典时代西方人的财产观念中,既承认城邦、国家的公共财产,也承认公民个人的私有财产。罗马法关于财产权的法律规范,是古典时期西方私人财产观念的集中反映。但是,当基督教信仰取得统治地位后,便将其神圣的财产观念带给西方社会,从而促使西方社会的财产权观念发生了深刻的变化。

基督教的财产权观可以上溯到《圣经》。《圣经》告诉大家,他们所住的地方是上帝给他们的,所以土地是属于上帝的,国王并没有土地的所有权,古代的"地主"也不能永久占有它。《圣

---

① 〔日〕川岛武宜:《现代化与法》,王志安等译,中国政法大学出版社 1994 年版,第 79 页。

经·利未记》中就有规定，每 50 年应该有一个禧年，而每逢禧年
之时，所有的农奴或佃农都可以重获他们原有的祖业。另外，买
卖土地时也有收回的权利，因为人只有土地的"使用权"，而"所
有权"则属于上帝。《圣经》中的很多故事生动具体地讲述了信教
者的财产纠纷问题，我们先来看一看拿伯的葡萄园的故事（《列王
纪上》21—22）：

　　耶斯列城的平民拿伯的葡萄园靠近以色列王亚哈的宫殿，有
一天，亚哈王把拿伯召来，说："你的葡萄园靠近王宫，你将你的
葡萄园给我作花园。我会给你更好的葡萄园，如果你要银子的话，
我也会给你好价钱。"由此看来，此时的以色列并无"溥天之下，
莫非王土；率土之滨，莫非王臣"的概念，不然以亚哈为一国之
主的权位之尊，完全可以用一道命令就白白征用或仅象征性地支
付一点点费用，即可得到此园，而他却不得不以优厚条件置换或
通过高价购买。按理说亚哈王开出的条件不薄，但没想到拿伯却
一口回绝："我主我王，这是我祖传的一份产业，您给什么，我也
不能换呐！"亚哈被认为是以色列历史上最邪恶的王之一，就在此
前曾率兵与亚兰人恶战一场，杀死了十几万亚兰士兵，大胜回朝。
一个如此凶狠的国王此时对一介平民却毫无办法，倒也可见当时
的"法治"精神。无奈之中，亚哈只得怏怏而回。由于拿伯的死
性子，他要修建一座美丽的御花园的愿望化为了泡影。回宫后，
他一直闷闷不乐，脸朝内躺在床上，连饭都不吃。也难怪，久经
沙场、杀人如麻的堂堂一国之君竟然连一个小小老百姓的葡萄园
都换不到也买不来，委实令人气闷。

　　看到亚哈如此垂头丧气，王后耶洗别赶忙过来担心地问他为
何这样郁闷，连饭都不吃。他对王后说："耶斯列人拿伯的葡萄园

就在我的宫殿旁边，我想拿更好的葡萄园与他交换或拿银子买下，却都被他拒绝。"阴险狡猾的王后对他说："国王，您是以色列一国之主，岂可因这点小事发愁。您尽管放心，高高兴兴地吃饭，我必让那耶斯列人把葡萄园乖乖地交出来。"说完，王后就以亚哈的名义写了一封信，并盖上他的大印送给耶斯列城里的长老贵胄。信上写道："你们当宣告绝食，并让拿伯作民间的领袖，另外找两个无赖，给他们些钱，让他们作见证说：'拿伯造反，诽谤亵渎了神和国王。'随后就把拿伯拉出去用石头打死。"接到信后，这些长老贵胄立即照令而行，找来两个匪徒作伪证，拿伯以谤渎神和王的罪名被众人拉到城外一个水池边用石头打死，流在地上的血被一些闻腥赶来的野狗舔净。

得到拿伯的死讯后，王后耶洗别高兴地对亚哈说："耶斯列人拿伯已死，你可以得到他不愿卖给你的葡萄园了！"亚哈连忙起床准备占有葡萄园。王后的卑鄙行径在全国激起无声的愤怒，但谁也不敢公开伸张正义，但就在这时，耶和华却为这种暴行激怒，命令先知以利亚向亚哈传话："你杀了人又得了他的产业，所以，狗在何处舔拿伯的血，也必在何处舔你的血！狗在耶斯列城外，必吃耶洗别的肉！"

果不其然，几年后再次与亚兰人征战时，亚哈受重伤大败而逃，最后死在战车上。部下将他埋葬后把战车拉到当年打死拿伯的水池边，准备洗尽车上的污血，这时一群野狗赶来争舔车上血污，正应了耶和华当年的话。亚哈死后，其子亚哈谢继承王位，然而一些年后亚哈谢手下的一名将军起来造反，夺了王位，将亚哈谢杀死，并赶到耶斯列城把住在那里的耶洗别王后从窗子扔下，使其被马踏而死，她的尸体被野狗吞吃，也应了耶和华的话。

这段充满善恶报应隐喻的故事，说明了保障个人财产权的重要性，即便是一国之尊，也不能对平民百姓的土地、财产予取予夺，由此可见，基督教的教义在某种程度上确认了财产神圣不可侵犯的原则。

在中世纪相当长的一段时期内，财产神圣不可侵犯这一原则并没有取得广泛共识，甚至在基督教早期的教父思想家那里，他们更赞同共有意义上的财产权，认为私有财产的存在是为了满足人的私欲，它不是神圣的上帝设立的财产制度，而是在亚当和夏娃偷吃禁果犯下原罪后，人世间才有的。

奥古斯丁 [①] 作为早期教会中最深刻的思想家，在西方思想史上占有承前启后的特殊地位。他的财产观，表现为一种二元倾向，既承认一定的私人财产，又强调上帝的最高所有权。他认为，根据神权，大地及其产生的一切都是上帝的，私人财产不是神权的产物，它们是衍生罪恶的源头，人们应尽力控制自己对财产的爱恋。在奥古斯丁的著作中，他把神权和人权区分开来，并指出："一个人是根据什么权利占有着他所占有的东西的呢？难道不是根据人权吗？因为如果根据神权，则土地属于上帝所有，丰盛的产物来自土地。穷人和富人都是上帝用泥土捏成的，这块大地同样赡养穷人和富人。有人却说，根据人权，这份地产是我的。这个仆人是我的，这所房子也是我的。根据人权，也就是根据帝王的权利。为什么这样说呢？因为正是上帝通过世界各国帝王把这些

---

① 奥古斯丁（Aurelius Augustinus, 354—430 年）是西方历史上最重要的思想家之一。虽然他生活在大约 1600 年前的罗马北非，他的思想却早已渗入了西方基督教传统的深处。奥古斯丁生活在一个特殊的时代。虽然这个时代仍然属于罗马之治，但所谓的"晚期罗马帝国"已经表现出了与盛期的古典文明相当不同的特点。这个时代已经属于"古代晚期"，属于古典文明与中世纪文明之间的过渡时期。他本人的思想也经历了一个从古典文化向基督教转变的复杂过程。

人权分配给了人类。"[1]

12 世纪后，随着罗马法的复兴，欧洲法学家们第一次完整清晰地表述了诸如"我有什么样的财产权""占有意味着什么"等这类问题的真正意义。大约在 1140 年，一位名叫格拉提安（Grantian）的波伦亚僧侣在前人整理的基础上，借鉴罗马法注释学家的成果，收集、编辑与整理了将近 3800 条教会法法规，将其著作命名为《歧义教规之协调》。为了纪念格拉提安修士的杰出贡献，从那时起，人们往往把它称作《格拉提安教令集》，这是第一部全面和系统的西方法律论著，是中世纪法学理论的重要材料之一。《格拉提安教令集》是《教会法典》的基础。根据美国历史学家布莱恩·蒂尔尼的考证，自然权利产生于 12 世纪的教会法学家格拉提安等对《教令集》的注释过程中，这涉及对 ius naturale 这个词语的理解。其中最有影响的定义是大约在 1160 年由教会法学家儒菲奴斯（Rufinus）提出的，他认为，自然权利（natural ius）是一种天赋的潜移默化到每个人身上的避恶扬善的力量，私有财产的支配权是一种自然权利。

在 13 世纪财产权观念发展的过程中，中世纪最著名的经院学者、神学家托马斯·阿奎那也加入了这场争论。他合理吸纳了亚里士多德的财产理论，也借用了罗马法学家的一些词汇和法律术语，在以天主教教义为依据的基础上，利用自然法观念阐释了私有财产的合理性。他接受了亚里士多德在《政治学》中的论点，承认私有财产背后隐藏着的效率与和谐。他认为，个人对有

---

[1] 傅举晋、吴奎罡译：《欧洲中世纪经济思想资料选辑》，商务印书馆 1998 年版，第 332 页。

形事物握有取得和处置的权利，这对于人类的生活来说是十分必要的。最重要的原因是，每一个人对于和自身紧密相关的东西的关心，胜过对于所有的人或许多别人的共同事务的关心。私有权并不违背自然法，前者只是由人类的理性所提出的对后者的一项补充而已。所以，在阿奎那看来，私有财产权是人类理性的产物。从他的观点中可以明显地看出，阿奎那承袭了亚里士多德的思想，然后在一定程度上，调整了基督教早期教父理论中神法和自然法关于私有财产规定的冲突，私有财产权利不再是道德鞭挞的对象，而是人类理性的合理产物。

如果说这些教会法学家和学者关于私人财产权观念的表达还仅仅是初露端倪，那么在其后的两百年中，伴随着教会内部由方济各会发起的一场与使徒贫困有关的大辩论，一种更为明晰的财产权话语基本成形。1279 年教皇尼古拉斯三世公布敕令，使用了财产（proprietas）、所有（possessio）、用益权（ususfructus）、使用权（ius utendi）、事实使用（simplex usus facti）等词语，而这里引入的"使用权"概念，就为方济各会修士阐释财产的合法性提供了新的概念工具。1321 年，教皇约翰二十二世对方济各会奉行的"使用权"原则提出质疑，从而引发了教皇和方济各会修士之间的一场持久辩论，其中，获得财产的自然权利是论辩过程中的一个重要内容。

在论战中，奥卡姆继承了尼古拉斯三世在敕令中使用的语汇，变换词义，用"ius"来指自然法或自然权利。奥卡姆认为存在一种让所有人使用的权利，这种权利源于"自然"，不能被放弃。他将权利理解为：一个人"在没有过失或原因"的情况下不能被剥夺的东西。他把主体权利[1]定义为是人与生俱来的，是主体的特性、理性、自由和行为能力，是一种个人（支配）权。至此，主体权利观基本形成。在奥卡姆的主体权利观中，最引人注目的是，他把拥有财产的自然权利与创建政府的权利紧密联系起来。他宣称上帝是以劝诫的形式授予了人类拥有财产和选择统治者的二元权利，在必要的情况下，这种双重权利可以自愿放弃。在二元权利中，无论是皇帝还是教皇或其他统治者的权力，都要受到臣民权利的限制，他们的权力是源自上帝且通过人民赋予的，他们无权任凭其专断的意志剥夺所有教士和民众的财物和自由等种种权利。为此，奥卡姆还引述了一条例证：

特尔瓦教堂的全体教士是由本地教士的多数派和非本地教士的少数派共同组成的。按照该教堂的惯例，每名教士定期都会收到生活津贴。但是在13世纪初，多数派决定把少数派津贴的一部分克扣挪作他用。案件被提交到教皇英诺森三世那里，教皇认为在一个社团集体中，多数派的表决不能剥夺少数派个体成员的财产权。

奥卡姆由此推定，统治者的权力要受到制衡，不能剥夺天赋的财产权。[2]奥卡姆本人也许没有意识到他的论断给后世带来的影响。从此，西方形成了有关现代财产权的一系列理论，这些理论

---

[1] 关于主体权利概念及其对西欧史研究的意义，侯建新先生在国内第一个进行了系统而完整的阐释。他对 Subjective Rights 的文本起源、内涵、演变等作了系统梳理，认为主体权利观念是西方文明之魂，是现代权利和权利思想的母体，是解读西方历史与社会的重要切入点。详见侯建新：《"主体权利"文本解读及其对西欧史研究的意义》，《史学理论研究》2006年第1期，第124—129页。

[2] Brian Tierney, *The Idea of Natural Rights: Studies on Natural Right*s, *Natural Law and Church Law, 1150—1625*, Atlanta: Scholars, 1997, pp. 171, 173, 183, 184.

的核心是，财产权是一种自然权利，是一种不可剥夺的天赋的神圣的权利。米切尔·维利对奥卡姆构建的包括财产权在内的主体权利思想给予了高度赞赏，称其领导了一场"语义学革命"，他的创新就像"哥白尼的重大突破"一样，在人类思想史上具有标志性意义。

三、西方私人财产权利观念对社会发展的意义

1. 从《大宪章》看西方向近代社会转型

2015年10月，为纪念《大宪章》签署800周年，英国特别举办了赫利福德大教堂馆藏原件的全球巡展，并首次在中国进行了为期两周的展出。这份在1215年签署的法律文件是中世纪历史上罕见的长篇文本，包括63个条款，近3500字。大部分内容是有关当时封建惯例的规定，14个条款是形式的或临时性的，24个条款是针对维护贵族封建利益的，2个条款涉及的是教士与教会，10个条款规定了国王司法机构的组织与运行，余下的条款是关于村镇市民、商人、伦敦市民特权的。从其具体内容上看，《大宪章》并没有像现代宪法一样，列举了包括财产权在内的公民基本权利，而是深刻体现了当时保护私人财产权的基本原则——王在法下。

在《大宪章》中，对教会及其财产权的特别保护占有比较突出的地位，《大宪章》开篇第1条及收尾的第63条即是例证。在这两条看似重复的规定中，透露出了一个重要信息，那就是王权要牢记并遵守以"自由选举"为中心的教权，而我们要知道，在中古西欧，主教的授职决定意味着一份巨大的财产收益，国王如此之举，说明主教及教士的财产权得到了世俗法的保护。

　　上图描绘了《大宪章》签署时的场景。1215 年 6 月 15 日，在伦敦温莎城堡附近的兰尼米德（Runnymede）草场上，在坎特伯雷大主教斯蒂芬·兰顿和男爵们的压力下，英国约翰王被迫签署《大宪章》，全文共 63 个条款，是一份"封建契约"，其中近半条款关涉臣民财产权利。《大宪章》确立了"王在法下"原则，为现代英国及西方政治文明奠定了基础，开创了人类文明的新纪元。

　　另一个值得重视的现象就是，当时英国的贵族强烈要求订立宪章，目的是维护自己的封建特权，而维护自己的封建特权也就等同于要限制王室的特权。所以《大宪章》对封建捐税和封建贡金的征收限制、对封地继承金的征收限制、对王室监护权的限制、对寡妇改嫁控制权的限制、对封建军役劳役的限制是十分具体而详细的，在许多地方还进行了严格的量化。例如，《大宪章》中关于封地继承金的征收限制（第 2、3、43 条）。由于封地是中古封君封臣制的基础，封地直接关系到封建权利与义务的构建，所以关于封地继承的规定在《大宪章》中就具有基础性的作用。《大宪章》

的第 2 条就是这一规定的反映。封地继承金对国王的统治而言，不仅具有经济的功能，更具有政治的功能。国王一方面可以借助于这一项王室特权，对贵族巧取豪夺，另一方面通过高额继承金的征收，还可以把一些封建大贵族转化成王室的债务人，这样就可以牢牢地在政治上控制他们。所以，继承金动辄数百数千甚至上万的现象并不罕见。自《大宪章》签订之后，对于伯爵来说继承金最多只能征收 100 镑，对男爵只能征收 5 镑，其他人均遵循"继承人依照旧有习惯缴纳继承金后应享有其遗产"的原则，不能随意征收高于 5 镑的继承金。这一规定既是贵族对王权经济上的重大胜利，更是政治上的重大胜利。再如第 12 和 14 条关于除了支付国王被俘的赎金、国王长子骑士册封的费用以及长女第一次出嫁的费用以外，未经全国民众（大主教、主教、修道院院长、伯爵与大男爵、郡守、总封臣等）同意许可，不得征收新的免役税和辅助金的规定。总之，这些条款以成文法的形式剥夺了国王任意征税的权力，自 1215 年之后，国王再不能任意征收免服兵役税和辅助金。

在《大宪章》的原始语境中，"自由民"的含义可能是比较狭窄的，可能仅涵盖骑士、地主、自由民等阶层的人。古德哈特也赞成这一观点，他认为："民主是一个现代观念，所以我们不要因为 1215 年的《大宪章》没有确认所有人应受法律的平等保护，而感到惊异。自由民这一概念的巨大价值在于它没有成为阻止这一阶层的进一步扩大的障碍，如果谁是自由民被得以准确界定，那么反而会出现不好的后果。"[①] 从《大宪章》对"自由民"的使用情

---

① Arther L. Goodhart, *Law of the Land*, Virginia: University Press of Virginia, 1966, p. 17.

况看,《大宪章》的起草人拥有了一种显然有别于欧洲大陆的法律平等观。同时期欧洲大陆的类似法律文件中,权利的授予没有达到授予所有自由民的程度。《大宪章》应算是例外,它将权利授予的范围几乎推到了当时可能触及的极限。"自由民"一词在《大宪章》中共出现 7 次,分别出现在第 1、15、20、27、30、34、39 条之中。《大宪章》最有价值的第 39 条规定:任何自由人,如未经其同等地位之人依据这块土地上的法律作出合法裁判,皆不得被逮捕、监禁、没收财产、剥夺法律保护权、流放,或加以任何其他形式的损害。通过对英格兰人民古老习惯的保证,这一条款后来被欧美各国奉为保护人权和财产权的圭臬。更重要的是,从《大宪章》来看,要确确实实地保障权利,只有通过一个具有可操作性的稳定制度,才能得到有效的落实,所以具体权利的保障性落实,才是重点所在。《大宪章》已经开始把这些思想纳入到一个制度化的机制中,使其具有强制性的约束力。为强制国王遵守契约,这个机制专门设置了一个由教俗贵族组成的 25 人委员会。这个委员会是落实"王在法下"原则的机构实体,并具体规定了执行程序与表决办法。即使在今天,单单考虑一下 1215 年的人们对国王权力诸多限制的那股一丝不苟的精神,就会令我们感到无比赞叹。

在随后的一个多世纪里,《大宪章》不仅像普通法那样可以作为诉讼的依据,而且拥有了"高级法"的特征——与《大宪章》相悖的任何制定法,都必然是无效的。于是,不承认君主的意志,具有法律效力,变成了英国普通法的一项准则。而且,这样看来,法治的传统代替了人治的选择,在英国初露端倪。事实上,它暗示着,私人财产权利的保障,既不是国王的一种施舍,也不是一种恩惠。君主不仅无权改变法律，更不能未经民众的同意任意剥夺属于民众的东西，在法律的有效约束下，私人财产权利（或者是权力）是可以被争取并维护的。《大宪章》是一份政治文件，自其订立伊始，就深刻地影响了英国政治与社会的发展进程，它奠定了现代英国及其他英语国家政治自由和宪政的基础。凯瑟姆曾指出："政治制度自有其政治的圣经，如果它被公正地查阅，任何政治问题都可能并应该能够解决。《大宪章》《权利请愿书》以及《权利法案》构成了我所称的英国政治制度的圣经。"[1]

2. 从洛克的《政府论》看公权与私权

长期以来，学者们大都以为中世纪与近代之间存在着一个巨大的断裂，在经历了近千年的"黑暗"的中世纪后，从近代文艺复兴至启蒙运动以后的思想家们构建了一个关于财产权的新的思想体系，他们关于私人财产神圣不可侵犯的声音不绝于耳。从格劳修斯、洛克、卢梭到康德、黑格尔、庞德、罗尔斯等西方思想家，分别从不同角度对财产权的合法性基础及其起源提供了理论上的论证。例如列奥·施特劳斯和麦克弗森就曾认为，以个人自由主义及其相关的诸如个人财产权利学说的产生为标志，17 世纪是政治哲学思潮发展的一个重要分水岭。但要注意的是，洛克及其继承者所说的财产起源并非指其历史根源，而是追溯其道德逻辑的起点，即从道德上来看，在什么基础上进行财产分配，所有权的要求才能有效实现。事实上，近代早期的西欧思想家大都自觉或不自觉地承袭了中世纪的重要思想遗产，如自然法思想和基

---

[1]　Francis Thackeray, *A History of the Right Honourable William Pitt, Earl of Chatham*, BiblioLife, 2010, Ⅱ: 156.

督教信仰，也正是在这种继承的基础之上，他们以一种更为世人所理解和接受的语言体系，进一步系统地论述了私人财产权利的必要性和重要意义，明确区分了公权与私权的合理边界，约翰·洛克就是其中的重要代表之一。

约翰·洛克是英国哲学家、经验主义的开创人，同时也是第一个全面阐述宪政民主思想的学者，在哲学以及政治领域都有重要影响。在洛克看来，广义的财产（property）包括三个方面的内容：生命、自由和地产。生命不单意味着基本的生存，更深层次的含义是与上帝的目标保持一致。自由指的是在自然法限度内的行动自由。在自然中，所有人对地产都拥有一种集体权利，因为上帝在一开始就把土地分给所有人，以便提供他们的生活所需。洛克认为财产权是最基本也是最重要的自然权利，是生命、自由等权利的根基。生命的权利，即安全，不过是保障个人财产不受侵犯的一种权利；而自由权则是每个人都有任意处置自己的财产的权利。没有财产权，生命不过是一句空话。谁侵犯了私有财产，就等于侵犯了人们的生命和自由。

洛克既是自由主义的杰出代表，又是一个虔诚的基督徒。他对财产权观念的解读也基于对上帝的信仰。他认为个人财产的源泉在上帝，这同我们上文讲过的西方财产权利具有天赋的特征，存在一致性。他指出每个人财产的源泉在上帝，"因为既然人们都是全能和无限智慧的创世主的创造物，既然都是唯一的最高主宰的仆人，奉他的命令来到这个世界，从事于他的事务，他们就是他的财产，是他的创造物，他要他们存在多久就存在多久，而不由他们彼此之间作主"①。因此，从终极意义上说，上帝拥有一切，一切所有权归于上帝。洛克进一步指出，在上帝给予人类共有财产的同时，上帝还赋予人类以理性。通过某种拨归私用的方式，为了让人类能够最大限度地得到舒适的生活和便利的好处。正因为如此，洛克认为，人类本就需要有自己的财产，需要对处在自然状态中的土地和其中的一切东西，主动且必然排斥他人在任何程度上的所有权，而每个人拥有财产的权利是神授的，这一私权的取得与公权无关。更重要的是，在自然法的范围内，人与人之间是一种平等的状态，没有一个人享有多于别人的权利。除非他们全体的主宰以某种方式昭示了他的意志，刻意将一人置于另一人之上，并以明确的委任赋予他不容置疑的统辖权和主权。否则，既然同种和同等的人们，毫无差别地生来就享有自然所赐予的所有同样的有利条件，大家能够运用相同的身心能力，就应该人人平等，不存在从属或受制关系。因此，每个人都有权按照其认为合适的办法决定其行为和处理其财产，任何人不能以公权的名义横加干涉。

　　然而，洛克对私人财产权的理解并未就此止步，他为私人财产权合理性提供了新的论点——劳动给予财产权。他认为，劳动使私人的财产和公共的东西产生了区别，劳动在自然所塑造的事物上面加了一些额外的东西，这样一来，这些东西就变成劳动者的私人财产了。劳动者的马所吃的草、仆人所割的草皮以及在和他人共同享有开采权的地方挖掘出来的矿石，都属于劳动者的财产，无需任何人的让与或同意。恰恰是劳动使事物脱离了原来所处的被共同拥有的状态，给某些自然物加上了一些东西，使它们

---

① 〔英〕洛克:《政府论》，下篇，叶启芳等译，商务印书馆1964年版，第4页。

脱离了自然所安排的原貌，从而排斥了其他人的共同权利，确定了劳动者对于它们的财产权，并确立了劳动者对这些物品的个人所有权。

洛克颇有创意地对私人财产权的制度保障做了系统论述，这是他的财产权利学说中最引人注目的一个部分，这也是对公权与私权的合理边界的进一步阐述，在现代思想史中具有十分重要的地位。洛克在《政府论》中对财产权问题的论证，意在揭示政府的起源、目的及其建立保障私人财产权制度的必要性。实际上，洛克以财产为出发点建立一个全新的关于公权与私权的政治理论，也许正是因此，洛克很满意于他的财产权理论，在《政府论》仍处于匿名发表时，洛克在一封信中写道："关于财产权，我还没有发现比一本名为《政府论两篇》的书解释得更清楚的了。"[1]

洛克通过对财产权进行讨论，意在强调，政府的根本目的是保护人们的自由和财产权。在洛克看来，自然法虽然赋予了人们种种自然权利，但维护这些权利的职责是交托给了每一个人的，也就是说，自然状态下每个人都是正义的裁判者。洛克显然看到，这不便于解决纠纷，正义法则在这种情况下根本得不到有效执行，而且从经济学上看，也不能降低交易成本。为此，最好的解决办法是，大家通过平等的和平协议、在一致同意的基础上来组织政治社会，自愿放弃自己惩罚他人的权利，而由一个公正的机构来承担这方面的任务，洛克认为，立法和行政权力产生的原始动因就在于此，政府和社会本身的起源也在于此。我们在上文讲过了，

---

[1] Crawford Brough Macpherson, *The Political Theory of Possessive Individualism: Hobbes to Locke*, Oxford: Oxford University Press, 1964, pp. 197—198.

洛克认为，国民唯一的统治者就是上帝，万能的上帝。因此，政府不是一个统筹万事的大家长。洛克并没有把个人的主体权利归入政府手中，政府只是当两个或更多个国民发生纷争时，扮演了仲裁的角色。换言之，国民的权利和义务并非来自政府，这些东西都来自上帝之法，政府的职能不是去剥夺国民自我支配的权利，而是作为一种工具或方式，来保障国民充分享有自由和财产权，当然，有必要再次重申的是，这种权利必须在上帝之法规定的范围之内。

至此，在洛克的财产权理论中，我们看到了赋有神学意味的天赋权利说教，看到了充满生机的个人主义理念，也看到了资本主义私有财产制度的基本轮廓。洛克的财产权理论的主要贡献有三个方面：其一，中世纪教会法学家所阐释的私人财产权观念的核心思想（天赋、平等）在洛克那里得到了很好的继承和综合，成为近代私人财产权思想的基石。其二，"劳动给予财产权"说为现实社会中的财产找到了合法性基础，并使财产权具有了人权基础。其三，也是最重要的，在洛克笔下，对天赋、排他、平等、抵抗等原则的确认，成为现存的统治者（至少所有英国国王）建立合法政府的前提条件。根据这种理论，国王及其政府存在的目的就是要保护一切人的生命、自由和财产。

讲到这里，我们要对这一主题进行一下整体梳理和总结。回顾西欧私人财产所有权观念形成的历史过程，我们可以发现，在中世纪西欧，罗马法语汇、日耳曼传统与基督教因素的融合孕育了一种新的语境。正如斯金纳在《近代政治思想的基础》一书中所说的，一个社会开始自觉地掌握一种新概念的最明确的迹象是：一套新的词汇开始出现，然后据此表现和议论这一概念。在对罗马法和教会法的注释与教学中，教会法学家和神学家发明了一套新的权利话语，并对个人权利与集体权利进行了系统阐释。他们不仅成为"新语言的创造者和传播者"，而且成为了"新语言的捍卫者和实践者"。在教会内部，他们积极主张限制教皇的权力，保护普通教士的主体权利；在世俗领域，他们又积极主张不同等级的个人或集体应有的主体权利。事实上，从某种程度来看，由于人们对财产的不同看法，有不同的表述，西欧私人财产权观念就是在特定时代内，各种语言表述元素的累积，它的起源及其发展过程与基督教文明的形成有着密切的内在联系。中世纪神学家、法学家不约而同地对财产权利表示关注，他们都在思考"为什么财产是我的"和"我如何支配财产"的问题。这种共同性不是指简单表示出了同等程度的重视，也不是强调相同的细节，而是从不同层面逐渐丰富和深化了对这一领域的认识，并最终形成了较为一致的信念，并做出了法哲学上的回答：私人财产神圣不可侵犯。在这个问题上，他们渐渐地走出了财产权"善"与"恶"的道德伦理思考，而是进行更加复杂和更高目的的分析与讨论。

当然，如果认为同基督教连接在一起的私人财产权观念在中世纪纯属脱离实际的幻想，那就把丰富多彩的中世纪西欧社会想得过于简单了。从中世纪西欧向近代社会转型的历史进程来看，物质与精神之间有着十分紧密的关系，要想从引发西方兴起的因果关系上理解何者占先，实际上难以权衡，但从时间先后考虑的话，基督教观念体系在一定时期先起着特殊的导引作用。基督教作为一种文化结构，对西方现代社会的形成起了一个接生婆的作用。

在西欧私人财产权利观念的形成过程中，首先需要注意的是，这一时期的神学家和法学家对财产权思考大都停留在哲学层面，还是一种抽象观念的学理思辨，他们讨论主体权利、自然法、正义与自由，讨论政府、宗教、法律和财产权的关系。这种讨论没有深入制度层面，没有给出具体的关于私人财产权制度体系的建议。例如法律应该如何保护私人财产权，政府或其他公共利益团体与个人财产权的界限如何划定等。这种主观性的陈述就如同"人人生而平等"这一观念一样，旨在让人们认识到财产权（或平等）应当是什么，应当如何被对待，以及应当如何组织社会来实现私人财产权神圣的目标。或者说，这一针对人的意志本身而设定的财产安排，既可以诱使或强迫自己的意志主动规范自己，也会使违法者认识到违反其原则行为的心理结果。

其次，在上帝创造万物的基督教文化结构下，这一时期财产权利的重心不是人对物的占有与支配，而是"上帝赐予"，是一种神圣因子。而就像拉德布鲁赫所说的那样，作为上帝赐予的东西，就连在弥撒献祭仪式中，被人们吃进了肚子的日常面包也具有了事物的神圣性。韦伯说过，神圣的东西就是特别不可变更的东西。财产的神圣性可使人们从心底敬畏，从而有信心抵制来自世俗社会的形形色色的侵害。基督教教会法学家、神学家是把古典文明，特别是罗马法思想以及日耳曼传统与基督教理论联系起来的桥梁工程师。在财产观念思想史上，他们第一次将私人财产权利视为神圣不可侵犯，从精神层面为私人财产权概念嵌入了神圣符号，使得人们对财产的认识与先前产生了根本的区别。他们将财产划分为两个不同的范畴，即神圣财产与世俗财产。12世纪前的西欧，人们对财产权的认识大都停留在世俗层面，无论是罗马法的私权还是日耳曼人的"占有"，甚至连基督教早期拉丁教父思想中的财产"原罪"观，都体现了人们对财产的态度是具体的、物质性的。只是到了 12 世纪以后，教会法学家、神学家通过主体权利的注释，才将神圣财产观逐渐建立起来。神圣的财产观表达着一种对私人财产权的特殊尊崇，世俗财产因人与神的联系具有了特别的品质与力量，私人财产权不再被简单地视为罪恶的渊薮，而是不可侵犯的神圣事物。这使财产权观念获得了一种超越世俗的普世意义，作为上帝的子民，人们不论高低贵贱，都应该对其怀有一种极其庄重的敬畏。正是在上帝面前，国王和贵族，市民和农奴，有着共同的价值观念体系，这种态度的同一性成为他们对财产观认识的纽带。圣经故事就是以无逻辑、无意识的方式讲述了财产的神圣性。这种神格化的个人财产权不同于以往人格化的财产权认知，从本质上讲，它将财产权的归属视为神的天赋与恩赐，独立于世俗王国的一切力量之外。

最后，一个完整意义的私人财产权观念在 15 世纪前的西欧的出现，成为了西欧社会大变革前的思想解放缩影。这些被中世纪知识分子明晰的天赋或神圣、排他、平等、抵抗等私人财产权核心价值理念，被以洛克为代表的近代思想家继承并完善，并在近代发展为一种在现实中受到法律保护的制度体系。从 12 世纪开始的学理思辨到现成的制度体系，西方大概走过了六七百年的时间。今日，私人财产权作为一种自然权利，完全变成了约定俗成的事情，似乎已经淡出了人们的日常用语和思想。诺贝尔经济学奖获得者诺斯指出，直到最近，经济学家还是常常忽视财产权及其相关的法律制度。其中的原因也许是，最有影响的经济学著作——亚当·斯密的《国富论》写作于财产权正在获得空前的尊重的时代，财产权在那个时代被看成是"神圣的"，而神圣的东西总是不会得到仔细地探究的，因而斯密认为，就未必需要劳神费心地一定要把有保障的、可自由交换的私有产权作为经济学分析的基础，这是一件理所当然可以被忽略的事情。

　　总之，近代西欧私人财产权观念经历了一个较为漫长的形成过程，主要是古希腊罗马遗产、日耳曼人传统和基督教三者混合的产物，其中基督教对近代西欧私人财产权利观念的形成起到了举足轻重的作用。与自然权利或主体权利紧密相连的财产权观念，在基督教语境中发生了重要的变化，以天赋、排他、平等、抵抗等价值理念为核心的私人财产神圣不可侵犯的精神原则逐渐明晰，形成了现代意义上的私人财产权理念。其后，私人财产权利观念日益成为现代西方市场经济和宪政发展的重要思想基础。

第六讲　英国工业革命中的工人实际工资和生活水平

徐　滨（天津师范大学欧洲文明研究院教授）

　　"工业革命一词一般用来指复杂的经济变革，这些变革蕴含在由生产力低下、经济增长速度停滞不前的传统的工业化前经济向人均产量和生活水平相对提高、经济保持持续增长的现代工业化经济发展的转变过程之中。"菲利斯·迪恩（Phyllis Deane）对工业革命概念的定义涵盖了工业革命历程中两个最重要的方面——经济增长和生活水平。工业革命中的生活水平不仅过去引起了学界极大的关注，而且时至今日一直是一个颇有价值的历史主题。

一、生活水平与实际工资的争论

　　工业革命时代英国政府及民间人士曾都对劳工阶层的生活状况给予了相当的关注，有关调查报告和个人记述为后世保留了相当丰富的历史资料，如《济贫法报告》、1840 年的《特别委员会关于城市卫生的报告》、1842 年 E. 查德维克（Edwin Chadwick）作的《劳动人口卫生状况报告》、1846 年《特别委员会关于铁路劳工的报告》，等等。自那时开始，对于生活水平的变化就有不同的观点。到 20 世纪初，"工人阶级的生活水平不断恶化"被许多人视为定论。中国当代学术界很长时间内也普遍将其作为不可撼动的金科玉律。然而，这个问题在 20 世纪英国学术界却曾引发过一场激烈而持久的争论，并导致更为深入、全面的研究。这场争论由克拉潘（John Clapham）于 1929 年出版的《现代英国经济史》而引发。该书对 18 世纪末至 19 世纪中期的劳工生活水平做了研究，结论认为在实际工资、居住条件等方面都有所改善，以往视工业革命开始后"工人阶级的一切一切都每况愈下"的观念缺乏实证性依据。几年以后 J. L. 哈蒙德（Hammond）对克拉潘的观点提出了反驳，他认为平均工资不能说明工人的实际生活状况，而且"这个时代的财富越大、人的权力越明显，工人阶级中被忽视和被压迫的感觉就越大、越强烈。在这种意义上，工业革命的胜利给工人阶级的生活和思想带来了新的痛苦"。1930 年代以后越来越多的学者加入到争论中，其中不乏一些著名历史学家，如 T. S. 艾什顿（Ashton）、E. J. 霍布斯鲍姆（Hobsbawm）、R. M. 哈特维尔（Hartwell）、E. P. 汤普森（Thompson）、E. W. 吉尔伯（Gilboy）等。争论在 20 世纪五六十年代达到高峰，形成了观点截然相反的两个对阵营垒，霍布斯鲍姆和哈特维尔分别成为双方的主将。争论之激烈、影响之广泛，在学术界甚至有"霍布斯鲍姆—哈特维尔之争"的说法。在这场争论中，学术界将执"改善"观点的一派称为"乐观派"，以克拉潘、艾什顿、哈特维尔等为代表。而把主张"恶化"的称为"悲观派"，以哈蒙德、霍布斯鲍姆、汤普森等为核心。乐观派的基本观点认为总体来说劳工的生活水平并没有因工业革命恶化，而是某种程度上有所改善。悲观派的基本观点则恰恰相反，而且认为工业化本身即是导致恶化的重要原因。

在生活水平的研究中，实际工资从始而今都扮演了相当重要的角色，许多学者也是就此得出生活水平改善与否结论的。然而，对实际工资指标的价值却也曾颇有争议。一部分学者肯定实际工资对说明生活水平变化的意义。克拉潘即从工业工资和生活费用入手，对各行业展开个案研究，并最终得出这样的结论："自1820—1821 年的物价下跌之后，一般工资的购买力……比之革命战争和拿破仑战争前夕肯定有所增加。"艾什顿、尼尔（R. S. Neale）等学者也是通过对整体或个案的物质指标研究得出"改善"结论的。但反对派却对此验证指标表示了极大的质疑，并从两方面提出了尖锐的反驳。其一，实际工资的状况在各地区和行业间存在较大差异，平均实际工资掩盖了低于平均值的真实状况。其二，实际工资只能说明部分问题，即使实际工资改善也不一定能得出生活水平改善的结论。因为"人们不能仅靠实际工资生活"[1]，其他如对生活的感受等"质"的下降会明显超过实际工资的上升程度。汤普森就曾说："财富的大部分明显是他们自己的劳动成果，却又以同样明显的方式落到了雇主的手中，用心理学的观点看，这种现象在人们的感觉中十分酷似生活水平的下降。"悲观派实际上指出，实际工资的提高完全可能，但生活环境等条件的恶化以及受压迫的心理感受都超过实际工资带来的好处，因而生活水平最终还是恶化了。这一时期的研究与争论不仅涉及诸多物质生活指标之外的因素，同时也受到某种意识形态的影响。对此，迪恩就有过这样的评价："这场争论已经由于政治的偏见和经常导致偏见的浅见而变得一塌糊涂。……由于'道德'和'审美'以及其他非经济考虑的介入使得这场讨论变得更为复杂。"

---

[1] E. J. Hobsbawm, "The Standard of Living Debate", in Arthur J. Taylor, ed., *The Standard of Living in Britain in the Industrial Revolution*, London: Methuen, 1975, p. 186.

20 世纪七八十年代以来，原有的乐观派与悲观派之争已基本
偃旗息鼓，研究进入了更为理性、深入的阶段。当前的主流学者
基本上延续了按照物质水平和可计量资料来说明问题的研究方法，
并且仍将重点集中在实际工资上。有关研究不仅关注英国的整体
状况，而且开始更为细化，有些研究就针对某一地区或行业。在
整体状况方面，M. W. 福林（Flinn）1974 年的论文认为，1813
年以后价格的长期下降，致使实际工资平均每年增长 2%—3%；
1983 年彼得·林德特（Peter H. Lindert）和杰弗里·威廉姆森
（Jeffrey G. Williamson）的研究结论则是，实际工资的普遍改善出
现于 1820 年以后，且"1820 年到 1850 年间几乎翻倍"；而克拉夫
茨（N. F. R. Crafts）在其 1985 年著作的结论中也表明，1820 年后
"对于工人整体来说，实际收入增长的变动至少与人均国民产出的
增长大致相一致"。在实际工资的个案研究方面也涌现了不少成果，
如 L. D. 施瓦茨（Schwarz）在 1985 年发表的对伦敦工匠的研究，
1987 年 F. W. 伯萨姆（Botham）和 E. H. 亨特（Hunt）对斯塔夫德
郡（Staffordshire）北部工业工人的研究，乔伊斯·本内特（Joyce
Burnette）从 20 世纪 90 年代至今对女性工人的研究，G. 克拉克
（Gregory Clark）2001 年对农业工人的研究等。当然，这一时段的
研究也存在着一些争论，但主要是关于实际工资变化的细节和研究
方法的争论，如变化幅度的大小、各时段内特点、资料可信度、计
量分析方法之类。而对于工业革命后期实际工资的总体改善，多
数学者基本是认可的。M. W. 福林、T. R. 古尔维什（Gourvish）、
藤泽尔曼（G. N. Von Tunzelmann）、P. H. 林德特（Lindert）、J.
G. 威廉姆森（Williamson）等诸多学者都曾参与了有关讨论。此
外，20 世纪 80 年代开始，一些历史学家又在实际工资以外寻找到

了新的研究视角，即从当时人的平均身高变化与营养状况的关系来研究生活水平问题。

笔者认为生活水平的研究应从可量化的物质生活资料着手，尽量避免涉及意识形态和无法比较的主观评价。直接反映生活水平的物质生活指标包括工资、物价、实际工资、衣食条件、居住条件、消费结构、医疗等。其他间接指标包括国民收入、死亡率、预期寿命、身高体重等。这些指标均可进行量化比较，得出的结论也真实客观。毕竟，两磅面包多于一磅面包是明白无误的事情。而且，直接指标比间接指标明显更具价值。在这些指标中，实际工资是生活水平的最主要决定因素，其他许多指标都直接受其影响，如衣食等。况且，工业革命时期工资已日益成为劳动阶层的主要收入形式。这也是多数学者都选择工资作为研究对象的原因。

本讲即希望以实际工资来研究生活水平变化的趋势。研究所使用的原始资料大致可分为两类。第一类主要是英国官方的相关调查和统计报告，包括有关《济贫法》的调查、《农业委员会报告》等，还有一些是发表在皇家《统计学会年刊》（*Journal of the Statistical Society*）上的统计报告。《济贫法》的有关调查是当时政府针对贫民救济的报告，其中涉及各类工人的收入和贫民救济状况。《农业委员会报告》由一系列各郡分别提交的报告组成，这些报告统一命名为"某某郡农业的一般观察"，如《斯塔福德郡农业的一般观察》（*General View of the Agriculture of the County of Stafford*）。这类报告不仅详细记载了各地农业地产、生产、收入的情况，对工业生产和工资也有不少记录。第二类是一些个人亲历的记载，其中包括亚瑟·杨（Arthur Young）的《北游记》（*A Six Months Tour Through the North of England*）和《南游记》（*A Six*

Weeks Tour Through the Southern Counties of England and Wales）、署名"一个英格兰人"的《英格兰劳动阶级》（*The Laboring Classes of England*）等。其中亚瑟·杨是 18 世纪英国著名的农业家和农业改良的倡导者，曾经遍游英国各地并对当时各行业的生产、劳动状况做出了详细的记录，他撰写的《游记》和主编的《农业年鉴》等为后世提供了丰富的历史资料。另外，当时人的一些时事性论著和研究

英国工业革命时期的工业城市和劳动阶层

专著也提供了颇有价值的资料，如托马斯·图克（Thomas Tooke）1838 年出版的《价格史》（*History of Prices*）就是今天研究英国物价的最重要参考资料之一，经常为学者引用。

　　所谓实际工资意指将名义工资剔除物价变动因素后，以不变价格或实际购买力计算的工资。它不是工人收到的工资，而是经计算后的统计概念。因此，实际工资与名义工资、物价之间存在着明确和不可忽略的逻辑关系。实际工资的研究必须从名义工资和物价水平入手，也就是根据物价水平的变动来折算名义工资的实际购买力，从而得出实际工资变化趋势的结论。本文的研究即遵循这一逻辑线索。

二、不同工人群体的名义工资

工人，有时又称劳工，主要指以体力劳动为谋生手段的人。由于职业特征、技术水平、工作环境等的差异，工业革命中的工人大致可以分为几个群体。首先，农业工人，多数为农场雇工。它曾经是工业革命前最大的工人群体，即使在工业革命中份额也相当大。据估计 1801 年农业劳动力在全部劳动力中还占到35.9%，数量为 170 万人，超过同期的工业劳动力。即使到 1851 年时还保持着 21.7% 的比例，210 万人。农业工人是一个从比例上但不是从绝对数量上日渐缩减的群体。第二，工业工人。工业革命开始后工业工人的群体不断壮大，并最终成为主体，1801 年为 29.7%，140 万人，1851 年已升为 42.9%，410 万人。工业工人按其技术水平又可简单地划分为技术工人和非技术的普通工人。技术工人不仅拥有较高的技术能力，而且工资水平也比较高，纺织、建筑、制陶、印刷、家具等行业中都存在大量技术工人。工业中的普通工人不具备比较专业的技术能力，工资水平明显低于技术工人，工厂工人中有很大比例属于这一类，如女工。建筑业中的多数工人也是非技术工，如挖土工。按生产组织方式又可分为工厂工人、家庭和作坊中的工人、建筑和采矿等工作场地中劳作的工人等。由于各地经济发展的不平衡，不同地区的工资水平存在着差异。而且在不同行业与技术水平间工资状况显然也不同，技术水平高的行业通常享有较高与较稳定的工资收入。英国学者约翰·儒勒（John Rule）认为，技术工人的工资要比非技术工人高50%—100%，但这些人最多占到劳动力的 15%，技术工人包括印刷工、细木匠、刀具匠、铁匠、车轮匠、建筑工匠之类。其次是成年男性棉厂工人，其收入是北部农场劳工的 1.3—3 倍，但这类工人到 1835 年也只占棉厂工人的四分之一，其余主要是收入相对低的女工和童工。当然，各行业的实际状况仍要比这复杂得多。

　　名义工资理论上即工人所接受的货币工资。但现实中由于有些雇主支付的报酬中一部分是货币，一部分是实物，故这种情况下的名义工资就是货币工资加上实物折算的货币量。可见，工资的支付形式大致可分两种，其一是完全货币工资，其二是货币加实物。后者直到工业革命结束时也相当常见，而且由于文献中以此方式记录工资的比例很高，故援引数据时常无法回避实物问题。货币加实物的工资形式在工农业中都存在，但农业中更为常见。实物酬劳状况比较复杂，一般会包括饭食、啤酒等。提供啤酒很常见，无论男工、女工每天都会喝不少啤酒，有时工间休息也要喝。农业中的长工，实物酬劳则还可能包括雇主提供的小屋、小块田地等。因此，一般情况下长工名义工资中的实物比例较短工为高。以多塞特郡（Dorset）为例，1812 年短工的日工资为 2 先令到 2 先令 6 便士，周工资合 12—15 先令。如果是长工，每周只有 7—9 先令，但农场主提供小屋、谷物、燃料等，加在一起也差不多 12—15 先令左右，[①] 实物比例要占到约 25%—50%。1850 年左右，一位游历英国的美国农场主描述柴郡（Cheshire）农业时认为，短工每天的实物酬劳差不多值 10 美分，占全部工资的约 20%。尽管根据具体情况实物比例会有不同，但可以肯定大部分

---

① William Stevenson, *General View of the Agriculture of the County of Dorset,* London: B. McMillan, 1812, pp. 428—437.

工资是以货币支付的。而且，折算以后两种支付方式的货币额并不会有太大分别。为了更清楚地体现不同领域的状况，本文将农业、工业分别加以考察。

首先是农业工资。1770 年亚瑟·杨认为当时不同地区的农场工资大约有 20% 的差距，日工资平均为 1 先令 2 便士到 1 先令 5 便士。农业工人每周的工作日通常为 6 天，如此折合周工资应为 7 先令到 8 先令 6 便士。这个平均值基本上能够反映 18 世纪 60 年代工业革命初期的状况，而且此时的农业工资大体上是南方高于北方的。如据他记载，60 年代兰开郡（Lancashire）的博尔顿（Burton）工资就是每天 1 先令并提供住宿，该郡其他地方也大致如此，同期南部的萨福克郡（Suffolk）一般是 1 先令，外加啤酒。两例中现金收入折合都是每周 6 先令，再加之实物报酬，基本上符合平均水平。农业工资自工业革命开始后总体呈上涨趋势，这种趋势从各郡提交农业委员会（Board of Agriculture）的考察报告中得到了清楚的反映。如在北部的利物浦（Liverpool）附近，1761—1791 年，农场工人的日工资从 10 便士上升到 1 先令 8 便士，折合周工资是由 5 先令上升到 8 先令 4 便士。90 年代初其他各郡的情况也大致相近，如：英格兰中部的斯塔福德郡，日工资在 1 先令到 1 先令 6 便士之间，合每周 6—9 先令，外加啤酒；东南部的埃塞克斯郡（Essex），周工资是 8 先令，外加啤酒；西南部的萨默塞特郡（Somerset），每周 7 先令，外加淡啤酒或苹果酒。如果我们将实物部分按 20% 折算，到 90 年代初每周 10 先令上下已经是当时的平均水平。可见，历经约 30 年，英格兰的农业工资已经普遍上涨。而且，北部的增长速度要快于南部，到 90 年代初北部不仅已赶上南部，甚至有些地方还超出了。18 世纪 90

年代中期到 1813 年的大约 20 年中，农业工资仍处于不断上涨中，且于 1813 年左右达到顶峰。约克郡东区（East Riding of Yorkshire）1794 年前除收获后的农忙季之外，每周工资大多在 10 先令左右，1811 年已涨到 12 先令上下，最少 9 先令，最多 15 先令，而且还包住宿。1813 年南部的沃里克郡（Warwickshire）的日工资也涨到了 2 先令到 3 先令 6 便士，合每周 12—21 先令，外加淡啤酒。此时的工资水平大致已上涨到工业革命初期的 2 倍左右。

拿破仑战争后货币工资出现了普遍回落的势态，到 19 世纪 20 年代已复归到 19 世纪最初几年的水平，而且此后至 30 年代都大致保持相对稳定。据《济贫法》调查，1832 年的常见周工资水平为：萨塞克斯郡（Sussex），12 先令；多塞特郡的克兰伯恩（Cranbourne），8 先令；萨福克郡的弗瑞斯顿（Friston），日工资 1 先令 8 便士到 2 先令 4 便士，合每周 10—14 先令；伦敦的圣玛丽-兰伯斯（St. Mary Lambeth），10—12 先令；利物浦，日工资 3 先令，合每周 18 先令；剑桥（Cambridge），12 先令。由此可以认为，19 世纪二三十年代，每周 10—12 先令应属平均水平，而在中北部则会更高，南部一些地区则更低。19 世纪 40 年代货币工资比二三十年代又略有下降。据自称"一个英格兰人"的记述，1840—1842 年约克郡东区的男性农业劳工日工资约 2 先令，即每周 12 先令。40 年代末，兰开郡农业日工资 1 先令 6 便士到 2 先令，合每周 9—12 先令。如此看来，北方工业区的农业男工周工资平均不到 12 先令。南部在 40 年代大多稍低于北部，1841—1845 年白金汉郡（Buckingham）约 9 先令；肯特郡（Kent）10—12 先令；萨福克郡 10 先令。到 1850 年工业革命结束时，据詹姆斯·凯尔德（James Caird）当时的研究称：北部各郡的农业平均工资是 11 先令 6 便士，南部是 8 先令 5 便士，整体是 9 先令 6 便士。比较工业革命初期的状况，此时的农业名义工资总体已有所上升。

另一方面是工业工资。工业发展主要集中在英格兰的北部和中部，因此这些地方的工业工资对于整个英国来说最具代表性。工业工资水平总体上高于农业，而且这种差距随着工业革命的发展还有扩大的趋势。工业革命初期，亚瑟·杨已经观察到在约克郡等北部地区享有较高的工资，并认为制造业的发展导致工资上升。

所谓工业工人，在 18 世纪中期时大多为从事独立或家庭生产的工匠、小作坊生产者、帮工等。采矿业由于其生产特点，历来规模相对较大，但通常也不过有十几人到几十人。工厂制在纺织业中最突出，但此时也主要存在于纺纱业中。且直到 18 世纪八九十年代，水力纺纱厂也仅是风景中的少见之物，远非遍地开花。据亚瑟·杨统计，18 世纪 60 年代后期北部制造业成年男性工人的平均工资水平是每周 9 先令 6 便士，女工 4 先令 7 便士，童工 2 先令 8 便士，统计涵盖棉毛纺织、采矿、玻璃制造、制陶器、冶铁、制瓷等最有代表性的行业。以男工的周工资为例，在兰开郡的瓦灵顿（Warrington），织造帆布在 10 先令左右；利物浦，纺织业 8 先令 11 便士；曼彻斯特（Manchester），纺织业 7 先令 1 便士；利兹（Leeds），纺织业 8 先令 3 便士；利物浦，玻璃制造业，9—10 先令；纽卡斯尔（Newcastle），采矿业，15 先令；谢菲尔德（Sheffield）附近的罗瑟汉姆（Rotherham），冶铁业，10 先令；纽卡斯尔附近的一个铁厂，工人每天挣 1—2 先令，合每周 6—12 先令。工业革命开始后，工业工资同样出现了上升趋势，而且比农业更为明显。利物浦附近的瓦尔顿（Walton）

1761—1791 年裁缝的日工资从 6 便士增长到 1 先令 2 便士（外加食物）；屋顶匠的日工资从 1 先令增长到 2 先令；铁匠打一副马掌，从 1 先令涨到 1 先令 8 便士。木匠造一辆大车的工资从 5 英镑涨到 9 英镑 4 先令，造一组车轮的工资从 18 先令涨为 1 英镑 15 先令。英格兰南部的工业工资也在上升，但幅度显然要低于北部。据托马斯·图克援引格林威治医院（Greenwich Hospital）的记录，与 20 年前相比 1800 年工匠的工资普遍上升。其中木匠的日工资，从 2 先令 6 便士至 2 先令 8 便士涨到 3 先令 2 便士；砌砖匠，2 先令 4 便士涨到 3 先令；石匠，2 先令 8 便士涨到 2 先令 10 便士；管子工，3 先令涨到 3 先令 3 便士。一位裁缝声称，1777—1795 年每周的工资是 1 镑 1 先令 9 便士（合 21 先令 9 便士），1795 年涨到 25 先令，1801 年 27 先令。一位印刷排字工 1795 年工资已从 24 先令涨到 27 先令，1801 年 30 先令。工业工资上涨的趋势一直持续到 1810 年代。如英格兰北部的约克郡东区，不提供住宿的情况下，1811 年的日工资车轮匠是 3—4 先令，砌砖匠 3 先令 6 便士到 4 先令，周工资在 16—24 先令之间。这个数字与 18 世纪 90 年代北部工匠的工资水平相比的确又有明显上升。相比之下，1790 年斯塔福德郡北部，木匠、砌砖匠、制陶工人、采煤工的日工资在 2 先令到 2 先令 6 便士之间，合每周 12—15 先令。工厂工人的工资状况也同样如此，1810 年棉纺厂中一名男纺工的周工资是 25 先令 10 便士，1813 年 31 先令 10.5 便士。到 1810 年代前期，工业工人的一般工资水平已是 18 世纪 60 年代的 2 倍多。

自 1815 年左右开始工业工资有所下降，但波动并不剧烈。同样一位工厂里的棉纺男工 1823 年挣 28 先令 1.5 便士，1827 年 30 先令。从 19 世纪 20 年代开始，工厂制生产的优势变得日益突出。

在纺织业中这种优势不仅反映在生产效率上，同时也反映在工资水平上。据 P. 加斯克尔（Gaskell）记载，19 世纪 30 年代"棉纺厂中……对于每个人来说，平均工资率可能定在每周 10 先令"。凯伊（James Phillips Kay）对曼彻斯特的棉制造厂的观察表明，包括所有工人（无论老幼）在内的平均工资是每周 9—12 先令。同时代爱德华·拜恩斯（Edward Baines）的统计也反映出 1833 年兰开郡和柴郡棉纺厂的平均工资是 10 先令 5 便士，而且认为没有哪个工人阶层能得到比这更好的工资。每周 10 先令的平均值实际上涵盖了男工、女工、童工的所有工资，而棉纺厂中成年男工通常只占少数，多数是女工和童工，女工的工资低于男工，童工则更低得多。这样看来，此时的平均工资水平已显著高于 1770 年，因为当时男工的平均数也只有 9.5 先令。19 世纪 30 年代初，工厂工资的具体状况如 P. 加斯克尔所述："精纱纺工每周能挣 25 到 30 先令；粗纺工多数是妇女，18 到 21 先令；织工大多是年轻妇女和女孩，10 先令到 16 先令。这一工资支付率与 1816 年的非常一致。"而且，"劳动时间在最近的 26 年中也变化极少"。工厂制之外的普通工业工人大多以成年男性为主，此时的工资已显示出与工厂的差距。如，同期在多塞特郡的克兰伯恩，非技术的制陶男工只不过 9 先令。相比之下，工厂中女工收入常常高于一些行业的普通非技术男工。难怪拜恩斯等都认为工厂工人的收入是所有行业中最好的。如果排除某些行业的少数技术工人的话，普遍情况的确如此。但非工厂行业技术工人的高工资特征大多并未改变，例如 19 世纪 30 年代的泰恩河畔纽卡斯尔（Newcastle-upon-Tyne），制绳厂的制绳匠，平均每周 1 基尼（合 21 先令）；铁匠，1 基尼；玻璃匠，40—60 先令。这样的工资相当于工厂中的最高档次，甚至更高。仅就工厂而言，四十年代的工资水平与二三十年代相比并无明显变化。"一位英格兰人"在四十年代初期曾广泛游历约克郡西区、兰开郡、柴郡、德比郡（Derbyshire）各地工厂。在他看来"平均的工资率是每周 10 先令"。譬如，1841 年，曼彻斯特的一个机器纺工周工资是 27 先令。苏格兰的敦提（Dundee）的亚麻纺纱厂中十几岁的女工周工资 1.32 美元，合 5 先令 3 便士多；男织工是 1.92 美元，合 7 先令 8 便士；整麻工是 2.88 美元，合 11 先令 6 便士；技工是 4.85 美元，合 19 先令 5 便士。至 1850年，尽管工业工人的工资水平与 1810 年代中期的最高值相比已有所下降，但仍相当于工业革命发轫之时 2 倍左右。

通过对农业和工业的分别研究，我们可以发现名义工资整体上表现出一个非常一致的趋势，即，从 18 世纪中期到 1810年代，各地农工业的工资水平都不同程度的明显上升，而且在1795—1815 年间上升最快、幅度最大。工资的最高峰值出现在1813 年左右的几年中，1820 年后虽有所下降，但到工业革命结束时仍一直维持在 19 世纪初的较高水平，从而高于 18 世纪中期。图克曾总结："到 1812 年前大多数行业（工资）达到了其最大值"，在此期间"农业劳工和工匠的工资都加倍了，或接近加倍"。这个结论与当代的研究结果基本一致，按照林德特-威廉姆森（Lindert & Williamson）名义工资指数，1755 年为 51，1805年 97，1810 年 108，1815 年 106，1851 年 100。由此，我们可以得到这样一个结论：尽管整个工业革命中名义工资以 1813 年左右为转折点，经历了持续上升到稍有下降的过程，但总体呈上升势态。到工业革命尾声时，平均水平已大约是 18 世纪中期的2 倍。然而，名义工资只是一个表面数字，它并没涉及物价的变化，也就不能说明实际购买力和生活水平的根本问题。

三、物价水平变动的影响

上述研究仅阐明了名义工资的变化状况，但消费水平尚要受到物价的影响。物价的涨落直接影响到工人所持工资的购买力，进而影响实际工资和生活水平的变化。

考虑到当时的经济水平，工人生活费用主要涉及食品、衣服、燃料等生活必需品。这些物品的价格变化就成了影响实际收入和生活水平的直接因素，其中食品价格影响最大，其次是衣物和燃料价格。其余商品的影响权重则较小。而且劳工家庭名义收入越低，基本生活用品价格变化对其生活水平的影响就越大。1817 年约翰·巴顿列举了 1796 年英国不同地区 66 个农业劳工家庭的平均开支：年均总支出为 36 镑 14 先令 4 便士，用于食品的支出为 26 镑 17 先令 6 便士，其中主食包括面包、面粉、燕麦片，开销为 16 英镑 13 先令 8 便士，其他食品还有熏咸肉、茶、糖、牛油、奶酪、啤酒、牛奶、土豆等。食品开支占总开支的 73%，考虑到这类家庭很难有储蓄，因此可以认为总收入中大约 70% 是用于食物的。一份关于 19 世纪 40 年代约克郡的马尔顿（Malton）教区的统计显示这里的劳工家庭平均年收入是 37 英镑，各项支出中面粉占 35.7%，肉、奶酪、啤酒等 24.3%，燃料、蜡烛等 13%，衣服、鞋等 10.5%，其余房租、地租等 15%，[1] 用于食物的开支要占

---

① Willam Charles Copper-Thwaitt, "Statistics of Old and New Malton", *Journal of the Statistical Society,* Vol. Ⅷ, London: John William Parker, 1845, p. 68.

到 60%。以上两个案例代表了工人阶级中等以下的收支水平，由此可以看出，价格变化必定对工资的实际购买力和生活水平产生显著影响，而其中食品价格变动的影响最为重要。

食品包括谷物、肉类、奶、果蔬、作料等。其中谷物的价格可以说是其他食品和生活品价格的风向标，这是因为谷物价格的变动对诸多行业的成本影响较大，其他食品价格往往随谷物而变。谷物价格仅以小麦为例就足以说明问题，原因在于一方面自 18 世纪开始小麦已逐渐成为英国普通工人家庭的主食，而另一方面小麦价格的变动肯定会引起其他替代性谷物价格呈同方向变动。18 世纪中期以后小麦价格虽有所波动，但总体来说比较平稳。据托马斯·图克统计，1751—1766 年每夸特（温切斯特夸特）小麦价格基本在 32—48 先令间波动；1767—1794 年间小麦价格总体有所上升，波动于 41—59 先令；1795—1820 年则出现了一个异常的高价格期，价格基本上都在 76 先令以上，其中 1800—1801 年达到 128 先令，1809—1813 年 106—120 先令。马尔萨斯（T. R. Malthus）提到的 1812 年价格还略高些，为 125 先令。以上记载的均为每年的平均价格，但粮食价格在一年中的差异就较大。实际上，据布兰（Blane）记载，1813 年 2 月时小麦价格甚至高达 190 先令，10 月份收获后才降为 72 先令。1813 年后曾经持续上涨的小麦价格通过了转折点，转而下降，并进而跌回了开始上涨前的水平。1814 年全年平均为 67 先令以上，1815 年 10 月平均是 55 先令 9 便士，4 月份为 55 先令。进入 19 世纪 20 年代价格再次变得相对稳定，乔治·萨提（George Grant Suttie）称 1820—1824 年五年的小麦平均价格是每夸特 55 先令。1830—1845 年的价格基本上保持在 40—70 先令之间，且 50—60 先令的状况居多。因此可以看到，1795—1813 年的粮食价格曾上涨到工业革命初期的2—3 倍，但 1820 年以后至工业革命结束时，价格又跌回到 18 世纪七八十年代的水平。

当时的纺织品面料主要是毛、棉、亚麻三类。其中除棉绒价格一直相对稳定外，羊毛和亚麻在 18 世纪 90 年代中期到 1815 年这段时期内都出现了价格高涨。羊毛以西班牙毛为例，1782—1798 年按质量不同，每磅的价格在 3 先令到 4 先令 10 便士，十几年并无明显变化，1799—1819 年上涨了 1 倍，1809 年最高曾到 26 先令。1820 年后不仅快速回落到 18 世纪 80 年代的水平，甚至更低，1827—1838 年间经常不超过 3 先令。1782—1795 年间每吨亚麻的价格大多在 30—45 英镑，1795—1815 年间价格涨了 1 倍，1808、1809 年最高时曾达 140 英镑以上，1816 年回落到 43—70 英镑，此后直到 1838 年基本保持在 18 世纪 80 年代的水平上。燃料价格以煤为例，经历了与粮食非常相近的涨跌过程。据统计，1770—1790年之前，煤价格指数大约在 100 上下波动，且幅度不大。指数的大幅上升开始于 1790 年代中期，1803 年上涨到 139，1814 年的最高峰为 173，此后的便开始显著下降，1830 年时为 128。

由此我们可以看到，整个工业革命时期各类生活必需品的价格水平经历了大致相似的变化过程。普遍的价格大幅上涨开始于 18 世纪 90 年代中期，由此至 1820 年形成了一个高价格的驼峰。驼峰的转折点正如 M. 福林所说是"1813 年，这一年经历了长期价格上升的巅峰并开始下降，价格下降一直持续到至少 19 世纪中期"。表 1 中的 G-R-S 指数为盖尔、罗斯托、施瓦茨（Gayer、Rostow、Schwartz）1953 年的研究结果，该指数中所占权重最大的为粮食、动物类食品、燃料、服装原料等，非生活必需品类仅占极小的权重。粗略算来，1795—1815 年的 20 年中商品价格超过 1790 年约 50%—90%。如果参考熊彼特 - 吉尔伯（Schumpeter-Gilboy）商品价格指数（S-G 指数），1813 年的价格水平已是 18 世纪 50 年代的约 2.6 倍，是 80 年代的约 2 倍。但 1820 年以后价格指数不仅跌回到 18 世纪 80 年代的水平，而且还继续下跌。相比于一般价格指数，三类生活必需品价格上升幅度无疑更大。而对于工人阶层来说，由于其用于必需品支出的比例高，必需品价格对实际收入的影响也更大。只有名义工资的上升幅度能够抵消物价上涨的影响时，工人的生活水平才不至于降低。

表 1：1755—1850 年英国商品价格指数

	1755	1764	1775	1787	1795	1805	1813	1823	1836	1845	1850
S-G	92	102	113	117	147	187	243	128	—	—	—
G-R-S	—	—	—	89(1790)	115	136	169	98	95	83	74

注：S-G 指数 1701 年 =100，G-R-S 指数 1821—1825 年 =100
资料来源：B. R. Mitchell, ed., *British Historical Statistics*, pp. 719—721.

四、实际工资的一般趋势与差异

实际工资是体现生活水平的最重要和最直接指标。如果说名义工资只能反映收入的表面现象，那么实际工资则是反映收入真正状况的指标。实际工资的确仅能说明工人生活标准的一部分问题，但它确实是最重要的一部分。M. 福林曾说："英国工人对实际工资总是比对其他的生活标准因素显示出更多的兴趣。"在工业革命的那个时代，更高的实际工资就意味着更多的面包和啤酒，对于绝大多数工人家庭都是更实在的东西。根据名义工资和物价走势特征，我们将这段历史分为三个时段来考察。

　　第一个时期，1750—1795 年。按照熊彼特－吉尔伯价格指数，1755—1793 年消费品价格上升了约 25% 以上（18 世纪 50 年代后期就基本是 100，1790 年是 124，1793 年是 129）。且从前述的价格变化来看，粮食上涨是主要影响因素。克拉克的研究表明，英格兰冬季农业平均日名义工资 1755—1759 年是 11 便士，此后逐步上涨，到 1790—1794 年是 14.3 便士，上升了 30%。同期工业工资上升也大多能够抵消物价上涨，有些地区甚至更好。据吉尔伯研究，兰开郡工匠的货币工资自 18 世纪 60 年代初至 90 年代初即一路上升，上升幅度超过 80%。因此可以认为 1760—1793 年间实际工资的平均水平或许稍有改善，但占大多数的农业工人的实际工资则可能改善甚微或根本未得到改善。第二个时期是 1795—1815 年，这个时段最为特殊，整个工业革命时代最明显的物价和名义工资上升都出现在这里。但从前文研究可知，名义工资上升普遍低于价格的上升幅度，且差距明显。图克即观察到此间工农业工资虽都显著上涨，但价格的增长幅度更大。[1] 实际工资在这 20 年中陷入了一个低谷。这一特征在英国学术界已成为一个无可争议的共识，即使当年的乐观派学者也无异议。但这绝非是工业革命造成的，我们认为可能的原因有二：其一是拿破仑战争的影响，由于大规模的政府战争投入挤占了经济发展的资源，因此迟滞了经济增长。其二是这时期中连续出现的几次严重的农业歉收，再加之大陆的贸易封锁，使农产品价格上涨。换言之，正是工业革命出现了不利状况才导致实际工资下降、生活水平恶化。第三个时期是 1815—1850 年。这一时期虽然各

---

① Thomas Tooke, *A History of Prices*, Vol. I, London: Longman, 1928, pp. 329—330.

群体工人的名义工资大多有所下降，但下降幅度有限，仍保持在
19 世纪初年的较高水平。且由于整体物价已回落到 18 世纪七八十
年代的水平，致使工人的实际收入水平出现明显和持续的改善，
尤其是 1820 年以后更为明显。据林德特和威廉姆森的研究，到工
业革命结束时，实际工资水平已经超过 18 世纪 50 年代约 100%。
实际工资的一般趋势可参见表 2。爱德华·拜恩斯对工厂工人的
观察也表明："自从战争以来，按照名义数量的工资已经下降，但
并不如日用品和服装价格下降得多。这样，工人现在正得到比先
前任何时候更高的实际工资。"普遍改善的出现与整体的经济、社
会状况密切相关。拿破仑战争结束后，英国又重新恢复到经济发
展的正轨，且发展明显加速。据迪恩和科尔估计，1780—1800 年
国民实际产出的年平均增长率为 1.8%，而 19 世纪前 30 年平均为
2.9%。工厂制生产也是自此时开始广为推行，并显现出替代家庭
生产的趋势。经济发展有利于劳动价格的上升，这一点也是由当
时日益自由的经济环境决定的。早在 1776 年亚当·斯密就已指出
了这一趋势，他说："劳动报酬优厚是国民财富增进的必然结果，
同时又是国民财富增进的自然征候。"斯密的预言最终由工业革命
的现实所证实。由此我们可以得出这样的结论：自 1820 年开始，
工业革命最终带来了工人阶层实际工资的总体改善。

表 2：英国男性工人实际工资指数　1755—1851 年

	1755				1797	1805	1810/1815/1819	1827	1835	1851
A	56.5				53.6	51.7	50/58.2/55.7	69.3	83.4	100

	1750—1759	1760—1769	1770—1779	1780—1789	1790—1799	1800—1809	1810—1819	1820—1829	1830—1839	1840—1849
B	105	104	100	107	103	98	104	125	132	138

	1756	1765	1775	1787	1793/1795
C	106	133	156	162	180/130

注释和资料来源：

A：全部工人。覆盖了英国农场工人、矿工、棉纺工、造船从业者、工程从业者、建筑从业者、印刷从业者等。Peter H. Lindert & Jeffrey G. Williamson, "English Workers' Living Standards During the Industrial Revolution: A New Look", *Economic History Review*, Second Series, Vol. XXXVI, No.1, February 1983, p. 13.

B：农业工人。Gregory Clark, "Farm Wages and Living Standards in the Industrial Revolution: England, 1670—1869", *Economic History Review*, LIV, 3 (2001), p. 496.

C：兰开郡工业工人。E. W. Gilboy, "The Cost of Living and Real Wages in Eighteen-Century England", in Arthur J. Taylor, ed., *The Standard of Living in Britain in the Industrial Revolution*. pp.12—13.

　　上述的实际工资改善仅能代表一个一般趋势，而工业革命中不同地域、行业间的工资存在着明显甚至巨大的差异。T. S. 艾什顿也认识到："我们需要的不是一个指数，而是多个。"[①]

　　首先，实际工资的地域差异。这一点在所有行业都存在。亚瑟·杨 18 世纪 60 年代末的观察即认为，通常距离伦敦越远，农业工资水平越低。但北部两个制造业郡的情况却很特殊，工资水平与伦敦同样高，约每周 7 先令。以后的历史中，北部农业实际工资改善步伐明显快于南部，并最终在 19 世纪初超过南部。克拉克的统计表明，1860 年的农业实际工资比 1770 年高出 50%，其中北部高出 85%，南部却仅上升了 15%，而且，南部 1750—1819 年间与以前相比还明显下降了。就工业而言，实际工资改善最大的地区正是工业发展最快的地区，即英格兰北部和中部。上述地区的工业实际工资在 18 世纪已有明显上升。吉尔伯对兰开郡工匠的研究

[①]　T. S. Ashton, "The Standard of Life of the Workers in England, 1790—1830", in Arthur J. Taylor, ed., *The Standard of Living in Britain in the Industrial Revolution*. p. 52.

反映出，18 世纪 60 年代其实际工资指数大多波动在 130 上下，80 年代到 1792 年基本在 160 上下浮动，上升超过 20%。据 F. W. 伯萨姆和 E. H. 亨特对斯塔福德郡北部的计量研究，1751—1755 到 1788—1792 年间，普通劳工的实际工资上升了 18%；1750—1754 到 1788—1792 年间，木匠实际工资上升了 10%，砌砖匠上升了 14%；1750—1753 到 1790—1793 年间，有技术的男性制陶工人实际工资上升了 49%；1774—1775 到 1789—1792 年间，采煤工实际工资上升了约 60%。地区实际工资还形成了这样的特点，即工业发展快的地区工资一般都高于周边及缺少工业的地区。中部的斯塔福德郡在其农业委员会报告中就称："劳动的价格和工资率随地点而变化。在繁荣的制造业周围地区它们总是最高的，在本郡没有这类制造业的那些偏远地方总是最低。"这一特点不仅体现在英格兰北部和中部，而且南部的工业地区也如此。当然，工业工人也并未都享受到工业革命的好处。塔克（R. S. Tucker）对伦敦工匠的研究结果则表明，18 世纪 70 年代到 1820 年实际工资陷入了一个长期的低谷，19 世纪三四十年代虽持续好转，但也只不过是恢复到 18 世纪五六十年代的水平。L. D. 施瓦茨对伦敦工匠的研究也有相似的结论："到 1820 年代实际工资已经超过 1790 年代水平，但直到 1840 年代或更晚，实际工资才超过 1740 年水平。"可见，一些地区的工业实际工资不仅有可能改善不多，甚至还完全有可能下降了。

其次，行业间差异。工业革命开始后，工农业的收入差距日益拉大。一方面，工业中的实际工资通常都高于农业，另一方面，工业的改善程度明显大于农业。18 世纪工业实际工资大多有所改善之时，1770—1819 年农业实际工资总体却并未发生变化。1844

年《工厂制度观察》的作者所见现实即是，工厂工人的收入和生活状况明显优于农业工人。这一特征基本上适用于整个工业革命时代。林德特和威廉姆森的指数表明，经过工业革命工业工人的实际工资增长在 1 倍左右，农业则差不多是 50%。当时的一些记载也反映出工业发展带来的收入差距，J. 克拉克一家从东南部的诺福克乡村迁移到利兹，在他于 1836 年 7 月写的一封书信中展示了乡村与城镇的工资差异。他写道："（在乡村）我的家庭和我本人每星期从来没挣到超过 10 先令，除了在大约五个星期的收获季节里我们可能一星期大约挣 1 英镑……在利兹我们得到的工资是，我的工资是每周 18 先令，有时是 1 基尼。我的大女儿有份一年 6 英镑 10 先令的工作，家庭的其他人可给我带来每周 15 先令的收入。"工业的不同行业也存在差异，其中工厂工人的实际工资经常是除少数技术工人外最高的。P. 加斯科尔同样证实："棉纺厂中做工的人要比其他劳工阶层挣到更高的工资。"纳索·西尼尔（Nassau W. Senior）曾记述，在曼彻斯特一个 14 岁操作动力织机的女孩也能挣得像成年人一样多。即使西南部的萨默塞特郡，"特别是自从该教区开办了一家棉制造厂，妇女和孩子都能挣很高的工资"。更为重要的是，工厂工人的收入比较稳定，正常的工作日都会带来收入。而从事个体生产或散做的工人收入则经常不稳定，或许这周收入还好，而下一周则可能找不到活干。与工厂相对照，从事家庭生产的手织机工人在享有了 18 世纪优越境遇之后，19 世纪的确转而成为生活水平每况愈下的群体了。据记载，1797 年手织机工人的周工资是 26 先令 8 便士，这个数字的实际购买力在劳动群体中意味着相当优越的生活水平。1800 年也还能挣到 20 先令，而此后却不断衰落，到 19 世纪三四十年代竟只能挣到 5 先令

1851 年举办的水晶宫博览会，是英国工业革命成就的集中体现。

6 便士，相比之下，1832 年曼彻斯特几家棉纺织厂中的童工平均工资至少还在 5 先令 4 便士以上。

　　第三，性别和年龄差异。实际工资从性别上也存在着差异，女性工资一般相当于男性的三分之一到三分之二。以往很多学者都认为，工资差距不是因为市场因素所致，更多的是因为习惯和传统，女性就应挣得少。但近年乔伊斯·本内特的研究则提出，按计件工资算，女性与男性工资并没有差异，女性工资低是由于工作时间短和生产率低所致。童工的工资经常连成年男工的六分之一也不到，甚至还要低得多。这一差距同样源于生产率的不同，6—12 岁的孩子无论如何不可能具备成年男性的生产能力。但工业区的女性和儿童的工资却几乎是最高的。1830 年西尼尔就称，在曼彻斯特许多农业劳工、木匠、运煤工的妻子、孩子每周也能挣15先令。本内特最近的论文也认为西北部工业区的女性工资在英国确属无出其右者。

造成上述实际工资及其变化趋势差异的原因，我们认为主要包括如下两方面：其一，工业革命的经济发展具有不平衡性，工业化主要集中在英格兰北部和中部地区，南部经济则长期仍以农业为主。工业化和工厂制的发展创造了更多的就业机会和劳动需求，扩大的劳动需求有利于推动实际工资的上涨。这一点是由市场因素主导的。而且，工业发展快的地区还会带动周边地区的农业工资上升。这是因为，工业生产的较高收入会吸引就近的农业劳工流向工业，乡村劳动力减少自然会带动工资提高。1813年沃里克郡的农业委员会报告中提到："沃里克郡是一个大的制造业郡，劳动价格一定程度上由商业状况决定。……当商业兴盛时，就可能很难找到足够的人手适当地料理庄稼。"此处的"商业状况"即指工业生产和销售。因此，英格兰北部和中部的农业工资改善更加明显，且最终反超原本高于自己的南方。其二，生产率差异的影响。纺织业中工厂制生产体现了最快的生产率进步，实际收入较好且改善明显。而手织机生产尽管属于技术型的，但由于最终无法在效率上与工厂竞争，结果在进入19世纪后日益衰落，收入恶化。其他行业也会因为同样的原因存在差异。

五、结论：工业革命与实际工资提高

工业革命的经济增长为实际工资和生活水平改善创造了先决

条件，并最终带来改善。同时也正如佩金（Harold Perkin）所说，
"生活水平的普遍上升是工业革命的确定特征之一。"[1] 这一结果又
与英国发展模式的其他关键因素密切相关。首先，日益自由的社
会经济环境有利于工人实际工资的改善。英国工业革命是在不断
拓展和确立经济自由的状态下发生及持续的。17 世纪末以来，阻
碍经济发展的商业垄断逐步被打破，《工匠法》《居住法》等限制
生产和劳动力流动的法律也已基本置而不用。劳动力实际上获得
了自由迁徙和从业的权利。伴随工业化发生的产业结构转变，表现
为更多数量和更大比例的劳动力由农业转向工业。在日益自由的社
会环境下，完成这一转变的最重要吸引力就是新兴工业的高工资，
而非政治上的强制。保持相对高的工资水平是不断扩张的工业产
业所需要的，否则扩张必将因得不到足够的劳动力而不能持续。
工厂制初期，若非由于高工资，成年男性就几乎没有人愿意到那
里做工。其他行业也大抵如此。自由不仅能够实现亚当·斯密所
说的"劳动和资本的……均等"，[2] 而且有利于实际收入的改善。正
如前文所引，当工商业繁荣时沃里克郡找到足够的人手干农活都
难。这当然不仅会迫使工商业，也迫使农业提高报酬。其次，工
业革命的增长势态有利于创造更大的劳动需求和实际收入的改善。
英国工业革命时期的人口增长是有史以来最快的，然而，"人口
的增殖力无限大于……生产生活资料的能力"的马尔萨斯定律并
没有成为现实。[3] 据迪恩和科尔估计，不列颠人口 1801 年为 1069

---

[1]　Harold Perkin, *The Origins of Modern English Society*, London: Routledge, 2002, p. 134.

[2]　〔英〕亚当·斯密：《国民财富的性质和原因研究》，郭大力、王亚南译，商务印书馆 1979 年版，上卷，第十章。

[3]　〔英〕马尔萨斯：《人口原理》，朱泱等译，商务印书馆 2001 年版，第 7 页。

万，1851 年 2088 万，增加近 1 倍。而同期按固定价格计算的国民产出分别为 1.38 亿英镑和 4.94 亿英镑，增加了约 2.58 倍。人口增长既为发展提供了充裕的劳动力，又没有抵消人均产出的增加。生产和人口增长的适当比例有利于创造良好的劳动需求状态，从而提高工资。第三，英国的增长模式也有利于劳动阶层的改善。英国工业革命的增长不仅是原发型的，而且是源自大众消费品生产的增长。棉、毛等纺织品生产的扩张同时满足的是国内和国外市场，这种模式不同于 20 世纪诸多发展中国家的典型的出口导向型经济。以棉纺织品为例，1819—1846 年间年最终产值从 2940 万英镑上升到 4670 万英镑，而每年出口的比例在 50%—55% 之间，其余满足国内需求。可见，很大的比例和产出量是用于国内消费的，国内需求的增长拉动力相当明显。实际收入改善是维持消费需求增长的先决条件，这本身就说明了与以出口、固定资产投资为增长发动机的模式相比，这种模式更有利于劳动大众生活水平的提高。最后，生产率的持续提升。工业革命中技术与制度的革新带来了生产效率的不断进步，这一特点在新兴制造业和交通建设业中尤为突出。这些行业因此有能力体现出工资的相对优势，并吸引劳动力流入，从而实现扩张。实际上这也就是自由环境下劳动力结构转型的内在动力。上述因素之外，部分工人有组织的活动也有助于局部提高薪酬待遇，不过在这一时期尚不具备整体上的影响。

最后，强调如下结论：第一，工业革命的发生并没有降低工人阶级的生活水平，而是使其普遍提高。虽然普遍改善不是在工业革命开始后立即出现，但在 19 世纪，尤其是 1820 年以后成为了一般趋势。这也恰与经济发展的加速同步。第二，工厂制的推行有利于实际工资的提高，而不是相反。工厂制最集中的区域不仅工业实际工资水平较高、改善明显，而且农业也呈现出相同的趋势。第三，改善的程度绝非在所有工人群体中都均匀一致，各行业、地区间存在着不同程度的差异。整个工业革命过程中，生活水平从来没有得到改善甚至恶化的情况的确存在。另外，还须说明一点，改善的出现并不意味着生活水平已经很高，贫困现象不存在。

第七讲　近代西方社团法人与社会转型

张乃和（天津师范大学欧洲文明研究院教授）

社团法人或团体法人是近代西方社会转型过程中的一个重要历史现象。这种由人们之间联合而成的法律主体，人们有时又称之为一种群体的人，以区别于那种个体的自然人。在这样的观念和制度框架下，我们发现一群人竟然可以与一个自然人一样拥有平等的法律地位、权利能力和法律人格，这也许在许多中国人看来是很奇怪的想法和做法，但在西方却成为走向现代社会的重要一步，甚至被认为与蒸汽机的发明一样重要。因此，深入理解近代西方社团法人与社会转型之间的关系，就具有了重要学术价值和实际意义。

一、社团法人的概念

社团法人的概念问题是我们深入理解近代西方社团法人与社会转型的逻辑起点。社团法人，英文为 corporation，是指具有权利能力和法律人格的社会团体。在英国法中只有社团法人，然而在欧洲大陆法系中，除了社团法人，还有财团法人。财团法人，英文为 foundation，是指具有权利能力和法律人格的财产集合。这是一种具有权利能力的财产，依法由财产转变为法律主体而成的特殊法人。这就是说，一般而言，财产都是作为权利客体，即权利义务指向的对象物，但财团法人的特殊性就在于，财产从物的形态，从权利客体，转变为"人"，转变为权利主体。这样的财产避免了任何自然人的干预，获得了独立的法律人格。从财产本质是人的劳动积累来理解，这种特殊的法人只是自然人不彰显的社团法人，自然人的退隐和不在场，是为了保证财产的专一用途。各种慈善基金会就是这样的特殊法人。因此，我们认为，无论什么样的法系，社团法人都是法人的核心内容。社团法人是法人的常态，财团法人只是作为补救措施的例外。[①]从本质上看，社团法人是人合的群体，财团法人则是财合的群体。但在这种财合的背后还是人合，只是人合的形式处于休眠、退隐或不彰显的状态。因此，我们在这里所说的社团法人就是广义的法人，包括了作为例外的财团法人。

经济领域的社团法人就是公司，英文也是 corporation，是指合法的、契约性的从事经济活动的团体法人。其资本来自投资者，但其生产经营活动由董事会及职员代表投资者来进行。团体法人的观念和实践，在时间上先于近代公司制度，在逻辑上却基于公司制度的财产和权利，在实践中则赋予了公司以法律人格和身份，最终在近代，二者融合为一体，诞生了近代"企业神话"，公司成为近代西方最为重要的社团法人，并迅速异化为"公司帝国"。[②]在这里值得注意的是，近代企业神话的主角就是有限责任公司。这种特定的法人形式被誉为"近代最伟大的一项发明"，其

---

① 张力：《法人独立财产制研究：从历史考察到功能解析》，法律出版社 2008 年版，第 43 页。

② 〔美〕德伯：《公司帝国》，闫正茂译，中信出版社 2003 年版，第 128 页。

默默无闻的发明者可"与瓦特和斯蒂芬森以及其他工业革命先驱者齐名"。[①]

社团法人又被简称为法人,从词源学上来看,它来自拉丁语的 corpus。后者指人或动物的身体或类似身体的结构,也指人们结成的群体,如工商业行会、社会政治等级或军事上的兵团等。[②] 在古典晚期拉丁语(约公元 180—600 年)中,由该拉丁语词干派生出了 corporatio,意思是物理构成、建造。[③] 英语中的 corporation 就是这样演变过来的。那么,在汉语中,法人一词是怎么来的呢?据考证,该词属于先由日本人以汉字的配合去意译或部分音译欧美语言的词汇,然后中国人又从日语搬到汉语里来,这样加以改造而成的现代汉语外来词;与法人相关的现代汉语中的社团、人格等词,也都属于这一类的外来词。[④]

从语义学上来看,我们现在所说的法人,通常是指具有权利能力和法律人格的社会组织,但该词的词义并非一开始就是如此。近代英国较早的辞典对该词的解释为:"在民法中被称为 univesitatem 或 collegium,是由国王特许状授权的政治体(body politic),拥有一枚共同的印章,一位总首脑,一位或多位成员。经全体成员一致同意,他们依法在特许状规定的范围内可授予或接受任何东西。犹如某人可依法做任何事情一样,法人也不受禁

---

① Phillip I. Blumberg, "Limited Liability and Corporation Groups", *The Journal of Corporation Law*, Vol. 11, No. 4, 1986, pp. 577—578.

② *Oxford Latin Dictionary*, Oxford at Clarendon Press, 1968, pp. 448—449.

③ Eric Partridge, *Origins: A Short Etymological Dictionary of Modern English*, London and New York: Routledge, 1966, p. 636.

④ 高名凯、刘正埮:《现代汉语外来词研究》,文字改革出版社 1958 年版,第 91、92、95 页。

止。法人与其继承者连在一起，犹如单个的人与其遗嘱执行者和子嗣连在一起那样。"① 在另一部辞典中，法人是指"政治体，由国王授权，拥有一枚共同体的印章，一位总首脑，以及下属的若干人等"。② 随后不久，根特编纂的辞典就采用了这一简单的界定。③1677 年科勒编纂的一部英语辞典对法人的解释更简单：法人是指"由国王创建的政治体"。④ 这部 1677 年英语辞典的作者还编著了一部英拉辞典，其中明确指出了英语中的法人所对应的拉丁语是 corporatio, societas, corpus commune or politicum 等词。⑤

到了 18 世纪，英语辞典增多了，对法人的解释也有所变化。1721 年贝利的英语词源学辞典收录了三种法人条目：一般法人，由国王的特许状建立，不仅仅是指政治体，而且还指公司（company）；属灵的、法律上有行为能力的人组成的法人，该类法人由总铎、全体教士、大学校长或医院院长构成；国王的世俗法人，是指市长和全体市民。⑥1727 年该辞典又补充收录了一种特殊法人的条目，即属灵、法律上已死去的人（神职人员）构成的法人。具体而言，这种法人是由男女修道院院长构成。⑦1730 年，该辞典则进一步完善，共收录了五种法人：除了上面提到的

---

① John Cowell, *The Interpreter*, Cambridge, 1607, "Corporation".

② J. Bullokar, *The English Expositor*, London, 1616, "Corporation".

③ H. C. Gent, *English Dictionarie or An Interpreter of Hard English Words*, London, 1623, "Corporation".

④ E. Coles, *An English Dictionary*, London, 1677, "Corporation".

⑤ E. Coles, *A Dictionary: English-Latin and Latin-English*, London, 1679, "Corporation".

⑥ N. Bailey, *The Universal Etymological English Dictionary*, Vol. 2, London, 1721, "Corporation", "Corporation Spiritual, and of Able Persons in Law", "Corporation Temporal by King".

⑦ N. Bailey, *The Universal Etymological English Dictionary*, Vol. 2, London, 1727, "Corporation Spiritual and of Dead Persons in Law".

两种属灵法人、国王的世俗法人等三种法人没有变化之外，还调整了一般法人的界定，增加了世俗法人条目。关于一般法人的界定，该辞典不再把它界定为政治体，而只是把它界定为一群人联合成的团体（fellowship），该团体有一个首脑，其余均为身体，拥有国王授予的特许状，拥有一枚共同的印章，在其特许状范围内经全体成员一致同意可依法授予或接受任何东西。另外，新增加的"世俗法人"（Corporation Temporal），是指"普通法上的议会，由国王作为首脑，教俗贵族及平民构成身体"。[1] 此外，这一时期，只有萨缪尔·约翰逊编纂的英语辞典对法人的解释照搬了科勒的内容，并增加了一些例句。[2]

可见，到了 18 世纪，法人的语义学变化主要有两点：一是 18世纪辞典的条目中，不再把法人称为政治体；二是法人的种类有了细分，而且最多达 5 种。这反映了人们对法人认识的变革。

二、近代西方社团法人观念的三个来源

社团法人观念是近代西方文明的重要组成部分，其来源有三：古代日耳曼传统、古典文明和基督教。[3]

（一）古代日耳曼传统中的社会团体观念

日耳曼（Germany）一词最早见于希腊哲学家波塞多尼奥

---

[1] N. Bailey, *A More Complete Universal Etymological English Dictionary*, London, 1730, "Corporation", "Corporation Spiritual, and of Dead Persons in Law", "Corporation Spiritual, and of Able Persons in Law", "Corporation Temporal by King", "Corporation Temporal".

[2] Samuel Johnson, *A Dictionary of the English Language*, Vol. 1, London, 1755, "Corporation".

[3] 侯建新：《资本主义起源新论》，生活·读书·新知三联书店 2014 年版，第 129 页。

（Posidonius，约公元前135—前51年）时代，是指来自莱茵河东部、罗马帝国北部的那些人，主要包括盎格鲁人、撒克逊人、法兰克人、伦巴德人、汪达尔人等。[①] 在公元5—10世纪日耳曼人多次大迁徙过程中，日耳曼人不但灭亡了西罗马帝国，而且在西罗马帝国的废墟上建立了自己的国家。

1. 马尔克总有团。日耳曼人的社会组织形式主要是马尔克（mark），也就是村社。村社的土地归公共所有、共同使用，只有住宅及其周围的园地属于私有，而且即使这种私有的宅地也不是绝对的，村社仍然保留最高的统治权。相应地，在立法、司法、行政管理乃至于日常公共生活等方面，每个社员均有平等参与机会，由民众大会决定内外重大事务。[②]

这种财产制度被中国法学界称为"总有"，这种形态既非团体单独所有，亦非各个人共有，更非二者之结合，而是在团体内把所有权分割而成："所谓总有，系将所有权之内容，依团体内部之规约，加以分割，其管理、处分等支配的权能，属于团体，而使用、收益等利用的权能，则分属于其构成员；此等团体之全体的权利，与其构成员之个别的权利，为团体规约所综合统一，所有权之完全内容始从而实现者也。"[③] 这种社会团体组织形式被中国学界概括为"总有团"。[④]

---

① Malcolm Todd, *The Early Germans*, Malden and Oxford: Blackwell Publishing, 2004, pp. 8—9; John J. Butt, *The Greenwood Dictionary of World History*, Westport and London: Greenwood Press, 2006, p. 129.

② 〔德〕恩格斯：《马尔克》，《马克思恩格斯全集》第19卷，人民出版社1963年版，第359—360页。

③ 李宜琛：《日耳曼法概说》，中国政法大学出版社2003年版，第75—76页。

④ 张力：《"一滴社会主义的油"——日耳曼式总有之于当代法人制度的启示》，《河北法学》2009年第5期。

以马尔克总有团为基础，下有家庭，上有国家，均以此为蓝本得以组织起来。

2. 日耳曼人的家族团体。family 或 kin group，日耳曼人的家庭就是一个更小的总有团。相对于其他家庭，家长是一个家庭的代表或象征，但在家庭内部，家长权或家父权是受到严格限制的——受到其他家庭成员和固定的法律习惯的双重限制。[1]英国历史法学派鼻祖梅因也曾经指出：日耳曼大迁徙之后，"所有的日耳曼移民似乎都承认一个家族团体属于门特（mund）或族长权之下；但族长的权力显然只是一种腐败的'家父权'的遗骸，同罗马人的父所享有的权力远不能相比拟"，法兰克人的格言"在法兰克父权不能代替来保护自己"，就是为了避免罗马式家父权的"侵入"。[2]

在家族团体中如果有成员受到伤害，那么他所获得的赔偿金也要与成员分享；同样，如果伤害了其他家庭的成员，那么伤害者也可求助其家庭成员来共同支付赔偿金。[3]

从财产继承制度中也可以看出日耳曼家庭总有团的特征。日耳曼人实行平均继承制，这反映了家族

梅因（H. Maine, 1822—1888年），英国历史法学派的奠基者，他的《古代法》提出了至今仍受关注的社会进步路线是"从身份到契约"的命题。

---

[1] *The Lombard Laws*, tr. by Katherine Fischer Drew, Philadelphia: University of Pennsylvania Press, 1973, p. 7.

[2] 〔英〕梅因：《古代法》，沈景一译，商务印书馆 1959 年版，第 82 页。

[3] *The Laws of the Salian Franks,* tr. by Katherine Fischer Drew, Philadelphia: University of Pennsylvania Press, 1991, p. 40.

利益集团的观念。查理曼帝国被查理曼的三子平分表明，这种观念在中世纪早期依然强固。即使从大约 12 世纪起英国在地产领域逐渐确立了长子继承制，但在动产领域寡妇和子嗣分割继承的惯例仍长期存在。梅因甚至认为，查理曼帝国瓦解后西欧历史一度倒退，随后兴起的长子继承制是比日耳曼人的平均继承制更古老的继承制度，它反映了宗法社会的家族集团观念，也是为了更好地保证家族中每位成员的利益，而不是为了剥夺一些人的继承权。[①]

这说明，在中世纪早期，日耳曼家族团体是比马尔克总有团更松散的合有共同体，到了 12 世纪长子继承制确立以后，才转变为总有团。

因此，日耳曼家庭作为一个更小的总有团，其突出的特征是，在一个家庭中，家长只是全体家庭成员的代表或对外交往时的象征，其重要的法律行为必须以家庭整体利益为重，而且要征得所有成年男子的同意。这种总有团的特征一直延续到 19 世纪初资本主义法律体系兴起后，才由个人本位取而代之。[②]

3. 以封建制为基础的国家。封建制，英文 feudalism，是指围绕土地封授形成的西欧特有的经济社会关系。[③]日耳曼人在西罗马帝国废墟上建立的国家，也体现了总有团的特征。总有团成员的集体同意，成为日耳曼国家的一个重要原则。这一点在法国加洛

---

① 马克尧:《英国封建社会研究》，北京大学出版社 1992 年版，第 141—149 页；何勤华:《英国法律发达史》，法律出版社 1999 年版，第 321—322 页；〔英〕梅因:《古代法》，沈景一译，商务印书馆 1959 年版，第 134—135 页；Roy C. Cave and Herbert H. Coulson, eds., *A Source Book for Medieval Economic History*, New York: Biblo and Tannen, 1965, p. 334。

② 由嵘:《日耳曼法简介》，法律出版社 1987 年版，第 22—23 页。

③ 侯建新:《"封建主义"概念辨析》，《中国社会科学》2005 年第 6 期。

林王朝到卡佩王朝转变时得到了充分体现。加洛林末代国王懒王路易五世（Louis V, The Sluggard, 967—987年，986—987年在位）英年早逝，身后无嗣。许多大领主在参加完路易五世的葬礼后，召开了一次会议，讨论国王人选问题。当时的一位大主教提议，推选国王这样的大事，应该由全体贵族参加的会议来决定。过了一段时间，这样的会议终于得以召开，在这次大会上，还是这位主教说："在这一重大事情上，经全体同意，我们最近推迟了，目的是让每位都能以上帝之意表达自己的意见，根据每位的意见再做出最后的集体决定"，"王位不能通过继承权而获得，也不应授予那不是出身高贵、充满智慧并诚信宽宏之人"。这位主教接着提议推选格·卡佩，法兰西公爵之子，如推选他为王，那么"不仅国家而且每个人的利益都会得到他的保护，他的宽宏大度将使之成为所有人之父"。[1] 于格·卡佩最终被一致推选为国王（987—996年在位），开始了卡佩王朝的统治时期。西法兰克王国由此开始转变为法国，封建制度也逐步确立。由此形成的封建国家，实际上是国王与贵族共有的国家，法国国王并不拥有整个国家的领土而只拥有所谓的"法兰西岛"。这与日耳曼的马尔克和家庭总有团体的原则和特征一致。

综上所述，日耳曼的总有团包括马尔克、家庭和国家等，其中家庭或家族团体，这种合有共同体，在时间上可以被视为总有团的原初形态。马尔克总有团以及更大的国家总有团都是次生形态。父权在其演变的序列中起着贯穿的作用。因此，梅因说，"由

---

[1] James Harvey Robinson, *Readings in European History*, Vol. 1, Boston and London: Ginn and Company, 1904, pp. 194—196.

此可以看出这个由'家父权'结合起来的'家族'是全部'人法'从中孕育而产生出来的卵巢"。[1] 日耳曼人传统的社会团体观念集中体现在，日耳曼的团体是所有成员均分享的集团人格，团体的财产就是总有团成员的共同财产，团体的债也由所有成员共同承担。团体与成员之间是"不即不离之关系"，团体外廓类似后来的法人，有独立之人格，但对内仍是所有成员之间的结合，因而体现为对外的"单一性"和对内的"复多性"的双重性格。[2] 这正是与后来的法人观念和制度进行对接的深厚历史基础。

（二）古典文明中的罗马法因素

1. 古代罗马法中的社团。在古代罗马法中，国家、自治城市以及宗教团体、行业团体等都被视为社团。社团（universitas 或 associazione）被视为一个观念单位（ideal unit），它必须通过获得特许状（charter）的明确授权才能够成立，由此形成了罗马法中的特许理论（concession theory）。这种观念单位还不同于法律意义上的人。[3] 其基本原则是："由数人组成的'社团'（associazione），这种社团有着一个宗旨，而且其总体被承认为权利义务的主体，而不依单个人及其更替变化为转移"，这就把社团法人与自然人区别开来，并使法人与自然人一样成为权利义务主体。但是，"在古典语言中，没有一个集合名词既指真正私人的团体，又包含政治

---

[1] 〔英〕梅因：《古代法》，沈景一译，商务印书馆 1959 年版，第 87 页。

[2] 〔美〕哈罗德·J. 伯尔曼：《法律与革命——西方法律传统的形成》，贺卫方等译，中国大百科全书出版社 1993 年版，第 262 页；李宜琛：《日耳曼法概说》，中国政法大学出版社 2003 年版，第 34—35 页。

[3] W. W. Bukland and Arnold D. Mcnair, *Roman Law and Common Law*, Cambridge: Cambridge University Press, 1965, p. 56.

行政性机构。"^① 在《民法大全》中，社团即使具有法律能力，也从未被称为人。^②

2. 功能的人。function as person，根据梅特兰的考证，在《学说汇纂》中谈到法人观念的文字也极少，而且这些文字在后来的注释法学家那里又产生了很多歧义。他指出，学者们公认的观点是，罗马法中"没有把 universitas 称为人的文字，更不用说称为拟制的人（persona ficta）了"，但有证据表明，罗马法学家确实使用了"personae vice fungitur"（功能的人）。^③ 在这里，所谓功能的人，意思是本质上不是人，但在功能上与人一样，起到了人应起到的作用。这样的功能的人有自治市、十人团、社团、遗产等。^④

因此，法人观念只是古代罗马法中"暗含的原则"。^⑤ 这一原则是在中世纪的罗马法复兴运动中，通过教会法的编纂才被移植、改造和显现出来。

---

① 〔意〕彼德罗·彭梵得：《罗马法教科书》，黄风译，中国政法大学出版社 1992 年版，第 50—51 页。

② W. W. Bukland and Arnold D. Mcnair, *Roman Law and Common Law*, Cambridge: Cambridge University Press, 1965, pp. 54—55.

③ Frederic William Maitland, "Translator's Introduction", Otto Gierke, tr. by Frederic William Maitland, *Political Theories of the Middle Age*, Boston: Beacon Press, 1958, pp. XVIII- XIX .

④ Adolf Berger, *Encyclopedic Dictionary of Roman Law*, Philadelphia: The American Philosophical Society, 1953, p. 628.

⑤ Frederic William Maitland, "Translator's Introduction", Otto Gierke, tr. by Frederic William Maitland, *Political Theories of the Middle Age,* Boston: Beacon Press, 1958, p. XVIII.

（三）基督教教义与教会法的贡献

1. 基督教教义的贡献。在基督教因素中，首要的是《圣经》的影响。使徒保罗的训诫是有据可考的、较早把基督教会拟人化为一个身体的文字记载。《圣经·保罗达哥林多前书》第12章第12至13节说："就如身子是一个，却有许多肢体；而且肢体虽多，仍是一个身子。基督也是这样。我们不拘是犹太人，是希利尼人，是为奴的，是自主的，都从一位圣灵受洗，成了一个身体，饮于一位圣灵。"实际上，这种观念的萌芽状态，可以追溯到荷马时代神人同形同性论（anthropomorphism）。[①]

2. 中世纪教会法编纂者的贡献。11世纪中叶东西方基督教会分裂以后，罗马天主教会日益强化对西欧教俗各界的控制。从教皇格列高利七世（1073—1085年在位）的罗马教会无误论，到教皇卜尼法斯八世（1291—1303年在位）的罗马教会全权论，罗马教会借鉴罗马法制定并颁布实施了一系列新的教会法。教会法学家们不仅继承了罗马帝国时期基督教会已经取得的社团法人地位，而且在观念上进行了创新和发展。"罗马法中萌芽的'法人'观念在12世纪的教会法学家手中进一步明确化，并且被纳入他们围绕教阶制阐发的政治思想。"[②]他们把基督教会拟人化，并视之为"基督的神妙身体"（the mystical body of Christ），它不仅具有统一性，而且具有神圣性和超越性。基督教会高于基督徒个人并成为非物质的存在体，这种具有人格的身体的观念，与罗马法中萌芽

---

① 汪子嵩、范明生等：《希腊哲学史》第1卷，人民出版社1988年版，第86页。

② 彭小瑜：《教会法研究》，商务印书馆2003年版，第40页。

的法人观念结合，在法律上直接导致了新的明确的法人概念——基督教会是一个单独的具有人格的法人，它等同于基督，存在于天国和精神的层面。

这样，罗马法中"暗含的原则"被明晰化，法人就是法律拟制的人，它与其中的单个成员区别开来而获得了单独的存在形式。"这种观念出现于格雷先，随后由英诺森四世精心完成。在他们看来，教会是一个拟制的人（a person ficta），一个法人（a juristic person）。"① 此后，基督教会"神妙身体"说在教皇卜尼法斯八世的"Unam Sanctam"诏书（1302年）中被正式认可。在罗马教会全权论的基础上，"教会本身是一个单独的法人，又是法人等级体系中最高级的法人。从整个世界到最低级的政治单位即村庄或庄园，中间包括王国、省和城市，共同构成法人等级体系。每个这样的共同体都既是国家的又是教会的法人：普世的教会就是普世的帝国，王国也就等于是大主教的省，城市是主教的辖区，村庄则是教区"②。可见，教会法中的法人日益演变为拟人化的机构，而不是联合起来的人的集团。

基督教会在罗马法的影响下，不仅围绕教阶制阐发了明确的法人观念和原则，而且围绕教会的财产创制了新型的法人形式。早在罗马帝国皇帝君士坦丁统治时期（306—337年），基督教会不仅获得了合法地位，而且享有财产权利，从而成为类似法人的

---

① M. J. Wilks, *The Problem of Sovereignty in the Later Middle Ages*, Cambridge: Cambridge University Press, 1963, pp. 23—24.

② Ibid., p. 28.

社团。① 从罗马帝国晚期以来，基督教会为了向欧洲各地传播其信仰，在很多地方利用其所接受的捐赠财产设立了慈善机构，如医院、养育院等，从而创设了"基金会"（fondazione）。"它不表现为权利主体，而只是一笔财产的使用所追随的目标，国家行使对它的保护，以保证该财产不脱离为它确定的目标。人所固有的人格化本能致使人们把这一目标视为权利主体，比如说财产的主人是医院，是养育院，等等。"② 这种把财产的集合视为权利主体的观念，是基督教会以罗马法为基础进行的创新。这种观念随着基督教会的兴盛而日益明确。在克吕尼运动中崛起的罗马教皇格列高利七世曾明确宣布："任何一件东西由天主意旨而成为教会的财产后，虽然它的使用权可以出让，它的主权——除了经过合法赠赐外——则不能因时间久长而丧失。"③ 在当时这种捐助财产从属于教会，并随着教会势力的兴盛而得以发展，从而形成了财团法人。在这里，财产的目的成为了人格化的主体，"捐助财产即属此抽象人格所有，则管理人非甘冒侵害他人财产之罪名，无从染指。洵为立法技术之进步也"。④

综上所述，在教会法中，社团法人不仅拥有完整的人格，而且具有了神圣性和超越性，从而明确提出了法人观念。财产被人格化的传统也得以继承和发展。中世纪基督教会的社团法也因而

---

① 杨共乐：《罗马史纲要》，东方出版社 1994 年版，第 265 页。

② 〔意〕彼德罗·彭梵得：《罗马法教科书》，黄风译，中国政法大学出版社 1992 年版，第 50 页。

③ 王任光编译：《西洋中古史史料选译》第 2 辑，台北东升出版事业有限公司 1989 年版，第 161 页。

④ 李宜琛：《日耳曼法概说》，中国政法大学出版社 2003 年版，第 48 页。

被称为"教会宪法"。① 因此，法人的概念化过程是在新的教会法编纂过程中完成的。

教会法学家的法人观念为教会无误论和全权论提供了有力的辩护，为巩固教阶等级体制从而加强罗马教皇的权力奠定了理论基础。教会作为法人不仅是统一的，而且是神圣的和至高无上的。教会法人不仅像自然人一样有头脑和四肢，其内部具有严格的等级秩序，而且它被等同于基督，从而获得了永恒存在的合法性。近代法人的永续性特征即根源于此。因此，法人的概念化以及相应的法人观念的形成，在维护当时的教会神权统治中发挥了重要作用，成为罗马教皇试图建立大一统的"基督教共和国"（a Christian Commonwealth）②的有力思想武器。然而，随着十字军神话的破灭，教皇的权力和权威日益下降，世俗国家力量逐渐兴起，教会法人观念在实践上日趋破产。

尽管世俗领域被视为教会法人的组成部分，但是罗马教皇的大一统理想与西欧的社会历史实际相去甚远。在十字军东侵以后，帝国和各王国在长期的教俗斗争过程中逐渐崛起，各国都试图按照自己的意愿安排各自内部的封建等级秩序。教皇借以加强其神权政治统治的法人观念被世俗国家的君主们借用过来，成为构建独立的世俗国家和社会秩序的思想武器。

---

① 〔美〕哈罗德·J.伯尔曼：《法律与革命——西方法律传统的形成》，贺卫方等译，中国大百科全书出版社 1993 年版，第 260 页。

② John Ehrenberg, *Civil Society: The Critical History of an Idea*, New York: New York University Press, 1999, pp. 39—41.

三、社团法人在近代西方社会转型中的作用

社团法人在近代西方社会转型中的作用，在英国比较典型。英国在近代西方社会转型中起到了领头羊的作用，在重大历史节点上如近代资产阶级革命、启蒙运动、工业革命等政治、思想和经济社会变革领域，英国都是先驱者。在对教会法的社团法人观念的接受和应用方面也不例外。在教会法的影响下，英国早在 15世纪初就已经在国家法律文件中正式使用"法人"一词了，到了15 世纪中后期则已经确立了社团法人制度。① 那么，社团法人观念与实践在英国向近代社会转型过程中起到了什么样的作用呢？具体而言，主要有以下三点。

（一）为近代主权国家理论的形成奠定了基础

尽管早在古罗马时期，国家就开始被视为一种社团，中世纪时国家也被视为基督神妙身体的组成部分，但把国家视为一个具有独立法律人格的社团，也就是社团法人，则只有到了 16 世纪才得以明确。

在英国都铎王朝前期（1485—1558 年），整个国家开始被视为像人一样，它具有肉体和灵魂。它的肉体是指政治上的身体即政治体（politic body），"这个身体不是别的，就是各种各样的民众，即无论城市还是乡村的每个共同体（commonalty）的公民成员。类似于灵魂之物则是国家的秩序和睿智的法律"；整个国家作

① 张乃和：《近代英国法人观念的起源》，《世界历史》2005 年第 5 期。

为一个政治体，也像人一样有心脏、大脑和四肢，"其心脏是国家的君主、国王和统治者，无论它是一个还是多个，依据共同体和政治国家的统治方式而定。因为有的是由一个国王来统治，有的是由一些贤明者组成的议会来统治，有的则是由全体民众共同统治"。[①] 我们可以把这种国家拟人化的观念称为有机国家观或国家二元论的雏形。

英国启蒙运动发端的标志性人物托马斯·霍布斯，在国家拟人化观念的基础上，从自然法哲学出发，把法人观念和国家观念结合起来，明确地把国家视为"一个人格"，"承当这一人格的人就称为主权者，并被说成是具有主权，其余的每一个人都是他的臣民"。[②] 这样，国家就成为一个具有完整人格的法人，它是绝对的和独立的。无论是按契约建立或以武力取得的国家，主权者经过全体民众的授权而成为国家人格的承担者。作为代表全体民众、承担国家人格的人，并非必然为一个人，"因为代表者必然不是一个人便是许多人。如果是许多人，便不是全体组成的会议，就是一部分人组成的会议"。[③] 这样，主权者就并非必然是国王或君主，而还有可能是议会或全体民众，由此便形成了不同的国家类型即君主国家、贵族国家或平民国家。

国家法人观念的形成是一个重大转变，它"标志着长达一个世纪的把公共权力视为个人特权的终结"。[④] 尽管主权者的权力被

---

① C. H. Williams ed., *English Historical Documents, 1485—1558*, London and New York: Routledge,1967, pp. 296—297.

② 〔英〕霍布斯：《利维坦》，黎思复、黎廷弼译，商务印书馆 1985 年版，第 132 页。

③ 同上书，第 142 页。

④ W. M. Spellman, *European Political Thought, 1600—1700*, Palgrave McMillan, 1998, p. 158.

绝对化，除了国家法人以外，国内所有法人社团都被视为从属的公共政治团体，但是，经过洛克对君权神授理论的清算以及对父权主义的批判，英国近代主权国家理论开始形成。国家成为具有国际法律人格的政治实体。直到今天，国家仍然是最主要的具有国际法律人格的政治实体。

（二）为国王独体法人地位的确立创造了条件

在法人观念的影响下，英国的王权思想开始发生急剧变革，16世纪兴起了国王两体论（the king's two bodies），从而使国王成为一个法人。

国王两体论起源于西欧中

这是霍布斯《利维坦》1651年版的封面。霍布斯（Thomas Hobbes, 1588—1679年），英国启蒙哲学家。"利维坦"（Leviathan）原来是指古代神话中的一种怪兽。霍布斯的"利维坦"则是指国家法人，它一手拿着利剑，另一手拿着教会权杖，分别象征着世俗和教会的权力。

世纪早期，教皇格列高利一世，即大格列高利（Pope Gregory the Great，约540—604年），最早明确区分了国王的职位和国王本人。[①] 英国都铎王朝前期的宗教改革以及由此而来的一系列社会

---

① Joseph R. Strayer, ed., *Dictionary of the Middle Ages*, Vol. 7, New York: Charles Scribner's Sons, 1985, p. 260.

政治变革，虽然加强了王权，却也带来了深层次的社会动荡。王位继承问题一直是这一时期的主要问题。由此引发了人们对国王和王权的深入思考。这时，国王被认为有两个形体，即自然体（body natural）和政治体（body politic）。作为政治体，"国王是一个连续的名称，只要民众继续存在，它作为（依法律推定）民众的领袖和统治者将永远持续下去，在这个名称上，国王永不死亡。所以，作为国王的人的死亡在法律上被称为国王的传位（demise）而不是国王的死亡，因为在那种意义上他把王国传给了另一个人，并使其拥有相应的职责，从而尊威永续"，"尽管他作为自然体死亡了，但与之相关的国王之名称永续"。① 可见，国王的政治体就是一个具有人格的法人。国王的自然体即作为国王的自然人本身是一个生理上的个体。这样，国王成了一个独特的、由单个自然人组成的法人，近代英国独体法人（corporation sole）的观念由此产生。

　　把国王的政治体视为法人的观念，与国家拟人化的观念有联系但又有所不同。尽管二者都受到法人观念的影响，但国家作为政治体，其成员是全体民众，国王只是其中的一员。国王和他的臣民共同构成国家的政治体。② 在国王两体论中，尽管国王的自然体有局限，他作为法人来统治国家的权力和尊严则没有局限。这就为国王寻找各种社会历史依据来强化王权提供了借口，但也为宪政主义法学家和政治思想家明确区分国王的权利与权力，从而为确立立宪君主制提供了理论基础。

---

① C. H. Williams ed., *English Historical Documents, 1485—1558*, London and New York: Routledge,1967, p. 579.

② Ronald H. Fritze, ed., *Historical Dictionary of Tudor England, 1485—1603*, New York: Greenwood Press, 1991, p. 388.

（三）为近代公司制度的创建开辟了道路

在英国女王伊丽莎白一世统治时期（1558—1603 年），法人观念开始向经济领域渗透，这对公司法人观念的形成和近代公司制度的形成，具有重大意义。这一时期法人观念实现了与营利性商业组织的结合，从而使其获得了相应的法人权利。这种法人权利"在 1505 年冒险商人的特许状中，或者在亨利八世授予安达卢西亚商人的特权中，它们并不明确，但伊丽莎白在 1564 年把它们充分地授予了冒险商人。从她统治时期以来，贸易者法人的轮廓开始形成"①。

根据当时人写的一篇《论法人》（1587—1589 年）文献，该作者这样界定经济领域的法人："法人是指国王或君主把从事某种贸易、行业或职业的团体（Societie）视为一个实体（one bodie）的单位（an vnitinge），它有权制定有关该贸易、行业或职业的法律和规章，其中的每个成员必须服从"，"在该定义中，我无意涵盖那种法律名义下的所有政治体（bodies politique）"，而只包括从事对外贸易和一些国内贸易的法人。② 贸易法人的兴起，推动了英国的贸易扩张和海外殖民。贸易法人是王室特许的合股公司，尽管它还不是近代意义上的私人企业公司，而只是执行国家重商主义政策的工具，但它的法人地位和治理结构为近代公司制度奠定

①　Cecil T. Carr ed., *Select Charters of Trading Companies*, New York: Burt Franklin, 1970, Introduction, p. 13.

②　R. H. Tawney and Eileen Power eds., *Tudor Economic Documents*, Vol. 3, Longmans, 1953, pp. 265—266.

了基础。^① 因此，从英国都铎王朝后期开始，经济领域的"法人"才可以称为"公司"。然而，在经历了 18 世纪初南海泡沫事件之后，英国的公司法人成长的脚步一度放缓。

在继承英国法人观念和特许公司制度的基础上，1811 年美国纽约州首先颁布了一部普通的商业公司法，随后其他州也先后跟进制定了类似的法律，引起了一场具有世界历史意义的"公司革命"（corporate revolution）。^② 法人的设立程序被简化，现代公司制度的准则主义取代了传统的特许主义，现代企业制度随之诞生。据统计，在密歇根州，1850 年之前只有 45 个采矿公司法人，还有一些铁路、银行等几个公司法人，然而从 1850 年到 1894 年间，该州的公司法人总数激增到 8000 个左右。而且，到了 19 世纪末，整个美国财富的四分之一，以及全国总投资的一半，均由公司法人控制。^③ 进入 20 世纪，公司法人在美国更如雨后春笋般激增起来，据统计，到 1970 年美国公司法人有约 200 万家。^④ 值得一提的是，20 世纪中叶美国公司法人制度的另一个重大转变，就是职业经理人的兴起，由此开始了"管理革命"（the managerial revolution）。^⑤ 这需要另外一个专题来讲授，恕不赘述。

---

① John Eatwell, Murray Milgate, Peter Newman eds., *The New Palgrave: A Dictionary of Economics*, Vol. 1, London and New York: Macmillan, 1987, p. 676.

② Miriam Theresa Rooney, "Maitland and the Corporate Revolution", *New York University Law Review*, Vol. 26, 1951, pp. 24—40; L. M. Friedman, *A History of American Law*, New York: A Touchstone Book, 1973, p. 195; *The New Encyclopedia Britannica*, Vol. 5, Encyclopedia Britannica, Inc., 1980, p. 183.

③ John P. Davis, "The Nature of Corporations", *Political Science Quarterly*, Vol. 12, No. 2, 1897, p. 273.

④ Nancy Needham Wardell, "The Corporation", *Daedalus*, Vol. 107, No. 1, 1978, p. 97.

⑤ Alfred D. Chandler, J R., *The Visible Hand: The Managerial Revolution in American Business*, Cambridge and London: The Belknap Press of Harvard University Press, 1977, p. 11.

英国、法国、德国等国家都是在美国之后，才制定了相应的法律，确立了现代公司法人制度。

四、总结与思考

英国历史法学派创始人梅因曾经说过，向近代社会转型的过程可以概括为：从身份到契约的转变。然而，社团法人的兴起，特别是 19 世纪开始的公司革命，使人们不得不重新思考梅因的命题。公司法人的兴起和发展，不是从身份到契约，而是从契约到身份的转变过程。这与梅因所说的过程恰好相反。不过，这里的身份是社团法人的身份，不再是前现代的社会地位、等级、职业和头衔等身份。

英国 19 世纪著名法律史学家梅特兰曾敏锐地察觉到了他那个时代刚刚兴起的公司法人革命，并富有远见地指出，社会"进步的路线不再是从身份到契约，而是从契约到某种契约所不能解释的、我们只能不恰当地称作有组织的团体人格"。[①] 这就是从契约到新的身份即团体法人。从 19 世纪后期以来，

梅特兰（F. Maitland, 1850—1906 年），英国著名法律史学家，曾任剑桥大学英国法唐宁讲席教授。他的英国法律史研究对后世的法学和法律史学影响深远。

---

① H. A. L. Fisher ed., *The Collected Papers of Frederic William Maitland*, Vol. 3, Cambridge at the University Press, 1911, p. 315.

西方掀起了一场至今仍未终结的关于一般法人以及公司法人性质的跨世纪之争。传统的法人拟制说或人造说被超越，形成了现代的法人唯名论与唯实论两大流派，至今仍此消彼长，不分高下。可见，社团法人问题不仅与近代西方社会转型紧密相关，而且与现当代西方经济社会变革息息相通。

中华文明篇

第八讲　地理环境与中华文明起源的时空特征

毛　曦（天津师范大学历史文化学院教授）

悠久灿烂的中华文明是在特定的不断变迁的地理环境中持续发展的，一方面，文明在一定程度上是人类对于自然的认识、利用和改造的结果，另一方面，自然环境又影响与制约着文明的发展，使得人类文明具有显著的地理特征。中华文明起源与历史地理环境具有密切的关系，具有鲜明的地理特点。随着中华文明探源工程的展开，对于中华文明起源与形成问题的认识已从多层面加以探究，业已成为当今中国史学主要的学术热点之一。其中，笔者以为，从历史地理学视角探讨中华文明的起源问题，对于认识中华义明的诸多特点与类型特征无疑具有积极的学术意义。

一、中华文明的起源时代

"文明"（civilization）一词具有多种含义和指代，其中重要义项之一是指代人类社会发展的高级阶段。美国人类学家摩尔根（Lewis H. Morgan）在所著《古代社会》中将人类社会的历史发展分为蒙昧、野蛮、文明三个大的阶段，恩格斯在《家庭、私有制和国家的起源》一文中又对这一理论做了新的补充和阐释，并进一步指出国家是文明社会的概括。由此可知，文明社会是人类社会历史发展的高级阶段，文明社会的出现是人类社会发展到一定阶段的产物；国家是文明社会的政治表现，国家的出现就是文明社会的真正开始。

　　什么是文明社会？或者说，文明社会的形成具有哪些具体的标志？对此，中外学者有过长期的讨论并提出了各种各样的学术观点，但其中也有许多共同的东西，如将青铜器、城市和文字三者的出现，看作是文明社会到来的重要指标之一。[①] 应该说，文明社会是在早期人类社会长期发展基础上出现的不断复杂化高级化的社会状态，而青铜器、城市和文字等均可从不同侧面反映出社会演进的复杂化水平，因而可以视作文明社会形成的标志之一。人类从石器时代过渡到最早的金属器物时代即青铜器时代，青铜器的铸造不仅反映了人类技术水平的提高和分工协作的形成，更反映出深层次的社会性质的变革，正因如此，青铜器的出现便可以作为社会发展的重要标志。城市是在早期普通聚落之外所形成的新型中心聚落，这种新型聚落与原有聚落从地理形态、人口构成、公共建筑、聚落功能、聚落地位等方面具有较大差异，反映出社会组织的复杂化和社会性质的巨大变化，故而城市可作为文明社会的重要标志。文字的出现体现出信息交流的地位的上升和知识生产的新的进步，反映出人类社会的巨大发展和政治权力的极大增强，因此，文字的形成被视作文明社会形成的标志之一。

　　文明社会的最终形成应该经历了一个从量变到质变的历史演进过程。如果用"起源"与"形成"加以表述，文明社会的形成

---

① 知原主编：《面向大地的求索——20 世纪的中国考古学》，文物出版社 1999 年版，第 172—174 页；李学勤：《重新估价中国古代文明》，李缙云编：《李学勤学术文化随笔》，中国青年出版社 1999 年版。

即文明时代的到来，是人类历史迈入了新的更为高级的发展阶段；在文明社会最终形成以前应该经历了一个准文明社会时期，这一时期即文明社会的起源时期，人类历史的演进经历了文明的起源时代而后迈入了文明时代。就像在国家出现之前有一个酋邦时期一样，文明社会的诸多因素在文明的起源时代同样具有其准文明社会的形态，即具有自己的特殊历史形态。青铜器、城市和文字是早期文明社会的典型要素，是文明社会出现的重要标志；而在文明的起源时代，三者各有其特殊的历史形态和过渡时期的特征。

礼仪性玉器出现于新石器时代的后期，是在石器长期发展的基础上形成的，不仅反映了人类对于自然认识与利用的水平的提高，也反映出社会分工和阶层分化的加速，作为祭祀用器及其他礼仪性用器的玉器的出现，可视为青铜器出现的前兆，从器物方面显示出文明社会的起源过程。城市作为一种高级聚落，其最后形成是与文明社会的到来相伴随的，真正意义的城市的出现是文明社会在聚落类型方面的一种体现。在文明起源时期，已从普通聚落中分离出一种新型的中心聚落。作为一定区域范围内的中心聚落，在形态与功能等方面与普通聚落有所不同。中心聚落通常是某一区域内宗教文化乃至政治与经济的中心，因而具有较高的军事防御的需求，其中许多兴建有城墙。中心聚落的出现体现出在原始农业发展的基础上，社会阶层开始分化，社会组织渐趋复杂，人类社会处于文明起源时期。中心聚落可以看作城市出现以前的准城市形态，考古发现的史前城址即为中心聚落的遗址。文字是文明社会的标志和产物，早在文明社会的起源时代，已形成文字的初始形态——刻划符号，这些刻划符号在一定区域内应具有一定的信息交流的功用，反映出早期社会的复杂化进程，昭示着文明社会的临近。总之，大体说来，礼仪性玉器、城址（中心聚落）和刻划符号的出现，可以作为文明起源时代的重要标志。三者的出现，足以彰显出人类社会已经处于文明的起源时期。此外，由于三者从各自不同的角度反映出人类社会的复杂化进程，反映出社会演进的程度，故而三者之中两种或一种现象的出现，亦可反映出文明社会的起源过程。

中华文明历史久远，学术界通常认为夏代是中国最早的国家时期，同时也应是中华最早的文明社会时期。在此之前，应属于中华文明的起源时期，这一时期至迟发生在距今约 6000 年左右。有证据表明，仰韶文化晚期及龙山文化时期，即距今约 6000 年至 4000 年间的长达 2000 年之久，应该归属中华文明的起源时代。

玉器在中国传统文化中具有特殊的重要地位，玉器的历史极其悠久。中国玉器最早出现于旧石器时代的末期，而礼仪性玉器的大量出现始于距今约 6000 年。曲石所著《中国玉器时代》一书中提出距今 6000 至 4000 年之间为 "中国玉器时代"，在此时期，礼仪性玉器的大量制作使得玉器具有了前所未有的政治与文化地位。中国新石器时代考古已经出土了大量的礼仪性玉器，如龙山文化、良渚文化、红山文化遗存中，玉器发现数量众多，其中许多具有 "礼器" 的性质。《周礼·春官·大宗伯》载："以苍璧礼天，以黄琮礼地。" 这些祭祀天地的琮、璧以及其他礼仪性玉器在距今约 6000 年前后开始的大量生产，反映出阶级分化的存在，佐证了历史已迈入中华文明的起源时代。

考古发现的大量史前城址，同样反映出中华文明起源时代的社会发展状况。截至 2000 年前后，我国已经陆续发现了近 60 座史前城址。在这些已发现的史前城址中，有少量为仰韶文化时期的遗存，距今约 6000 至 5000 年；而绝大多数属于龙山文化时期的遗留，距今约 5000 至 4000 年。这些距今 6000 至 4000 年间的城址，应是不同于普通聚落的地域性中心聚落的遗址。作为史前时期的新型的中心聚落，其崇高的社会地位要求聚落的防御强度不断增强，新的中心聚落不仅要防御来自自然界的破坏（如野兽的侵扰、洪水的围困），更要防御来自人类社会变革中日益频繁的战争的威胁，从这个意义上说，晚于壕沟而出现的围墙或者说城墙的出现，不仅反映出聚落防御功能的提升，也反映出聚落的性质变化与地位提升，反映出史前社会的重大变化。城的兴建，不仅是居住形式的变化，更是一定的政治力量驱使下的社会工程的营建。后世文献对于中国传说时期的城的兴修有一定的描述，且在时间上与中华文明的起源时代亦大体吻合。如《汉书·食货志》载："神农之教曰：'有石城十仞，汤池百步。'"《史记·封禅书》云："黄帝时为五城十二楼。"《吕氏春秋·贵因》曰："舜一徙成邑，再徙成都，三徙成国。"《史记·五帝本纪》则记载：舜"一年而所居成聚，二年成邑，三年成都"。《世本·作篇》载："鲧作城郭。"《吕氏春秋·君守篇》云："夏鲧作城。"《吴越春秋》曰："鲧筑城以卫君，造郭以居人，此城郭之始也。"《淮南子·原道训》载："昔者夏鲧作三仞之城，诸侯背之，海外有狡心。"这些文献反映出夏王朝之前的筑城信息，这与考古发现的史前城址可相互印证。学术界认为，在夏代国家之前，曾存在有较长时期的"万国林立"的邦国时代。[①] 张光直指出："到了龙山时代的初期，大约公元前 3000 年左右，现代中国境内的黄河流域、长江流域和

---

① 任式楠：《中国史前城址的考察》，《考古》1998 年第 1 期。

东海岸地区，分布着成千上万的城邑。"[1]不断增多的史前城址的发现，在一定程度上说明了文明社会前夕城邑林立的邦国时代的可能存在，也标示了中华文明起源的历史过程。

中华文明起源时代的重要标志之一是刻划符号的大量出现。考古发现的中国新石器时代的刻划符号在时间上集中在仰韶文化的晚期和整个龙山文化时期，距今 6000 年前后至距今 4000 年左右。我国已经发现的史前刻划符号分布地域广阔，数量极为众多。如仰韶文化半坡遗址的陶器上的刻划符号有 27 种，姜寨遗址发现的刻划符号多达 130 种，甘青地区马家窑文化的半山、马厂类型的刻划符号也多达 130 余种，湖北宜昌杨家湾出土的大溪文化的刻划符号有 50 多种，安徽蚌埠双墩村文化遗址发现有 146 例 59 种刻划符号。此外，大汶口文化遗址中也发现有刻划符号；良渚文化的刻划符号从 20 世纪 30 年代开始就陆续有所发现，并且随着相关考古工作的推进，发现的刻划符号的数量也不断增多。[2]已发现的史前刻划符号形态多样，具有一定的地域性特征。这些刻划符号具有一定的前文字的性质，是文字出现的前兆，展露出文明社会的曙光，是中华文明起源时代的重要体现。

---

① 张光直：《中国古代王的兴起与城邦的形成》，张光直：《中国考古学论文集》，生活·读书·新知三联书店 1999 年版。

② 中国科学院考古研究所、陕西省西安半坡博物馆：《西安半坡》，文物出版社 1963 年版；王志俊：《关中仰韶文化刻划符号综述》，《考古与文物》1980 年第 3 期；青海省文物处考古队、中国社科院考古所：《青海柳湾》，文物出版社 1985 年版；宜昌博物馆：《宜昌县杨家湾新石器时代遗址》，《江汉考古》1984 年第 4 期；徐大立：《蚌埠双墩新石器遗址陶器刻划初论》，《文物研究》第 5 辑，黄山书社 1989 年版；王树明：《谈陵阳河与大朱村出土的陶尊"文字"》，《山东史前文化论文集》，齐鲁书社 1986 年版；杨振彬：《长江下游史前刻划符号》，《东南文化》2001 年第 3 期。

二、中华文明起源的空间特征

中华文明的起源不仅具有时间的属性，呈现出文明社会的起源时代；与此同时，中华文明的起源过程是在中国特定的地理环境中发生的，早期先民通过与地理环境之间的互动，创造了辉煌的史前文化，文明的起源也具了有一定的地域色彩，具有了人文空间上的地理特征。对此，我们至少可以将中华文明起源的空间特征归纳为以下四个方面。

一是中华文明多地域的多元起源。关于中华文明起源的地域问题，过去曾有中华文明起源一元说，主张黄河流域是中华文明最早的起源地，之后传播到其他地区。20 世纪 80 年代以来，随着我国新石器时代考古的推进，一元说逐渐受到质疑乃至摒弃。苏秉琦等学者根据中国新石器时代的史实状况，率先提出了中华文明的多元起源论。他认为中华文明的起源犹如"满天星斗"，最初在不同的地点分别起源，然后不断融合，逐渐形成了统一的文明。[①] 到目前为止，中华文明多元起源说已为学界所广泛认同。中华文明不仅起源于黄河中下游地区，而且也起源于长江流域的不同地区，乃至起源于更多的地区。虽然关于中华文明多元起源的具体地域所指仍有不同的看法，也可能随着相关考古的发现，关于文明起源的地域不断增多，新的论点不断提出，但诸多不同的具体观点，在中华文明多元起源说上却是一致的。中华文明的起源是在相对隔离的自然环境中发生的，中华文明的起源具有本土

---

① 苏秉琦：《中华文明的新曙光》，《东南文化》1988 年第 5 期。

性的色彩。中华文明的多地域起源，一方面受到自然条件的多样性、复杂性、区域差异性等特点的影响，另一方面也受到了中国新石器时代文化发展的多元性的影响。中华文明的多地域起源实际上反映出中国史前时期文化发展的地域不平衡性，黄河流域与长江流域的发展速度与水平超出了周围地区，即使在黄河和长江流域之内，各地域的发展也是不平衡的。应该说，基于地形差异和区域发展不平衡性基础上的多地域文明起源，是中华文明形成过程中较为显著的地理特征之一。

二是中华文明起源的空间范围极为广阔。中华文明的起源是多地域的，就整体空间范围而言，有着较为完整的极其广阔的地理范围。从考古发现的文明起源的相关要素的地理分布来看，中华文明的起源发生在北至辽河流域，南至长江流域，中间包括海河流域、黄河流域、淮河流域在内的广大的地域范围之内。也就是说，中华文明起源的空间范围极为广阔。从考古发现的近 60 座史前城址的地理分布来看，辽河上游地区，黄河中游的河套地区，黄河下游的河南、山东等地，长江上游的成都平原，长江中游与下游的平原地区，皆有城址的发现。（参见图 8-1）这些不同地域的城址虽说形态多样，具有一定的与当地自然环境相关的地域特征，但都属于当时当地的中心聚落，在一定地域范围内享有很高的社会地位，反映出早期文明社会的地域起源。亦由此可知，北至辽河流域、南至长江流域的中国中东部的广大地域，属于中华文明起源的空间范围。从考古发现的礼仪性玉器来看，也广泛分布于从辽河流域到长江流域的广大区域之内。西辽河流域的红山文化、长江下游地区的良渚文化、黄河下游地区的大汶口文化和中原地区的龙山文化，是史前时期中华玉器文明的中心，同时是

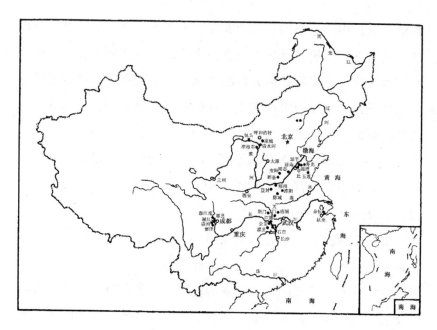

图 8-1　中国史前城址分布示意图

（邹逸麟主编《中国历史人文地理》）

礼仪性玉器制作的中心。礼仪性玉器的地理分布，显示了中华文明起源的广阔空间。从已发现的中国新石器时代的较为系统的刻划符号来看，其空间范围包括了黄河流域、淮河流域和长江流域等地区，与史前城址、礼仪性玉器的分布范围大体一致，同样体现出中华文明起源所具有的广阔空间。

　　三是中华文明起源于平原地带。从地形类型来看，中华文明起源于平原地带。中国地貌多样，拥有众多的大大小小的相对独立的平原地区。临近河湖水源的平原地带，往往是适宜早期人类生存的区域，也是孕育中华文明的最佳地域。中华文明起源于从辽河流域到长江流域的平原地区，平原地带成为多元文明的起源之地。正因如此，不同的平原成为多元的文明起源的中心，学人们也据此提出关于中华文明起源的中心地域的不同观点。如陈连开认为中华文明起源时代以 6 个平原地带作为中心："长江上中游的成都平原、中游的江汉及洞庭湖平原、下游的杭嘉湖平原；黄河流域上中游的泾渭关中平原、中游的涑汾河洛平原和下游的古河济之间。"[①]早期先民定居于靠近河湖的平原地带，这里有生活和生产的便利条件，是早期农业较为发达的区域，因此也是文明社会起源的地区。平原地带的不同条件，包括该地域的气候、土壤、平原的大小等，都对早期文明的生成产生了一定的影响。长江流域和黄河流域的诸多平原地区都是中华文明起源的中心地区，但国家文明最早形成于黄河流域而不是长江流域的平原地区，这其中与所处平原地区的地理状况应该有一定的关系。

四是中华文明起源的区域与农业发达的区域相一致。文明社会的发生以原始农业的发展作为经济基础，进入新石器时代以来，原始农业开始形成并取得一定的发展，在以早期农业为主的经济发展的基础上，人类社会形态日趋复杂，文明社会开始起源。正因如此，文明起源的区域往往与早期农业发达的区域相吻合，人类文明社会率先在早期农业发达的地区开始起源。考古发现的相关信息表明，由于相对优越的自然条件，我国境内自新石器时代以来，原始农业首先在黄河和长江流域发展起来，黄河流域形成了以粟、黍栽培为主的旱作农业，长江流域则形成了以水稻栽培为主的稻作农业。在距今约 6000 至 4000 年的新石器时代后期，

---

① 陈连开：《论中华文明起源及其早期发展的基本特点》，《中央民族大学学报》（哲学社会科学版）2000 年第 5 期。

从北方的辽河流域到南方的长江流域，史前时期的农业都有了长足的发展。农业的发展带动了社会的进步，在以黄河流域和长江流域为中心的广大地区，文明社会已处于孕育过程之中。从考古发现的中国新石器时代文化遗址的分布来看，不管在数量上，还是在密集程度上，以黄河和长江流域为中心的地区都要多于和高于其他地区。中国早期农业发展以黄河、长江流域为中心，将不同类型的旱作农业和稻作农业，向周边适宜的地区逐渐传播。文明社会在起源过程中，也从中心地带向周边地区发生着影响。可以说，中国新石器时代农业的形成与发展催生了文明社会的起源，而农业发达的新石器时代文化的中心地域，同样也是中华文明起源的地域，中国早期农业的人文地理区域与中华文明起源的地理区域具有耦合关系。

三、影响文明起源的地理因素

中华文明起源于距今约 6000 至 4000 年间自北至南的辽河流域到长江流域的平原地带，这一时空特征受到了新石器时代中国特定的自然地理环境的重要影响。气候、地形及其他地理环境，为中华文明在特定历史时期和特定地域范围的起源提供了不可或缺的地理条件。

距今 1 万年以来，属于地质年代上的第四纪的全新世，人类历史跨入了新石器时代。在全新世的最初 2000 年间，全球气候由寒冷干燥逐渐转为温暖湿润。随后，全球气候进入了温暖湿润期（距今约 8000 至 3000 年之间）。中国学界根据地质与考古中获取的历史环境资料，结合传世文献中的少量信息，对我国史前时期的气候进行了尽可能的复原研究，认为在全新世大暖期之时，我国境内存在有仰韶温暖期，这一温暖期持续到了西周初年。在仰韶温暖期即整个全新世中期，我国境内气候更为温暖湿润，年平均温度比现代高 2—3℃，与此相应，我国气候带的位置也比现在向北偏移，如亚热带北界就由现在的秦岭—淮河一线北移到华北平原北部的京津一带至关中平原的北山一线。[①]（参见图 8-2）也就是说，在中华文明的起源时代，从华北平原到黄河流域和长江流域的大部分区域属于温暖湿润的亚热带气候，即使辽河上游地区，也属于较为温暖湿润的暖温带气候。亚热带和暖温带的气候环境，为中国全新世时期农业的兴起和发展提供了良好的气候条件。正是在这样的条件下，原始农业得以崛起和发展，进而推动了社会形态的演进，乃至中华文明开始孕育，迈入起源时代。可以说，适宜的历史气候条件，催生了中华文明的起源。

地形的特殊性与多样性对于中华文明的起源同样产生了极为重要的影响。我国地域辽阔，地形复杂且类型多样。就周边环境来讲，我国的地貌具有相对的封闭性和独立性。中国地处北半球的东亚大陆，隶属世界上最大的大陆——欧亚大陆，面向世界上最大的海洋——太平洋，腹地开阔，为中华文明的起源提供了广阔的地理环境。中国大陆东面和东南面以辽阔的太平洋与其他陆地隔离，太平洋成为中国早期社会发展的天然屏障。我国大陆北部为西伯利亚平原，这里气候寒冷，自然条件差，人烟稀少，人类文明起源较晚，对于中华早期文明的起源很难产生直接影响。

[①]　龚高法、张丕远、张瑾瑢：《历史时期我国气候带的变迁及生物分布界限的推移》，《历史地理》第 5 辑，上海人民出版社 1987 年版。

在西面，我国大陆以帕米尔高原及其山脉与中亚隔离；在西南，以青藏高原的喜马拉雅山脉和云贵高原的横断山脉与南亚次大陆和东南亚隔开，构成了早期文明独立发展的天然屏障。相对封闭和独立的地理环境为人类文明的早期发展提供了安全的空间，我国的地形条件为中华早期文明的起源及独立发展提供了特殊的自然环境。从地势与地形来看，我国西高东低，西部多高山、草原和荒漠，东部多平原、丘陵和山地。黄河、长江等众多水系东流入海，流域内众多的盆地平原形成相对独立的地理单元。不同区域的平原地区是适宜早期农业活动的中心地区，同样是文明起源的重要区域。相对独立的众多的平原地形，为中华文明的多地域多元起源提供了可能的地理空间，形成了多元文明起源的地域性特征，也影响到了中华文

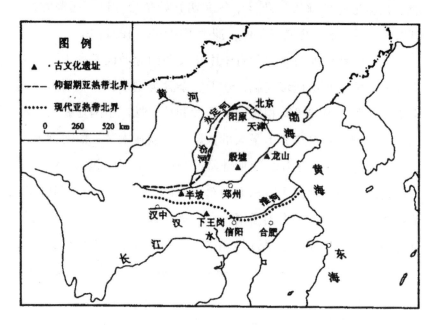

图 8-2　仰韶文化时期中国亚热带北界示意图
（龚高法等《历史时期我国气候带的变迁及生物分布界限的推移》）

明起源的地域不平衡性。

以黄河流域和长江流域为中心的东部平原地区之所以能够成为中华文明率先起源的地区，是与这一地区的气候、地形等自然条件有密切的关联，自然地理环境对于文明社会的起源产生了重要的作用。远古时期的农业发展对于自然条件有极大的依赖性，以黄河和长江流域为中心的东部地区在全新世中期，气候温暖湿润，平原广阔，河湖较多，土壤肥沃，为农业发展提供了便利。正是早期农业的发展，为文明的起源奠定了必不可少的经济基础。而我国境内的其他地区由于自然环境的原因，却很难成为远古农业乃至中华文明的发生地。原因在于只有适度的自然条件，才有利于早期农业的形成与发展，直至文明社会的起源和形成，而我国东部地区适度的自然条件及其地理区域最终催生了中华文明的起源。苏秉琦曾将长江中下游地区与华南地区加以比较，指出了新石器时代华南地区相对滞后的原因：

> 华南大部分处于北回归线以南，气候炎热，几乎全年无冬，雨量充足，天然食物资源十分丰富。尽管野生稻到处都有，但因为收获和加工都很麻烦，比起其它食物来也不见得特别好吃，所以人们不一定采集它。即使发现了它的食用价值，因为到处都可以采集到，就不一定考虑进行人工栽培。即使偶尔种植了一些，也没有迫切需要把它发展成一种继续不断的稻作农业。长江流域就不同了，那里有较长而寒冷的冬季，迫切需要有能够长期储藏以备冬天之需的食物。人们一旦发现野生稻的食用价值和能够长期储藏的优点，自然会加意培植并设法扩大再生产。何况长江流域史前文化比较发

达，人口较多而野生稻资源又少，就更有进行人工栽培的必要性和迫切性。这可以解释为什么恰巧在长江中下游发现最古老和最发达的稻谷遗存而不是在别的地方，从而为稻作农业起源于长江中下游找到了事实的根据和理论的说明。[①]

从人地关系来讲，自然地理环境对于人类历史的影响在早期表现得更为直接，它为文明的起源和形成提供了天然的必要的外部条件。中华文明的起源是在特定的地理环境中完成的，除此之外，中华文明的起源与其他世界早期文明的兴起具有类似的地理条件，这些条件为文明的起源提供了必要的地理基础。

适度的自然环境是人类文明发生发展的基本条件。应该说，自然环境对于人类社会的作用在不同历史时期有所差别。在人类社会的早期，就自然条件总的状况而言，过于优越的自然条件与过于恶劣的自然条件一样，对农业的起源和早期文明的发生发展有时产生的是消极的作用。过于优越的自然条件使得早期人类产生了对自然界的过分依赖，易于养成惰性，缺乏社会发展的内在需求和动力；而过于恶劣的自然条件使得生产力水平极为低下的早期人类在自然界面前感到无能为力，失缺了社会发展的必要条件。只有适度的自然条件才是人类早期发展所必需的。因为这种自然条件既可为早期人类提供一定的生活生产条件，又促使人类不断地利用和改造自然，从而促使了早期农业的发展和文明社会的生成。中华文明最早兴起于以黄河流域和长江流域为主的东部地区，而不是北方草原荒漠地带和华南地区，就可在一定程度

---

① 苏秉琦主编：《中国通史》第 2 卷，上海人民出版社 1994 年版，序言。

上说明适度的自然条件及其地理区域是文明起源的重要条件。

相对封闭与隔绝的自然地理环境为早期人类文明的诞生提供了安全的地理空间。人类文明社会在早期形成过程中是相对脆弱的，封闭与隔绝的自然环境为其发展提供了天然的安全屏障，避免了邻近强悍氏族或部族的入侵而可能引起自身文明形成过程的中断，因而，这种相对封闭与隔绝的地理条件对于人类文明的形成就有了特别重要的意义。尼罗河流域西面是利比亚沙漠，东面是阿拉伯沙漠，南面是努比亚沙漠和飞流直泻的大瀑布，北面是地中海，这些自然屏障使古埃及文明的形成得到安全的保障。幼发拉底河和底格里斯河即两河流域，东侧是伊朗山脉，西南面是阿拉伯沙漠，北面是阿尔·杰兹拉高原，东南比邻波斯湾，这种相对封闭与隔绝的地理环境为古巴比伦文明的形成提供了必要的生存条件和安全保障。中华文明的发生同样处于相对封闭与隔绝的自然地理环境之中，特定的地理环境所提供的安全屏障和农业条件，使得中华文明具有了本土起源和多元发展的特点。

河湖沿岸的平原地带是人类文明起源与形成的首选之地。就地貌条件而言，河湖及其沿岸的平原地区为人类文明的起源提供了必要的条件。河湖不仅为早期人类提供了生活生产的直接便利，也为他们提供了交通的方便。河湖沿岸的平原地带有着肥沃的土壤和便利的灌溉条件，是早期人类进行农业生产活动的良好场所。正因如此，河湖沿岸的平原地区便成为人类文明最早形成的地方。尼罗河的定期性泛滥造就了沿岸的平原地形及其肥沃的土壤，尼罗河同时又为沿岸平原的农业发展提供了灌溉的便利，加之尼罗河下游平缓的水流提供的航行的便利，正是这样适宜的地貌条件，尼罗河流域孕育出了古老的古埃及文明。中华文明的起源同样发生在河湖沿岸的平原地带，其他地区人类文明的起源也有与此相似的情况。

温暖湿润的气候为人类文明的起源创造了适宜的自然条件。从世界范围来看，不同地区人类文明起源的具体时间虽有一定差异，但具有更多的相同之处。那就是这些不同的早期文明起源的时段，都处在第四纪全新世以来全球气候最为温暖湿润的时期即全新世大暖期。全新世初期，气温缓慢回升；到了全新世中期，气温急骤升高，全球气候十分温暖湿润，并且这种情况一直持续了整个全新世中期（距今约 8000—3000 年）。全新世中期温暖湿润的气候条件，为早期人类的发展提供了前所未有的历史机遇，世界各个文明正是利用这样的机遇，在原始农业不断发展的基础上，社会文明率先起源并最终形成。可以说，全新世中期温暖湿润的气候条件为人类文明的历史形成提供了极为重要的历史机遇。

温带与亚热带是人类早期文明发生发展的主要地带。英国考古学家丹尼尔（Glyn Daniel）提出世界早期文明有六大发祥地：埃及、两河流域、印度、中国、墨西哥和秘鲁。从世界六大文明起源时期所处的气候地带来看，温带与亚热带充当了人类早期文明发生发展的主要地域，是早期人类历史的真正舞台。这是由于温带和亚热带在自然条件方面富于差异性和自然资源的多样性，同时又是适宜农业发展的地带，这样的自然环境为农业的形成与发展，以及人类社会分工的形成提供了必要的自然基础，也促使人类需要和劳动方式趋于多样化，从而促成了人类早期文明的发生和发展。[①]埃及、两河流域和中华文明皆起源于历史时期的温带

---

① 段渝：《政治结构与文化模式——巴蜀古代文明研究》，学林出版社 1999 年版，第 2 页。

与亚热带，而古代印度、墨西哥和秘鲁虽位处回归线附近或者在赤道与回归线之间，但由于这些文明的发生地属于高原、山谷等地形，海拔高度、地貌条件等因素使得形成了与温带、亚热带草原、谷地较为相似的自然条件，从而为其古代文明的发生发展提供了必要的地理环境。

地理环境对于中华文明史产生了重要的影响，中华文明也由此呈现出一定的本土性和地域特征，从文明起源时代就可清楚地看到这一点。此外，中华文明起源时代的一些地理特征也具有历史的延续性，如《尚书·禹贡》记载的九州地域即与文明起源的区域基本一致，即以黄河和长江流域为中心的东部地区长期属于中国历史中的发达区域和中心区域。从人地关系来看，中国历史进程一直受到地理环境的影响，但就其影响的方面及作用而言，又有历史阶段的差异。中华历史文明具有中华地理的烙印，中国历史中的许多现象的解读，至少不能忽视自然环境因素的作用。如长江流域是中华文明起源的中心地区，而为什么最早的国家却出现在黄河流域？中国历史上为什么通常是北方包括西北方和东北方的游牧民族而不是南方山地民族武力进入中原？气候变迁与中国历史进程之间是什么关系？等等，诸如此类的问题，都需要我们从历史时期的地理环境方面做出思考。

第九讲　中医"五运六气"理论与《周易》

杨效雷（天津师范大学历史文化学院教授）

　　"五运六气"理论，是中华传统医学的支撑理论，与被奉为群经之首的中国传统经典《周易》之间存在密切关联。本讲我们将讲述二者之间的关系，从而从一个侧面加强对中华文明的认知。

一、中医的价值

　　1958 年 10 月 11 日，开国领袖毛泽东主席在对卫生部党组《关于西医学中医离职学习班的总结报告》的批示中指出："中国医药学是一个伟大的宝库，应当努力发掘，加以提高。"时任国家副主席习近平 2010 年 6 月 20 日在澳大利亚墨尔本理工大学中医孔子学院成立大会上指出："中医药学凝聚着深邃的哲学智慧和中华民族几千年的健康养生理念及其实践经验，是中国古代科学的瑰宝，也是打开中华文明宝库的钥匙。"2015 年 12 月 18 日，习近平总书记致中国中医科学院成立 60 周年贺信再次强调："中医药学是中国古代科学的瑰宝，也是打开中华文明宝库的钥匙。"2017 年 10 月 18 日，在十九大报告中，习近平总书记更是明确提出了"坚持中西医并重，传承发展中医药事业"的重要部署。

世界是多元的，西医与中医各具特色，各有千秋，理应共同发展，而不宜厚此薄彼。中医诊疗基于中国传统的天人相应理念，而西医诊疗基于现代科学分析，思维方式存在根本性差异，所以中、西医应并重，美美与共，各自保持自身特色，共同发展，而不是泯没中医特色的"废医存药"的西医化结合发展。

中医基础理论很多，面面俱到既无可能，又无必要，所以我计划以中医"五运六气"理论为例，揭示中医特色，以帮助大家思考，究竟应该提倡泯没各自特色的发展路线，还是应该走充分保持各自精髓的中西医共同发展之路呢？

二、"五运六气"

中医"五运六气"理论是中医经典《黄帝内经》中最为光彩夺目的内容，占据《黄帝内经·素问》三分之一的分量，是中医理论中最为核心、最富有特色的部分。中医病因学、中医中药学、中医方剂学等都与五运六气理论密切相关。

五运指金、木、土、水、火五行之气的运行。六气指风、寒、暑、湿、燥、火六种气候的变化。五运六气理论简称运气理论。运气理论是探讨自然界天时气候变化与疾病关系的理论，其主要内容是根据干支、阴阳、五行推测气候变化，进而探讨病候及其治疗。

"五运六气"理论记载于传统医学经典《黄帝内经》运气七篇之中。中国中医研究院研究员、《周易与中医学》的作者杨力认为："如果说《黄帝内经》是中医学的皇冠，那么，运气七篇则

《重广补注黄帝内经素问》四部丛刊本书影。其中有关于中医"五运六气"理论的经典论述。此书系唐王冰重新整理编次并注释《黄帝内经》素问部分而成。北宋校正医书局林亿等人于嘉祐二年（1057）对该书进行校勘。此后各种刊本均以此本为依据。

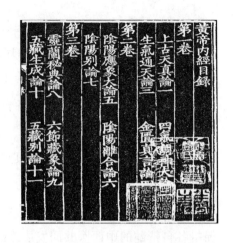

是那皇冠上的明珠。"[①]

"运气七篇"指《黄帝内经》中的天元纪大论、五运行大论、六微旨大论、气交变大论、五常政大论、六元正纪大论和至真要大论。

天元纪大论总论五运主岁，六气司天，从太过、不及、平气的岁气变化，说明运气对宇宙万物的影响。本篇总论天地万物生成部分的内容与《易传》中论乾元、坤元在万物生化中的重要作用可互相发明。

五运行大论分论五运的运行规律及其对自然万物的影响。

六微旨大论分论六气的运行规律及其相互关系。

气交变大论论天地阴阳气交所出现的气候、物候、病候变化。

五常政大论论五运太过、不及平气的一般规律，言五运有政令之常，有常而后有变。

六元正纪大论论甲子六十年期间六气运动的基本规律。

至真要大论总结前八篇未尽之义。

---

① 杨力：《中医运气学》，北京科学技术出版社 1995 年版，扉页。

甲骨文中的六甲干支。六甲干支不仅是中医"五运六气"系统推算的基本形式符号，而且广泛应用于纳甲筮法、四柱推命术等《易》学术数领域。

天干、地支是中医五运六气理论的基础知识。天干指甲乙丙丁戊己庚辛壬癸。甲乙属木，丙丁属火，戊己属土，庚辛属金，壬癸属水。地支指子丑寅卯辰巳午未申酉戌亥，亥子属水，寅卯属木，巳午属火，申酉属金，辰戌丑未属土。因为十与十二的最小公倍数是六十，所以十天干与十二地支搭配一轮，共有六十种组合，被称为六十甲子。六十甲子包括以甲为首的六旬，故又称六甲。

六甲干支在甲骨文中就有记载（《甲骨文合集》37986 版，如图）。

中国的历史虽然很长，历法也屡经变更，但是只要顺着干支往前推，历史日期便清清楚楚，有条不紊，即使有传写错误，也可以据以发现。比如《春秋·襄公二十八年》："十二月甲寅，天王崩，乙未，楚子昭卒。"[1] 十二月甲寅日，周天子死了，乙未日，楚

---

① （晋）杜预撰，（唐）陆德明音义：《春秋经传集解》卷十八，四部丛刊本。

昭王死了。乍看没有什么问题，但是，如果对六甲干支表熟悉的话，就会发现：从甲寅到乙未相隔42天。农历大月30天，小月29天，怎么可能有42天呢？所以这里显然有误。有学者认为，乙未前脱"十三月"。十三月乙未日，楚子昭卒。有十三月吗？有。年末置闰。在年末加一个月，叫闰月。与此相关的知识：秦历以十月为岁首，所以历史文献中所记载的"后九月"，指年末九月后再加一个闰月。后九月，是闰九月的意思，而不是后来九月的意思。

六甲干支表不仅是推算五运六气之所必需，而且也广泛应用于《易》学术数领域。如纳甲筮法推算日辰空亡，八字推命术推算日柱空亡等，都需要根据六甲干支表。

六甲干支表

甲子	乙丑	丙寅	丁卯	戊辰	己巳	庚午	辛未	壬申	癸酉
甲戌	乙亥	丙子	丁丑	戊寅	己卯	庚辰	辛巳	壬午	癸未
甲申	乙酉	丙戌	丁亥	戊子	己丑	庚寅	辛卯	壬辰	癸巳
甲午	乙未	丙申	丁酉	戊戌	己亥	庚子	辛丑	壬寅	癸卯
甲辰	乙巳	丙午	丁未	戊申	己酉	庚戌	辛亥	壬子	癸丑
甲寅	乙卯	丙辰	丁巳	戊午	己未	庚申	辛酉	壬戌	癸亥

1. 五运

下面谈谈五运。《黄帝内经》运气七篇之《天元纪大论》中记载："甲己之岁，土运统之；乙庚之岁，金运统之；丙辛之岁，水运统之；丁壬之岁，木运统之；戊癸之岁，火运统之。"[1]

为什么甲己之岁，土运统之呢？因为甲己之年丙作首，丙火

---

[1] 姚春鹏译注：《黄帝内经》卷十九《天元纪大论》，中华书局2012年版，第533页。

生土。为什么乙庚之岁，金运统之呢？因为乙庚之岁戊为头，戊土生金。为什么丙辛之岁，水运统之呢？因为丙辛必定寻庚起，庚金生水。为什么丁壬之岁，木运统之呢？因为丁壬壬位顺行流，壬水生木。为什么戊癸之岁，火运统之呢？因为"更有戊癸何方发，甲寅之上好寻求"，甲木生火。

刚才所说的"甲己之年丙作首，乙庚之岁戊为头。丙辛必定寻庚起，丁壬壬位顺行流。更有戊癸何方发，甲寅之上好寻求"属易学常识，也反映了医学、易学之间的一种关联。

五运有太过，有不及。太过、不及都会导致人体疾患。

《黄帝内经》运气七篇之《气交变大论》中记载："五运之化，太过如何？……岁木太过，风气流行，脾土受邪……岁火太过，炎暑流行，肺金受邪……岁土太过，雨湿流行，肾水受邪……岁金太过，燥气流行，肝木受邪……岁水太过，寒气流行，邪害心火。"又载："其不及如何？……岁木不及，燥乃大行……岁火不及，寒乃大行……岁土不及，风乃大行……岁金不及，炎火大行……岁水不及，湿乃大行。"[①]

为什么岁木太过，脾土受邪呢？因为岁木克脾土。为什么岁火太过，肺金受邪呢？因为岁火克肺金。为什么岁土太过，肾水受邪呢？因为岁土克肾水。为什么岁金太过，肝木受邪呢？因为岁金克肝木。为什么岁水太过，邪害心火呢？因为岁水克心火。五运太过，则五运所克者受邪。

为什么岁木不及，燥乃大行呢？因为燥金克岁木。为什么岁火不及，寒乃大行呢？因为寒水克岁火。为什么岁土不及，风乃

---

① 姚春鹏译注：《黄帝内经》卷二十《气交变大论》，中华书局 2012 年版，第 572—581 页。

大行呢？因为风木克岁土。为什么岁金不及，炎火大行呢？因为炎火克岁金。为什么岁水不及，湿乃大行呢？因为湿土克岁水。五运不及，则克五运者为害。

五运太过、不及，则导致人体疾患的这一理论，反映了《周易》"尚中"思想，无过之，无不及。"尚中"思想是《周易》核心思想之一。

宋儒程颐说："正未必中，中则无不正也。六爻当位者未必皆吉，而二、五之中，则吉者独多，以此故尔。"[1]《周易》六十四卦三百八十四爻中，第二爻和第五爻的爻辞多吉。对此，程颐的解释是，第二爻在下卦之中，第五爻在上卦之中，所以说"吉者独多"。

清儒钱大昕则总结说："《易》六十四卦三百八十四爻，一言以蔽之，曰'中'而已矣。"[2]

2. 六气

六气，是对阴、阳之气的进一步细致的划分，包括厥阴风木之气、少阴君火之气、太阴湿土之气、少阳相火之气、阳明燥金之气和太阳寒水之气。

六气，包括主气和客气。

先说主气。正月、二月，初之气，风木主之。三月、四月，二之气，君火主之。五月、六月，三之气，相火主之。三之气，又称司天之气。七月、八月，四之气，湿土主之。九月、十月，五之气，燥金主之。十一月、十二月，终之气，寒水主之。终之气，又称在泉之气。

---

[1] 刘大钧整理：《周易折中》卷首《义例》，巴蜀书社 1998 年版，第 27 页。
[2] （清）钱大昕：《潜研堂文集》卷三《中庸说》，四部丛刊本。

主气表

正月 二月	初之气	厥阴风木
三月 四月	二之气	少阴君火
五月 六月	三之气（司天之气）	少阳相火
七月 八月	四之气	太阴湿土
九月 十月	五之气	阳明燥金
十一月 十二月	终之气（在泉之气）	太阳寒水

再说客气。客气的运行规律与主气的运行规律不同。客气的运行规律与干支纪年的年支相关。

年支为子或午：正月、二月，初之气，寒水客之。三月、四月，二之气，风木客之。五月、六月，三之气，也就是司天之气，君火客之。七月、八月，四之气，湿土客之。九月、十月，五之气，相火客之。十一月、十二月，终之气，也就是在泉之气，燥金客之。

年支为丑或未：正月、二月，初之气，风木客之。三月、四月，二之气，君火客之。五月、六月，三之气，也就是司天之气，湿土客之。七月、八月，四之气，相火客之。九月、十月，五之气，燥金客之。十一月、十二月，终之气，也就是在泉之气，寒水客之。

年支为寅或申：正月、二月，初之气，君火客之。三月、四月，二之气，湿土客之。五月、六月，三之气，也就是司天之气，相火客之。七月、八月，四之气，燥金客之。九月、十月，五之气，寒水客之。十一月、十二月，终之气，也就是在泉之气，风木客之。

年支为卯或酉：正月、二月，初之气，湿土客之。三月、四月，二之气，相火客之。五月、六月，三之气，也就是司天之气，燥金客之。七月、八月，四之气，寒水客之。九月、十月，五之气，风木客之。十一月、十二月，终之气，也就是在泉之气，君火客之。

年支为辰或戌：正月、二月，初之气，相火客之。三月、四月，二之气，燥金客之。五月、六月，三之气，也就是司天之气，寒水客之。七月、八月，四之气，风木客之。九月、十月，五之气，君火客之。十一月、十二月，终之气，也就是在泉之气，湿土客之。

年支为巳或亥：正月、二月，初之气，燥金客之。三月、四月，二之气，寒水客之。五月、六月，三之气，也就是司天之气，风木客之。七月、八月，四之气，君火客之。九月、十月，五之气，湿土客之。十一月、十二月，终之气，也就是在泉之气，相火客之。

客气表

	子午	丑未	寅申	卯酉	辰戌	巳亥
初之气	太阳寒水	厥阴风木	少阴君火	太阴湿土	少阳相火	阳明燥金
二之气	厥阴风木	少阴君火	太阴湿土	少阳相火	阳明燥金	太阳寒水
三之气	少阴君火	太阴湿土	少阳相火	阳明燥金	太阳寒水	厥阴风木
四之气	太阴湿土	少阳相火	阳明燥金	太阳寒水	厥阴风木	少阴君火
五之气	少阳相火	阳明燥金	太阳寒水	厥阴风木	少阴君火	太阴湿土
终之气	阳明燥金	太阳寒水	厥阴风木	少阴君火	太阴湿土	少阳相火

因为主气与客气的运行规律不同，所以便存在客主加临的问题。《黄帝内经》运气七篇之《五运行大论》中说："气相得则和，不相得则病。"[①] 客气、主气相生，便是相得；客气、主气相克，便是不相得。比如，当干支纪年的年支是子或午时，初之气，寒水客之，风木主之，寒水生风木，这就叫"主客相得"。五之气，相火客之，燥金主之，相火克燥金，这就叫"主客不相得"。

六气客主加临表

	子午		丑未		寅申		卯酉		辰戌		巳亥	
	客	主	客	主	客	主	客	主	客	主	客	主
初之气	太阳寒水	厥阴风木	厥阴风木	厥阴风木	少阴君火	厥阴风木	太阴湿土	厥阴风木	少阳相火	厥阴风木	阳明燥金	厥阴风木
二之气	厥阴风木	少阴君火	少阴君火	少阴君火	太阴湿土	少阴君火	少阳相火	少阴君火	阳明燥金	少阴君火	太阳寒水	少阴君火
三之气	少阴君火	少阳相火	太阴湿土	少阳相火	少阳相火	少阳相火	阳明燥金	少阳相火	太阳寒水	少阳相火	厥阴风木	少阳相火
四之气	太阴湿土	太阴湿土	少阳相火	太阴湿土	阳明燥金	太阴湿土	太阳寒水	太阴湿土	厥阴风木	太阴湿土	少阴君火	太阴湿土
五之气	少阳相火	阳明燥金	阳明燥金	阳明燥金	太阳寒水	阳明燥金	厥阴风木	阳明燥金	少阴君火	阳明燥金	太阴湿土	阳明燥金
终之气	阳明燥金	太阳寒水	太阳寒水	太阳寒水	厥阴风木	太阳寒水	少阴君火	太阳寒水	太阴湿土	太阳寒水	少阳相火	太阳寒水

如前所述，五运太过或不及，都会招致人体疾患，但是太过而被克，不及而遇助，都会转化为平气之年。

比如戊辰年，何运统之？"更有戊癸何方发，甲寅之上好寻求"，甲木生火，火运统之。戊年阳干，火运太过，但辰年，司天之气（三

---

① 姚春鹏译注：《黄帝内经》卷十九《五运行大论》，中华书局2012年版，第572—581页。

之气）寒水客之，寒水克火，所以戊辰年就转化成了平气之年。再比如说，癸巳年，何运统之？"更有戊癸何方发，甲寅之上好寻求"，甲木生火，依然是火运统之。癸年阴干，火运不及，但巳年，司天之气（三之气）风木客之，风木生火，于是癸巳年也转化成了平气之年。太过而被克，不及而遇助，则转化为平气之年，不仅反映了《周易》尚中思想，而且也反映了《周易》的变易思维。《周易》作者欲示人者，乃动态的吉凶转换之理，而非简单的静态的吉凶结果。

三、"司岁备物"

"司岁备物"指根据一年的司岁之气来采备相应的药物。《黄帝内经》运气七篇之《至真要大论》中记载：

> 帝曰：其主病何如？岐伯曰：司岁备物，则无遗主矣。帝曰：先岁物何也？岐伯曰：天地之专精也。帝曰：司气者何如？岐伯曰：司气者主岁同，然有余不足也。帝曰：非司岁物何谓也？岐伯曰：散也。故质同而异等也。气味有薄厚，性用有躁静，治保有多少，力化有浅深。此之谓也。[①]

秉岁气生化的药物与非司岁的药物，在气味厚薄、力化深浅等方面都会存在差异，因此，需要根据司岁之气采备相应的药物。所谓"道地药材"，不仅与产地有关，而且与五运六气的天时相关。

对"司岁备物"，后世医家的解释略有差异。张介宾认为，

---

① 姚春鹏译注：《黄帝内经》卷二十二《至真要大论》，中华书局 2012 年版，第 711 页。

"司岁备物"指据司岁之气分备酸、苦、甘、辛、咸五味药物：

> 天地之气，每岁各有所司，因司气以备药物，则主病者
> 无遗矣。如厥阴司岁，则备酸物；少阴、少阳司岁，则备苦
> 物；太阴司岁，则备甘物；阳明司岁，则备辛物；太阳司岁，
> 则备咸物。所谓岁物也，岁物备则五味之用全矣。①

张志聪的理解与张介宾有所不同。张志聪认为，"司岁备物"
指据岁气分备寒、热、温、清、燥、润之药。在《本草崇原》中，
张志聪说：

> 凡物性有寒热温清燥润，及五色五味。五色五味以应五
> 运，寒热温清燥润以应六气，是以上古司岁备物。如少阴君
> 火，少阳相火司岁，则备温热之药。太阳寒水司岁，则备阴
> 寒之药。厥阴风木司岁，则备清凉之药。太阴湿土司岁，则
> 备甘润之药。阳明燥金司岁，则备辛燥之药。②

在《黄帝内经素问集注》中，他又说：

> 司岁备物，谓从六气五运以备之。如少阴、少阳二火司
> 岁，则当收附子、姜、桂之热物；如阳明燥金司岁，则当收桑
> 皮、苍术之燥物；如厥阴风气主岁，则当收防风、羌活之风物；

---

① （明）张介宾：《类经》卷二十七《运气》，文渊阁四库全书本。
② （清）张志聪：《本草崇原》卷上《本经上品》，中国中医药出版社 2019 年版，第 46 页。

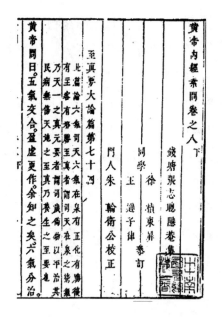

张志聪《黄帝内经素问集注》康熙九年刻本书影。张志聪（1616—1674年），字隐庵，钱塘（今浙江杭州）人，清代著名医家，于《内经》《伤寒论》《神农本草经》颇有心得。其《黄帝内经素问集注》对研究《黄帝内经》有很高价值，为《黄帝内经》注述中上乘之作。

如太阳寒水司岁，则当收芩、连、大黄之寒物；如太阴土气司岁，则当收山药、黄精之类甘平甘温之品。……此皆得天地之专精，故先取岁物，谓先备司岁之物。[1]

药物的质量直接影响药物的疗效，而药物的质量不仅受产地、加工炮制的影响，还受采备年份的影响。同一种药物，司岁者和非司岁者，质量不可同日而语。清陈修园在《神农本草经读》中说：

上古以司岁备物，谓得天地之专精。如君、相二火司岁，则收取姜、桂、附子之热类；如太阳寒水司岁，则收取黄芩、大黄之寒类；如太阴土气司岁，则收取芪、术、参、苓、山药、黄精之土类；如厥阴风木司岁，则收取羌活、防风、天

---

① （清）张志聪：《黄帝内经素问集注》卷八下《至真要大论》，清康熙九年刻本。

麻、钩藤之风类；如阳明燥金司岁，则收取苍术、桑皮、半夏之燥类。盖得主岁之气以助之，则物之功力倍厚。中古之世，不能司岁备物，故用炮制以代天地之气，如制附子曰炮，助其热也；制苍术曰炒，助其燥也；制黄连以水浸，助其寒也。[①]

炮制能够在一定程度上改善和改变药物的性能，然而却并不能完全替代"司岁备物"。"司岁备物"关系到药物的质量和临床疗效，应该得到重视和应用。因药而影响临床疗效者不乏其例。兹举元代真定（今河北正定）名医罗天益治心悸的医案为例：

　　元世祖忽必烈至元年间（1264—1294），有一位五十四岁的许老伯，"病伤寒八九日"。医者见其热甚，以凉剂下之。又食梨三四枚，伤了脾胃，"四肢冷，时昏愦"。请当时名医罗天益诊治。罗天益诊其脉，"乃结脉也"，又有"心动悸"之证。脉结代，心动悸，以炙甘草汤治之，所以罗天益以炙甘草汤为其治疗，但是却无效。罗天益想，脉也对，病也对，为什么无效呢？难道是药不对？于是"再于市铺选尝气味厚者"。选用道地药材之后，同样的方剂，"再服而愈"。

罗天益由此发表了一通感慨：

　　凡药，昆虫草木，生之有地；根叶花实，采之有时。失其地，性味少异；失其时，气味不全。……《内经》云："司

---

① （清）陈修园：《神农本草经读》卷首《凡例》，中国中医药出版社 2019 年版，第 10 页。

岁备物，气味之专精也。"修合之际，宜加意焉。[1]

张仲景立炙甘草汤治脉结代、心动悸，历代医家多有治验。罗天益以之治疗该证，切中病机，药证相符，却毫无效验。罗氏寻找原因，认为是药物质量问题，于是选择气味厚重的药物再服而愈。罗氏进一步指出，"司岁备物"应为医家所重。

中医"司岁备物"理论反映了《周易》"重时"思想。《周易》象数易例，前人以"时、位、应、中"四个字来总结概括。据笔者考察，在这四个字中，"时"与"中"的权重更大。如，坤卦六三爻不当位且不相应，但是爻辞却说："含章可贞，或从王事，无成有终。"坤卦六五爻亦不当位且不相应，但是爻辞却说："黄裳元吉。"《易传》对坤六三爻不当位且不相应而吉的解释是："以时发也。"对坤六五爻不当位且不相应而吉的解释是："文在中也。"可见，"时"与"中"的权重大于"位"与"应"。"时"与"中"相比，"时"的权重更大。如，屯卦九五爻当位有应且居中，但爻辞却云"大贞凶"。屯九五爻辞之所以云"大贞凶"，当从"时"的角度来理解。六十四卦每一卦都代表特定的时空背景，每一爻则代表特定时空背景下的不同的发展阶段。屯卦代表的特定的时空背景是事物的草创时期，九五爻代表发展的第五阶段。因为已发展到第五阶段，可以小有所为，故云"小贞吉"；因为尚未脱离事物的草创时期，不宜大有所为，故云"大贞凶"。魏晋时期王弼说："夫卦者，时也；爻者，适时之变者也。"[2]宋儒程颐说："知时

---

[1] （明）江瓘：《名医类案》卷一《伤寒》，文渊阁四库全书本。

[2] （曹魏）王弼、（晋）韩康伯：《周易注》卷十，文渊阁四库全书本。

识势，学《易》之大方也。"[1]清儒惠栋则总结说："知'时中'之义，其于《易》也思过半矣。"[2]

"随时变易"是《周易》的核心思想之一。《周易·彖辞传》中说："大明终始，六位时成，时乘六龙以御天。"《周易·象辞传》中说："含章可贞，以时发也。"《周易·系辞传》中说："变通者，趣时者也。"受《周易》"随时变易"思想的影响，古代医家根据五运六气的变化，制定了适应不同天时的方剂：

> 凡遇六壬年，岁木太过，风气流行，脾土受邪，以苍术汤治之。凡遇六戊年，岁火太过，炎暑流行，肺金受邪，以麦门冬汤治之。凡遇六甲年，岁土太过，雨湿流行，肾水受邪，以附子山茱萸汤治之。凡遇六庚年，岁金太过，燥气流行，肝木受邪，以牛膝木瓜汤治之。凡遇六丙年，岁水太过，寒气流行，邪害心火，以川连茯苓汤治之。

> 以上为五运太过主病方。

> 凡遇六丁年，岁木不及，燥乃盛行，以苏蓉牛膝治之。凡遇六癸年，岁火不及，寒乃盛行，以黄芪茯苓汤治之。凡遇六己年，岁土不及，风气盛行，以白术厚朴汤治之。凡遇六乙年，岁金不及，火乃盛行，以紫苑汤治之。凡遇六辛年，岁水不及，湿乃盛行，以五味子汤治之。

---

① （宋）程颐：《伊川易传》卷三，文渊阁四库全书本。
② （清）惠栋：《易汉学》卷七《易尚时中说》，文渊阁四库全书本。

以上为五运不及主病方。

　　辰戌岁，太阳司天，太阴在泉，民病以静顺汤治之。卯酉之岁，阳明司天，少阴在泉，民病以审平汤治之。寅申之岁，少阳相火司天，厥阴风木在泉，民病以升明汤治之。丑未之岁，太阴湿土司天，太阳寒水在泉，民病以化备汤治之。子午之岁，少阴君火司天，阳明燥金在泉，民病以正阳汤治之。巳亥之岁，厥阴风木司天，少阳相火在泉，民病以敷和汤治之。

以上为六气主病方。

对以上五运六气主病方，宋陈言在《三因极一病证方论》中说：

　　夫五运六气，乃天地阴阳运行升降之常道也。五运流行，有太过、不及之异；六气升降，则有逆从胜复之差。……复随人脏气虚而为病者，谓之时气。……前哲知夫天地有余不足乖戾之气，还以天道所生德味而平治之。经论昭然，人鲜留意。①

　　孙思邈说：“不知《易》，无以言太医。”医理、易理相通。中医“五运六气”理论充分体现了《周易》“重时”“尚中”等核心思想。干支、阴阳、五行等既是中医基础理论，也广泛应用于易学诸领域。学医、治易两相宜，相得益彰。

---

① （宋）陈言：《三因极一病症方论》卷五《五运论》，文渊阁四库全书本。

第十讲　中国古代的君主制度

季乃礼（南开大学周恩来政府管理学院教授）

中国古代通常指夏商周至清朝末年的历史时期；君主制度，顾名思义就是有关君主的权力产生和制约的制度。把君主称作皇帝，是在秦始皇统一六国之后。故我们虽然以"君主制度"为题，但主要讲述的是皇帝制度。不过，我们将夏商周以来的君主制度统一来讲，这是因为自夏商以来，君主的权力形成以后，就有了共性，即实行专制。总之，这一制度是中国古代运行极为长久、影响非常广泛、颇具东方特色的制度，是中华政治文明的最重要的组成部分。

本讲主要内容如下：其一，君主的产生及其继承制度，以及相关的名号制度。其二，君主拥有的权力，即通常讲的君主专制，君主将宗教权、行政权、军事权、选官权等诸权力掌握在自己手里，同时在任用官员时喜欢臣仆用事。君主大权独揽，但治理的地域、要处理的事务很多，自己的精力和能力均不可能完成这样的任务，他们既要分权给众大臣，又忌惮他们对自己构成威胁，君主将监察权掌握在自己手里。其三，如何防止君主恣意妄为，历朝历代建立了一些对君权的约束机制。

一、君主的继承制度

君主是如何产生的，如何传续的？这里主要涉及两种制度：继承制度与名号制度。

（一）君位的继承制度

君位或皇位获取的方式一般来说有三种，皇位继承制度源于早期的王位继承或君位继承制度：一是征伐。这种多出现在朝代更替时，新朝代的开国之君通过战争获得政权。如汉唐开国皇帝即是。二是政变。有些朝代更替采取和平的方式，在朝中握有重权的大臣通过发动政变，建立了新的王朝。譬如西汉末年王莽的新朝代汉；赵匡胤通过发动陈桥驿兵变，取代了后周等；也有的政变是在一个朝代之内的发生的，最著名的就是唐太宗的玄武门之变，在这次政变中，唐太宗杀死了自己的哥哥和弟弟，获取了皇位。三是正当继承。这是君主或皇帝产生的最主要的一种方式，换言之，多数君主或皇帝就是以储君或皇子的身份，通过继承前任君主或皇帝的位子而产生的。

从商周开始，中国历史出现了"家天下"的局面，作为家天下的重要内容之一，就是建立了王位继承制度。

商代的王位继承前后有两次较大的变化。商汤时制定了"兄终弟及"制，即兄死由长弟继承，长弟死由次弟继承，直到最后一个弟弟不在世时，再由长兄之子继位，以此类推。这种制度本身有它的合理性。因为王的弟弟一般跟随国王多年，相对于国王的儿子来说更加熟悉政治运作的规律，善于操纵官场中的斗争。

再者，如果国王早逝，国王的儿子幼年而起的话，很难承担国家繁重的政务，尤其是在开国之初，国家的基础未稳，各地的叛乱时有发生，更加需要一位年长的、熟悉政务的人来维持政局。但是这种制度本身也潜伏着动乱因素。因为继位的弟弟往往不肯把王位再传给兄长的儿子，而是想传给自己的儿子，这样就形成了争权夺利的局面。到了第 27 代王庚丁时，改变了"兄终弟及"制，确立了传子制度。到了第 30 代王帝乙时，确立了嫡长子继承制度，当时帝乙的小儿子辛因为母亲是正后，得以继承王位，这就是商纣王。"兄终弟及"制在后来的王朝中很少实行，只有一个例外，那就是宋朝。宋太祖赵匡胤在皇太后的协调下，将皇位传给了自己的弟弟宋太宗赵匡义。皇太后认为，后周之所以被宋取代在于后周皇帝过于幼小，按照皇太后的设想，宋太宗去世之后再将皇位传给赵匡胤的儿子。设想虽好，但宋太宗却不想这样做。现实的情况是，赵匡胤的两个儿子在宋太宗时期神秘地死去。宋太宗将皇位传给了自己的儿子，恢复了传子的制度。

周代基本上承袭了商末的王位继承制度。如古公亶父、周文王。择立太子的标准也逐渐确定下来："立嫡以长，不以贤；立子以贵，不以长。"[①] 也就是说，在嫡庶所生的诸子中，必须确定嫡子的优先继承地位；而在诸嫡子中，又必须确定长子的优先继承地位。继周之后的各个朝代，基本上遵循了这项原则。但是这种继承制度本身也存在一些弊端。由于择立太子的标准是根据血缘，而不是贤能，即"亲亲"而不是"贤贤"，所以导致继承王位的君主德有优劣，智有贤愚。当明君在位时，天下就会太平无事；而

---

① 王维堤、唐书文撰：《春秋公羊传译注》，上海古籍出版社 1997 年版，第 2 页。

当昏君在位时，全国就可能大乱。这样政治的运作具有很大的或然性。东汉末年分三国，后来晋武帝司马炎统一了天下，但是短短十几年国家就灭亡了。主要的原因就是因为司马炎将皇位传给了自己的傻儿子晋惠帝。当有的地方出现灾荒，有人被饿死时，晋惠帝觉得很奇怪，问旁边的大臣。大臣回复说：他们因为吃不上粮食而死。晋惠帝反问道：没有粮食吃，但可以吃肉呀。智力低下的皇帝无法应对残酷的政治斗争，不久晋惠帝就被皇后毒死。西晋皇室的各个诸侯王纷纷起来争夺王位，这就是历史上有名的"八王之乱"，斗争的结果是谁都没有取得皇位，西晋由此灭亡了。

为了避免出现这种问题，一些皇帝在传给自己的儿子时，也做了变通。他们会对自己的儿子进行考察，然后将觉得最合适皇位的儿子挑选出来。譬如东汉的开国皇帝光武帝将皇位传给了自己的二儿子，这就是汉明帝。清代的雍正时期确立了密立储君制度。具体方法是，皇帝将心中默定的太子人选书写为密诏，放在匣内密封，当众藏于皇宫之乾清宫内最高处正大光明匾之后，向臣民表示"国本"已立，以安天下。另写一份与此内容相同的密诏，由皇帝自己收藏。皇帝临终前，以两份密诏所书太子之名宣示而传位。即使皇帝突发不测，未能以身藏密诏示人，或猝亡而别人未能找到这份密诏，也有乾清宫正大光明匾之后的密诏为凭。雍正元年（1723 年）八月，雍正皇帝就是以这种方式密立了储君，被密立的储君，便是皇四子弘历，也就是日后的乾隆皇帝。此后，嘉庆帝、道光帝、咸丰帝也都是先被密立为太子，而后登上皇帝宝座的。

（二）君主的名号制度

君主有哪些称号？这些称号各自代表什么含义？

商代的君主称作"王"，"王"在周的金文像战斧之形，而战斧是王权的主要组成部分。如《韩非子·五蠹》篇所云："夫王者，能攻人者也。""王"的含义说明我国最早的君主是由部落战争的军事首领演变而来。

后来学者们对王的含义作了进一步的延伸，赋予"王"以道德和神秘的含义。《礼记·谥法》曰："德象天地称帝，仁义所生称王。"也就是说，自己的功德配天地的称帝，而符合仁义的称王。汉代的董仲舒在解释"王"时更是赋予了其神秘的含义。他说："古之造文者，三画而连其中，谓之王。三画者，天、地与人也；而连其中者，通其道也。"[①] 也就是说，王是能够联系天、地和人的，或者只有王能够和天、地对话，能够把上天的意思传给人间。自春秋战国开始，随着周天子的权威下降，"王"的称呼开始泛化，诸侯也开始称"王"。汉代分封的一些功臣和皇子，也称"王"。

与"王"相反，"天子"的称呼出现之后，基本变化不大。"天子"之称兴起于西周。"天子"称号的由来与周人的信仰有关。商人主要崇拜上帝，"天"在商代并无神秘意义，因此在商代也就没有什么利用价值。至周人灭商，周的统治者逐渐用"天"代替了上帝，他们宣扬周王是天的元子，如《尚书·洪范》

---

① （汉）董仲舒撰，张世亮、钟肇鹏、周桂钿译注：《春秋繁露·王道通三》，中华书局2012 年版，第 42 页。

所言："皇天上帝，改厥元子。""天子"顾名思义，天的儿子。这句话的意思是说，上天派周统治者取代了商的统治。商为何会失去老天的眷顾呢？周代统治者将君主神秘化的同时，又对"天子"进行了道德的解释。只有重德、敬天、保民的君主才能受到天的青睐。商人正因为缺德，亵渎天神，失信于民才为"天"所抛弃，而周人恰恰做到了这一点，才得到了天下，才成为了"天子"。

"天子"的称谓是一个人是否是君主的符号。与此相同，"帝"这个词也是君主独有的。除了称一些神灵为帝之外，指世俗的人为帝必定是君主。我们一般称君主，有时将"帝"与"王"合称，为"帝王"；或者与"皇"合称，称为"皇帝"。"皇帝"的称呼始自秦始皇，他在统一六国之后，觉得自己建立了空前的功业，以前对君主的那些称号都不适用了，让大臣讨论采用什么帝号。大臣的讨论结果是：古有天皇，有地皇，有泰皇，泰皇最贵。因此，帝号应该称作"泰皇"。秦始皇听后，把"泰"去掉，保留了"帝"，称为"皇帝"。自己作为国家的开创者，称为始皇，以后的子孙称为二世、三世等。①

皇帝的称呼是皇和帝的合称，两者分别代表着不同的意思。按照《白虎通·论皇帝王之号》的解释，"德合天地者称帝"，"皇，君也，美也，大也，天人之总，美大之称"，"帝"则显示着权力，是君主的特称。当然，有的人也擅自称"帝"，但是称帝者多是起义者所为，表明了他们不服从当时的君臣秩序，欲向人们表明他们才是"合天地"的真龙天子。天下无二帝，欲取当时的

---

① （西汉）司马迁：《史记·秦始皇本纪》，中华书局1963年版，第236页。

秦始皇（公元前 259—前 210 年）统一了六国，建立了第一个君主专制帝国。

秦始皇所穿服饰称作冕服。头戴冕冠，冕板为黑色，代表天，中间横一红带，代表天河，谓天河带，冕板前圆后方，表示天圆地方。冕板前后各有珠帘，谓旒，因旒垂直，以象征皇帝明察邪佞端正自身之意，兼有龙颜神秘威仪效用。耳朵两边各垂一叫作充耳的带子，表示皇帝不轻信谗言。始皇帝身穿上衣下裳，上黑下红（或指赤黄），代表上天下地。因为秦朝尚黑，黑色为最贵色，因此用黑色代表天。

皇帝而代之。因此，凡人称帝现象只是在秩序混乱的情况下才存在，而在正常的情况下是无人敢称帝的。"皇"的称谓多出现在开业皇帝自创一宗（如刘邦封其父为太上皇），或外藩入继大宗之时（如哀帝封其父为共皇）。但是"皇"多是一个荣誉性的称谓，地位很高，但却没有实际的权力。"皇"和"帝"的合作则表明，君主不仅能够"德合天地"，拥有宗教权力，同时也是集人间美誉、荣耀于一身。

尽管"天子""皇""帝""王"有这些差别，但是这些林林总总的称谓又可同时指向一人，那就是君主。君主称谓的多样性显示着不同的功用。首先具有圣化的功能。"帝""德合天地"意味着君主的功德可与天地媲美;"王"与"仁义合"则意味着君主是仁义的模范;"皇"为"美""大"则意味着君主的功德辉煌灿烂无比。其次,具有神化功能。"帝者,天号;王者,五行之称";"皇"则是"天人之总",意为君主的这些称谓并不是源于凡间,而是来源于神性的世界。因为君主本身即是来源于"天",自然应该有神性的称号与其匹配。君主的称谓之圣化、神化的意图很明显,在于为等级秩序作论证,用美化的君主形象"号令臣下"。因此"天子""皇""帝""王"的功能不但在于使臣下畏惧,更在于以圣化、神化的君主形象使臣下心悦诚服,对之敬爱。如《白虎通》训"王"为"往","天下所归往"。人心所向称"王"。由此我们可以看出,君主对待臣下政策的调整,不再单纯强调等级,不再单纯强调臣下外在的服从行为,而是注重降服臣下的心。综上所述,我们可以描绘出君主的形象:他受命于天,故有神力为他保佑;他功德无量,是一切完美的化身;他威严,拥有一切权力;他又带着慈祥,使臣民心归往之。

皇帝自称时也有专门的称呼,譬如寡人、孤、朕等,我们通常说的孤家寡人,现在是一个贬义词,实际上是皇帝的自谦,暗含的意思则是指皇帝地位的独特性、唯一性。这里要特别说一下"朕",这是史书中最为常用的一个称呼,本义为舟缝,引申为迹象、征兆。凡言朕兆者,谓其几甚微,如舟之缝,如龟壳之裂纹也。《史记·李斯列传》记载了这样一个故事:秦二世的宠臣赵高为郎中令,郎中令是一个随时在皇帝身边保护皇帝的武官。赵高当郎中令时,由于杀人太多,害怕这些人的亲属向皇帝告状,于是对二世说:"天子所以贵者,但以闻声,群臣莫得见其面,故号曰'朕'。"只闻其声、不见其人的人称作"朕","朕"的含义指皇帝要保持一份神秘感,这是树立权威所必需。

大臣对皇帝也有专门的称号,譬如"圣上",称赞皇帝聪明;"万岁",希望皇帝长生不老。一个最常用的称呼是"陛下","陛下"中的"陛"实际上是指帝王宫殿的台阶。东汉大文学家蔡邕曾经解释说,皇帝派他的近臣拿着兵器站在宫殿的台阶下,以防不测。皇帝至高无上,臣子不敢直接同他交谈,只好让皇帝的近臣代为转告,所以一声"陛下"叫的不是皇上,而是叫站在陛下的人转告皇上。与皇上说话前叫一声"陛下",就是表示自己的恭敬之意。

此外,政令运作上也有专用称呼。奏事的文件形成于有上奏权的政府部门和文武官员、勋臣贵戚之手,通过指定的途径呈交给皇帝,经皇帝审议批示后,再使用诏、令、谕、旨、朱批等形式下达或公布。对于重要的政事,皇帝难以抉择的时候,可以召集与这些政事有关的大臣,举行不同规模的会议讨论,称为"朝议"或"廷议"。

二、君主拥有的权力分析

我们通常说中国古代的政治制度是君主专制制度,也就是君主将国家的主要权力掌握在自己手里。这些重要权力包括了宗教权、行政军、军事权等。

(一)掌握着宗教权力

君主被宣扬为天派到人间的统治者,是天之子。这样,君主既是权力的拥有者也是教主，宗教和政治融为一体。从制度上来说，自西周开始确立了郊祀天地的制度。每当重大的节日，君主带领众大臣要在南郊祭祀天，北郊祭祀地。除此之外，到泰山封禅也是对天的祭拜，但这是比郊祀天地更为隆重的礼仪，只有一些建立卓越功勋的帝王才敢封禅，譬如秦始皇、汉武帝。只有天子才能郊祀天地，这意味着如果不是君主郊祀天地，那么必有作天子之心，这种情况往往发生在某个朝代君主的权力衰落之时。东汉末年的荆州牧刘表就曾经郊祀天地，受到了当时许多人的指责。大家去北京旅游，天坛和地坛是非常著名的景点，地坛直到现在还有天子祭地的表演仪式。天坛的祭天最为隆重，每当

北京天坛圜丘坛，三层，通高 5.7 米，四出陛，每层九级，通体铺以艾叶青石，围以汉白玉护栏。该坛是明清两代皇帝举行祭天大典的地方，每年冬至祭天、孟夏祈雨均在这里举行。

祭天之时，皇帝率领大臣出动，皇帝甚至还要住在天坛的斋宫里。

在官职的设置上，自商代以来，主管宗教的官员就一直隶属于君权系统，接受君主的任命。在商代，最早确立了神职人员的地位和权力。在西周，"六太"作为协助周王朝廷事务的高级官吏，其中神职人员占了一半。他们的地位远远高于处理实际政务的三司。但是这些神职人员尽管地位较高，但他们的职位仍然从属于行政体系，他们本身是隶属于王，为王服务的。这与西方的政治制度具有明显的区别。在西方的政治体系中，宗教是游离于权力系统之外的另一套系统，它们与王权系统并列，甚至超越了王权系统。因此，在中国神职人员的出现，并不是对王权的限制和削弱，相反，加强了王权。而且，祭祀人员的地位随着君主权力的强化不断下降。秦汉时期，建立了三公九卿制，主管宗教的官员不但仍然是官僚系统中的一部分，而且这些官员的地位在持续下降。在周朝位列六太的太士、太祝、太卜等宗教官员，既不属于三公，也不属于九卿。九卿包括九种官员，其中排在首位的是奉常，这些宗教官员的名称仍然保留，但已经沦为奉常的属官。

如果说祭祀天地祖先多与儒家相连，那么，还有两大宗教，即佛教和道教，它们也是影响中国的重要宗教。佛教来自印度，东汉时期开始传入中国。佛教宣扬人们灵魂的涅槃，主张人的肉体都是臭皮囊，故应将自己的精力放在吃斋念佛上。佛教徒不拜君父，主张弃世，而不是积极入世。这种信仰对君权和父权系统均形成了极大的威胁，而且很多人都去当和尚，国家的兵源、税源都受到了极大冲击。历史上曾有"三武一宗"的灭佛事件，就反映了这种冲突。"三武"是北魏太武帝灭佛、北周武帝灭佛、唐武宗灭佛这三次事件的合称。"宗"是指后周的周世宗。这些君主统治期间，对佛教进行了打击。佛教在与统治者打交道的过程中也在不断调整自己，到后来也宣扬忠君孝父。道教是中国本土化的宗教，大约形成于东汉时期。道教的命运与佛教有些类似，道教本来是农民反抗君主专制的武器，东汉末年曾经发生过张角领导的太平道起义。但经后世的寇谦之、葛洪等人的改造也成为了宣扬君主专制的力量。

（二）掌握着行政权力

君主对国家行政权力的掌握经历了一个过程。在商、西周时代，君主实现了对中央权力的控制。秦始皇统一六国之后，在全国推行郡县制，实现了中央对地方的直接控制，真正实现了中央集权制。也就是国家的权力从地方集中到中央，中央的权力集中于君主。

在原则上，王可以对国家大政做出最终决断，这主要表现在命官分爵、征收赋税、指挥军队、裁决大政、判决重大刑罚、对贵族和全体臣民的奖惩生杀、对后嗣和后妃的废立等方面。然而全国政务繁忙，必须由大大小小的官吏层层分职来处理。为此历朝历代都建立了一套庞大的官僚机构帮助皇帝处理全国政事。中央官僚系统历朝历代都有所不同，但有一点是共同的，即官僚机构中，等级森严，又相互制约。而统治者在改变中央官僚系统时其原则也是相同的，一是要适应各个时期政治和军事的需要，使官僚机器能够更快、更有效地运转。二是服从于君主专制的需要，使大权在政治运行的过程中不至于旁落。对于处理君主专权与分权的矛盾，君主普通采取了如下的措施：对权力进行分化，将重要的权力交由不同的部门来掌握。

自商和西周开始，君主就已经深谙此道。商和西周有内服官和外服官之分，外服官是各路诸侯，内服官是中央的官吏。商代的内服官主要有尹、臣、宰、保衡、巫等官职，已经有权力的划分。但除了巫掌管宗教之外，其他官职之间分工尚不太明确。

与商代相比，西周的中央官职分工比较明确，主要有三公、六太、三司。三公指太师、太傅和太保。他们是周王的最高顾问。三公的地位很高，只有功勋卓著、威望很高的大臣才能担任三公。如姜太公在武王时为太师，周公在成王时为太傅，召公为太保。三公的权力也很重，成王幼年时，周公就以太傅的身份代替成王处理朝政，以天子身份制礼作乐，大封诸侯，镇压各地的叛乱。正因为三公的地位极高，权力很重，对君主的权力形成威胁，因此在制度上并非不设置固定的官员，而是经常因人而设，三公官员被免职后或卸任后，常常出现空缺。

六太即太宰、太宗、太士、太史、太祝、太卜。他们经常陪伴在周王左右，协助王处理政事，有左右卿士之称。六太之中，"太宰"居长，他可以代表周王发号施令，是周王最亲信和最得力的助手，经常由师保担任。"太史"相当于天子的秘书，掌管起草文书，记载史事，保管国家典籍以及天文、历法、祭祀，等等。太史经常陪伴王左右，有时监督王是否符合礼仪规范，遇到王有越轨行为，太史经常进谏。"太宗"又叫宗伯，掌管宗庙礼仪，为后世宗正的前身。宗伯在政府中的位置很重要，每当祭祖时，如果王没有时间，宗伯就会代替王主持祭祀。"太祝"主管向神灵祷告，遇有祭祀或其他礼仪由太祝编制和宣读祝祷的文词。"太卜"掌管占卜，向神询问吉凶。"太士"是助祭的官，负责管理服务人员。

三司又称三事，指司徒、司马、司空。司徒，金文中称作司土，主要掌管家业生产。由于西周实行井田制，民众被固着在土地上，因此司徒在管理田地时，也兼管田地上的民众。随着时代的发展，管理田地的职责逐渐淡化了，相反，管理民下成为司徒的主要职责。司马管理军政，是军队的最高行政长官。司空则负责管理工匠，修建大型水利交通工程，及周王的陵墓。三司在实际的运作过程中起着举足轻重的作用，尽管在当时他们的地位比六太要低，但承担了主要的行政事务。随着时代的发展，其地位逐渐超过了六太。东汉以后，演变为国家的最高军政长官，称作"三公"。除了三司外，还有司寇，掌管司法。司寇一职起于商末，至西周始在中央政府设立了专门的司法机关，司寇成为了常职。

秦汉基本实行的是三公九卿制，但自汉武帝始，在三公九卿管理体制之外，又兴起了一套新的管理体制，即中朝尚书行政管理体制。三公九卿在战国时期即开始形成，到秦汉时期得以确立。所谓三公，指丞相、御史大夫和太尉。他们都是所谓的宰相，共同辅佐皇帝。而真正承担宰相职责的只有丞相和御史大夫。他们分别开府，号称"二府"。府是宰相的政务机关，分曹治事。西汉的丞相府规模较大，以黄阁为相府政务的中枢，设有 15 曹，分管各项事务，属官最多时达 360 多人。丞相的权力很大，有总领百官、主持朝政、召集朝议、决定国家军政大事、封驳诏书、任免和选用（四百石以下的）官吏、主持郡国上计、考课考劾百官、对上谏诤和对下执行诛罚的权力。但是丞相的权力太大，对皇权来说，明显是一个威胁。因此，在丞相之外，设立了御史大夫，御史大夫的一个重要职责名义上辅佐丞相，实际上分化丞相的权力。西汉的御史大夫尽管说是分化丞相的权力，但是并没有明确将哪些行政权力划给御史大夫。

至隋唐时期，这种情况有了很大变化。隋唐时期的中央行政体制是三省六部制。三省即尚书省、门下省、内史（唐改为中书）省，共同形成中央辅政机构，国家大政"总归于台阁"，三省的长官为宰相之职。隋代的尚书、门下、内史的长官虽然同为宰相，但在实际运作过程中，权力的分配却不一样。三省的轴心在尚书省，门下、内史省的长官只能作为"参掌朝政"的辅助。唐代逐渐明确了三省的职责。中书掌造命、出令，门下封驳，尚书掌执行。唐制：每事先经中书省，中书做定将上，得旨，再下中书，中书以付门下。或有未当，则门下缴驳，又还中书，中书又将上，得旨，再下中书，中书又付门下。若可行，门下又下尚书省，尚书但主书撰奉行而已。

宋代对权力的划分更为细致和复杂。宋代官制是最为庞杂、最为混乱的一代：其一，官名更替频繁。如宋代的宰相名前后就有五变："同平章事一也，左右仆射二也，太宰、少宰三也，得为左右仆射四也，左右丞相五也。"其二，官僚机构重叠设置，导致冗官现象。宋代的官制沿袭了唐代以来的官制，但在此基础上又兴起了一套新的官制。新府加旧部，导致机构臃肿，系统紊乱，名实不符。有的本官不主本司之政，而是由他官代之。如户部本来掌握财政，却又另设三司以代之，兵部本来主军事，却又设枢密院以代之。正因为机构重复很多，因此有了官、职、差遣的划分。官是指寄禄官，是用来确定官位、俸禄的；职是一种加官，即馆职与贴职，用以授给文学之士；差遣是官员所担任的实际职务。

宋代掌握行政权力的是中书，掌握军权的是枢密院。另外有掌握最高财政的管理机关——三司，地位仅次于中书和枢密院，合称"三府三司"。中书主政事，设有平章军国重事、同平章事和参知政事。三者之中，以平章军国重事最高，同平章事次之，参知政事又次之。但平章军事重事职卑位低，因此不常设。同平章事为宰相，称为"宰"，参知政事为副宰相，称为"执"，合称"宰执"。至道元年（995年），参知政事获得了与宰相同等的权力。枢密院是中央最高军事行政领导机关，管理军籍、武官的升迁调转、军事机密、边防布置以及作战计划等事务。枢密院设枢密使、副使、知枢密院事等官，枢密使的品级相当于宰相。三司分盐铁司、度支司、户部司，最高长官为三司使，为最高的理财机关。

宋代的皇帝鉴于唐末及五代以来大权旁落的现象，因此在二府设置之初，二者的职责的划分极为严格，二府各尽其职，互不相关。二府都听命于皇帝。这样，天子便可以从中驾驭二府。但这样做的结果是在政治的运作中往往发生矛盾。而且，自北宋初年，一直到南宋灭亡，自始至终与北方的少数民族政权长年交兵。军事在政治生活中占据着极其重要的地位，战场上的胜负直接影响到天下的安定与否。因此作为国之宰相的中书也常常过问兵事，于是二府之分流于形式。

从以上可以看出，宋代对民政、军政、财政的权力进一步划分，同时对民政的权力进行划分，譬如隋唐的三省的划分。对民政权力划分最为彻底的是明朝。明代初年，太祖朱元璋曾经设置过相国、宰相等职，洪武十三年（1380年），左丞相胡惟庸以专权谋逆伏诛，由于畏惧相权给君权带来的威胁，因此在胡惟庸案之后，朱元璋废除了丞相一职，把权力一分为六，归于六部。由于废除了丞相，君主的集权程度更强了。但是由此带来诸多不便，由于宰相是辅佐君主处理全国政务的，宰相一废，那么本属于宰相的许多政务活动就加到了皇帝身上，使皇帝应接不暇。朱元璋曾经在连续8

天里，处理过 2000 多件奏章，处理国事 400 多件。可以说，把大臣干的事都给干了。

（三）监察权

除了对权力进行分化之外，皇帝还建立了一套监察制度，一旦大臣有反叛之心，通过监察系统便很快到达皇帝那里。

监察机构可分为两大类：一类是各级官吏均负有监察之责。一般是上级负责监察下级，同级之间互相监察。如丞相、御史大夫，及统治者在地方上把权力一分为三时，各个部门皆互相监察。各级官吏也有责任把下级的所作所为，层层上报，直至中央。

另一类则是专门负责监察的机构。如秦汉时，御史大夫除协助丞相处理政务外，还主管监察。在御史大夫府内，以御史中丞为首，统领侍御史十五人，分管皇帝直接交办的监察工作。在地方，秦代有郡监，而汉代有刺史负责监察工作。到了东汉时，御史府改称为御史台，成为相对独立的监察机构，归属少府。至魏晋时，御史台脱离从属地位，成为完全独立的部门，设于宫中，由皇帝直接控制。隋唐设立了专门的谏官，隋时，谏官专属门下省，唐时则分属中书、门下两省，有散骑常侍、谏议大夫、补阙、拾遗等官。谏官的主要任务是侍奉皇帝左右，议论和研究国家政策、法令以及某些重大政务和制度，有权向皇帝提出不同的意见甚至谏诤之词。隋唐时，在御史台下设立察院监察御史，分别巡察各个州县，唐代中期以后设立道主管监察。宋代将台官（御史台）与谏官的职责合一，实质上引导谏官去弹劾大臣。由此取代了谏诤君主之职。明清两代将御史台改为都察院，其职能也是作为天子的耳目以监察百官。同时，在地方设立许多道，各道分设御史，以督察各方。明代最初设立的总督、巡抚也具有这种职能。明清最大的变化莫过于六科给事中的设立。六科给事中在明代是独立的，到了清代归属于都察院。六科即吏、户、礼、兵、刑、工六部。每科设都给事中1人，左右给事中各1人，给事中4至10人。与都察院相比，六科监察的专业性强。都察院的御史着重监察全国官吏和一般机关，而六科给事中则对六部朝廷对口监察。监察制度自秦汉至清，尽管监察机构的名称和职权有较大的变化，但却有许多共同的特点。

其一，实行多级多层次的监察。在这套监察体系中，既有纵的监察，如皇帝在中央和地方均设御史，都直接对皇帝负责，即上下级的监察；同时又有横的监察，同级的官吏互相监察。既有全面的监察，又有专门的监察。官吏处于层层的监督中。如清代的一个知府，既要接受巡抚、总督的监督，也要接受御史的考验，还要提防同事。正是多级多层次交织而成的监察网络，导致人人自危。

其二，设立于地方的监察机构多演变为地方最高行政机关。地方的监察机构最初设立时，职卑位低，但因为他们是皇帝遍插地方的耳目，他们对地方监察的范围较广，因此他们常常借皇帝之威对地方发号施令，久而久之，逐渐演变为凌驾于地方的最高的地方行政机关。如汉代的州，唐代的道，明清的总督、巡抚的演变都遵循了这种规律。

其三，皇帝凌驾于监察机构之上。各级监察官员在传统社会中并不是独立的，他们是依附于君主专制体系，为皇帝的独裁服务的，他们都直接对皇帝负责。尽管在隋唐以前谏官还可以向皇帝提意见，但仅仅是具有建议权，至于皇帝听不听完全由皇帝说了算。而且向皇帝谏言，因为没有可靠的制度作保障，因此谏官多导致杀身之祸。而且自宋代以后，台谏趋于合一，谏的对象也对准了百官。

（四）支配臣仆权

"臣仆用事"是古代君主制度的突出特点。商周的官僚是在王的奴仆的基础上发展起来的。商汤时的名臣伊尹传说是陪嫁的奴隶——"媵臣"。《史记·殷本纪》说伊尹是极高明的厨师，"以滋味说汤，致于王道"[①]，亦即由原来默默无闻的奴隶摇身一变为声名显赫的重臣。如"臣"一职，本来属于为王室服务的人员，后经常接受王的委派，分管某一项事务，逐步演变为国家行政系统中的一部分。如商周的宰一职本来也是管理王室事务的，由于经常陪伴在王左右，他们有时传达王的命令，参与处理国事，由此逐渐掌握了国家大权。宰职的权限日渐扩大，后来发展为宰相，其下属也成为国家的重要政务部门。之所以臣仆用事，在于王对大臣经常疑神疑鬼，怕他们夺取自己的权力。而臣仆由于经常陪伴王左右，因此深得王的信任。再者，由于臣仆身卑位贱，君主可直接控制他们。

自汉武帝开始，把属于宰相的一些权力赋予身边的一些私人秘书"尚书"官，如大司马前后将军、侍中、常侍、散骑、诸吏，这些人形成了内朝，他们可以参与国家机密，而以三公九卿为主则形成了外朝，他们逐渐演变成了办事机构。这就是中朝官尚书行政管理体制。随着三公权力的变化，他们的名称也发生了变化。

---

① （西汉）司马迁：《史记·殷本纪》，中华书局1963年版，第94页。

自成帝以后，三公改为司徒、司空、太尉。

从秦汉中央行政体制的演变可以看出，官吏权力的大小一方面与所任的职位相关，所谓"在其位，谋其政"，但另一方面，更取决于与皇帝的亲密程度，内朝因经常陪伴皇帝左右，逐渐取代了三公的权力，而宦官因居省中，比内朝更进一步，至东汉后期逐渐取代了内朝的部分职责。体制之所以发生如此大的变化，关键在于君权和相权的矛盾。君主作为孤家寡人，无法承担日益繁重的政务，必须有人来辅佐他政务，宰相即具有这样的作用。但君主权力的专制性质决定了他在赋予宰相权力的同时，又心存疑虑。而宰相权力的膨胀也会妨碍权力的行使。而尚书、宦官因职卑位低，易于驱使，因此多为皇帝所用。而且他们经常陪伴皇帝左右，与皇帝关系密切，取得了皇帝的信任，逐渐取得了实际的宰相之职。

为了革除这些弊端，明太祖在废除丞相半年之后，又设置了四辅官。四辅官的职责主要是协助皇帝复核诸如人事、司法等有关工作，皇帝只责成他们办事而不给以任何实权。担任四辅官是些"高年笃厚"的人，高年是指七八十的人，笃厚即对皇帝绝对忠诚的人。这些人因年老体弱，忠诚有余，但能力不足，无法处理繁重的政务，因此在设置了四辅官两年半后就废除掉了。在四辅官之外，内阁制度开始作为皇帝的辅政部门。内阁本来并不是一个机关部门的名称。最早，朱元璋使用翰林院的学士、编修、检讨、修撰、侍读等所谓的文学侍从官员来协助做一些文墨工作。这些人官品较低，仅五品。他们不能参与重大政务的研究，也不能独自处理什么问题，更不得干预各机关的事务。内阁成员逐渐成为内阁学士或大学士。被调来的人有的便称为"入阁"。

到明成祖朱棣统治时期，内阁及其大学士的实际职权发生了明显的变化。这时内阁成员的官品依然不高，但他们经常能够参与对重大政务的研讨，甚至对于六部的要政，也可以在御前会议上提出自己的看法，以供皇帝参考。成祖以后，内阁的地位和作用又有了进一步的提高，他们逐渐代替皇帝草拟诏令敕诰的工作，还负责起草批复奏章的"票拟"任务。所谓票拟，就是对于来自全国各方面的奏章，在送呈皇帝批示以前，由内阁学士"用小票墨书"，贴在各奏章的封面上一同进呈。这实际上就是代拟好"御批"的稿本，以供皇帝采纳。

随着内阁权力的逐渐加重，一些品位高的人进入内阁，内阁的地位也在提高。六部也开始有事请求内阁大学士，六部演变为实际上的内阁属吏。

清朝继续沿用明朝的内阁制度。但与明代相比，清朝的内阁只是处理一般性的日常公务，从来没有掌管过重大的机密事务。因为清朝一直就设有皇帝直接控制的机要办事部门，与内阁同时存在，不容内阁插手。机要办事部门前后有三变：清朝前期主要实行议政王大臣会议制，从康熙开始，南书房实际上成为皇帝的机要秘书处，而雍正时则由军机处取而代之。

议政王大臣会议制的雏形，早在努尔哈赤建立后金国之时就出现了。伴随着满族历史的发展和军政力量的扩张，急需研讨和处理日趋复杂的政务，努尔哈赤于是在八大贝勒（旗主）会议的基础上，增设了其二名理政听讼大臣，或称议政大臣，责成他们与八旗旗主一同议政，并负责初步的鞫问工作，以供贝勒和大汗参考。当时议政大臣的地位远在八旗旗主之下，吸收他们参加议政并处理一些事务，仅是作为一种辅助的力量。努尔哈赤死后，皇太极继位，确定了议政王大臣会议是中央辅政机关，"总理一切事务"，议政大臣也逐渐取得了与诸贝勒相同的地位。顺治年间，议政王大臣会议又有了进一步的扩大，非满族的范文程、安达礼、宁完我等也先后被任命为议政大臣。这样，皇帝开始着眼于政治的需要，逐步代替狭隘的氏族血缘关系。议政王大臣会议的职权十分广泛，很多军务大政，像政府建置、兴兵征讨、制定规章法令以及对王公大臣的处罚等，都要经其讨论。

随着清朝统治地区的急剧扩大和政务活动的日趋繁重与复杂，这种由满洲亲贵大臣把持政务的做法，越来越与皇帝的集权要求相抵触。康熙初年，发生过索尼、遏必隆、苏克萨哈、鳌拜四辅政大臣操纵议政王大臣会议以压抑皇权的现象。因此，自康熙十六年（1677年）设立南书房，由皇帝亲自挑选某些经过精心选定的亲信文人进入南书房办事，组成自己直接控制的机要秘书处，许多重大政务已经不再交付议政王大臣会议讨论，改为由南书房传谕或遵旨起草上谕，甚至负责收纳来自各地的密奏小折。南书房逐渐取代了议政王大臣会议。

雍正进一步发展了康熙帝的做法。从雍正四年（1726年）开始，在户部设立军需房。雍正七年正式更名为军机处。雍正十年，正式挂牌，颁发军机处印信。军机处设有军机大臣若干人，大多是在内阁大学士、六部尚书、侍郎中挑选那些得到皇帝信任而又熟悉政务的人来担任。以其中一人为首席军机大臣，其余按照资历地位分别为军机大臣、军机大臣上行走、军机大臣上学习行走等。此外，又在内阁和各部院经考试录取一些中书、郎中等官到军机处担任满汉军机章京。军机章京被称为小军机，他们主要负责军机处的具体工作，负责协助军机大臣作文书处理，对一般奏章的录副誊抄、起草上

军机处，位于养心殿南、隆宗门内，包括满屋、汉屋、内翻书房、档案库等。作为处理紧急军务之用、辅佐皇帝处理政务的核心机关，军机处建筑非常不起眼。这是因为军机处不设专门的衙属，不设专门的官员。这些官员都有自己的本职，被皇帝挑选出来入军机处，参与核心决策。同时，也是利于皇帝对这些大臣进行控制。

谕、保管档案，等等。军机处由皇帝直接控制，成为辅佐皇帝工作的主要办事机构，一直存在到清末改设内阁总理大臣时止，共存在了约180年。

（五）掌握着选拔任用官员的权力

官吏选拔制度有三次较大的变化，汉代实行察举，至魏晋形成九品中正制，隋唐以后实行科举制。察举即经过考察以后再朝廷荐举的制度。察举真正形成为制度，始于武帝时，提出这一倡议的是董仲舒。他认为当时的官吏多出于"任子"或"赀选"，未必称职，建议由各地方官每年选择吏民的贤者二人荐举于朝。武帝采纳了这一建议，于元光元年（公元前 134 年）下诏郡国每岁举荐孝者、廉者各一个。西汉末至东汉初年，孝与廉逐渐合一，称为举孝廉。

九品中正制兴起于三国时的魏。魏文帝曹丕采用吏部尚书陈群的建议，实行"九品官人法"。九品中正制是魏晋南北朝时期的主要取士制度。具体做法是：任用"贤有识鉴"的官员，担任本籍州郡的大小"中正"，由他们来评定人才等级，区分上上、上中、上下、中上、中中、中下、下上、下中、下下九品，然后由小中正上报大中正核实，大中正上报司徒核实，再交吏部选用。

科举是分科选拔人才的制度，始于隋炀帝时。炀帝时设置进士科，以试策取士。这种制度排斥了过多的人为因素，士人可以不经荐举，直接报名考试，然后由官府择优录取。由于考试的客观性较强，因此能够较好地吸收人才，避免了政治腐败因素的介入。因此它一经出现，便成为了主要的选拔官吏制度，一直沿袭到清末。

取士的科目很多，但从种类上只有制举和贡举两种。制举即特科，有博学宏词科、孝廉方正科等。但考试科目不固定，由皇帝临时下诏设定科目，不定期举行。贡举由礼部主持具体工作。有进士、五经、明经、明法、明第等科。在隋唐时期，以明经和进士两科最受重视。唐代以后，进士科成为最重要的一科。明经主要考试儒家经典，以及以儒家经典为依据发表对时务的看法。进士除了考试以上内容外，还要考试诗赋。

考生的来源前后有所不同。隋唐时，考生的来源采取先推荐后考试的办法。推荐的考生分作两部分：一部分是国子监所属各学馆的学生，另一部分是全国各地推荐的考生。具体人数由中央政府来定。但相比较而言，国子监的学生所占比重较大，这些学生又多是贵族和高官的子弟。因此，隋唐的科举制门第的观念依然存在。

宋代以后，逐渐取消了推荐的方式，采取逐级考试的方式。一般分为三级：全国各府、州、县的士子，在未经考试录取以前，均称为童生，在本地考试（通称县试）取中的，便可称为生员，俗称秀才。只有已经取得生员资格的才能参加每三年举行一次的省级考试（通称乡试），乡试被录取的便获得了举人的资格，可以参加来年在京城由礼部举行的会试（宋代称作省试）。会试被录取的还要参加殿试，也叫运试，由皇帝亲自主持，被取中的人名义上叫"天子门生"。殿试中试的被称为进士，进士又分为三甲，每甲各分名次先后。其中一甲三人，一甲第一名通称状元，第二名通称榜眼，第三名通称探花。一甲叫作赐进士及第；二甲若干名，叫作赐进士出身；三甲若干人，叫作赐同进士出身。北宋天圣二年（1024年），有一个叫宋祁的人，和他的哥哥宋庠一同参加科举考试，考得都很好。礼部向皇帝推荐时，按照考试成绩，将宋祁定为第一，宋庠定为第三。但章献皇后觉得弟弟不能排在哥哥的前面，于是在殿试时就定宋庠为头名状元，而宋祁则降到了第十位，人称"二宋"，以大小区别，所以又有"双状元"之称。因为人们觉得宋祁是实际的状元。总之，古代的选拔人才的各种制度都以君主制度为核心，为了维护君主专制而设置。

（六）直接控制军事权力

战争是政治的极端形式，历代君主都注重对军事权的掌控。

随着军队中人数的增加，军队的管理成为问题。如何把军队牢牢控制在自己手里，大致说来，君主主要采取了分散与集中的措施。所谓分散主要是指君主将军队的权力分成几部分，如管理权、指挥权等，让他们各行其职，互相牵制。所谓集中，是指这些分散的权力最后都集中于君主。

商朝军队的主干由王室家庭的成员率领，而且在对边远地区征伐之后，王一般派王室成员率领重兵把守。其中一位女将领妇好，商代第二十三代王武丁的妃子，曾多次率兵出征，立下赫赫战功，曾率领 1.3 万多人的军队抵御前来侵犯的鬼方，大获全胜而归。受武丁的派遣，她曾北讨土方，东南伐夷，西败巴军，为商王朝拓疆辟土立下汗马功劳。

西周将自己的精锐部队分作三部分：西六师驻屯在西部宗周地区，主要保卫王畿；成周八师驻屯在成周（今洛阳），用于震慑南方诸侯和统治中原地区；殷八师则驻屯在鲁国，用于镇压和统治东方的殷遗民。

秦汉的太尉虽然是最高的军事官员，但仅仅是皇帝的军事顾问，并不拥有独立管理军队的权力。真正承担管理军队的，在中央有郎中令、卫尉、中尉等，地方则由郡守、郡尉、县令（长）、县尉共同管理。遇有作战时，皇帝命令从中央和部分地方组成人数多少不等的军团，交由临时任命的将领统率。

隋唐的兵部处理全国的军事行政事务，同时设立卫、率分别统领禁卫军与分布在全国各地的军府。这些军府分散在全国各道，错综交织，许多军府尽管处于同一地区，但却分属于不同的卫、率指挥。这样，各地的军队很难集结起来形成地方割据势力，而且军府分布的重点多集中在关中，便于朝廷的控制，而在战时，则由皇帝另派元帅指挥军队。

宋代以前，五代十国时期，各个地方的节度使掌握了大部分的权力，导致了地方割据，朝代更替频繁。北宋建国以后，出现了一有名的事件"杯酒释兵权"。公元 961 年的一天晚上，宋太祖赵匡胤宴请石守信等众将领，把酒言欢之际，太祖却唉声叹气。众将领很纳闷，问太祖何故，太祖说：做皇帝也太艰难了，还不如做节度使快乐，我整个夜晚都不敢安枕而卧啊！石守信等人惊骇地忙问其故，宋太祖继续说：这不难知道，我这个皇帝位谁不想要呢？石守信等人听了知道这话中有话，连忙叩头说：陛下何出此言，现在天命已定，谁还敢有异心呢？宋太祖说：不然，你们虽然无异心，然而你们部下想要富贵，一旦把黄袍加在你的身上，你即使不想当皇帝，到时也身不由己了。这些将领知道已经受到猜疑，弄不好还会引来杀身之祸，一时都惊恐地哭了起来，恳请宋太祖给他们指明一条"可生之途"。南宋李焘在《续资治通鉴长编》中记载了宋太祖杯酒释兵权的故事。宋太祖说：

> 人生如白驹之过隙，所为好富贵者，不过欲多积金钱，厚自娱乐，使子孙无贫乏耳。尔曹何不释去兵权，出守大藩，择便好田宅市之，为子孙立永远不可动之业，多置歌儿舞女，日饮酒相欢以终其天年。我且与尔曹约为婚姻，君臣之间，两无猜疑，上下相安，不亦善乎！

于是第二天，众将领纷纷向皇帝称病，放弃了兵权。宋代的枢密院为最高军事机关，职掌全国军队，承受皇帝的旨意，对军队有调动权，但没有指挥权。"三衙"握有指挥权，但却不能调动军队。如果遇到战争，皇帝临时委派将帅。在委派将帅的同时，皇帝还委派监军，进行监督制约。为了加强对军队的控制，有时还特设"走马承受公事"，负责传递皇帝的军令，搜集军事地图和前线的情况，皇帝根据这些情况，亲授作战方略，由"走马承受公事"送达军前。宋代的这种制度，虽然有效地防止了将领们拥兵自重，但不可避免地削弱了军队的战斗力。宋代虽然拥有雄兵百万，但与少数民族作战时，时常处于下风。

明代，大都督府有统率全国军队的权力。后来朱元璋觉得大都督权力过重，于是在洪武十三年（1680年）废除丞相的同时，宣布彻底改组大都督府，将大都督府分设为前、后、左、右、中五都督府。当时还规定，五都督府互不统辖，直接听命于皇帝。各都督府分别统率全国的各都、司、卫所，不得随意变动。五都督府虽然有统率军队的权力，但却没有指挥权，指挥权掌握在兵部。这与宋代的军事制度有相似之处。由此可见，君主极为重视军权，并总是力图将军权集中于自身。

三、对君权的约束

中国有君主的年代历经三千多年，有君主专制的时代也长达二千多年。其中的原因是什么呢？由上面的分析可以看出，君主建立的这套官僚系统还是比较合理的，选拔官吏基本能够做到选贤任能，权力的分化相对比较合理，权力的制衡和监管系统也比较严密，保证了整个行政系统的效率。但这里面，有一不确定因素，那就是君主的权力过于集中，而且他在行使权力时往往随心所欲，任性使用权力的结果必然会打破官僚系统的平衡，危及制度的运行甚至整个王朝。因此，为了保证这一套制度的顺利运行，必须对君主的权力施加限制。对君主权力的限制，在为君之前已经开始，为君之后，更是约束严格。限制君权的方式和手段也是多种多样，但总体效果并不是太好。

未成为君主前，对之进行道德教育。君主在没有成为皇帝前，是太子，这时老皇帝会为其配置一套官职，譬如太子太傅、太子少傅。对这些人的选择特别有讲究，一般来说是由德高望重的、对儒家经典有精深研究的人担任。德高在于他们陪伴在太子左右，他们的言行会对太子有着直接的影响，太子会对这些人的行为模仿，经常与道德高尚的人相处，皇帝希望太子也会被培养成有道德的人。威望重，在于他们因为受人敬仰，所说的话他人容易服从，太子作为将来继承最高权力的人，只有望重的人，才能对太子进行有效的教育。对儒家经典有研究，他们的重要职责就是向太子讲授儒家经典。君主希望太子经过儒家经典的熏陶，会接受儒家经典中的道德精神。道德教育如果真正产生效果的话，会深入人的内心，变成人们的良心，监督人们的言行。历史上许多名君都有深厚的儒家修养，譬如康熙、乾隆等。

太子成为皇帝之后，在权力行使的过程中也会受到很多约束。

首先是君权受到天地之神等宗教信仰的限制。按照君主自己的说法，他的权力来自上天，所以称天子。作为上天派到人间统治的天子，自然要遵从天地之神。除了每年一项重要的礼仪郊祀天地之外，在施政上要遵循上天的旨意，春种、夏长、秋收、冬藏的规律不能打破。春天来了，作为皇帝和皇后要做出示范，譬如皇帝要扶犁，皇后要种桑。遵循天的意旨在法律上也有体现，汉代儒家董仲舒在《春秋繁露·四时之副》中说"庆为春，赏为夏，罚为秋，刑为冬"①，春夏阳气由少渐多，是庆赏的季节；秋冬阴气渐重，是刑罚的季节，古人常说的"秋后问斩"就是这个道理。如果皇帝不遵循天意来行政，上天就会通过灾异的方式向其发出警告，这就是天谴。洪水、地震等是人们经常提到的灾异现象。

其次是受到祖宗的约束。皇帝的权力来自于世袭，自开国皇帝开始，创立了一系列法律、制度，这些法律、制度，每一代的皇帝都必须要遵守。所谓法天敬祖，是指效法天意的同时，必须遵守老祖宗的规定，这就是祖宗之法不可变。这对君主行使权力施加了一定的限制，使他不能按照自己的意志随意调整祖宗的做法。但同时也带来了问题，面对不断变化的形势，一些改革是必要的，但通常会遭到人们的反对而夭折。大家熟知的戊戌变法遭到了顽固派的强烈反对，他们的理由就是祖宗之法不可变。

那么，谁来判定君主是否违反了道德，是否没有法天敬祖呢？

一类是谏官。周朝设有太史官一职，其主要的一项职责就是监督周王的言行，遇到王有越轨行为，就会指出来。秦汉时设有谏议大夫，隋唐设立了专门的谏官。隋时，谏官专属门下省，唐时则分属中书、门下两省，有散骑常侍、谏议大夫、补阙、拾遗等官。谏官的主要任务是侍奉皇帝左右，议论和研究国家政策、法令以及某些重大政务和制度，有权向皇帝提出不同的意见甚至谏净之词。唐太宗时期的魏征就是有名的谏官，魏征遇到皇帝有过失，总是会直言相劝。有次魏征回家祭祖，回来后对唐太宗说："听别人说，陛下打算去南山游玩，但现在居然又不去了，是什么

---

① （汉）董仲舒撰，张世亮、钟肇鹏、周桂钿译注：《春秋繁露·四时之副》，中华书局2012年版，第470页。

原因呢？"皇上笑答："起初确实有这样的打算，但是担心爱卿你责怪，所以就半路停下了。"有一次，魏征因为当面指出了太宗的错误，太宗非常生气，动了杀魏征之心。长孙皇后听说之后，对太宗说："恭喜皇上，臣妾闻主明臣直，今魏征直，由此可见陛下明，所以臣妾恭喜陛下！"但到宋代将台官（御史台）与谏官的职责合一，实质上引导谏官去弹劾大臣。由此取代了谏诤君主之职。

二类是大臣。在每个朝代，只有一定级别的人才能向皇帝上书。这些大臣不仅向皇帝提出政策建议，甚至也指出皇帝一些做法错误。明代万历年间，皇帝想立郑贵妃的儿子为太子，遭到了大臣们的强烈反对，最终只能作罢。因此，皇帝在作决策的时候，需要考虑传统的道德。尤其是一些皇帝刚刚登基、立足未稳的情况下，权力仍然掌握在有权势的大臣的手中，这时的皇帝更要小心从事，否则他们的一些"不端"行为就会成为大臣攻击的对象，甚至直接威胁到皇位。西汉昭帝去世之后，昌邑王即位，但他带了自己封国的一帮大臣，导致了朝中大臣的不满。同时，昭帝去世，昌邑王应该为其服丧，可他并未遵从这一礼仪。因此，在其即位不久，就被汉武帝的顾命大臣霍光废黜了，其理由就是因居昭帝丧时"亡悲哀之心，废礼谊，居道上，不素食"。[1]

综上，我们较为全面地讲述了中国古代君主制度的相关内容，包括君主的继承、名号、权力范围和权力约束等问题。从本质上讲，中国古代的君主制度，是一种个人专权的制度，家天下的制度。辛亥革命后，这一制度被彻底废除。

---

[1] （东汉）班固：《汉书·霍光传》，中华书局 1987 年版，第 2940 页。

第十一讲 中国古代的科举制度

杨西云（天津师范大学历史文化学院教授）

科举制度创立于隋，形成于唐，是一种通过分科考试来选拔官吏的制度。科举制度在中国实行了 1300 年，很有生命力。虽然它只是一种官吏选拔的制度，但它对中国历史和社会产生的作用和影响却十分巨大。科举制高度发展是在宋代，宋代以来的社会呈现出许多不同以往的特点，世人常称为"科举社会"，可见科举的分量之重。

科举制的基本内容与精神是什么，它与专制统治的关系如何，它怎样改变了中国古代的政治格局，它对学校教育产生了什么影响，它的价值取向又如何左右了士林风气和社会风气？这是我们这一讲要探讨的问题。

一、科举制的基本内容与精神

（一）从察举制到科举制

科举制度是从察举制中脱胎和改造而来，因此，我们先了解一下察举制以及九品中正制。察举制是汉代确立的制度，它是中国古代社会选举制度发展演变过程中非常重要的环节。汉代以前的商周社会实行的是宗法贵族政治下的世官制，也叫世卿世禄制，即周天子下的诸侯、卿大夫和各级官员主要是凭借着出身和血缘获得职位与权力。权力世袭是贵族社会的特征。战国时期，社会发生了礼崩乐坏的巨变，打破了世官制，官僚政治开始萌芽，选贤任能提到了议事日程。经过战国和秦朝的政治实践和摸索，至汉代形成了察举制度，并成为选拔官员的主要途径。

察举制包括地方举荐与君主征召，大致从汉高祖刘邦时开始出现，汉武帝进一步完备。汉代察举科目名目甚多，大致可分为岁举科目和特举科目两大类。岁举科目有孝廉科、茂才科等，特举科目有贤良方正、贤良文学、明经、明法等，一般特举常在发生重大灾异时举行。被举荐或征召的士人，要通过考试，合格才能授为郎官。考试的形式是射策和对策。

察举制为汉代选拔了大量实用人才，充实了从中央到地方的各级部门，保证了官僚机构的正常运转。但到了东汉末年，外戚和宦官交替专权，政治黑暗，请托之风盛行，选举大权为权贵控制，成为私人谋利的工具。察举制度开始败坏，失去了选拔德才兼重的原意。时谚讽刺道："举秀才，不知书，察孝廉，父别居。"政治的黑暗引发选举的败坏，而选举的变质又加重政治的黑暗，二者是互为因果的。

曹魏时代，吏部尚书陈群建议创立九品中正制。因为当时战乱不断，士人流移播迁，陈群建议在各州郡置中正官，由中正官来品评和选拔当地人才，将他们分为上上、上中、上下、中上、中中、中下、下上、下中、下下九品，而评价的标准是家世、道德和才能三方面。所谓家世又称"簿阀"，即被评者的出身门望和父祖官爵。最初的时候，选人还能综合三条标准考察，所谓"盖以论人才优劣，非谓世胄高卑"。但由于道德、才能标准不如家世好评判，更由于中正官都是由高品的门阀士族担任，这些人控制了选举权后，选人只重家世门第而忽略其他，逐渐出现了"上品无寒门，下品无势族"的局面，九品中正制背离了初衷，成为维护门阀政治的工具。

就选举制度自身发展的轨迹看，科举制就是在克服这两种选举制度弊端的基础上产生的。它标榜公平竞争、唯才是举，继承了察举制考试的方法，而且将其发扬光大，成为录取与否的唯一标准，排除了考试以外人为因素对选拔人才的干扰，考生可以自由投考，只要考试通过就可取得做官的资格。此后，很难由一个利益集团或特权阶层再垄断选举权。除此之外，作为选拔官员的科举制度的产生，还有深刻的政治和文化的根源。它是在门阀士族衰落，庶族地主阶级力量上升，要冲破门阀士族垄断政权的背景下，为适应君主集权的政治需要而产生的。同时，科举也是意识形态领域儒家学说在制度建设上的体现。儒家倡导德治仁政的礼治，大一统下的选贤任能是其核心内容。此前察举制和九品中正制也是要贯彻选贤任能的原则，但在政治实践中，往往受到某些权贵集团的操纵，从而违背初衷。科举制通过公平竞争的原则来选士，最大程度实现了任用贤能，完善了官僚政治，将儒家的礼治落到了实处。正如有的学者所指出的：科举制就是礼治的一部分。

（二）考试科目与程序

一般认为，隋炀帝大业年间设立进士科是科举制度确立的标志。但由于隋代国祚短促，科举制属草创阶段，一直到唐朝，科举制度才正式确立和完备起来，而且唐朝确立的考试科目和方法，

现存于北京国子监博物馆的元明清进士题名碑，始立于元代皇庆二年（1313 年）。现存碑 198 块，记载了元明清三朝 51624 名进士的姓名、籍贯、名次。其中年代较早的元代碑仅存 3 通，其余的在明代被改刻成明代进士题名碑。进士题名碑是古代科举制度的重要实物资料。

后世虽有所调整，但总原则却是不变的。

唐代科举制设常科和制科两类。常科的科目相对固定，主要有秀才、明经、进士、明法、明书、明算等科。[①]秀才科由于考试难度过大，唐高宗永徽年间实际已经停开。明法、明书、明算是专科考试，不为人所重视，只有明经、进士科最为著名和普遍，受到人们的追捧，成为唐朝选拔人才的主要途径。而二科中，又以进士科为贵。因为明经主要考儒家经典的记忆与背诵，相对较容易。进士科考策与诗赋，内容包括经学、文学和时政策略等，

---

① （北宋）欧阳修：《新唐书》卷 44《选举志上》，中华书局 1976 年版，第 1159 页。

要求知识结构宽，故难度也较大，因有"三十老明经，五十少进士"之说。进士科在社会上的地位最高，唐朝的许多重要政治家都是登进士科而迈入仕途的，故而逐渐成为选拔高官的主要途径。不仅唐朝重进士科，以后宋元明清各代都将进士科作为科考的主要科目，甚至是唯一科目。

制科是由皇帝亲自下诏主持的考试，继承了汉代下诏求贤的传统，用以选拔非常人才。制举考试时间不固定，科目也不固定，随君主之意和政局的需要随时可以开科。科目名目之多，达到了上百科。后来逐渐固定成贤良方正直言极谏、博通坟典达于教化、军谋宏远堪任将率、详明政术可以理人四科。被录取的人，被视为天子门生。宋代也保留了制科，但开科频率远低于唐朝。宋代以后，除清代开了两次具有特科性质的博学鸿词科外，制科基本停止了。

以上是科目发展的大致情况。跟科目逐渐合并统一的趋势相反，科举考试的程序则日趋繁琐复杂。唐朝时，参考的程序比较简单，由州县推荐的举子叫"乡贡"，由官学而来的叫"生徒"，他们经过州县的资格考试和官学的毕业考试，就可参加礼部主持的"省试"，考试及第就取得了做官的资格，即获得了出身，再经过吏部的铨试，就可获得一官半职，踏入仕途。宋代在省试之上，又增加了"殿试"，即由皇帝亲自主持的考试，仍然是常科，不是制科。形成了三级考试。进入明清，在唐宋科举基础上，发展成童试、乡试、会试和殿试四个级别的考试。

童试又称童生试，因为若没取得这级考试的人，不管年龄多大，统称为童生或儒童。童试是地方府州县学的入学考试，分县试、府试、岁试和科试四个阶段的考试，考中之后童生成为生员，右图为明朝万历二十六年（1598年）状元赵秉忠殿试卷的局部，正文之前有万历皇帝朱批"第一甲第一名"六个大字。科举制度自隋朝创立至清末废除，先后产生出七百余位状元，赵秉忠殿试卷是现存唯一保留下来的状元卷，现藏青州博物馆。

俗称秀才或相公，这些人已经成为有一定社会地位和身份性的绅士阶层了。《儒林外史》第三回讲到范进考中秀才之后，丈人胡屠夫教训他说："你如今既中了相公，凡事要立起个体统来。……若是家门口这些做田的、扒粪的，不过是平头百姓，你若是同他们拱手作揖，平起平坐，这就是坏了学校的规矩，连我脸上都无光了。"[1] 形象地表明了秀才的社会地位。

乡试又称乡闱、大比，是科举生员参加的省级考试。中第者称为举人，俗称孝廉，他们已经有了正式的科名和入仕的资格了，只要通过吏部的铨选，就可担任地方官吏和地方官学的教官。中举是士人人生的一大转折，从此迈入上层社会的行列，范进就是在中举后惊喜攻心而精神失常的。

会试和殿试是较高级别的科举考试。会试由礼部主持，考试的地点在京城礼部贡院，及第者为贡士。殿试又称廷试，由皇帝主持，一般没有黜落，只是确定考生的名次。殿试分三甲，一甲有三名依次为状元、榜眼、探花，赐进士及第；二甲若干名，赐

---

① （清）吴敬梓：《儒林外史》，江苏凤凰文艺出版社2017年版，第30页。

进士出身；三甲若干名，赐同进士出身。一、二、三甲都称进士。一甲三人可立即授官，往往能官至宰辅，其余进士也都仕途通畅，多数能做到高官要爵。即便不为官也在社会上享有极高的社会声望和地位。

（三）科举的基本原则

科举的基本原则是一切以程文为去留。科举制与之前选举制度最大的区别，就在于它是以考试成绩定去留。科举制规定社会各阶层的人都可以怀牒自列于州县，即不需要别人的荐举，只要自己带着履历就可到当地报名参考。即使社会最底层的人也同样有机会和希望通过自己的努力改换门庭，进入上层社会。尽管在实际施行方面，底层社会上行的路途难乎其难，但是史书上记载了不计其数的寒门子弟，通过科场跻身公卿之列也是事实。也只有保持考试面前人人平等，才能扩大统治基础，将社会各方人才网罗无遗。因此公平公正成为科举的基本原则与精神，为历朝统治者开科举士所尊奉。例如，唐朝科场一直存在着寒士与子弟之争，寒士是没有家庭背景的平民子弟，子弟指官宦子弟。一般情况下官宦子弟占优势，但为了不让他们妨碍贫寒之士仕进之路，有时甚至有意压抑官宦子弟，唐武宗时期就出现大臣子弟有才艺却不敢应举、考官不敢录取的情况。武宗对这种现象深表担忧，说贡院不会我意，不放子弟，即太过。无论子弟、寒门，但取实艺也。有人统计宋代科举录取者出身的比例，从宋太祖至宋钦宗年间，士族出身仅占 12.8%，而中等家庭和寒族出身却占 87.2%。所以有人总结宋代科举的两大精神："贵德行而贱浮薄，重寒畯而抑势家"。[①]

为保持科场的公正，主要采取两种方法。首先，考试科目与内容规范化。科举考试是全国规模的选拔考试，为了公正，必须用统一的标准衡量考生。唐朝设置了明经、进士等科，宋代以后，科目越来越集中，进士科一枝独放，分科考试实际变成了一科考试，目的就在于能客观地考察评判。不仅科目日趋统一，考试内容也日渐集中，自然科学基本排斥在考试外，进士科既考经学又考文学。唐宋时期考试形式有贴经、策论、经义等形式，明清时将经义与文学用八股文的形式串联起来，自此五百年不变。八股文又称制艺、时艺、时文等，是明代形成的专为科举考试而设的文体，是一种命题作文，用排偶的文体，有固定的格式，每篇完整的八股文由破题、承题、起讲、入手、起股、中股、后股、束股八个部分组成。这是一种极为复杂精细的文体，需要士人花精力不断练习揣摩。八股最为人所诟病，害人不浅，但用这样一种标准化的形式来考学生，出发点未尝不是方便判卷者有标准可循，公平客观地选拔人才。

其次，严格科场规范，制定一整套相关考试录取的制度。自唐玄宗开元二十四年（736年）起，开始在礼部设立考试专用的考场贡院，宋代以后，随着考试规模的扩大，开始在各地都设有贡院，明清时期各省贡院都建立一个象征考试公正的"至公堂"建筑。贡院关防之严，如临大敌，比如唐代贡院考试之日，皆严设兵卫，要对考生搜身盘问，以防假滥。宋开始实行锁院制，考生、主考官等相关人员入闱后，不得随便出入。各种防止作弊的规范越来

---

① 金中枢：《北宋科举制度研究》（上），《新亚学报》第6卷第1期。

越严密，像弥封、誊录以及内外帘分工制度，对科考的所有环节都做出明确的规定。

有清一代更是制定了异常严密的《钦定科场条例》，对科举舞弊的行为，严厉打击，绝不手软。可以说，考试内容和方法以及科场规范的制定，为科举考试公平和公正提供了较为坚实的保证。

二、科举与专制统治

（一）天下英雄入吾彀中——科举与官僚政治

科举制的出现不是偶然的，也不是某个君主的心血来潮，它的产生有深刻的社会根源。科举制为君主选拔人才，是君主集权政治制度的一部分，换句话说，科举是应官僚政治的需要而发展出来的选官制度。因此科举制的形成是与君主强化专制统治同步的。

中国古代社会皇权专制政治形态的发展大致可以隋唐为界分为两个阶段，前一个阶段是中央集权，后一个阶段是君主集权。当然历史的进程要复杂得多，这只是一个就大趋势发展的粗略划分。

中国第一个专制主义中央集权的国家是由"古今一帝"秦始皇建立的。这当然与他的雄才大略有关，但这不是秦始皇的发明创造。中国古代是一个宗法社会，在宗法制上形成的政体不可避免地带有专制倾向，"溥天之下，莫非王土；率土之滨，莫非王臣"，这是在春秋时期就已经相当流行，并且被孔子收入到他所删定的《诗经》之中的一句话，表明那个时代的政治理念中已经蕴含着专制的色彩。

在君主专制政治下，君权是至高无上的，"天下之事无小大皆决于上"，"主独制于天下而无所制也"，①司马迁《史记》里的这两句话就是对君权至上的准确表述。但越是独享与独占的权力，越不可能独治。相反，必须通过庞大的官僚机构来管理起国家事务。君主专权的第一步是要对官僚集团进行有效的控制，也就是用人权的控制。汉魏时期，州郡长官握有辟署之权，中正长官负责品鉴人才，他们凭借九品中正制将家族子弟委任为官，以致出现了"王与马，共天下"的局面。这都是对君主用人权的分割和侵蚀，大大妨碍了君主专政。而隋朝开始设科取士以来，将一切用人权都收归于皇帝，所谓"一官免拜，必归吏部"。科举制度与官吏铨选考课奖惩制度相配合，使得命官皆出于朝廷，州郡无辟署之权。选用官吏的权力就从地方和士族手中集中到中央，最后集中在君主。自此，官僚机构不再为个别既得利益集团所垄断，从制度上保证了君主的用人大权。隋唐时期，科举出身的官员在官僚队伍中所占比例还比较有限，宋代以后，科举成为入仕之正途，通过科举入仕的官员越来越多，朝廷要职与高官，几乎为进士出身的官员所独占。像明代科举考试中一甲的三名进士以及二甲之优者，往往进入翰林院任职，进而进入内阁。清代进士任职，也以翰林院等清要之职为主。这些科举官员，在政治生活中发挥着重要的作用。可以说从宋代开始，科举出身的士大夫已构成官僚集团的主体，这些没有社会根基的士大夫虽然进入了权力核心，但与贵

---

① （西汉）司马迁：《史记》（修订本）卷6《秦始皇本纪》、卷87《李斯列传》，中华书局2013年版，第325、3083页。

族官僚背后有家庭、集团、地域的政治、经济、军事实力为依托不可相比，对皇权的依附性更大。不仅是士大夫，整个知识阶层除了俯首帖耳为君主所用，没有别的出路与选择。朱元璋就曾赤裸裸地在御制大诰中训诫："寰中士大夫不为君用，是外其教者，诛其身而没其家，不为之过。"[①]强硬君权下，衬托出士大夫阶层的卑弱。君主对士大夫的人身控制，进而达到对官僚机构的控制。

选贤任能是官僚政治的要求，科举制唯才是举，在全国范围内选人，选择范围之大，选择余地之多，是以往选举制度无法比拟的。可以说科举制将全社会最优秀的人才都囊括到官僚机构中来，实现了官僚队伍的知识化。尽管科举考试的内容和方法都存在一定问题，如以儒家经典为考试内容，显得过于狭窄，以八股文为考试方法更是一种倒退。但是层层筛选与考试之下的士阶层毕竟有较高的文化素质，有文章写作能力和对国家意识形态的熟悉与了解，他们通过实际工作的训练与积累，亦能学会和掌握相关的知识能力。科举制实现了官僚集团的知识化，一千余年的开科取士，共选出十万名进士，百万名以上的举人。可以不夸张地说，各个阶层的英才大都被囊括到官僚机构中来，充任中央和地方各级部门要职，一定程度上将选贤任能的政治理念贯穿到政治实践中，有效强化了对全国的管理和统治。

科举制还帮助君主按照专制政治需要选拔人才。科举所考内容主要是儒家经典，儒学是官方认定的意识形态。为强化意识形态和思想的控制，科举制从创始以来就与儒学紧密结合。唐太宗

---

① 张德信、毛佩琦主编：《洪武御制全书·大诰三编·苏州人才第十三》，黄山书社1995年版，第902页。

命孔颖达颁布《五经正义》，作为学校教材和科考依据。宋代科举考试，重视对儒家经义的阐发。明清以来，君主更是对考什么做出严格规定，程朱所解释的"四书五经"成为钦定的教科书，考试以此命题和做标准答案。"四书五经"内容需要经过君主的裁定，凡是不利于专制统治的都给予删除。如朱元璋命刘三复编辑《孟子节文》，删去带有民本色彩的言论多条，规定删除部分"课士不以命题，科举不以取士"。士人整日读程朱理学，儒家思想代替了他们的思考，纲常名教成为其行事准则，他们自觉地服从与认可专制统治，君主借科举从思想上解除了士大夫对君主专制的威胁。

总之，科举制度将官僚成员的思想、知识、智慧和能力都限制在一定的范围内，便于君主牢牢将其控制于股掌之中。故唐太宗看到举子鱼贯而入考场，掩饰不住心中的得意而说："天下英雄尽入吾彀中矣。"对此，有人赋诗："太宗皇帝真长策，赚得英雄尽白头。"[1]其实，这不是太宗一人的长策，而是历代君主常用不衰的长策。

专制政治的发展终点是专制君主对政治的完全控制。从这个意义上说，科举制使中国的官僚政治达到成熟和高度发展的阶段。

（二）以取士而锢士——政治格局的改变

自秦始皇确立了专制主义中央集权的政治格局以来，中国古代社会形态与政治体系没有发生根本的变化，如谭嗣同所说："两千年之政，皆秦政也。"但这并不是说中国社会一成不变，宋代

---

① （五代）王定保：《唐摭言》卷 1《散序进士》，上海社会科学院出版社 2003 年版，第 10 页。

以前和宋代以后的政治经济文化都呈现不同的特点。就制度层面上，专制制度由粗陋而精致，统治手段由简单而复杂。科举制度就是精致而复杂的统治术的体现。它对政治格局的最大改变，就是对士阶层政治地位和作用的改造与定位，并由此引起政治格局的变化。

在讨论问题之前，我们先检讨一下士的来源和内涵。士一般是指掌握了一定知识与技能、大多担任官职之人。商周时期最初的士，是指分封制下形成的天子、诸侯、卿大夫、士四级贵族中的一个等级。士的地位不高，但是作为贵族一员，可以享受官学教育，受到六艺——礼、乐、射、御、书、数训练。春秋中后期礼崩乐坏的社会巨变，促使士从贵族等级中分化出来。衰败的贵族和上升的庶族组成的士脱离了贵族等级的阵营，成为士、农、工、商四民社会之首。士阶层通过学校与教育迅速发展起来。士的社会功能也发生了转化，他们是自由职业者，是"游士"，所谓"士无定主"，基于自身的特点，其中相当一批人成为学术和思想的传承者与创造者。例如诸子百家，他们具有清醒的主体意识并有强烈的道义追求。在这个意义上说，一部分士人已完成由贵族的一个等级到知识分子的转变，中国古代知识分子群体诞生。

受宗法农业社会结构所限，士很难作为一个独立的社会阶层而存在，而带有很强的附属性。不论是社会大环境还是士阶层自身的气质与特性，决定了士人自从诞生那天起，就与政治结下了不解之缘。他们从事的学术活动是围绕政治进行的，他们要仰君主的鼻息，而仕进做官几乎是他们最终的归宿。士人求学问道是为了"学而优则仕"，"士之仕也，犹农夫之耕也"。在这一点上，与后来的士和士大夫没有区别。但是在大一统政治没有形成之前，士的发展空间与自由度相对好得多。他们既可以游说各国君主，点评时政，抨击统治者；又可以出将入相，纵横捭阖，成为当时受到各国君主礼遇与重视的最为活跃的一个阶层。他们为君主所养，例如当时兴起的养士风气。但他们与君主的关系不是绝对的为帝臣，还可以为帝师、为帝友，可以形成"君臣抗礼"的局面。这是士阶层发展的黄金阶段。

秦始皇结束了诸侯争霸的状态，建立了统一的帝国，用最粗暴的手段打压有可能对现政权形成危害的士阶层，焚书坑儒及一系列极端的暴政，将秦帝国置于短命的境地。继秦而兴的西汉王朝，以秦为鉴，在社会经济得到恢复的前提下，汉武帝时期提出独尊儒术的主张。这有两层含义：一是压制异端言论，统一人们的思想；一是重用儒者，兴太学，立五经博士，通过儒家礼乐教化，培养汉政权需要的士人。从此后，士人以读经入仕，以经学礼法传家，组成了汉魏时期君主主要依靠的官僚集团。君主以尊儒的形式达到了对士阶层的控制和利用，双方结成了一种有别于先秦时期的单一的君臣关系。但君主还没有找到一种可以行之有效地对士阶层进行人身和思想控制的方法，察举制和继后的九品中正制分割了君主的用人权，导致了"士大夫固非天子所命""王与马，共天下"的局面出现，士大夫和士族集团显然能对最高皇权起着某种制衡和限制的作用。

科举制度建立以后，这种状况不复出现。开科取士有两个最重要的结果。其一是士阶层为皇权收编，成为统治阶级的成员，或者官僚集团的候补成员。其二是君主将用人大权紧紧地掌握在自己手中。士大夫是朝廷命官，"天子门生"，知识阶层彻底官僚化，一旦安身立命都要依赖现政权，这就使他们原本少得可怜的独立性几乎丧失殆尽。本来，中国古代社会从一开始就形成了一元化的权力结构，但是在科举制度实行以前，秉持政治道义的知识群体与君主的政治权势之间一直存在着一种制衡关系，他们以道自任，批评政治，评议君主，"从道不从君"，有时君主也不得不做出让步，形成"道高于势"的局面。这种以道与权力抗衡尽管收效甚微，但毕竟是对权力的一种约束与限制。但随着大一统局面的建立和官僚政治的完善，知识群体不得不匍匐在政治权势下，那种"士志于道"在君王威权面前变得如此难以坚守。因此隋唐以后的历史，君臣关系发生了重大改变，那种帝王师、帝王友的关系不复存在，士大夫群体不过充当专制统治的治具，"从道不从君"逆转成"枉道以从君"。"道"与"势"的关系倒转过来。以道义对专制皇权做最后一点限制的企图终告失败。从此君主权力像脱缰的野马，达到无以复加的境地。

三、科举制下的学校教育与士林风气

（一）科举与教育的合流

科举是通过考试选拔官员的制度，就其考试形式和考试内容，以及由此激励全社会形成读书风尚而言，科举又是一种教育制度。从科举诞生之日起，就与学校教育产生了密切联系。科举与学校互相影响与促进，科举制促进了官学、私学的蓬勃发展，学校的繁荣又为科举提供了源源不断的备考生源。在二者互动过程中，科举制常常处于主动地位，制约与影响着学校的办学宗旨和教学内容。

　　隋唐至明清学校有官学和私学两种。官学主要指中央国子监下属的各类学校以及地方州县学。像唐代中央学校就有国子学、太学、四门学，及门下省所属的专收皇族和宰臣子弟的弘文、崇文馆，还有学专科的律学、书学和算学。直属国子监的学校基本上是贵族学校。唐代以后，中央国子学主要合并成太学，地方官学有府州县学等。私学主要是指以民间力量办于地方府州县的学校，类型多，名称不一，如社学、乡学、乡馆、家塾、义学等。本来，在皇权社会里，学校教育就带有为政治服务的色彩。学校不是以培养人们文化知识和专业技能为最终目的，而是灌输官方

　　江南贡院位于今江苏省南京市秦淮区夫子庙学宫东侧，始建于南宋乾道四年（1168 年），是县学、府学考试场所。清光绪年间占地面积达数万平方米，可同时接纳两万多名考生，为全国诸省规模最大的贡院。清末科举制废除后，贡院大部分建筑被拆除，只有明远楼等少量具有较高文物价值的栋宇得以保留。

意识形态，推广教化，让学生读书明理，立品修身，以为国家所用。教育的功能带有单一性。自科举制对学校产生支配作用后，学校办学方向更为狭窄，教育宗旨的单一性和功利性变得更为突出。各级的官学皆以应举入仕为办学宗旨。像清代顺治时期于各地官学所立的卧碑就明文宣称，学校的目的是要养成贤才，以供朝廷之用。因此学校的兴衰常常以科举为转移。

科举产生之初，与学校是相互促进的。唐代初期，科举考试偏重来自官学的生徒，轻视来自私学的乡贡，促进各级官学的蓬勃发展。但随着科举制的发展，轻学校的现象时有发生。武则天以后，由于各种原因，官学衰微，科举由轻乡贡变为重乡贡，生徒的身份不再为人所重视，从而导致官学进一步衰退。统治者总是通过一些行政的命令来保证官学教育的畅通与在科举中的重要地位，来扭转学校的颓势。宋代曾有三次兴学校改科举的运动，王安石创立"三舍法"，即将太学分为外舍、内舍、上舍三个等级，每年举行一次升舍考试，升为上舍后可直接授官，目的就是强调学校教育的重要性。明清两代，干脆将官学与科考合二为一，即科举必由学校，而学校起家可不由科举。也就是说，科考必须来自学校，而学校学生优秀者可不经过科考而入仕，使学校与科举处于同等的地位，用以扭转轻学的现象。

遍布各地的私学较官学在办学方向和教学内容上都有一定的灵活性。但自科举诞生后，私学也被科举所裹挟，私学所培养的学生成为取士的重要来源。唐代的乡贡，就是指私学出身的人，他们通过逐级考试，即可参加朝廷礼部试。宋朝初年，州县官学不振，科考生源多来自私学。明清时期，科举与学校合流，在第一级的科举考试童试中，应考的都是出身私学的学生。私学办学成本低，教学内容灵活，不仅传授儒家经典，还可以根据考生的需要开授诗赋策论等知识，故能容纳更多的学子，弥补了官学的不足。私学发展的高级形态是各种书院的出现。书院以学术研究与传承为宗旨，但也大都培养学生参加科举，并讲授考试方面的知识，故很难完全跳出举业的圈子。

私学另有值得一提的重要方面是社会普及面广、受众面多的童蒙教育。科举产生后，童蒙教育基本上就是为科举打基础和服务的，《三字经》《百家姓》《千字文》等，多直接劝诱儿童勤学励志、考取功名以光宗耀祖。这些灌输家喻户晓，深入人心，将举业功名的种子早早地播种在儿童幼小的心灵中。

学校与教育成为科举的附庸，一切围绕科举这根指挥棒转，学官为考而教，学生为考而学，学生不能做到通经涉史，经世致用，为走捷径，常选一些跟考试有关的时文选本、巾箱化的书籍背诵，五尺童子能诵数十篇而稍变其文，即可以博取功名。有人批评明代的学校"明科举之法兴，而学校之教废矣。国学、府学、县学，徒有学校之名耳"。学校除了"举业"，没有了学术，教官学生，除了求取科名，没有他志。科举制绑架了学校，使本就狭隘的学校教育变得更加单一与死气沉沉，日益失去了学校教育应有之义。因此进入近代社会以后，加上西学东渐的冲击，创办迥异于传统教育的新式学堂就提到了议事日程。

（二）科举下的士林风气

中国古代社会，将民众以其职业划分为士、农、工、商四类。作为四民之首，士人有精神追求，并承担着创造与传承文化的重任，常常起着引领社会风尚的重要作用。唐人贾至就说过：四人之业，士最关风化。士风的清浊，常常给整个社会风气带来巨大的影响。科举制度会对士人与士风造成什么影响呢？

我们知道，科举制就是为读书的士人而开，给他们设置了一条读书、应试、做官的道路，为士人提供了实现政治抱负的广阔空间与舞台，使其有用武之地。在科举制奖劝读书的激励下，多少士人寒窗苦读，从而致身通显，完成了由民到官的华丽转身。

科举制向士人敞开了仕途的大门，提高了他们的政治地位，但是另一方面，它也阻塞了士人阶层向学术和其他领域发展的可能性。与"万般皆下品，唯有读书高"相对立的还有一句话，"百无一用是书生"，道出了在传统的农业社会中，士人的发展空间和出路的狭窄。开科取士以来，更是将士人阶层紧紧地束缚在帝王的指挥棒下，士人的出路仅在于仕宦，几乎没有在政治体制外发展的可能性。对士人来说，应试做官不仅是实现所谓的政治抱负，退一步说，还是能否立足社会、解决生计的重大问题。知识群体是很难超越与摆脱现实挤压的。清代思想家顾炎武就曾一针见血地指出："凡今之所以为学者，为利而已，科举是也。"在为利的前提下，士人的精神境界与人格，越来越卑下，士气和学风的败坏与堕落在所难免。王夫之就感叹："士习不端。成千余年之恶俗，伊可叹也！"

多少士人为博取功名，紧抱着科举这块敲门砖不放，因为录取名额少，没齿而不登科者甚众，激烈竞争下，要调动浑身解数为功名一搏。唐代允许公荐与行卷，遂造成请托之风大行。那些朝廷有人的势门子弟，交加酬酢，请托关节，干扰主司，垄断科举。一般士人则争先交驰公卿，奔走于权贵之门，以求汲引，《文献通考·选举考二》引江陵项安世语，形象描绘了士人行卷的场面。当时王公大人，高高在上，以先达自居，不复求士。与王公倨傲态度相反的，是低声下气的天下士人，他们时时伍伍，戴着破帽，骑着蹇驴，未到王公门百步，就下马拜谒，奉上礼物与文章，名之曰求知己。如不为所接纳，就再三重复，自云"某人上谒"，而与行卷一同送上的书信，往往是对王公肉麻的吹捧。更有的举人毁訾同类，以求争先。在馆诸生互相援引，互结朋党，推声望者为棚头，以此荧惑主司视听。①

考场更是有人欢喜有人愁的地方，及第者春风得意。进士科在唐朝最为人所重视，进士放榜后长安城举城若狂，有种种奢靡的庆贺活动，曲江宴会、杏园探花、雁塔题名、平康卧游，等等。有钱人家驾车来选择乘龙快婿，新科进士表现出的种种飘飘然浮薄行为，在当时就引起人们的批评。落第者则垂头丧气，聚众喧器，指斥考试不公。更有的学子为谋取功名，不惜违规犯禁。虽然科举立法与惩治作弊越来越严厉，但重罚之下，科场作弊仍层出不穷。明清时期有贿买钻营、怀挟请代、割卷传递、顶名冒籍，不一而足。还有考场内外联手作弊，如有通晓举业之人，假充誊录，为考生改窜文章等。历代科场风波大案不断，一方面反映了政治对科举的干扰，但另一方面足以说明利禄功名的引诱下，应考士人品格和精神面貌的猥琐。

由于录取名额十分有限，科考就是千军万马过独木桥，多少士人穷其一生精力，醉心于举业，蹉跎于岁月，奔波在考场内外，度过大半生。唐朝末年有一次科举考试，及第的曹松、王希羽、

---

① （宋）马端临：《文献通考》（点校本）卷29《选举考二》，中华书局2011年版，第836页。

刘象、柯崇、郑希颜五人均已年逾耳顺，被称为"五老榜"。这对他们的身心是多大的摧残，所有的青春与精力都浪费在举业中，这些人还算是幸运者，层层筛选下，不第是绝大多数士人的结局。落第与及第的巨大反差极易使人心理失衡，有的科场失意者由此产生对现政权的仇恨。唐末农民起义的领袖黄巢就是因为累举不第，从而举起反抗的大旗，太平天国的洪秀全从十几岁就应试，直到三十一岁仍未及第，屡屡失意后产生对清政权和孔孟儒学的失望，转而信读《劝世良言》，最后发动金田起义。其实不论及第与否，士阶层的一生都受到举业功名的左右和磨难，"三场辛苦磨成鬼，两字功名误煞人"，传神道出了科名重压下士人生命中不能承受之重。

就考试内容和方法来看，科举对学风的影响也极大。干禄之心搅得学子心浮气躁，无心深究义理，学业围着举业转，基本上是考什么才学什么。唐朝的明经科主要考对经义的背诵，唐文宗曾问宰相："明经会义否？"宰相回答："明经只念经疏，不会经义。"文宗嘲笑道："只念经疏，何异鹦鹉能言？"[①]可见举明经者只是机械记忆，根本无心追究经义。王安石变法，颁行《三经新义》，专以经义取士，士人群起而趋，专以三经义为捷径，其他的经史一概不观。明清以来，学风的僵化与浮薄更为突出。无数学子将聪明才智消磨在八股文中，模仿圣贤的口气，在规定的标题、字数、文体内容之内，写成符合要求的文章。

士风学风如此，必然也会影响到官场风气，为官僚政治打下了烙印。本来，士大夫带有知识阶层特有的超越性，追求理想与

---

① （宋）钱易撰，黄寿成点校：《南部新书》，中华书局2002年版，第24页。

道义，希望用道去影响与改造现实政治；但是另一方面，他们的名爵权位依赖于君主，在现实的巨大挤压下，少有人能抵御功名利禄的诱惑，不为一官半职而摧眉折腰。在道义与现实面前，更多的士大夫是委身于专制君主，与政治同流合污。在官场上巧言周旋，以逢君恶，竞相谄谀，以求富贵。王安石就说过当时的士大夫习于苟且，多以不恤国事、同俗自媚于众为善。明清以来，由于士大夫受到的控制与驯化越来越多，程朱理学、八股取士、厂卫制与文字狱铺天盖地，均加重了士大夫对专制皇权的依附性与从属性，与之而来的，是士风的颓靡与官场的败坏。

结语——对科举制度的批评反思

科举制度在中国走过了 1300 年，对科举制的利弊得失做出客观的评价也是令人颇费斟酌的一件事。因为它正面和负面的作用往往是掺和在一起的，站在不同的角度，往往可以做出不同的评价。就其制度本身来说，它是在克服了察举制和九品中正制一系列内在弊病基础上形成的一个充满理性的选举制度，它能存在一千多年就充分体现出它的合理性。它不仅在本土成为选官之正途，而且影响着同时代的东亚文化圈，越南、朝鲜、日本相继实行过科举。它也为后来欧洲的有识之士所津津乐道，给予其极高的评价，西方的公务员制度无疑也受到该制的启发，并借鉴了这种考试制度。科举制度的基本精神是追求公平公正，它打破了血缘关系、门第、财产和特权等先赋性因素的限制，唯才是举，不问贵贱贫富，有利于客观公正地选拔人才，将政权向全社会的各阶层开放，为社会成员提供平等竞争的机会。虽然后来科举考试内容与形式不断狭窄与僵化，但是不能否认它将社会上最优秀的人才吸纳到统治集团中，保证有文化素质的人为官，实现了官僚集团的知识化。科举制比起胥吏政治要优越合理有效率，它扩大了统治基础，促进了社会各阶层之间的流动。

科举制度说到底是为皇权服务的，因此我们不能离开君主专制集权政治的发展来孤立地评价科举。唐宋时期，当集权政治推动社会发展时，应该看到秉持公平原则和理性精神的科举制度对政治与社会发展所起的巨大促进作用。但是，当专制统治在明清时期走向登峰造极而弊端丛生时，作为皇权政治一部分的科举制潜在的问题亦随之暴露，最终也病入膏肓，陷入无可救药的境地。科举制最大的弊病就是它像一张无形的网，对人和社会进行全方位严密控制。它限制人们的职业规划和人生前途，除了读书应试，人们没有其他出路。程朱理学和八股取士，将人们的思想束缚在极狭窄的空间，失去了思想的自由与创造力。它用功名利禄诱惑人心，将全社会引入举业功名的歧途。人们醉心于举业，追名逐利，乐此不疲。久而浸润其间，必然造成社会鄙俗、世风浇薄，价值取向功利化，士阶层知识结构狭隘，士人精神境界卑下，人格萎缩。在浩荡的皇权面前，人们别无选择，只能顺从和附属皇权，以此固定标准选出来的士大夫，在工具化和奴仆化的道路上越走越远，终使专制独裁达到顶峰。有人一针见血地指出，科举"其术为唐宗入彀之术，其心为始皇焚书坑儒之心"，它因适应君主集权的需要而产生，并以强化该制度为其最重要的历史结果。在这个层面上，我们说科举制度是专制统治的帮凶，亦不为过。

鸦片战争爆发后，中西方在政治经济文化上陷入巨大的冲突之中，清帝国步履维艰，有识之士对科举的批评与要求废除的呼声不断，百日维新之时，光绪下诏改革科举，但局部的修修改改已经于事无补。1904 年，清政府举行了最后一次进士考试后，次年下诏正式停废，科举从此退出历史舞台，这也标志着古老中国在世界格局中从传统社会向近代社会迈出的艰难一步。科举制以国家抡才大典而隆重出场，最后在一片败坏人才的指责声中谢幕，历史就是这样对科举制进行了无情扬弃。

第十二讲　宋明理学在儒学意识形态化中的地位与影响

任世江（天津师范大学欧洲文明研究院教授）

　　中国古代的宋朝被后人划分为北宋和南宋，960 年建立，1279 年灭亡，存在了 300 多年。宋朝虽然不是大一统的王朝，但是宋代的政治制度、社会经济、文学艺术、思想文化和科学技术与盛唐相比毫不逊色，很多方面还超过以往。在当时世界上，大概是比较富庶的地区之一。宋朝建立时，欧洲人刚刚打退了马扎尔人的侵扰，经济开始复兴。11 世纪的欧洲，人口大约只有 3000 万，大部分土地都还是茂密的森林。到了 12 世纪，欧洲才出现一批小城市，并建立起封建君主国。但是，13 世纪以后，欧洲就像一个茁壮成长的青少年，大学兴起、文艺复兴、开辟新航路、宗教改革、科学革命、启蒙运动……，一步一个脚印地向前迈进，尽管战争、灾难接踵不断，但都没有使欧洲停滞不前。而宋代以后的中国倒退显而易见，皇权专制极端强化，思想文化日趋僵化，科学更是远远落后于西方；所谓"康乾盛世"与工业革命相比，生产力不在一个水平线上：前者仍停滞在农业社会，后者则步入工业化时代。中西文明大致在 13 世纪都处于转折关头，欧洲破茧而出，不断变化、不断进步；中国则作茧自缚，故步自封、每况愈下，以至于近代面对世界潮流迟迟不能改弦更张。历史何以至此？

中国传统思想文化能不能与现代文明接轨？宋明理学在历史的转折关头起到什么作用？与同时代西方的理性精神相比有哪些误区和症结？这些不仅仅是历史问题。

儒家学说在春秋战国时期只是民间的一家之言，它的学理是否正确无关大局。儒学从汉武帝时期开始被尊奉为官学，这说明儒家学说与政治制度和社会秩序相吻合，似乎符合西方的意识形态概念，因此很多书上说，儒学从此成为国家意识形态。马克思主义认为，意识形态属于上层建筑，它对社会发展起到巨大的能动作用，有自身的发展规律，具有历史继承性。意识形态通常是指为政治制度、社会组织的合法性提供依据和方法的理论思想观念系统。西方在工业革命之前没有一种思想学说成为意识形态。基督教不是意识形态，它可以承认某种世俗制度，也可以反对，比如中世纪初期，当欧洲普遍存在奴隶时，基督教反对奴隶制。基督教不是把世俗世界作为自己的终极关怀，教权与王权是并存关系，有时还针锋相对。意识形态在西方是近现代的事物，概念随之产生，典型如自由主义在 19 世纪的英国、法西斯主义在 20 世纪的德国和列宁主义在苏俄。因此，用意识形态描述儒学在汉代的地位，有过誉之嫌。一种思想学说一旦上升为意识形态就成为真理，不容置疑，人们只能服从，因为它直接体现在制度、法律、道德、艺术和宗教之中。儒学成为官学标榜着政治原理的确认，儒学发展到全社会统一的意识形态，经历了一个漫长而曲折的过程。一方面儒学要完善作为意识形态的理论体系，如对经典的认定和诠释，弥补先天不足的宇宙论；另一方面儒学也随着制度建设才能发挥意识形态作用，如选官制度的成熟和法律的儒家化。这两方面都是在宋代才完成的。

一、宋代之前儒学意识形态化的曲折

"罢黜百家，独尊儒术"使儒学跃居正统地位。实际上，"独尊"并不意味着国家对儒学的崇奉已成定局。"罢黜"也只是将"百家"摈弃于官学之外，没有禁绝其他思想在社会上自由发展。从汉至唐，历代君主也不都是独尊儒术，推崇佛、道的皇帝并不鲜见。儒学对汉代政治的影响比较表面化，"汉承秦制"说明制度的渊源仍旧以法家为主。汉宣帝有句话常被史家引用："汉家自有制度，本以霸王道杂之，奈何纯任德教，用周政乎！""德教"即指儒学，汉宣帝以此为据坚持不用儒生，他说："且俗儒不达时宜，好是古非今，使人眩于名实，不知所守，何足委任？"（《汉书·元帝本纪》）这同秦始皇坑儒的理由差不多，说明儒学在汉代政治中还没有稳固的统治地位。西汉选官也不完全遵从儒家标准，更多的是注重实际能力。直至东汉，察举制中的"以德取人""以能取人"和"以文取人"都获得制度化的发展。[1] 而政治腐败时，朝廷上下都放弃了儒家立场，于是便有了"举秀才不知书，察孝廉父别居"的现象。到东汉末年，曹操"唯才是举"干脆提出，即使"不仁不孝而有治国用兵之术"也可以起用。秦以来古代中国政治制度的基本特点是君主专制、中央集权和官僚制度。官僚制度是君主专制、中央集权的保障，官僚队伍则是贯彻意识形态的主力军。选官标准反映了对官吏素质的要求，选什么样的人没有以是否坚持儒家思想为首要，说明儒学还没有体现在重要的制度中。

---

① 　吴宗国主编：《中国古代官僚政治制度研究》，北京大学出版社 2004 年版，第 69 页。

汉代法律也仅仅是儒学化的开始。儒家主张刑不上大夫，而汉律的原则是贵贱同刑，贾谊因此而上书，后改为大臣有罪不受刑皆自杀，但到汉武帝时又有所恢复。尽管刘邦开创了帝王对孔子的崇拜，但此之后，皇帝与官吏只是偶尔谒拜，崇拜孔子的仪式主要由孔子后代履行，这意味着儒学还不是"国教"。因此，余英时说，从政治史的观点看不能断言"独尊儒术"后中国已经变成了"儒教国家"。葛兆光则指出，"……从董仲舒以后差不多经过了两百年时间，儒家思想学说的性质与路向才真正完成了根本性的变化"[①]。那么，儒学为什么能够被尊奉为官学而又没能发挥意识形态功能呢？

神化皇权是儒学博得汉武帝青睐的关键，也是汉代儒学为适应君主专制对先秦儒学最明显的调整。从孔子到孟、荀都主张尊君，但是他们还不乏学者的独立立场，坚持道德价值原则。如孔子"以道事君，不可则止"；孟子"君有大过则谏，反复之而不听则去"；荀子虽然高调君主独尊，但他也说"从道不从君""天之立君，以为民也"，似乎视君为公仆。而董仲舒的屁股完全坐到君主一边，"唯天子受命于天，天下受命于天子"；"君之所好，民必从之"；"君人者，国之元。发言动作，万物之枢机"。显然，他的观点皇帝听着才舒服。对于初学者，仅从政治角度解释儒学地位的升迁，未尝不可。如果深入了解中国传统思想文化，思考其优劣，则要看到儒学向儒术的转型及其儒学的传统根基。

儒学与儒术的含义不同，儒学包含儒术，儒术则凸显儒学中最实用的部分。"术"在先秦指"术治"，可以白话为统治的方法、

---

① 　葛兆光：《中国思想史》第一卷，复旦大学出版社 2001 年版，第 388 页。

技术。春秋时期，弑君篡位之事屡见不鲜，郑国的申不害将其缘由归咎于君主御臣无术。后来韩非子总结了驭臣"七术"，他说"明主治吏不治民"，"人主之患在于信人，信人则治于人。人臣之于其君非有骨肉之亲也，缚于势而不得不事也。故为人臣者窥觇其君心也，无须臾之休……"。法家讲的"术"是心术、权术，是教君主多个心眼儿，最好把人往坏处想。儒家虽然不引导君主做权谋大师，但儒学中也有极具实用价值的术。孔子思想的核心是"仁"和"礼"，"仁"是"礼"的内在精神基础；"礼"是"仁"的外在表现形式。外在的礼制是建立秩序的先导，是上下尊卑的象征。礼制讲究各种礼仪形式，这些属于操作性的技术问题，是儒学经世实用不可或缺的一部分，儒生是这方面的专家。汉初的叔孙通就是通过制定礼仪，使朝廷上下尊卑秩序得到清理，也使皇权得到确认。如果叔孙通对市井无赖出身的刘邦讲孔孟修身、德治的大道理，估计他是听不进去的，但是礼制使汉高祖实实在在地体会到做皇帝的威严。事后，叔孙通的官职跃居太常（掌管礼仪的最高官，级别、俸禄仅次于丞相），还获得一大笔奖金。他的弟子们都跟着沾了光，兴奋地欢呼："叔孙生诚圣人也，知当世之要务。"司马迁则评论说："叔孙通希世度务，制礼进退，与时变化，卒为汉家儒宗。""与时变化"准确地说明在社会纷乱变动时期，儒家学者只能放弃理想目标，向实用主义靠拢。后来以儒学晋身、封相拜侯的公孙弘同样采取更为实际的策略，《汉书》记载，他每次参加廷议都"使人主自择，不肯面折庭争"，即使事前与同僚取得共识的问题，只要与皇帝的意见相左，他立马就变，"以顺上指"。公孙弘 60 岁才获得非正式官职的博士，一年内升迁为掌管京畿政务的左内史，再升职为御史大夫，70 岁官至丞相而且不退休，80 岁死于丞相任上。这不仅因为他性情"外宽内深"，处事圆滑，他的长处是"习文法吏事，缘饰以儒术"，这种外儒内法型的人才正中武帝之意。公孙弘在政坛站稳脚跟，在某种意义上象征了儒学向儒术的转型。①

如叔孙通、公孙弘这样"与时变化"的典型，在武帝之后还有好几位，他们的共同特点都是既熟知儒家经典又精明而滑头。这些人成功的内驱力明显具有浓厚的个人功利主义色彩。董仲舒则不然，班固说："仲舒遭汉承秦灭学之后，《六经》离析，下惟发愤，潜心大业，令后学者有所统一，为群儒首。"意思是说，董仲舒适逢儒学被冷落，儒家经典又面临不同版本和各种门派的解释，于是潜心研究成为当时公认的经学大师。说他的理论适合专制集权政治的需要，这是今人的看法，他不是"曲学阿世之儒"②，并非刻意迎合。董仲舒为帝国所作的理论贡献远远超过那些人。他在景帝时就是博士，武帝时进言独尊儒术并没有得到格外赏赐，仅被外放到地方封国做相，不仅再也没有升官反遭降职，后因运用天人感应说事儿险些掉了脑袋，辞官后回家著书立说。按照冯友兰的说法，古代中国的哲学家，如果"不能实举帝王之业，以推行其圣人之道"，不得已退而著书立说，"乃最倒霉之事"③。这种倒霉事让董仲舒摊上了。假如汉武帝认识到董仲舒理论的重要性，那就应该把这个人放到自己身边，以备顾问。实际上武帝很迷信天象，在位 53 年因各种"祥瑞"之兆改了 10 次年号。董仲舒的仕途经历似乎告诉我们，在那时，他的理论只是迎合了皇帝已有

---

① 葛兆光：《中国思想史》第一卷，复旦大学出版社 2001 年版，第 370 页。
② 萧公权：《中国政治思想史》，商务印书馆 2011 年版，第 201 页。
③ 冯友兰：《中国哲学史》上册，人民出版社 2001 年版，第 7 页。

的观念，并非惊世骇俗之论。他的社会影响也在于他的理论符合人们普遍已有的常识。汉代经学重视《易》《书》《诗》《礼》《春秋》。董仲舒潜心钻研，运用阴阳五行说得出"天人感应"论，那么，儒家典籍中必然有这些思想元素。儒学向儒术的转化并非偶然，而是有着深厚的传统根基。

"天人感应"源于"天人合一"的思想。天人合一、阴阳观念是现代学者公认的中华文明最早的思想内核，远在春秋之前已经形成。认为天、地、人存在普遍而神秘的互动关系，这种思维的集中体现就叫"天人合一"。"天"的概念有时是人格化的，有时是非人格化的；既指万物之本，又常被作为道德裁判；既指自然界的天，又将天视为有意志、能主宰人间一切事物的神；天掌握着自然与人类的总原理，地位无比崇高。百家争鸣时各学派对天的能力、人与天的关系有不同见解，但没有人指出，天就是天空。这种概念遗传至今，比如"人命关天""成事在天""天道酬勤"，等等。仔细想想，这些词汇中的"天"仍有上述含义。阴阳五行也是民间长久流行的观念，到战国晚期才得到系统化的整理，产生了阴阳家与《易》。《易》为六经之首，宋儒有"尽孔子之心者大《易》，尽孔子之用者《春秋》"的说法[①]。民间的阴阳五行观念从中医学中可以得到印证。中医学在战国时期已渐成熟，其经典《黄帝内经》用阴阳五行说阐释生理、病理现象及治疗原则，疗效十分神奇。现在中国人都明白"上火"的意思，但翻译成外文就很难表达，因为这个"火"是金、木、水、火、土的火，是"气"。尽管中医学理论与现代科学格格不入，但是它以临床实践

---

① 余英时：《朱熹的历史世界》，生活·读书·新知三联书店 2011 年版，第 292 页。

证明了阴阳五行的真理一面，已经成为人们笃信不疑的常识。《史记》《汉书》按照当时的知识水平，将医术同占卜、星象、命相等混同在一起，归类为"方技"，方技中的迷信和实用知识大都依据阴阳五行说。在传统文化中，儒学、医学与迷信并存，不仅同根同源，而且思维方式一致。

汉初，阴阳学派与其他几家思想同时流行。余英时说："由于汉初思想界已趋于混合，差不多已没有任何一家可以完全保持其纯洁性，而不受其他各家的影响。其中阴阳五行的观念则尤其如水银泻地，无所不在。不过阴阳五行说所提供的主要是一个宇宙的间架：儒、道、法三家虽都采取其间架，基本上却并未改变它们关于文化、政治、社会的理论内容。"① 道家更重天人合一。老子说："人法地，地法天，天法道，道法自然。""天道"自然就存在，人要顺应或模仿自然。成书于武帝在位时的道家著作《淮南子》，把人与天、地联系在一起，说人与天地一样是"气"的产物，人受阴阳二气而生，精神灵魂来自天，骨骸血肉来自地，人头圆是天的形状，人足方是地的形状，天有四时，人有四肢，天有五行，人有五脏，天有风雨雷电，人有喜怒哀乐，人性与天道一样，世理人道是天道在人间的推衍。翻看董仲舒的《春秋繁露》，他对道家理论非常认同、解释更细，如一年有 12 个月，人体有 12 大关节，一年 360 天，人体有 360 个小关节，等等。在治世方面，儒家最重德育教化，道家相信无为而治，法家否认道德自觉，这是三家的区别。董仲舒既用阴阳阐释儒家的德治原则，又以阴阳说明教化高于法治。他在与武帝的对话中说："天道之大者在阴阳。

---

① 余英时：《士与中国文化》，上海人民出版社 2003 年版，第 124—125 页。

阳为德，阴为刑。刑主杀而德主生。……王者承天意以从事，故任德教而不任刑。……孔子曰：'不教而诛谓之虐。'"他还将君臣关系、父子关系、夫妻关系解释为阴阳关系，阴阳关系不是自然关系，而是阳尊阴卑的主从关系。这与法家的说法一致。阴阳五行说弥漫于当时社会是传统文化的表现，也是汉初以来推崇黄老之学的结果。在这种背景下，董仲舒的推理既有说服力，也很容易被人们接受，包括汉武帝。

董仲舒的理论强化了儒学的实用价值，为儒学争取到独尊的地位，但是他的学理路数又使儒学偏离了孔孟追求道德心性理想化的目标，直接导致了谶纬的流行。

"天人感应"的要义之一是取法天象。董仲舒认为"天"的喜怒哀乐通过人们能够感受到的自然现象表达出来，君主受命于天，统治天下，臣民必须服从，违抗就是违逆天意。君主也要顺天行事，否则天也会以降灾异警示。这套说法的原理是从道家学来的，但是加入了儒家的以天约束皇帝行为、实现德治的理想，同时也加剧了社会原本普遍存在的迷信心理。汉武帝依照五德终始说和封禅理论，登泰山举行封禅大礼，定汉朝为土德，崇尚黄色。他的很多举措助长了神秘主义的谶纬。谶是用诡秘的暗语预示"天意"，往往附图，又称图谶。纬相对于经而名，是用阴阳五行、数术方技解释儒家经典，二者性质相同而纬书更具权威性。谶纬在武帝之后异常活跃，直接影响着国家政治和社会生活。王莽曾组织一千多人编辑五经纬书。清代学者赵翼在《廿二史劄记》中以大量史实证明了刘秀的决策和用人多依据谶纬，将谶纬"几等于圣经贤传，不敢有一字致疑"。董仲舒之后的儒学走上与谶纬相融合的理路。谶纬的内容很多是占星推历、预测凶吉、算命相人的知识，这些也从儒家经典中得到引申论证。因此，谶纬也可以说是经学的衍生物。而这时经学研究的"五经"还没有统一版本，于是，汉章帝于建初四年（79 年）以政府名义召集理论研讨会，形成了一个纲领性文件《白虎通义》。《白虎通义》将董仲舒的理论与谶纬之学糅合在一起，以阴阳五行说和数术方技作为认识世界的思维方式，从对宇宙结构的认识推理出君权的合法性及其道德秩序，确立了"三纲五常"原则。至此，儒学强化了意识形态地位，同时也开始迅速退化。

自然现象与君主统治原本是不搭界的两码事。如果气候正常，皇帝还可以借此粉饰太平，即使出现日蚀等不明现象，皇帝下个罪己诏，揽下道德责任也就了事了。如果天灾频仍就麻烦了。东汉王朝存在了 195 年，在后 112 年中特大自然灾害发生了 150 次。皇帝按照天人感应论，频频下诏赈济贫困、大赦天下、察举贤良，然而无论怎么做，老天也不给面子。扬雄、王充等人抨击天人感应说，远不如自然灾害的打击力度。迷信的适度存在有利于君权至上和儒家意识形态，也是天人感应论的基础和前提，但是迷信过度则适得其反，不仅动摇政治信念而且损害政治权威，造成社会混乱。东汉末年黄巾大起义就是用谣谶组织起来的。

三国两晋南北朝是中国历史上分裂时间最长、社会最动荡的时期。东汉中后期人口尚有 6000 多万，三国初期人口总共才有 1100 万左右。[1] 汉族人口锐减，而内迁的少数民族剧增，仅鲜卑族即有 115 万人以上。[2] 这些民族没有汉族传统文化的基因，再加

---

[1]　赵文林、谢淑君：《中国人口史》，人民出版社 1988 年版，第 87 页。
[2]　同上书，第 90 页。

上佛教乘虚而入，儒家意识形态被彻底摧毁。在各个政权中，君权至上几乎不存在，谁有实力谁就说了算。儒家实现理想的路径是入世参政，而这个时期没有秩序，没有规矩，当官成为"高危"职业。东晋朝廷最初给王羲之吏部尚书的位置他都不去，后来出仕又挑拣地方，到了山水宜人的会稽就产生了辞官的念头。儒家以功名衡量个人价值的观念已经动摇。士人大多崇尚自然，追求逍遥，注释老庄，又用老庄解释《易》。易、老、庄的三玄之学取代了汉代经学。《老子》与《周易》是同类书。玄学从《老子》"天地万物生于有，有生于无"的命题出发，否认阴阳五行是一切存在的依据，认为"有"与"无"是根本。"无"就是"道"，已经存在的"有"是从未曾存在的"无"产生的，"无"是"有"之本，"有"是"无"之末。这些令人费解又像废话的玄妙语句，大概只有研究哲学史的专家才能明白。但是有一点可以肯定，玄学没有功利性，玄学家探讨的现实问题不是修身齐家、治国平天下，而是人如何顺应自然本性，怎样生活才能快乐。崇尚自然必然蔑视约束人性情的纲常名教，玄学与儒学背道而驰。那时的读书人普遍自由洒脱、我行我素，玄学家更是放浪形骸。魏晋南北朝是古代中国又一次思想自由的时期，是中国文学艺术史上的辉煌时代，而在这三百多年间，儒学基本上是走背字儿。

隋唐时期国家恢复统一，以君主为核心的中央集权制度只有用儒学作为意识形态，别无选择。唐太宗比他的后代更理解儒学的意义，他命人编著《五经正义》作为官方指定教材，用于科举考试，还曾严格限制佛、道在上层的传播。[①]《贞观政要》记录

---

① 葛兆光：《中国思想史》第二卷，复旦大学出版社 2001 年版，第 95 页。

了很多君臣对儒家思想的运用。而后的高宗信道教、武则天信佛教，玄宗就乱套了，他先是作《孝经注》颁行天下，又著《道德经御注》，紧接着又颁布他注释的《金刚经》，哪个是正统？好像暗示三教并行，起码不是独尊儒术。任继愈指出，此时佛教传入中国已经有 500 多年了，本土化趋势十分明显。印度佛教脱离尘世的原则是出家，出家人只认佛、法、僧，不敬皇帝，不认父母，不关心国家和社会。这在中国行不通。玄奘取经回来还要去看望他的一个老姐姐，这在印度是不允许的；中国的寺院有的称"报国寺""护国寺"，因为中国佛教提倡大忠大孝、忠君爱国。佛教还将慈悲比附仁道，戒律比附修身，用儒家语言解释教义。高僧慧能主张"若欲修行，在家亦得，不由在寺"，甚至也不必读经，"自家修清净"即可。这类似于马丁·路德的"因信称义"。信仰简单化很容易争取下层民众。当时上层很多有影响的士人对佛教也相当热情，如柳宗元、白居易、王维。

道教在唐代地位特殊。唐朝皇帝姓李，据传老子也姓李，于是皇室追认老子为祖先，老子成为道教的最高神灵，俗称"太上老君"。自高宗以来，皇帝不断表彰、册封高级道士，他们出入宫廷享受很高的礼遇，很多皇帝都以"尊师"相称。唐武宗灭佛也与崇信道教有关。不少士人也信道教，李白就是其中之一。道教屈从于儒学。儒家认为"身体发肤，受之父母，不敢毁伤，孝之始也"；道士都蓄发，认同《孝经》的观点但又认为不止于此，保持身体发肤的完整不仅为孝敬父母，还象征着天道流转人间。[1]董仲舒神学化的儒家伦理道德体系为道教的伦理建设奠定了理论基

---

① 　詹石窗：《道教文化十五讲》，北京大学出版社 2018 年版，第 168 页。

础，谶纬为道家的形成提供了独特的思想氛围。[1]道教有皇室的推崇传播更方便。佛、道都有自己的传承谱系，都有人人都能成佛、成仙的人性普遍化理论，都有自己的认识论和宇宙观，都吸收并利用一部分儒家思想，但又不遵从礼制、不尊奉儒家经典。佛、道对社会各个方面无孔不入，儒家意识形态不仅面临佛道的冲击，盛唐的社会风尚也摧毁了儒家的道德底线。

经历魏晋南北朝民族大融合之后，北方汉族人口的比例有多少还真难说。陈寅恪指出，唐朝皇族来自西北，武则天之前皇帝的母系都是鲜卑人。高级将领中异族人更多，尉迟敬德是于阗人，哥舒翰是突骑施人（属西突厥的古民族），高仙芝是高丽人，据荣新江研究，安禄山是粟特人（中亚细亚的民族，语言为伊朗语系）。唐太宗有句名言：“自古皆贵中华贱夷狄，朕独爱之如一。”他还说：“夷狄亦人耳，其情与中夏不殊。人主患德泽不加，不必猜忌异类。”他没有“非我族类，其心必异”的想法，也没有把周边民族看成野蛮人。于是，异族的生活习俗、思想观念、服装玩物、游戏歌舞流行开来，社会上下都不大在乎儒家那套尊卑礼制、伦理准则。皇帝与大臣议事平起平坐，上朝时官员们不守“班秩”，交头接耳、站没站相，这在唐朝习以为常。唐太宗纳弟媳，唐玄宗纳儿媳，唐高宗娶他老爸的才人武媚娘；武则天养面首，冯小宝是其中一个；唐中宗、唐玄宗都喜欢看“裸体跳足”的“泼寒胡戏”；几代皇上的公主都搞婚外情，离婚再嫁的也不在少数，这些在唐朝都不是个事儿。陈寅恪说，唐代进士科与娼妓文学有密切关系，应试要做淫艳之词，文人狎妓成风大概与此有关。妇女在那个时

---

[1] 詹石窗：《道教文化十五讲》，北京大学出版社 2018 年版，第 37、44 页。

代最为解放。盛唐时期信仰自由、思想自由、道德自由，传统观念被淡化。尽管儒学意识形态功能下降，但还保持着意识形态地位。科举制始终以儒家典籍为主，官方学校都是学习儒学。瞿同祖认为，法律的儒家化这时也基本完成。儒学在古代总是以一种无言的权力，规训宗教、指导法律、控制教育。因此，当韩愈提出尊儒排佛的主张时，在文坛和官场还是得到相当程度的回应。然而，安史之乱后的中央政府已经失去了权威和重建秩序的能力。

二、宋代理学对儒学意识形态化的贡献

五代十国是安史之乱后藩镇割据的延续。北宋建立之前两百年的历史教训实在太深刻了。相对来说，削夺兵权解除来自内部的威胁比较容易，重建意识形态与秩序则需要一个过程。整顿高层就颇费心机，为了显示皇权独尊，偷偷撤掉座位，迫使大臣站着与皇帝说话。据说，宋代官帽的两翅加长，也是为严格上朝不许摇头晃脑、交谈耳语。宋初几十年强化权威、恢复秩序的努力一直没有停止过，最有成效的措施是"与士大夫共治天下"。"士"一般指读书人，"士大夫"指当官的读书人。儒学在传统文化中虽然一直占主导地位，但士人群体在政事活动中担当主角却是到北宋才实现的。由于门第观念的长期存在和科举制还需实践、完善，因此终唐一代，科举出身的官员在整个官僚队伍中的比例还是少数。宋代重文轻武，有意扩大取士名额。在北宋的167年间，科举取士总数达6万余人，平均每年360名，《宋史》所载的1953

人中平民入仕者达 55% 以上。^①宋代科举真正实现了"学而优则仕"，使读书人趋之若鹜。那时科举考试还没有明清那么死板的规定，这既促进了教育又刺激了对儒家经典的研究。宋代除了官办学校系统外，私人书院成为思想文化界的一道亮丽的风景线。所谓私人书院，创办者往往也是政府官员，同样获得政府支持。北宋前几十年还非常重视整理典籍，编纂了《太平御览》1000 卷约 500 万字，《册府元龟》1000 卷约 1000 万字，还有文学类书《太平广记》等。印刷术的发达使儒家经典流传的数量猛增。据说，宋真宗到国子监问及经书印了多少，回答者说："国初不及四千，今十余万，……士庶家皆有之。"^②这还是活字印刷术发明之前雕版印书的情况。在这样的宠爱和培育下，进入 11 世纪，儒学迎来了伟大的复兴。

儒学的复兴仍旧是从经典理论开始。冯友兰将自董仲舒至康有为的两千多年，定名为"经学时代"。他说，这两千多年间的大部分思想都以儒家经典为依据，这叫"旧瓶装新酒"。^③为什么儒家经典有如此魅力？除了儒家思想符合政治制度和社会传统外，还因为儒学既包含先秦主要典籍，又有理论化、理想化的制度设计；比别家学说更丰富，又包容不同的思想萌芽，因此"易为人所引申附会"。^④先秦文句言简意深，又不界定概念，这也是造成后人各取所需的原因。汉代太学生用数万字注解经典中的几个字，司空见惯，这叫"微言大义"。从韩愈至宋代儒学注重领会经书的

---

① 葛兆光：《中国思想史》第二卷，复旦大学出版社 2001 年版，第 266 页下注①。

② 同上书，第 267 页。

③ 冯友兰：《中国哲学史》下册，人民出版社 2001 年版，第 4 页。

④ 冯友兰：《中国哲学史》上册，人民出版社 2001 年版，第 330 页。

精神实质，即谓寻求"义理"（思想、原理之意）。二者虽然都是引经据典，但取向已经发生变化。韩愈开启的新儒学因诠释不同以往，在宋代被称为"道学"，后来多称其为理学。理学是道学的延续和发展。

道学的"道"指"道统"，含"正统""正宗"之意。道学首先要解决儒学的正宗和原旨问题，韩愈的重要论文取名《原道》就是这个意思。他认为，自汉至唐的儒学偏离了孔子学说，孔子的继承者是孟子，孟子以后香火就断了。因此，韩愈提出承接孔孟正宗，他极力推崇《孟子》，回归性本善的原点，又以《礼记》中的《大学》《中庸》两篇，论证了从培养人的心性道德、实现国家秩序治理的思路。这样梳理道统在当时有双重意义，一是证明修行心性并非佛道专利，古老的儒家经典早就有此主张；二是通过对经典义理的发挥否定了章句训诂的学习方法。以现在的眼光看，这样溯史寻根，是借助历史资源重构意识形态。经过中唐以来的动乱，宋朝恢复秩序正需要理论上拨乱反正。

有了韩愈的论证才有了"孔孟之道"。这个"道"还有另外一层意思，既是通观宇宙世界的原理、本原，又是做人治世的道德、原则；既含抽象的规律之意，又指具体的行为规范，相当于一套价值系统。"道"和"理"是同义词，用在不同的地方，解释不一样。宋代道学一开始也是用"道""天道"，从程颢、程颐兄弟开始多采用"理""天理"。程颢曾得意地说："吾学虽有所受，天理二字却是自家拈出来。"这个"拈"字用得很传神，用两三个指头夹取东西叫"拈"。程颢的意思是说：我们的学术虽然有导师传授，但是达到一定深度后，是自己体悟出了"天理"二字。言外之意，用"天理"表述他们的发现与导师没关系。他们的导师叫周敦颐，和他们老爸是哥们儿。程父在福建南安做官时，与同僚周敦颐过从甚密，知其学问精深，于是让两个儿子跟着他学习。与导师有这样深层次的关系，程颢还这么计较著作权，"天理"二字有这么重要吗？

周敦颐比司马光大两岁、比王安石年长四岁，他们都属于儒家但各成一派。王安石和司马光致力于经世致用，是北宋学术思想的主流。周敦颐致仕后专事学问，他吸收佛、道部分学说，建造了一个将自然界与人类社会统一起来的宇宙生成模式。此前孔孟儒学没有宇宙论。先秦只有老子的学说涉及宇宙发生。老子认为道是万物之本原，无时无刻不在变化，但他主张"绝圣弃智"，反对开发智力，主张以心灵虚静消极地认识"道"。道教的部分观念源自道家，道教成仙的思路是按照宇宙发生次序逆行本原，周敦颐是顺行结果，落点不是得道成仙，而是道德人心。道教与道学的宇宙发生论大同小异，我们常见的道教太极图是将宇宙的发生图示化了，太极图的黑白两色代表阴阳两极。周敦颐著有《太极图说》，他解释："太极动而生阳，动极而静，静而生阴。静极复动。一动一静，互为其根。分阴分阳，两仪立焉。"太极是描绘阴阳互动的词，就像"运动"这个词，没有形象，不是指具体的物。阴阳互动产生水火木金土。金、木、水、火、土是组成宇宙万物的基本元素，是"气"。五气此消彼长、相克相生形成春夏秋冬四季循环。人的产生也是阴阳运动的结果，但人在万物中"得其秀而最灵"。人体是小宇宙，也有阴阳五行，运行"中正"则生善，反之生恶。做人的标准是中正仁义，以中正律己，以仁义待人就可以成为圣人。

中医学理论很早就讲气，周敦颐使用"气"的概念不是原创，

太极图。"太极"是中国古代哲学关于世界本原的范畴，最早见于《周易·系辞上》，认为太极变化生成天地万物。此图据传为北宋道士陈抟（？—989年）所画，黑白代表阴阳，而白中黑点寓指阳中有阴，黑中白点寓指阴中有阳，阴阳消长化生万物。后周敦颐（1117—1173年）据此撰《太极图说》，认为无极是宇宙万物的本原，它派生出有动有静的太极，太极动而生阳，静而生阴，阴阳立天地，阴阳变化生五行，由阴阳二气和五行的相互作用而化生了万物，万物生生变化无穷。这是对宇宙生成的解释，反映了理学先驱的理论化思维。

他也没有深入解释，比他小三岁的张载丰富了"气"的学说。张载认为：气聚在一起成为有形的，人能见到；气散开无形，人就看不见了。气是极微小的，是不断运动的。古希腊的德谟克利特认为，宇宙万物本原是原子和虚空，原子是构成所有物质的最小颗粒，不可再分。张载与德谟克利特的认识没有高低之分。古希腊的原子论也不是现代原子论的前身。他们的"理论"都是猜测和想象，没有实验、观察的基础。古希腊也有人认为万物是由火、空气、水、土组成的。张载还认为，"气"本身也有阴阳二性，有"动静相感之性"，总是一阴一阳地流动变化。气的无形状态叫太虚，气的有形状态就是物，天地万物是气按照一定的结构组成的，气的聚散是有规律的："天地之气，虽聚散攻取百涂，然其为理也，顺而不妄。""攻取百涂"意为变化万端，变的规律就是"理"。张载对"理"只是点到为止。

经常与张载切磋学问的二程得到启发，对"理"做了深入研究和思考。老大程颢甚至达到"每中夜以思，不知手之舞之，足之蹈之也"的境地。对天理的思考居然能让人兴奋得手舞足蹈，这其中究竟有什么奥妙呢？

他们发现了天理是自然存在的，是自然趋势。程颢说："所谓天理者，自然底道理，无毫发杜撰。"天地万物之理，"皆自然而然，非有安排也"（《二程遗书》卷十一）。后来朱熹比喻说，在造舟车之前，人先发现了舟车原理，然后造出舟车，因此只能说人是发现、发明，舟车之理原本就存在。以此推论，1+1=2 是数理，人们没明白之前已经存在。牛顿发现地球引力之前，这种物理现象也原本存在。他们立论的前提成立。接下来的逻辑是"未有这事，先有这理"，"凡天地生出那物，便是那里有那理"。没有无理而存在的事物，理是绝对存在的，这是结论。那么理是什么呢？是抽象的，"形而上者，无形无影是此理"。朱熹解释说："在天地言，则天地中有太极；在万物言，则万物中各有太极。未有天地之先，毕竟是先有此理。"（《朱子语类》卷一）太极是阴阳五行之理，宇宙万物有此理，人体也是这样，人事也如此。程颢言："天下善恶皆天理。"程颐说：纲常伦理都是"天下之定理，无所逃于天地之间"。因此二程断言："理在天下只是一个理，故推至四海而准。""天理云者，这一个道理，更有甚穷已。不为尧存，不为桀亡。"（《二程遗书》卷二）"天行有常，不为尧存，不为桀亡"是荀子的名言，他们借此解释：尧的尽职与桀的暴虐，只是君王之理的正反两个实例，为君之理不因此而增减，天理依旧。

"理"是前人说过的，但不及他们论述精细。前文介绍了古人关于"天"的概念：天是神秘的力量，能主宰一切事物，还掌握着自然与人类的总原理。把天的概念和理的概念结合起来，组成一个新词"天理"，显然加重了分量，应属于学术创新。而

"道""天道"也是道家的常用语，显示不出自家的学问。强调"天理二字是自家拈出来"，大概就是出于这样的心理。

二程对天理的存在认识一致，主张认知天理的方法不同。老大的方法是"良知良能"，觉悟人心，通过对"仁"的认知定性，形成理想化的人格。这种强调以人心直觉真理的思想，启发了后来的陆王心学。

程颐比他哥哥长寿20年，弟子众多，著述丰厚，论及范围也更广。后人所称"程朱理学"主要指程颐。"存天理，灭人欲""饿死事小，失节事大"都是程颐的名言，他为什么如此极端呢？其实，程颐是正人君子，对自己要求很严格。他认为通过"格物致知"才能认识理，然后以诚敬之心思考、存之，达到"无人欲即皆天理"。他的本意似乎是对士大夫，因为士大夫要以天下为己任，按照儒家理论，治天下的前提是修身正己。倘若"灭人欲"仅是对士大夫而言，还不能说完全错误，因为苦行僧式的理想主义者古今中外不乏实例。而"饿死事小，失节事大"就无视人性了。无独有偶，此时基督教也在宣扬禁欲主义，到15世纪时欧洲约有40%的妇女过着单身生活，妇女卫生和医学的妇产科都被视为禁区，1400年至1700年欧洲至少有8万妇女被宗教法庭以巫女罪判处死刑。[①]看来歧视妇女不是封建主义的罪恶，而是人类共有的偏见。

程颐声誉日隆，被宋哲宗请去讲学，说明理学在北宋时期已经颇具影响。张载的那句"为天地立心，为生民立命，为往圣继绝学，为万世开太平"，也没少为理学加分。这句至今被传诵的豪

———————————

① 马克垚主编：《世界文明史》上，北京大学出版社2016年版，第370页。

言壮语很有代表性。如果仔细品味，后半句比较好懂，即：要接续并发扬光大孔孟儒学，开启永恒太平的理想世界。前半句则匪夷所思，什么叫"为天地立心"？天地的心指什么？从前后联系来看，"为生民立命"也不是为民请命的意思。张载与二程意气相投、志同道合。因此，解读张载的句意可以了解理学的奋斗方向。

"心"是古人常用的概念。儒、医相通，心的概念一样。中医把人体看成一个小宇宙，《黄帝内经》云："心者，君主之官，神明出焉。"心与五脏六腑是主从关系。心代表人内在的思维、情感、道德。心为形之主，形神相合，身心合一。现在常说的"心想事成""心广体胖""心猿意马"等，都是从古人常识中派生出来的词汇，但依人的生理结构则讲不通：心脏是推动血液循环的器官，不管别的事。心在中医学中被赋予了更多的功能，是有形的，也是无形的，不单指心脏。这有点儿像基督教说的"灵魂"，灵魂是上帝的恩赐，并非与生俱来，因此基督教劝人们克制身体的欲望，以求灵魂之净化。而中医学认为心与肉体是一体的，人的精神与形体同时存在，都是宇宙的造化。儒学也这样说，无论是性善论还是性恶论，都将人性看作先天赋予的。张载著作中的一些语句与《黄帝内经》极为相似。在基督教世界，有上帝为灵魂做主；在中国，心由谁主宰呢？佛道二教一度充当了这种角色，儒学要重新承担起这种责任。天地大宇宙的心也在人。后来朱熹说得最明白："天地别无勾当，只是以生物为心。"天地生万物，万物都有心，只有人心最灵秀，一切问题都收归人的心中。但天地之心不是归于个体人的心，而是指"道"和"理"。张载说，"凡是道，皆能尽天地"；程颢说，"有道有理，天人一也，更不分别"；

他们试图打通天、地、人三界，使人伦与天经、地义等同。①"为天地立心"反映了他们致力于理论建设的雄心。孔孟重教化，尤其是孟子，要求"士""穷则独善其身，达则兼济天下"泽加于民；把"士"看作为"民"福祉而奋斗的群体。宋代科举考试使大批出身于社会底层的人进入士大夫阶层，关心民众是他们的意愿，"济世""泽民"是他们的理想，"以天下为己任"是宋代"士"的集体意识。②"为生民立命"表达了士大夫要自觉承担起向民众灌输儒家思想价值观的社会责任，他们认为这样民众的生活、生命才有意义。"为往圣继绝学"呼应"为天地立心"；"为万世开太平"是"为生民立命"的延伸。从张载、二程到朱熹，这派士大夫就是在这两件事上成就斐然：一是坚持学术研究，将儒学发展到历史最高峰；再就是重视儒学通俗化，通过各种渠道普及到大众。这两件事朱熹做得最出色。

朱熹是程颐的三传弟子，一生笔耕不辍，留下上千万字的著述；其学术涉猎之广，宋代无人可比。他对理学的每个基本问题都有论述，也都以实例说明。比如关于"理""气"关系，是先有理还是先有气呢？如同先有鸡还是先有蛋的命题一样，似乎无解，但朱熹能自圆其说。他主张理先气后，理生气；但是，气一旦派生出来，就有独立性。理是形而上的、抽象的，气是形而下的、具体的；理气是主客关系。理必合气，气在理中。他举证，植物由种子生长而成，种子是气凝聚之物，气凝聚种子便是理，如果理中无气，世界就光秃秃的。造房子也是人发现了房屋之理，由

---

① 葛兆光：《中国思想史》第二卷，复旦大学出版社 2001 年版，第 293 页。
② 余英时：《宋明理学与政治文化》，广西师范大学出版社 2006 年版，第 145 页。

白北故宫博物院藏朱子像

朱熹像。朱熹（1130—1200 年），南宋著名的哲学家，宋代理学的集大成者，中国儒学史上继西汉董仲舒之后的又一里程碑式的思想家。他继承了北宋以来理学发展的成就，建立了一个以"理"为中心的庞大的思想体系，对宋以后的中国思想和社会产生了深远的影响。

气凝聚而成的各种材料为造房屋提供了可能。那么人的由来怎么解释呢？他说人种产生的具体过程是这样的："自是气蒸结成两个人。……那两个人便如而今人身上虱，自然变化出来。"（《朱子语类》卷九十四）难得的比喻和想象力！不讲卫生的人因太脏而长虱子，身体积攒的污垢无生命，却能生出有活力的虱子，虱子属于寄生虫，归类为昆虫的虱目，世界上有 500 多种虱子，中国有75 种（见《辞海》"虱目"条）。用虱子的生成比喻人的由来，实在让人无语。他的结论是："人之所以生，理与气合而已。"（《朱子语类》卷四）

既然人是理与气合二而一的产物，那么，在个体的人中什么是理，什么是气？朱熹认为，人天生就具有理的人性。人性善是天性，所以见到小孩儿掉到井里每个人都会产生恻隐之心，恻隐是遇到具体事流露出来的情感，受理的支配。人的各种器官都是气组成的，理存在于各器官之中，但是在人体器官中，"心统性情也"。这与中医学的理论相吻合。因此"性者心之理，情者心之动"（《朱子语类》卷四）。既然心决定性与情，那么修养身心就很重要了。怎样修养呢？要知道"未有君臣，已先有君臣之理；未有父子，已先有父子之理"（《朱子语类》卷九十五）。"仁、义、礼、智，性也。性无形影可以摸索，只是有这理耳。"（《朱子语类》卷六）"宇宙之间，一理而已。天得之而为天，地得之而为地，而凡生于天地之间者，又各得之以为性。其张之为三纲，其纪之为五常，盖皆此理之流行，无所适而不在。"[①] 朱熹的逻辑是：性即理，不能说心即理；有忠孝之理才有忠孝之心，不能说有忠孝之心才有忠孝之理；如果说心即理，那么无忠孝之心，就等于否定忠孝之理了，因此，理是绝对存在的，离开心也存在，没有事实也有可能。将人伦之理与天地之理相提并论，结论就是三纲五常也是天理。在这番论证中，朱熹发挥了性善论。因为人性善，所以人人都有成为圣人的可能；但是，人的形体器官生而有私欲（七情六欲），性中的理与器官的私欲使人人都具有善恶的两面性，而世道安危在于人心，因此要教导人们恪守天理、战胜私欲，"不使天理得以流于人欲"。结论："圣人千言万语，只是教人存天理，灭人欲。"（《朱子语类》卷十二）

朱熹认为存天理的方式是格物与读经。格，是接触、了解、感知的意思。他说，每一事物都有自身存在的规律，理是绝对存在的，也是无穷无尽的，只有人能够认识理，理没有穷尽，知识也没有尽头。以朱熹"格物穷理"的命题，似乎可以打开自然科学的大门，倘若如此必将出现理性主义。遗憾的是朱熹是从经书中获得的义理，从《大学》提出的"格物致知"发展出"格物穷理"，这只是纯哲学意义上的正确。金岳霖曾说，哲学是说出一个

[①]（宋）朱熹：《读大纪》，转引自《宋明理学与政治文化》，广西师范大学出版社2006年版，第143页。

道理来的成见。何为成见？哲学中的"见"是其论理最根本的部分，或者是假设，或者是信仰。严格地说大都是永远或暂时不能证明与反证的思想。这位哲学家所言实在精辟，以此理解理学，一切迎刃而解。周敦颐的太极说就是假设，是永远无法被证明的。因为它是把自然与人文两个领域的问题纠合在一起，并给出一个总根源、总原理。宇宙空间的问题属于天文学研究的范畴，中国古代的天文学虽然比较发达，也产生了比较精确的历法，但却始终没有科学的思维，始终没有认识到地球是个圆的，始终没有将科学与迷信分开。西方自古希腊毕达哥拉斯学派就产生了天体模型理论，托勒密的地心说和哥白尼的日心说都是对天体结构的再认识。达尔文之前的哲学家比博物学家更支持进化论思想。[1] 基督教之所以反对奴隶制是因为它原本就有人人平等的教义，这是"天赋人权论"的基础。将自然与人文、科学与社会两个领域分开，才能导致科学发展和人的解放。中国古代也有人试图将天道与人道分开，如荀子、柳宗元、刘禹锡。由于缺乏天文学的支持，他们的思想只能停留在感知阶段，无法彻底否定天人合一。理学在天人合一的总框架之下，讨论理和格物穷理，始终没有划清自然与人文两个领域的界限。这是中国传统文化的一个硬伤。现在我们可以轻松地指出理学思想体系的致命缺陷，然而当时很多有知识的人对此却深信不疑。王安石非理学一系，但他认同道学理论，"双方的相似之处都是很可惊的"。[2] 司马光也曾以阴阳五行论宇宙人事之变，只是他在这方面的造诣不深。[3]

---

[1] 江晓原：《科学史十五讲》，北京大学出版社 2006 年版，第 283 页。

[2] 余英时：《朱熹的历史世界》，生活·读书·新知三联书店 2011 年版，第 60 页。

[3] 萧公权：《中国政治思想史》上，商务印书馆 2011 年版，第 316 页。

　　自然科学需要理论，更需要实验证明。西方启蒙思想家大都从科学中获得启示，英国的洛克与牛顿、波义耳是好友，对自然科学了解很多。法国的伏尔泰不仅研究牛顿的成果，而且还做过许多科学实验。孟德斯鸠写过多篇自然科学论文。德国的康德在46岁之前主要著述都是自然科学方面。而朱熹的思想是从经书中获得的义理，从《大学》提出的"格物致知"发展出"格物穷理"，然后又回归到《大学》"格物致知，正心诚意，修身齐家，治国平天下"。他无法逃脱儒学的窠臼，最终还是为提升道德、实现上下尊卑的社会秩序。

　　理学对人的分析与格物致知的逻辑一样，推理绕了一个圈子都归结到正心诚意，修身齐家，治国平天下。将天地秩序与修身境界统一起来认识，这是孔孟没想到的。朱熹逻辑推理的严谨和精细也是孔孟没有做到的。

　　理学在南宋时期形成了一套完整而系统的思想体系。理学建构的基石是《论语》《孟子》《大学》《中庸》，此后这"四书"位列"五经"之前，合称"四书五经"。《大学》在理学中的地位重要。《大学》和《中庸》原是《礼记》中的两篇，礼治是儒学理想的社会秩序，理学以绝对的"理"论证了实现礼治的合理性，从而完善了儒学意识形态理论，只待明主加以运用。正如朱熹所言："天下事，须是人主晓得通透了，自要去做，乃得。"余英时在《朱熹的历史世界》中有"得君行道"一节，专门阐述朱熹和陆九渊如何重视和争取皇帝的支持。

　　陆九渊与朱熹是南宋同一代人，都是理学大家。由于二者在认知天理的学习方法上各执一词，于是便有了鹅湖之会。陆九渊的观点是"宇宙便是吾心，吾心便是宇宙"，宇宙万物之理就是每个人心中之理，人的本心就有天理，天理有阴阳，人心有善恶，一切可能都蕴含在心中，格物致知的对象是一切事物，那很难找到同一性的天理。他甚至对研读经典也不以为然，并举例说，《论语》中有"学而时习之"，但我们不知时习何事。"非学有本领，未易读也。……学苟知本，六经皆我注脚。"因此他强调："收拾精神，自作主宰，万物皆备于我。"提倡人的自觉性和自主性是对的，绝对化就有失偏颇，况且他自觉的标准仍没有脱离理学的框架。他解读《论语》说："故道者天下万世之公理而斯人之所共由者也。君有君道，臣有臣道，父有父道，子有子道，莫不有道。"朱熹也认为"治道必本于正心、修身"。陆九渊与朱熹只是五十步与百步之别，他们都是提倡一种高调的道德理想主义和严厉的文化保守主义。[1]

朱熹的影响力超过陆九渊，还不在于理论上谁是谁非。他为儒学通俗化投入的精力是宋代任何一位名儒都无法相比的。他深知精神文明建设必须从教育和民众日常生活抓起，从基层着手。宋代参加科举的人数从 11 世纪的近 8 万人增长到 13 世纪的约 40 万人。许倬云估计，科举失败者的群体人数约占总人口的 5%—7%，他们是民间思想的缔造者与辩论者[2]，是传播理学、教化民众、践行理想秩序的基本保证。朱熹编著的《四书集注》，方便他们以理学思想领会儒家经典，也为应试科举、开馆授徒提供了教材。

科举失败者散居社会基层，当乡塾启蒙教师是普遍的选择。

---

[1] 葛兆光：《中国思想史》第二卷，复旦大学出版社 2001 年版，第 350 页。
[2] 许倬云：《中西文明的对照》，浙江人民出版社 2013 年版，第 149 页。

《四书章句集注》（中华书局1983年版）书影。朱熹编著，简称《四书集注》，四书指的是《大学》《中庸》《论语》《孟子》。《四书集注》是朱熹最重要的传布最广的理学思想著作。朱熹利用了儒家这四部经书，建构了一个以天理为核心的理学体系。元仁宗延祐年间，以《四书集注》试士，此后，明清均将之作为科举考试的依据，产生了广泛而深远的影响。

为此朱熹编写《论语训蒙口义》《童蒙须知》，从娃娃抓起，使幼童从生活细节开始规范行为，如穿衣要系紧领口，为人子弟说话要低声下气，在长辈面前吃饭不能出声，读书要正襟危坐，等等，目的是潜移默化地灌输儒学的道德观和价值观。拥有科举功名还乡的士绅往往是地方基层组织的首脑，他们的知识、思想和信仰成为影响民众的力量，他们通过族规、家礼、乡约等将儒家思想和行为准则，变为民众生活的习惯和共同生活的规则。朱熹编著的《朱子家礼》非常具有权威性，后代乡绅视其为样本，衍生出各种大同小异的族规和家训。葛兆光举例江西抚州陆氏家族，清晨就有子弟唱歌：“劳我以生天理定”“经营太甚违天命”“好将孝弟酬身命”。宋代不止朱熹一人致力于儒学通俗化，我们熟知的《三字经》《千字文》明显渗透了儒家观念。这些教材、家礼等通俗读物成为儒学意识形态的载体，使理学原则进入民众的心理和生活，塑造着人们的思想，衍化成为人们的常识。比如“夫为妻纲”虽然早已列入三纲，但宋之前大部分妇女们没这个概念，经理学家的普及，明清以贞洁烈女载入史册就达三四万人之多。这表达了社会基层对理学意识形态的服从。“朱子学的普及，也使中国的社会结构经由学术与政治，维持了长期稳定，停留不变。程朱体系对于已经取得政权的统治者而言，是非常有利的控制工具。"[①]

三、明代理学及其与同时期西方思想观念的比较

南宋末年，宋理宗将理学确立为正统官学，但理学无法挽救宋朝灭亡的命运。而后不足百年的元朝是中国历史的大倒退。占据黄河中下游及东北的金朝，鼎盛时约有 5300 万人，而蒙古灭金后不足 1000 万人；13 世纪最初 10 年，中国人口已经达到 1 亿左右，而元代初期全国人口减少了一半。[②]野蛮的草原民族除工匠、医者外，对其他汉人经常是格杀勿论。元代以前，士人为四民之首；有元一代，士的地位几近乞丐。元朝统治者推崇喇嘛教，用八思巴创制的新字为官方文字。宫廷中主要使用蒙古语，皇帝和蒙古大臣多不习汉文，汉语水平还离不开翻译。元代虽然恢复科举考试，并以理学为标准，但是官僚阶层始终以蒙古人和色目人为核心，以科举晋身的汉族官僚数量很少。汉文化对蒙元帝国不是唯一的药方，喇嘛教文化、伊斯兰文化对他们都有影响。在这种生态环境中，理学不可能成为意识形态。

进入明朝，理学恢复意识形态地位。朱元璋曾下诏访求"朱氏学者"，科举考试必须以朱熹的注经为标准答案，以及大量印制儒家经典，儒学似乎又迎来了春天。然而，朱元璋不是赵匡胤，他命人作《孟子节文》，删去民贵君轻、君臣相敬等几十条言论，

---

① 许倬云：《中西文明的对照》，浙江人民出版社 2013 年版，第 146 页。
② 赵文林、谢淑君：《中国人口史》，人民出版社 1988 年版，第 265、280 页。

说明皇帝只欣赏理学教化民众的功能，不允许士人干政议政。为杀士大夫的锐气并使其为我所用，朱元璋立下"寰中士大夫不为君用者杀身灭家"的酷法。两宋朝廷之上从未发生过凌辱文官之事，而明代的"廷杖"成为制度，愈演愈烈。最初挨打的大臣可以穿着衣裤，厚一点也可以，明武宗时刘瑾出了个坏主意，褪去裤子棍棒直接打在屁股上。最先尝试"去衣"受杖的就是王守仁（即王阳明），好在那年他34岁，是个抗击打的年龄，挨了40廷杖，"既绝复苏"。

王阳明16岁时为了验证"格物致知"，曾在竹林里傻乎乎地呆了好几天，冥思苦想，终无所获而且还病倒了。他不知道竹子属于植物学领域，不是凭想象就能知其生长之理。受廷杖后，王阳明被贬至贵州的龙场管理驿站。远离京城，他终日端坐静思，"忽中夜大悟格物致知之旨，不觉呼跃而起，从者皆惊。始知圣人之道，悟性自足，向之求理于事物误也"。这就是明代思想史上传颂的"龙场顿悟"。好像搞理学的人都有"中夜大悟"、忘乎所以的毛病，只是王阳明的顿悟有些奇怪：挨打受辱又被贬谪到西南山区，即使想得开怎么会思考哲学问题？格物致知的死结就这样解开了，不能格物，应当追求心理的自觉自悟。廷杖之苦与龙场顿悟有关系吗？不久，王阳明被重新起用。他好像忘记了挨打这件事，先后率兵镇压了福建、江西的农民起义和宁王朱宸濠叛乱，因功受爵新建伯，官至南京兵部尚书。正值官运亨通又是43岁的好年龄，他却辞职回乡了，专事著书立说、收徒讲学。王阳明自诩一生做了两件大事，一是破山中贼，二是破心中贼。明代理学的转变是王阳明一手造成的。龙场顿悟决定了他的思想和行为，此后他发展了陆九渊的观点，其学说被称为陆王心学。心学也是理学，但认识论与程朱相抵牾。王阳明在龙场到底想了些什么？这是解读心学的钥匙。

按照正心诚意、修身齐家、治国平天下的逻辑，正心、诚意、修身是齐家、治国、平天下的前提和保证。假如能做到，最小也是一个家庭可以整齐一致，大则可以使国家得到治理、太平。理学家不仅严于律己，还以此开导皇帝。余英时在《士与中国文化·新版序》中说："同是理学家，朱熹和陆九渊都一心一意向往着王安石的'得君行道'，在皇帝面前也侃侃而谈，俨然以政治主体自居，充分体现了'以天下为己任'的气概。"但是这种努力"在明代王守仁及其门人那里，竟然消失不见了"。[①] 王守仁在挨廷杖之前曾出任山东考试官，出的题目有"所谓大臣者以道事君不可则止"，说明那时他还抱有孔子正君心的理念。受廷杖是因上书同情参劾刘瑾的同僚，说明那时他对正德皇帝也充满了期待。去衣廷杖乃奇耻大辱，对他的刺激是深刻的。赴贵州前他已经有了辞官的去意，"寰中士大夫不为君用者杀身灭家"的实例与友人的提醒，使他不得不就范。因此，他在龙场顿悟的不是纯学术问题，而是彻底看清了政治环境，做出了人生的选择。明武宗的荒唐使他对朝政彻底失望，也是他主张"心外无物""心外无理"的契机。尽管他生活在君不知理的环境中，但是他心中仍存"忠之理"。这就是"理"在于人的内心而不能外求的体验。这是余英时在《宋明理学与政治文化》第六章中的精彩分析。换言之，心学是政治环境恶劣下的产物，不是反抗而是寻求自我解脱，不完全是哲学问题。此后，王守仁镇压、平叛是尽忠臣之道，功成即退

---

① 余英时：《士与中国文化》，上海人民出版社 2003 年版，第 3 页。

　　王阳明（1472—1529年），明代哲学家，心学的集大成者，阳明学派的创始人。王阳明继承和发展了南宋陆九渊的心学，认为"心"是世界的本原，心外无物，心外无理，提倡"致良知"，强调"知行合一"。有《传习录》等著作。王阳明的心学对明清中国以至于日本都有广泛而深远的影响。

是明哲保身的选择，弘扬心学是坚守儒家理想。所谓"破心中贼"是用"致良知"达到"治天下"的目标，用他自己的话来说就是"明良知之学于天下，使天下人皆自知致其良知，以相安相养……以跻于大同"。[①] 因此，余英时指出："宋、明两代的'士'不容混为一谈，这是十分明显的历史事实。不但他们的活动取向不同，思想也有极大的分歧。所谓'宋明理学'，如果从政治、社会以至经济的角度作深入的解读，其中断裂之点也不是表面的连续所能掩盖的。"[②]

　　"表面的连续"指儒家理念的一致。在明代，儒学意识形态已经成为不容置疑的真理。理学、心学都是儒学，三纲五常的合理性不存在分歧。朱熹的格物穷理与王阳明的破心中贼，目的都是教人认同儒家伦理道德。"断裂之点"一是取向。宋代宽松的政治环境鼓励读书人参与政治，无论在位与在野他们都敢于品评朝政，也力争"得君行道"。王阳明生不逢时，明朝政治的残酷断绝了士大夫"正君心"的幻想，参政议政不小心便会引来杀身之祸。龙

① 　余英时：《宋明理学与政治文化》，广西师范大学出版社2006年版，第189页。
② 　余英时：《士与中国文化》新版序，上海人民出版社2003年版，第3—4页。

场顿悟后的王阳明很少议论时政，也极力以此约束门人。38 岁的王银初见王阳明，"纵言及天下事"，两人谈了 7 天，王银不仅改变了志向，而且接受了王阳明改其名为"艮"。《易》中艮为"止"意，王阳明警示王艮不要妄动，恪守"君子之思不出其位"。6 年后王艮写成《明哲保身论》，他的弟子又想参与政事，他也不许"履此危地"。[①] 这与宋代热衷参与政治的士风不同，心学的取向只能选择民间社会。

二是思想。朱熹以天理的自然存在，要求人们通过格物和读经，从内心接受并认同儒家理想的社会秩序。王阳明则认为天理存在于人心之中，人人可以通过"致良知"认同儒家道德规范。他们的分歧不在于终极目的，是认知的途径。"良知"指人人都有的向善之心、是非之心，它代表着天理的存在，也是社会秩序和道德规范合理性的基础，这叫"心即理"；只要人们致力于修养良知，不读圣贤书也可以成为圣人。修养的方法类似佛教的"悟"，通过静思划分良知与人欲的界限，纯净良知，提升自觉，发自内心地分辨善恶是非。也就是说，人们认识万物万事之理，无需格物、不必外求，只要对心中存在的良知自我发掘、自我体验就可以了。"知行合一"也是这个意思。比如见到美色就发生爱慕，闻到臭味就发生厌恶，见和闻是"知"，爱慕和厌恶是"行"，前者立即产生后者。[②]

王阳明还提出"以吾心之是非为是非"，含义不必以孔丘和朱熹的语录为真理。他的弟子王艮还提出不必以实践（见闻）为检

[①] 余英时：《宋明理学与政治文化》，广西师范大学出版社 2006 年版，第 186—187 页。

[②] 黄仁宇：《万历十五年》，中华书局 2006 年版，第 239 页。

验的标准，只求觉悟。否定尊崇导师和学习经典的必要性，令人耳目一新。明中期以后，心学对科举文章影响极大，很多"科试文字，大半剽窃王氏门人之言，阴诋程朱"①。心学似乎含有提倡思想解放的趋势，但也走向极端。如果每个人判断是非都以自己的心为标准，没有共同的价值观，社会秩序也就乱套了。李贽是王艮的再传弟子，他的一些观点超越了儒学价值观，比如肯定秦始皇，认为取得事业的成功可以不择手段；认为五代时期的冯道在几个朝廷做官是为百姓着想。心学过分强调自己的心灵，自我判断，自己审查自己，那么，天理的约束力也就不复存在。心学超出儒学意识形态允许的范围，必然受到压制。对于王艮一派心学的危险性，明世宗早有"阳倡道学，阴怀邪术"的评语，朝廷对心学走向极端也有"黄中五斗之忧"。② 实际上这种警惕是多余的，且不说心学仍然承认天理和忠孝，社会思想也不接受个人自由。1602 年李贽在狱中自刎，两年后创办的东林书院，按照朱熹白鹿洞书院的学规，旨在尊重儒学经典，传承孔孟正宗，避免心学流弊。崇祯初年（1628 年）成立的复社，社名即含复兴儒学之意，学术思想也是尊经复古。这两个影响极大的士人群体代表了回归思潮，他们都推崇理学不是迫于政治压力，而是发自内心的认同。那时内忧外患不断加剧，距离明朝灭亡只有 40 年。心学的盛衰与理学再度风行，都没有影响到政局的走势。因为只要不像李贽那样出格，学术之争只是读书人的热闹。

　　清代儒学意识形态相当稳固。清初还有黄宗羲、顾炎武、王

---

① 陈宝良：《明代儒学生员与地方社会》，中国社会科学出版社 2005 年版，第 461—462 页。
② 余英时：《宋明理学与政治文化》，广西师范大学出版社 2006 年版，第 210 页。

夫之等一批人维护汉族正统的尊严，康熙年间大部分士大夫都逐渐转向建设道德秩序。以前理学的解释权属于士大夫阶层，清朝皇权巧妙地垄断了阐释权，先是重用和表彰一些理学名臣，然后通过上谕和诏书接过汉族文化传统，用权力更大调门地推介理学思想，如颁发《性理精义》《朱子全书》等，形成了一整套理学意识形态，并以制度化的方式在整个社会推行。雍正时代，皇权不仅在政治上，也在道德上确立了合法性，皇权与儒学意识形态紧密结合，控制了整个社会。清代思想基本上是死水微澜，只有西学东渐引起一时、一小部分人的惊恐，但也很快平息。

很多学者对理学和心学评价甚高，认为心学不仅使学术呈现多元化倾向，而且明显含有将个人利益合理化的倾向。还有人说，阳明心学带来的思想解放可以看作中国的"文艺复兴"，是中国文化开始脱离传统儒学轨道的象征。[1]中国有没有可能发生类似西方的文艺复兴运动？心学发展下去有没有可能脱离传统儒学？假设没有君主专制的强化，理学或心学会走向理性主义吗？心学的兴盛与欧洲文艺复兴的发生，在时间上几乎同时，但是欧洲的进步是连续性的，15世纪末开辟新航路，16世纪发生宗教改革，16—17世纪发生科学革命，18世纪进入启蒙时代及英国率先发生工业革命。宋朝之后，蒙古入侵中断了唐宋迅速发展的趋势，同样，战争与黑死病对欧洲的破坏也很严重，可是欧洲却没有因此而发生倒退。而中国明清两朝日趋保守是显而易见的，经济总量的世界第一并不代表历史发展的趋势。两种文明的基因最终决定了近代东方从属于西方的政治经济格局，而这种趋势在12、13世纪已

---

[1]　金观涛、刘青峰:《中国现代思想的起源》，法律出版社2011年版，第143页。

现端倪。因此，寻求上述问题的答案应着眼于两种文明的不同特质，结论可能更具说服力。

中华文明以儒学为核心，欧洲文明以基督教为核心。古代中国的士大夫掌握着思想文化，欧洲在文艺复兴之前，基督教会掌握着思想文化和知识。中国的士大夫与欧洲的基督教士，思想理念完全不一样，社会影响差异更大。

中国的士人群体没有统一组织，自汉代以来，国办各级学校是培养士大夫的主渠道，书院、乡塾的受教育者也以当官为目的。士在先秦出现的时候便有了参与"治天下"的要求，士大夫参与朝政有制约皇权的一面，但更多是以纲常伦理要求皇帝。明朝发生的"议大礼"，士大夫为此有180多人受廷杖，他们所争不过是皇帝认亲爹还是认已故皇上为父的问题，而实质是维护皇权的正统和神圣。从王守仁、李贽、黄宗羲的著作中也看不到反对君主制和提倡平等的思想。士大夫"治天下"的另一面是在规定的官职责任之外，主动承担起教化民众的责任，离开官场更专事教育，宋明儒学复兴，此风更甚。他们无论在朝在野都以维护三纲五常为能事，是维护社会秩序的志愿者，不是"社会的良心"。按照余英时的界定，不能称其为"知识分子"，这个阶层"更集中地表现了中国文化的特性，也似乎更能说明中西文化的异质之所在"①。

基督教世界不存在类似中国的士人群体。教士隶属于教会，教会有统一的网络，有自己的经济来源。教士即使为国王服务，组织关系仍在教会。修道院是培养教士的地方，12世纪时修道院基本与世俗王权划清了政治经济关系。后来基督教文化的主阵地

① 余英时：《士与中国文化》，上海人民出版社2003年版，第3页。

转移到主教堂学校。主教堂一般设立在城市，比修道院更有利于文化思想的传播。13世纪大学的诞生与此密切相关，早期大学的教授都是教士。文艺复兴之前，欧洲文化和教育始终独立于世俗王权，掌握在教会手里。教会与世俗王权的争斗也很激烈，最终教会基本退居精神领域。基督教认为"上帝面前人人平等"，教皇与国王也不例外，都被看作是人。因此，一些教会法学家认为，教皇也有可能被权力腐蚀，甚至可能成为异端分子。那么，由谁来罢免教皇呢？教会最高统治权在由教皇主持、所有主教和其他高级宗教人士出席的公会议。教皇必须遵守公会议的决定；如果教皇堕落成异端分子或有其他重大罪行，由公会议罢免他。尽管此后罗马教廷仍不断地滥用权力，但是教皇是人的观念最终还是占上风。教会法学家还论述了代表会议制度，13世纪以后英国议会和西欧其他世俗代表会议都受教会法的重大影响。[①] 代议制最早出现在欧洲，与基督教的影响不无关系。基督教教义中原本就存在人文主义，基督教的平等思想与儒家的三纲概念恰成对比。宋代理学化解了佛、道二教另立炉灶控制人们思想的可能，形成三教合一维护皇权的局面。理学能够成为儒学意识形态的正宗，根本在于将三纲五常作为天理，驾驭人心，以此治天下不如说是改造人的思想。阳明心学还可称为"觉民行道"[②]，"觉民"的目的仍在"行道"，不是唤起人的理性，无法与文艺复兴相提并论。心学过分强调个人的主体性，那就会失控，就会滋生自由化甚至动乱。这是心学不可能得到官方支持的原因。中国传统文化关注的

---

① 彭小瑜编写，齐世荣主编：《世界史·古代史卷》，高等教育出版社2006年版，第十四章第一节。

② 余英时：《宋明理学与政治文化》，广西师范大学出版社2006年版，第190页。

是人间秩序，西方关注的是人的理性，托马斯·阿奎那的学说正是如此。

有人认为，朱熹对儒家世界的影响，可与托马斯·阿奎那对基督教世界的影响相比拟。这样比拟正可以说明对自然科学的两种态度，基督教与儒学对自然科学的态度也决定了中西文明的发展趋势。朱熹的天理论包括自然科学在内，本文之前已有介绍。13 世纪的基督教神学家托马斯·阿奎那，在神学系统中地位甚高，他的《神学大全》至今还是神学经典。阿奎那也是将神学与其他学科结合成一个严密的思维体系。与朱熹不同的是，他说，人类没有足够的智慧去窥探万物的本质，必须运用理性一步步接近真相。用理性推断上帝的意志，就要承认《圣经》不仅是或者不总是从字面上理解的。上帝的启示总是与人们当前的理解能力相适应的。[①] 这就把神学纳入寻求知识的学术范围。也就是说，当信仰基于理性时，就不会流于盲目，也不会依靠教廷或任何权威的解释，而是依靠每个人理性的探索和验证。[②] 上帝是万物的主宰，既然信仰上帝需要理性，那么人基于理性也可以观察自然。"上帝创造的宇宙必然具有合理、合法、稳定的结构，等待人们不断提高他们的理解能力。"[③] 朱熹的"格物穷理"似乎与阿奎那提倡认识自然是一致的，但是，理学有"万物皆是一理"的前提和阴阳五行的思维定势，阿奎那提倡的理性则是人不断发展的智慧、知识和认识能力。在欧洲，科学与宗教不但是相容的，而且是不可分

---

① 〔美〕罗德尼·斯达克：《理性的胜利》，管欣译，复旦大学出版社 2011 年版，第 8 页。
② 许倬云：《中西文明的对照》，浙江人民出版社 2013 年版，第 163 页。
③ 〔美〕罗德尼·斯达克：《理性的胜利》，管欣译，复旦大学出版社 2011 年版，第 9 页。

割的，推动科学兴起的正是虔诚的基督教学者。[①] 科学包括理论和研究两个部分，科学的理论抽象地表述自然界的某些部分，抽象地表述必须能推导出一些明确的预测，研究围绕这些经验命题展开。如爱因斯坦的工作是用纸笔和大脑，发现的相对论属于理论物理，后经观察研究证明了他的理论是正确的。朱熹对理的解释也属抽象表述的预测，除了中医学之外，在自然和物质领域无法通过研究实验得到证明。他的"格物穷理"只是抽象意义的正确，不是科学理论。从农业社会转型到工业社会必然伴随自然科学的产生，理学不可能促进自然科学，因此不能引领社会进步。

中西不同思想文化传统形成了各自不同的主体意识，这是差距的根源。传统中国的主体意识是忠孝观念，从家庭、家族引申出国家观念和社会制度。葛兆光认为，只有中国，才把"国"与"家"连在一起。在古代中国的思想意识里，家和国只是一小一大而已，把"国"看成放大的"家"，所以，县官叫"父母官"，君主叫"君父"。一个人在家要尽孝，对国家也就是对君主要尽忠，古代有《孝经》和《忠经》，也有各种关于忠孝的法律规定。[②] 忠孝观念是儒学意识形态的核心，它排斥权利意识，不能有条件地尽孝尽忠，无条件才叫忠孝。忠孝观念要求人们服从、屈从，不考虑人的自然权利。欧洲则不然。侯建新论证了欧洲文明中的主体权利意识，他特别指出：潜在的以个人权利为核心的主体权利观念是"先于客观的法律秩序而存在，是其存在的依据和基础"。[③]14、15世纪的历史档案记载了这种权利观念的普遍存在。

① 〔美〕罗德尼·斯达克：《理性的胜利》，管欣译，复旦大学出版社2011年版，第9页。
② 葛兆光：《古代中国文化讲义》，人民文学出版社2020年版，第39页。
③ 侯建新：《社会转型时期的西欧与中国》，高等教育出版社2005年版，第132页。

例如，新佃户接手领主的一块份地时，正式的租佃记录通常会有关于房屋维护、修缮或重建的规定。房屋的所有权属于领主，但佃户的权利和领主的义务规定到每一个细节，比现在我们城市租赁房屋的协议还详尽。丧失劳动力的农民与财产继承者之间也要签署赡养协议。[①] 主体权利观念不仅在农村，在城市更明显。总之，思想文化传统基本决定了中西文明的不同发展趋向。

日本深受儒学影响。明治维新的思想家福泽谕吉也曾考虑，以儒家精神定位能否适应近代化的转型？他的结论是："孔孟之说原本就是修心伦常之道。毕竟它是无形的仁义道德之论，也可以称为心学。……在现代，欲以内在的无形之物施行显现于外在有形的政事，以古道处理今之人事，以情性统御下民，可说是极其耽溺糊涂思想。"他认为，以道德礼法来教化人民只是孔孟的理想，透过这种理想实现安定，在古今东西都未曾有过，忠孝至上的道义国家理想偏离现实社会。[②] 平心而论，福泽所言不无道理。能够做到理学那种修身养性的功夫，毕竟是极少数。理学家用这种精神要求自己还可以，要让士大夫阶层都做到则不可能，更何况皇帝呢？这只是书生的良好愿望，不能当作治国之策。而作为治国的意识形态那就是另一回事了，正如明清两朝，是用这个高标准要求和管束民众，鼓吹道德心性是麻痹人们思想的灵丹妙药，屡试不爽。因此，以道德礼法实现社会大治，古代没有，现代更不能。

---

① 〔英〕克里斯托弗·戴尔："中世纪晚期 1200—1500 英国农民的住房"，郑阳译，《经济－社会史评论》第六辑。

② 〔日〕子安宣邦：《福泽谕吉〈文明论概略〉精读》，陈玮芬译，生活·读书·新知三联书店 2019 年版，第 79—80 页。

　　日本可以脱亚入欧，直接汲取先进文明，近代中国则必然要有一段"中学为体，西学为用"的过程，因为我们不可能与传统一刀两断。对儒学意识形态的批判不等于全面否定中华传统文化，问题在于分辨优秀与糟粕是件很难的事情。理学负面的东西很多，有价值的思想也不少，泼洗澡水时连孩子一起倒掉，固然糊涂到家。但是，培养现代公民需要提倡什么？应该认真思考历史的教训。

第十三讲　中国近代早期的法治思想与法制变革

李学智（天津师范大学历史文化学院教授）

本讲所谓"中国近代早期"是指自 19 世纪中期至 20 世纪 20 年代这一历史时期。在这七八十年中，中国的经济、政治、社会生活均发生着重大变化，人们关于法律的思想认识也有重要改变，中国的法律制度相应也进行了重要的变革。

一、清末新政中的法制变革

（一）清末法制变革的背景与宗旨

鸦片战争之后，西方列强以坚船利炮撞开了中国的大门。随着一系列不平等条约的签订，西方现代工业及其附着其上的自然科学技术、企业经营管理方式，以及教育制度、社会思想观念等渐次进入中国。中国延续了数千年的小农自然经济、士农工商的社会结构、王权专制的政治体制等，均逐渐受到不同程度的冲击，中国传统的社会生活开始发生变化。而诸法合体、以刑为主的传统中华法系已难以应对如此的社会巨变，社会要求对法律规范做出调整。

与此同时，近代西方的法律和法学随着商品与资本的输入而沈家本（1840—1913），浙江吴兴人。历任天津、保定知府，刑部右侍郎、修订法律大臣、大理院正卿、法部右侍郎、资政院副总裁等。沈家本重视法理研究，任清廷修律大臣期间，主持制定了《大清民律》《大清商律草案》《刑事诉讼律草案》《民事诉讼律草案》等一系列法典，建议废止凌迟、枭首、戮尸、刺字等酷刑，提出了一系列法律改革主张，是中国法制现代化的先驱。

逐渐传入中国，在清末思想界引发重大反响，也打破了中国几千年来官府垄断律学的状况。庚子国祸之后，更是出现了"朝野上下，争言变法"的现象。[①]

1902 年 5 月，清廷发布修律上谕，表达了修律的宗旨："现在通商交涉，事益繁多，……将一切现行律例，按照交涉情形，参酌各国法律，悉心考订，妥为拟议，务期中外通行，有裨治理。"清廷任命沈家本、伍廷芳主持修律工作，并成立了专门的修订法律机构"修订法律馆"和"宪政编查馆"，开始进行法律的修订。

沈家本为了贯彻"中外通行，有裨治理"修律宗旨，参酌近代西方国家的法律作为修律的范本，认为近代西方法律较之中国旧律文明进步，在奏请编订现行刑律的奏折中明确表示："专以折冲樽俎，模范列强为宗旨"，要取人之长，补己之短，"参酌各国刑法，制定中国的新刑律"。

---

① 《清史稿·刑法志》（第 15 册），中华书局 1976 年版，第 4182 页。

伍廷芳（1842—1922），早年留学英国，获法学博士学位，成为中国第一位法学博士。1882年入李鸿章幕府任法律顾问，参与甲午中日议和、中法谈判、马关谈判等。曾任驻美国、西班牙、秘鲁等国公使。任修律副大臣期间力主废除"凌迟""枭首""戮尸""刺字"等酷刑，

先后主持制订《大清商律》《商会简明章程二十六条》《各级审判厅试办章程》《大清刑事民事诉讼法》等。辛亥革命爆发后任南北议和南方代表、民国南京临时政府司法总长等。

在具体的立法技术层面，于西方的英美法系与大陆法系之间，清末修律以大陆法系为主要取向。这主要是因为，英美法系的法律既包括各种制定法，也包括判例，而且由判例所构成的判例法在整个法律体系中占有非常重要的地位，可供移植的成文法典不多，而判例数量巨大，为正确运用判例需要高素质的法官。大陆法系承袭古代罗马法的传统，用法典的形式对某一法律所涉及的事项做有系统规范，法典构成法律体系的主干。而中国古代法制也是以成文法典为主干的，因此以西方大陆法系为移植范本更具可行性。此外，在清末修律中，聘请了熟悉大陆法系的日本法学家参与起草，其对中国接受大陆法系也起着直接的作用。

（二）清末法制变革的主要内容

1.《大清现行刑律》与《大清新刑律》

在沈家本的主持下，1904 年开始着手对《大清律例》进行删改、修订，1908 年修订完成，定名《大清现行刑律》，1910 年 5 月颁布施行。该律虽在《大清律》的基础上修订而成，但其内容已发生重要变化。

《大清现行刑律》较《大清律》发生的变化：首先，中国传统社会法典均称"律"，此律改称"刑律"，已有现代法律的形式。其次，改革刑罚，废除凌迟、枭首、刺字等酷刑，以罚金、徒、流等取代原有的笞、杖等酷刑。第三，废除体现民族压迫和维护满族人特权的条款；废除"良贱相殴""良贱相奸"条，并把条文中的"奴婢"改为"雇工人"，打破了传统法律中的"良贱之异"原则。

在修订《大清现行刑律》的同时，也开始制定《大清新刑律》。1907 年下半年《大清新刑律草案》编纂完成，1910 年 11 月由宪政编查馆审查、核定告竣。修律大臣沈家本等人在《奏进呈刑律草案折》中指出，新律于旧律变通者有五端：更定刑名；酌减死罪；死刑唯一；删除比附；惩治教育。

此后《大清新刑律草案》又经多次修改于 1911 年 1 月正式公布。《大清新刑律》预定在宣统五年（1913 年）正式施行。1912 年清王朝覆亡，故《大清新刑律》未及施行。

《大清新刑律》模仿近代西方的刑法体例和刑罚体系，将非科刑定罪的内容一概删除，规定主刑为死刑、无期徒刑、有期徒刑、拘役、罚金，从刑为褫夺公权。《大清新刑律》是中国传统法律体系瓦解，引进近代西方国家法律制度和立法体例的产物，成为中国历史上第一部专门的刑法典。

2.《大清民律草案》的修订

1908 年 11 月，在沈家本的主持下，修订法律馆聘请日本法学士松冈义正为顾问，开始民法的起草。其确定宗旨是："注重世界最普通之法则"，广泛吸收大陆法系国家的一般原则和具体规定；"求最适于中国民情之法"和"期于改进上最有利益之法"。根据其编纂结构、内容特点，《大清民律草案》可分为前后两部分，即总则、债权、物权等前三编与亲属、继承后两编。

1911 年 9 月，修订法律馆将名为《大清民律草案》的前三编（总则、债权、物权）奏请交内阁核定；后二编（亲属、继承）准备会同礼学馆商定后，再行进奏。但这些工作未及完成，清王朝即被推翻。

《大清民律草案》前三编的精神是"模范列强"，编修基本仿照西方国家的民法典，实际上是"近学日本，远采德国"。总则编采用了私有财产所有权不可侵犯、契约自由、过失致人损害应予赔偿等西方国家民法的基本原则，下设法例、人、法人、物、法律行为、期间及期日、时效、权利之行使及担保等八章。债权编下分通则、契约、广告、发行指示券、发行无记名证券、管理事务、不当得利、侵权行为等八章，分别规定了债权的标的、效力、让与、承认、消灭，以及各种形式的债的意义和有关当事人的权利义务等。物权编下分通则、所有权、地上权、永佃权、地役权、担保物权、占有等七章，分别规定了对各种形式的财产权的法律保护及财产使用内容等。

《大清民律草案》后两编则以"固守国粹为宗"，故条文中虽采纳了一些西方国家有关法律规定，但更多是吸收了中国传统社会历代相沿的礼教民俗。

亲属编设通则、家制、婚姻、亲子、监护、亲属会、扶养之义务等七章，对亲属关系的种类、范围、家庭制度、婚姻制度、未成年人和成年人的监护、亲属间的抚养等做了规定。虽融合进了西方法律文化的一些内容，但较多地保留了中国传统的社会生活中礼教民俗。如，规定"家政统摄于家长"；"家属尊卑之分以亲等及其长幼为序"；男女分别不满 30 岁、25 岁时，结婚、离婚均须父母之同意等。

继承编设通则、继承、遗嘱、特留财产、无人承认之继承、债权人或受遗人之权利等六章，分别规定了自然继承的范围及顺位、遗嘱继承的办法和效力、尚未确定继承人的遗产的处置办法，以及对债权人和受遗人利益的法律保护等。其中所体现的是家族的继承观念远远重于个人的物质利益得失的浓厚的传统色彩。

《大清民律草案》是中西法律文化融合的一个结果，本身虽并不成熟，但作为中国历史上第一部民法典，对于推进中国法制的进步具有重要意义，也对以后中华民国的民事立法产生了重要影响。

清末的修律活动中，还制定了《刑事诉讼律草案》《民事诉讼律草案》《大清商律草案》等法律草案。清末修律打破了封建法统，革除了旧律中残酷、野蛮的落后内容，使诸律分立，并确立了一系列新的法律制度，开启了中国法制走向现代的进程。

此外，清末的修律还对司法机构进行了改革，使司法机构与行政机构分立，改变了几千年来司法行政合一的体制。但由于清王朝统治者修律的根本宗旨在于维护、巩固王权专制的政治统治，以及广泛吸收西方大陆法系国家法律的原则和制度规定，清末修律制定出的各项法律，实质上是中华法系与近代西方大陆法系相结合的产物。

（三）"预备立宪"和《钦定宪法大纲》

1906年9月，清廷颁布上谕，宣布要"仿行宪政"。这道上谕认为，中国之所以国势不振，"实由于上下相睽，内外隔阂"，"而各国之所以富强，实由于实行宪法，取决公论，君民一体，呼吸相同，博采众长，明定权限，以及筹备财政，经书政务，无不公之于庶黎民……政通民和有由来矣"。清廷以"大权统于朝廷，庶政公诸舆论，以立国家万年有道之基"为立宪原则。

1.《钦定宪法大纲》的主要内容

1908年颁布的《钦定宪法大纲》共23条，由正文"君上大权"和附录"臣民权利义务"两部分组成。[①]

"君上大权"主要规定："大清皇帝统治大清帝国，万世一系，永永尊戴"；"君上神圣尊严，不可侵犯"；皇帝享有的权力包括颁行法律、发交议案、召集及解散议院、设官制禄、黜陟百司、统率陆海军队，宣战媾和，订立条约，宣布紧急戒严和以诏令限制臣民自由等。此外，《钦定宪法大纲》还明确规定："用人之权操之君上，议院不得干涉"；"凡一切军事"皇帝得以全权执行，"皆非议院所得干预"，"国交之事，由君上亲裁，不付议院议决"。可见议院的立法权和监督权是十分有限的。

"臣民权利义务"规定：臣民有纳税、当兵及遵守法律等义务；"臣民非按照法律所定"，不受逮捕、监禁和处罚；臣民有呈诉权、财产权、居住权；臣民"言论、著作、出版、集会、结社等事"

---

① 郭卫编：《中华民国宪法史料》，见《近代中国史料丛刊》第88辑，文海出版社1973年版，第11—12页。

均须在法律范围之内，始"准其自由"，而且，"当紧急时，得以诏令限制臣民之自由"。

《钦定宪法大纲》以 1898 年公布的《日本帝国宪法》为蓝本。具体内容无论是政治体制、议院权限，还是臣民义务权利，都与日本宪法相似或相同，但《钦定宪法大纲》没有采纳日本宪法中限制天皇权力的条款，皇帝享有的权力超过日本天皇。实际上是利用宪法的形式，把传统律典中的皇权重新加以法定。这正如宪政编查馆的奏折中所言："宪法者，所以巩固君权，兼以保护臣民者"，而确保"君主总揽统治权"被称作"宪法最精之大义"。但是《钦定宪法大纲》毕竟以宪法的形式规定了种种"君上大权"，改变了中国历史上皇权凌驾于法律之上，没有任何一部法典对皇权有所限定的情况。再者，《钦定宪法大纲》规定审判权由审判机关行使，其判决皇帝不得"以诏令随时更改"，也是对以往皇帝握有最高和最后的司法权，可以任意生杀予夺的专制主义司法制度的否定。

2.《宪法重大信条十九条》

《钦定宪法大纲》的畸形和清廷预备立宪的拖延，特别是"皇族内阁"的出现，导致立宪派对清廷幻想的破灭。1911 年 10 月武昌起义爆发后，各省纷纷响应，宣布脱离清廷独立。面临土崩瓦解的清王朝，在巨大压力下令资政院迅速草拟宪法，仅用 3 天时间，便制定和通过了《宪法重大信条十九条》，于 1911 年 11 月 3 日公布。

《宪法重大信条十九条》与《钦定宪法大纲》相比，虽仍规定"大清帝国皇统万世不易"，"皇帝神圣不可侵犯"，但其内容也发生了重大变化：采用了英国式"虚君共和"的责任内阁制；规定"皇帝之权以宪法所规定者为限"，扩大了国会的权力，规定"宪法由资政院起草议决，皇帝颁布之"；总理大臣由国会公选，皇帝任命；"国际条约非经国会之议决不得缔结"；"官制官规以法律定之"，等等。[①]

《宪法重大信条十九条》提高了国会的地位和权力，国会议员由国民公选产生；国会有起草、议决宪法之权；有选举内阁总理、弹劾内阁总理之权；议决国际条约的缔结及宣战、媾和事项；议决预算决算、皇室经费，以及皇帝对内使用军队的特别条件；等等。这些规定使国会成为真正的权力机关，而皇帝的权力受到极大的限制，基本上实现了君主立宪制度的原则。

1912 年 2 月 12 日，在人民革命的冲击下，清廷宣布逊位。《宪法重大信条十九条》并未能挽回清廷覆灭的命运。

二、民国初年的法治思潮

中华民国建立后，以法治国，依法行事，将中国建成民主共和的法治国家，是孙中山等革命党人及社会各界人士的共同要求，以法治国成为举国上下的普遍舆论。

（一）以法治国的社会舆论

中华民国建立后，在欢呼庆贺中国社会这一历史巨变的同时，从这场革命的领导者到各界人士纷纷强调，这个新建立的国家，应是一个尊崇法律、依法行事的法治国家，以法治国的言论发于

---

① 郭卫编：《中华民国宪法史料》，《近代中国史料丛刊》，第 88 辑，文海出版社 1973 年版，第 12 页。

多种场合，载于各种报刊。各界人士还对制定宪法问题给予了极大的关注，对宪法内容进行了热烈的讨论。以法治国成为普遍的社会舆论。

1. 革命党人对以法治国的推崇

以孙中山为首的革命党人对民主共和制度有强烈的向往和较多的了解，他们在领导辛亥革命成功并建立了中华民国之后，一致强调，制定宪法和法律，以法治国，是使中华民国的民主共和制度得以确立并巩固，人民生活幸福的重要保障，立法建制是民国政府的当务之急。

1912 年 1 月 6 日，孙中山在会见记者时宣称："中华民国建立伊始，宜首重法律。"① 在国家立法机关临时参议院成立之时，孙中山率内阁成员前往祝贺，称参议院"所议者国家无穷之基，所创者亘古未有之制，其得也五族之人受其福，其失也五族之人受其祸"。表现出孙中山对以法治国、建立民主共和的法治国家的极端重视。

当 1913 年初第一届正式国会即将召开之际，孙中山所属望正式国会的，是制定出一部符合民主共和精神的宪法。他认为，一部好宪法"为立国之根本"，"国会开幕后，辟头第一事须研究一部好宪法。中华民国必有好宪法，始能使国家前途发展"。黄兴对制定民国宪法问题同样极为重视，称制定宪法为"建设共和国家之第一著"，"人民之保障，国家强弱之所系焉"，并将制定宪法作为"吾党莫大之责任"。宋教仁则将宪法视为"共和政体之保障"。

---

① 《在南京答〈大陆报〉记者问》，《孙中山全集》，第 2 卷，中华书局 1982 年版，第 14 页。

王宠惠是革命党人中的法学专家，早年毕业于北洋大学法科，后又留学日本、美国，获法学博士学位。王氏认为，"宪法者立国之大本也，……必其宪法良好，国本稳定，乃足以自存"，并提出，对宪法问题"国民皆有研究之责"，并拟就《中华民国宪法草案》刊印发行。①

革命党人以法治国的言论，表达了他们欲将中国建为民主共和的法治国家的迫切要求和强烈愿望，代表了中国社会发展的方向，具有重大的进步意义。

2. 社会各界的积极鼓吹

革命党人之外的社会各界人士，也多怀有以法治国的要求和愿望，积极鼓吹以法治国者不乏其人。梁启超在清末已成为一个以法治国论者，中华民国建立后，梁于 1913 年 9 月就任北京政府司法总长。他指出："今之稍知大体者，咸以养成法治国为要图。"清末立宪派分子熊希龄就任国务总理后不久宣称："鄙人之政见可以简单言之者，则使中华民国为法治国是也。……欲使中华民国巩固，非造成法制国不可。"伍廷芳早年曾留英攻读法学，清末与沈家本同任修订法律大臣，民国建立后又任南京临时政府司法总长，更是一个以法治国的积极鼓吹者。他甚至认为"国家之强弱全视乎法制之精神"。

同时，各界人士呼吁建立法治国家，研究讨论宪法及法律问题的文章，见诸多种报刊。其中，《法律与道德》一文，对中华民

---

① 《中华民国宪法刍议》，上海南华书局 1913 年 3 月出版，同年 5 月国民党粤支部再版。并自 1913 年 4 月 9 日至 5 月 4 日分 25 次刊于《大公报》；《中华民国宪法草案》共 8 章 100 条，每条后均附有说明。1913 年 5 月 19 日—6 月 21 日，分 18 次刊于《大公报》。

国建立以来，法政学校纷纷建立，学习研究法政者"骤增"等情况，给予肯定，认为"今谋强国之方，首在修明法学"，西方国家"其所以致今日之强盛，皆其法治之功"。[1] 作者将西方国家的强盛皆归于其"法治之功"，不免显得片面，但这也确实表现了当时国人对以法治国、建立民主共和的法治国家的强烈渴求。

此外，张东荪的《法治国论》一文，亦尤为引人注目。[2] 张氏认为，人们制定宪法和法律，"日趋于法治"，这是"人类以理性之向导"而共同要走的一条路，是"人类进化之倾向"，中国不能独背于这一人类发展的"公理"。张氏十分重视民众的法律意识对于以法治国的重要，他认为实行以法治国不仅在于"政府能维持法律"，且更在"国民之能担保法律"，如国民没有维护法制的意识，对破坏法律的现象熟视无睹，"一任其破坏法律"，"则虽法律多如山积，而亦等于死物"。作者指出的这一点是十分重要的。我国由于长期实行封建专制政治，造成民众对于公共事务多取漠不关心的态度，欲实行法治尤须对民众进行普遍而长期的法制教育，逐渐唤起和培养广大民众遵守法律、维护法制的意识和观念。张氏在关注民众遵守法律、维护法制意识的同时，对于国家的统治者、国家行政机关遵守法律，依法行事，对建成法治国家的重要性，给予更多的强调。他指出："法治国者，不仅是人民之守法，尤必国家各机关之行动——皆以法律规定为准绳，然后法治国庶几可得而成。……仅有人民守法于下，而政府违法于上，则法治国终无由以成，且此种为专制国顺民之现象，不可以法治国相比

---

[1] 李进：《法律与道德》，《东方杂志》第 9 卷第 12 号。

[2] 张东荪：《法治国论》，《庸言》第 1 卷第 24 号。

拟。故吾人苟欲进中国为法治国，不当仅求人民之守法，亦应求政府之守法，夫政府能守法于上，而后人民始可守法于下。"

张氏的这一阐述触及以法治国、建立法治国家的关键问题。树立政府须守法，其行动"皆以法律规定为准绳"这一现代法治国家的观念，是中国由传统社会的人治向现代法治社会转型过程中，必须要确立起的新的观念和必须要完成的一个转变。

由以上所述可见，以法治国，依法行事，将中华民国建为民主共和的法治国家，在当时已成为国人一种强烈的愿望和要求，并形成了普遍的社会舆论。

（二）法政（法律）学校的兴办

民国初年，在全国范围内出现一股兴办法政（法律）学校的热潮，这是当时社会法治思潮勃勃涌动的一个重要表现。

1. 兴办法政（法律）学校热潮形成的原因

如前所述，民国初年形成了以法治国的社会舆论，人们迫切需要学习法律知识，甚至将此视为做民国国民、"享共和之幸福"的必要条件。满足这一巨大的社会需求，向民众传播法律知识，是民初法政（法律）学校纷纷建立的一个重要原因。如上海民国法律学校在阐述其办学宗旨时宣称：民国成立，人人得享共和国民之幸福，但欲做共和国民，"必先具有完全法治之常识，本校同人有鉴于此，首先组织民国法律学校，……广设名额，专以法学知识为目的"。①

民国建立后，临时政府各部门有众多职位需要"有法政知识"

---

① 《民国法律学校》，《民立报》1912 年 3 月 7 日。

的人员来担任，正所谓"民国肇建，法政人才需用孔亟"。而且，民国北京临时政府已准备推行文官考试制度，文官考试科目中，有关各种法律的科目占有很大的比重。在民国北京临时政府1913年1月颁布的《文官考试法草案》中，文官高等考试的初试科目主科有7项：国学法、刑法、民法、国际公法、行政法、经济学、财政学；附科有5项：商法、政治学、刑事诉讼法、民事诉讼法、通商约章。于是学习法律或法政专业成为众多人士进入官场、显达仕途的重要路径。培养能充任民国政府职员的法政人才，成为法政（法律）学校纷纷建立的又一重要推动力。许多法政（法律）学校在招生中也明确强调了这一点。

1912年4月，开设于清末的京师法政专门学校恢复招生，随后教育部将其与法律学堂和财政学堂合并，成立了北京法政专门学校，由教育部直辖，其招生广告称："国立之法政专门学校，惟此一所，以养成文官、法官、律师等。"私立法政学校，同样以"造就法政人才"为办校的重要目的。1912年春，黄兴、宋教仁、居正等在南京发起创办了上江法政学校，其成立广告称："民国肇基，庶政待举，造就法政人才，洵为当务之急，同人有鉴于此"，故创立此法政学校。

此外，随着法制的逐渐建立和推行，社会对律师的需求日益增大，培养律师也成为推动法政（法律）学校建立的一个原因。《中华法政大学招生广告》《教育部直辖北京法政专门学校招生通告》在学生毕业后的去向中，均列有律师一项。《中华律师专科大学招生广告》则宣称：本大学由中华律师联合会创办，学生"毕业后即予以律师之位"。

民初兴办法政（法律）学校的热潮，正是在这样的历史背景和有巨大而强烈的社会需求的情况下出现的。

2. 学校的数量和招生情况

民国初年兴办的法政（法律）学校，其数量之多，招生数额之大，成为中国近代教育史上的突出现象。据统计，民初开办的法政（法律）学校共 67 所。在这 67 所学校中，在清末创办的法政（法律）学堂基础上改建的有 21 所，约占总数的 31.3%，新建的 46 所，约占总数的 68.7%；公立的 25 所，约占总数的 37.3%，私立的 42 所，约占总数的 62.7%。[①] 新建校和私立校的比重如此之大，而且这些法政（法律）学校，遍布除西藏、青海、新疆和内、外蒙古等边远地区之外的所有省份，这足以表明民国初年这股办学热潮规模的宏大和其社会影响的深入与广泛。

民初法政（法律）学校的招生情况，则更进一步说明当时人们学习法律知识的热情之高和社会对法政人才需求的旺盛。关于招生情况，首先明显的一点是，各校设定的招生名额，一般都较高。如在南京的民国法政大学，招生名额为"预科三百名，专门部六百名，速成科二百名"；设在上海的南洋法律学校和民国法律学校，均定学额为 400 名；上海中华法政专门学校，自 1913 年起开办预科，"额设百五十名"；京师法政专门学校，1912 年招别科、速成科各一班，"均以三百名为限"，此外，"并添设校外生"，其他一些学校则多为 150、100 名不等。

而这样的招生规模并未能满足入学者的要求，以上海民国法

[①] 所据资料为朱有瓛主编：《中国近代学制史料》第 3 辑（下），华东师范大学出版社 1990 年版；璩鑫圭、唐良炎编：《中国近代教育史资料汇编·学制演变》，上海教育出版社 2007 年版；1912 年初至 1913 年底《申报》《大公报》《民立报》所刊载的法政（法律）学校招生广告、通告及有关法政（法律）学校的报道。

律学校为例。是校开办后不久，"就学者甚众"，名额很快招满，对其后仍陆续前来报名者，学校决定"可先至本校注册，俟满百名以上，再行开班"。此后至 1912 年 8 月底，该校又分两次录取新生共 105 人，并于 9 月 1 日开学。但开学后前来报名者仍络绎不绝，至 9 月中旬已达 300 余人，于是该校又"议定以座位为限，满座即行截止"，对报名者中"已有法政修业程度者"，则准其插入第一班学习，以尽力容纳更多的学生。

上海民国法律学校在一再扩大招生名额的同时，还开设了校外函授科。校外函授科的学员没有名额限制，报名交费后，学校即每月分两次向学员邮寄讲义，"讲义如有未能明了之处，得函本校教员随时答复"。校外函授班课程与校内班基本相同，分为三个学期授课，每学期 4 个月，每学期末考试一次，"毕业时汇核分数，分别等次"，颁发该校校外生毕业证。有些法政学校还开设了"晚班"（或称"夜班"）。原因很可能是为方便一部分从业或在职人员参加学习，同时可提高教室和师资的利用率，以更多地招收学生。

法政（法律）学校这种门庭若市的情况，并不仅限于上海或江浙地区。据黄炎培的记载，在 1912 年 7—8 月间教育部召开的全国临时教育会议上，来自全国各地的与会者，"各道其法政学校之发达，犹吾江苏也；比读各省刊行教育杂志，叙其法政学校之发达，犹吾江苏也"。[①]

某一学科专业在一较短时期内出现这样大规模的办学热潮，人们对这一专业表现出如此之高的学习热情，这在中国近代教育史上可称绝无仅有。这一情况出现于民国初年的中国，表明了法

---

① 黄炎培：《教育前途危险之现象》，《东方杂志》第 9 卷第 12 号。

治思潮在当时社会生活中所具影响的巨大和广泛。

在当时的社会经济和文化教育条件下，短时期内出现规模这样大的兴办法政（法律）学校的热潮，许多学校仓促上马，师资、校舍、课程安排及教学管理中可能出现的问题是可想而知的。但这些法政（法律）学校的兴办，对于启发国人以法治国的思想意识，传播法律知识和共和政治常识所起到的积极作用，无疑是值得肯定的。

（三）法律书籍的大量出版

民国初年，各种出版机构出版了数量众多的法律书籍，当时的《申报》《大公报》《民报》《庸言》等报刊上有关法律书籍的出版广告比比皆是，而在同时，除民国新编的各类教科书广告亦较多外，其他书籍的广告寥寥，根本无法与法律书籍广告的众多相比。这既显示出法律书籍大量出版的情况，也反映了当时人们对法律书籍的迫切需求和法律书籍受到的欢迎，并成为民初法治思潮勃勃涌动的一个突出表现。

当时出版的法律书籍大致可分为 3 类：1. 民国政府公布施行的各种法律、法规及其汇编；2. 有关欧美国家的宪法和其他法律以及政治制度的书籍；3. 法学著作。民初出版的以民国政府颁布施行的法律、法规为内容的书籍，据统计有近 30 种。①《中华民国六法大全》的出版广告称，其书所收各种法律，前曾出有单行本，

---

① 如：《中华民国临时政府新法令》《中华民国六法大全》《中华法规大全》《现行律令全书》《新民律草案》等。所据资料为《申报》《民立报》《大公报》《庸言》等刊载的这些书的出版广告及《民国时期总书目》（法律）（书目文献出版社 1990 年版）。以下两类法律书籍出版情况的统计亦皆据上述资料。

"已蒙各界欢迎，早已不胫而走"，为满足各界需求，今特汇编出版。这表明，当时人们非常希望了解民国的各项法律、法规，以此为内容的书籍有很大的需求量。此外，《新民律草案》即为清末修订法律馆在 1911 年 10 月拟出的《大清民律草案》。我国历来没有专门的民法典，清末立宪运动中，历时 4 年拟出了此民律草案，但未及颁行，清王朝即覆灭。民国建立后，江苏省议会议决，在民国的新民法制定出之前，此民律草案在江苏全省应用。这表明当时社会对民法需求的迫切。

有关外国主要是欧美国家宪法和其他法律以及共和政治制度的书籍，据统计有 30 余种。如：《法国民主政治》《美国宪政大纲》《阿美利加合众国宪法及略解》《法美宪法正文》等。考虑到当时翻译及出版业尚不发达，两年之内翻译出版数十种这类书籍，应是一个很大的数字。这反映了当时国人对欧美国家的宪法和其他法律制度内容的高度关注。

第三类法律书籍是时人编写或翻译、编译的法学著作或对有关法律的阐释性著作。这类法律书籍据统计有 30 余种。需要指出的是，这些法学著作中，有一部分是由国人编译、整理日本法学家的著作或讲稿而成，而对某种法律进行阐释的著作又占了相当大的部分，完全由国人自己撰写的法学著作则很少，这表明当时我国的法学研究尚在起步阶段。

总而言之，民初社会各界在法治思潮的影响及推动下，要了解民国政府的各项法律、法规，学习法律知识，参与宪法及其他法律问题的讨论，因此对各种法律书籍有巨大而迫切的需求，推动了各种法律书籍大量出版，而法律书籍的大量出版反过来又促进了民初法治思潮的传播和法律知识的普及。

　　民国初年的法治思潮，是在辛亥革命推翻了封建王朝之后，人们热望将中国建设成为民主共和的法治国家的社会心理倾向的集中反映，以法治国，依法行事，这一近代政治观念和治国原则已为社会各界普遍认同，并成为民国初期法制建设与变革的重要背景。

三、民国前期的法制建设与变革

　　辛亥革命推翻清王朝，建立了民主共和的中华民国。民国前期（1912—1927 年），由于政局的动荡多变，国家各项法律的修订与变革呈现出曲折复杂的情况。

（一）宪法的制定及其内容的演变

　　关于国家政治制度的根本大法——宪法的制定和修订，揭开了中国法制史上极其重要的一页。

　　1.《中华民国临时政府组织大纲》的制定和修订

　　1911 年 10 月 10 日武昌起义爆发后，各地纷纷响应，旬月之间即有十数省相继起义，宣布脱离清廷独立。12 月 3 日，各省都督府代表联合会（各省代表会）在汉口通过了《中华民国临时政府组织大纲》，并于即日公布。此《大纲》共 4 章 21 条，其主要内容是：

　　关于临时大总统的规定：临时大总统由各省都督府代表选举之，以得票满投票总数三分之二以上者为当选；临时大总统有统治全国之权，有统率海陆军之权；得参议院之同意，有宣战、媾和、缔结条约、任用各部部长、派外交专使及设立临时中央审判所之权，等等。

关于参议院的规定：参议院以各省都督府所派之参议员组成；参议院的职权有：议决或承诺临时大总统须提交参议院同意的事项，议决临时预算和检查临时政府的出纳，议决税法、币制、公债等事项，议决暂行法律，等等。

关于行政各部的规定：临时政府设外交、内务、财政、军务、交通五个部；各部设长一人；各部所属职员之编制及其权限，由部长规定，经临时大总统批准施行。

此《大纲》为中国历史上第一个具有临时宪法性质的文件，它以法律形式否定了封建专制制度，确立了资产阶级共和制，这是辛亥革命的重要成果，具有划时代的意义。《大纲》显然在很大程度上受到美国宪法的影响，如集国家元首与政府首脑于一身的总统制；各部部长直接对总统负责，总统独立行使职权，不必对参议院负责；总统对参议院议决事项有一次否决权等。再者，选举总统每省为一票，这也是在模仿美国十三州代表会议的先例。

这个《大纲》的制定过于仓促，内容显然很不完善，如《民立报》在刊载此《大纲》的按语中指出：其"不适合者颇多，如人民权利义务毫不规定，行政官厅之分部则反载入，以制限其随时伸缩的便利。又如法律之提案权不明，大总统对于部长以下官吏之任免权不具，皆其失处也"。因为《大纲》本身存在诸多缺陷，加之政治局势亦在不断变化，《大纲》制定后，其内容又屡经修正。

如，《大纲》增设了"临时副总统"；《大纲》第5条原为"临时大总统得参议院之同意，有任用各部部长及派遣外交专使之权"，后修正为"临时大总统制定官制官规，并任免文武职员，但任命国务各员，须得参议院之同意"，增加了临时大总统"制定官制官规"的职权，并将须经参议院同意方能任用的官员仅限于"国务各员"（即各部总长），与原规定比较显然更为妥当。增加了"临时副总统于大总统因故去职时，得升任之；如大总统有故障，不能视事时，得受大总统之委任，代行其职权"的规定，弥补了原《大纲》一个很大的缺陷；等等。对《大纲》的这些修改，总的看来是积极的。但这些修正并没有能解决此《大纲》存在的根本性缺陷，制定一部能充分体现资产阶级自由、民主共和精神的宪法的任务，就只能留待后继者了。

2.《中华民国临时约法》的制定

在对《中华民国临时政府组织大纲》进行诸多修正的基础上，作为中华民国立法机关的临时参议院制定了《中华民国临时约法》，1912 年 3 月 10 日，由临时大总统孙中山颁布施行。《中华民国临时约法》分为总纲、人民、参议院、临时大总统副总统、国务员、法院、附则等 7 章，共 56 条。

主要内容如下：

确立中华民国是民主共和国。《中华民国临时约法》"总纲"规定："中华民国由中华人民组织之"，"中华民国之主权属于国民全体"；"中华民国人民一律平等，无种族、阶级、宗教之区别"；人民得享有人身、居住、财产、言论、出版、结社、集会、通信、信仰等自由；人民有请愿、诉讼、考试、选举及被选举等权利；人民有纳税、服兵役等义务。这些规定否定了中国延续了数千年的主权在君、"朕即国家"的君主专制和等级特权制度，以国家根本大法的形式宣布了人民享有的各项权利，有力地促进了自由民主思想的传播。

《中华民国临时约法》是中国第一部资产阶级宪法性文件。辛亥革命胜利后,中华民国南京临时政府制定的具有宪法性质的根本大法。1912 年 3 月 8 日由南京临时参议院通过,3 月 11 日公布施行。

规定了国家机构"三权分立"的原则。总纲规定,"中华民国以参议院、临时大总统、国务员、法院行使其统治权"。参议院是立法机关,行使立法权;临时大总统、副总统、国务员是行政机关,行使行政权;法院是司法机关,行使司法权。

参议院由各地方选派之参议员组成。除议决各种法律案,决定宣战、媾和等国家重大事项之外,还行使监督行政机关的权力,包括弹劾国务员、大总统。

国务员(国务总理及各部总长均称国务员)由临时大总统任命,但须得参议院之同意。国务员"辅佐临时大总统负其责任",临时大总统提出法律案、公布法律及发布命令时,须副署之。故其被称为"责任内阁制"。

法院以临时大总统及司法总长任命之法官组成。法院依法律审判民事诉讼和刑事诉讼。法官独立审判,不受上级官厅之干涉。临时大总统如受参议院弹劾,最高法院全院审判官互选 9 人组织特别法庭审判之。

《临时约法》废除了在中国实行了数千年的王权专制制度,以国家根本法的形式规定了中国的议会民主政体,在中国立法史上具有划时代的意义。

3.《中华民国约法》的制定

1913 年 10 月，袁世凯在镇压"二次革命"后成为正式大总统，力图摆脱《中华民国临时约法》和国会的制约。1914 年 1 月，袁世凯下令解散国会，随即设立了中央政治会议，并由此产生约法会议以制定《中华民国约法》。袁世凯竭力诋毁《中华民国临时约法》，向约法会议提出《增修临时约法大纲》共 7 条。约法会议很快据此制定出《中华民国约法》，5 月 1 日公布，[①] 史称"袁记约法"。其主要内容和特点如下：

改责任内阁制为总统制。《中华民国约法》规定："大总统为国家元首，总揽统治权"；不设国务总理，"行政以大总统为首长，置国务卿一人赞襄之"；国务卿及各部总长均由大总统任免；原属各部总长的职权一律改为部的职权，总长仅以部的代表者行使部的职权，且无国务员身份，只秉承大总统命令管理本部事务，对大总统负责。

赋予大总统至高无上的权力。《中华民国约法》规定大总统的权力有：制定官制官规，任免文武职官；宣告开战，媾和，缔结条约，接受外国公使、大使；为海陆军大元帅，统率海陆军；宣告大赦、减刑、复权；可以发布与法律有同等效力的教令；依法宣告戒严；财政紧急处分；召集立法院，宣告开会、停会，经参政院同意解散立法院；任命法官，组织法院行使司法权。

取消国会制，设立立法院和参政院。《中华民国约法》规定：立法院是立法机关，由人民选举之议员组成，行使立法权。但立

---

① 《政府公报》，第 712 号，1914 年 5 月 1 日。

法院开会、停会、闭会之权属大总统，大总统经参政院同意还可以解散立法院。立法院有议决法律、预算案，以及政治上疑义的职权，但大总统可以否认立法院议决的法律案，发交复议，即使复议中有多数议员仍持前议，大总统亦可不予公布。就是这样一个徒有其表的立法院，实际上也未成立，而以参政院代行其职权。参政院参政由大总统任命，其正副院长也由大总统决定。

《中华民国约法》动摇了三权分立、互相制衡的民主共和政体，确立了大总统集权制。大总统的权力已与帝王无异。但袁世凯仍不满足，1914年12月发布《修正大总统选举法》，为实行总统终身制与世袭制制造法律根据。1915年12月，袁世凯公开复辟帝制，改"中华民国"为"中华帝国"，遭到全国人民的强烈反对。袁世凯迅速失败，忧惧而亡。

4.《中华民国宪法》的制定

袁世凯复辟帝制失败后，一度恢复了《临时约法》和国会，并继续进行制宪活动。1923年10月，直系军阀曹锟为使自己当上总统，用金钱诱使离京的国会议员返京，以凑足法定人数开总统选举会。10月5日，国会选举曹锟为大总统，并随后完成《中华民国宪法》的制定，于10月10日公布施行。由此，国会议员被讥为"猪仔议员"，曹锟被称为"贿选总统"，此《中华民国宪法》亦被蒙上了"贿选宪法"的秽名。

《中华民国宪法》以1913年第一届国会制定的《天坛宪草》为基础增删而成，分为13章：国体，主权，国土，国民，国权，国会，大总统，国务院，法院，法律，会计，地方制度，宪法之修正、解释及效力，共141条。此部宪法经过了长时间、曲折的制定过程，是中国宪政史上第一部正式公布的内容比较完备的宪法。其主要内容和特点如下：

关于国家体制。《中华民国宪法》规定，"中华民国永远为统一民主国"，"中华民国主权属于全体人民"，还特别规定，"国体不得为修正之议题"。这主要是鉴于袁世凯、张勋前后两次的复辟教训，而强调任何机构，即使是享有立法权的国会，也不得对国体进行变更。

关于政府体制。《中华民国宪法》规定，"中华民国之行政权，由大总统以国务员之赞襄行之"，即中央政权设大总统和国务院，大总统不再总揽政务，而由国务员（国务总理和各部总长）协助大总统行使国家的行政权。大总统任命国务总理须经国会之众议院同意，即以国务总理为首的内阁由国会产生，内阁对国会负责，而非对大总统负责。大总统发布命令及其他关系国务之文书，非经国务院副署不生效力。众议院可对国务员做出不信任决议，此时大总统或免去国务员职务，或经参议院同意解散众议院。

宪法赋予各省的自治权性权力比较广泛，包括制定省自治法，选举省务员并由其组成省务院作为省自治行政的执行机构。省议会享有制定在本省实施的法律的权力。县以内之自治事项，县议会也享有立法权。为了防止省权力过重而导致地方割据，抗衡中央，宪法规定，省自治法不得与本宪法和国家法律抵触，否则无效。

此《中华民国宪法》，就其文本形式而言，不失为一部资产阶级民主类型的宪法。但在当时的情况下，并不具备施行的条件。其制定和颁布，也并不影响曹锟在实际上实行其军阀统治。

（二）刑法典的制定

1.《中华民国暂行新刑律》

1912 年 3 月，民国南京临时政府公布《临时大总统宣告暂行援用前清法律及〈暂行新刑律〉令文》：在民国法律颁行之前，"所有从前施行之法律及《（清）新刑律》，除与民国国体抵触各条应失效力外，余均暂行援用，以资遵守"。4月30日，临时政府司法部公布了在对清《新刑律》进行删修基础上形成的《中华民国暂行新刑律》。删修的主要部分是"侵犯皇室罪"全章12条，以及伪造"制书""玉玺"，窃取、强取或损害"御物"等7条；此外，将"帝国"改为"中华民国"，"臣民"改为"人民"，"恩赦"改为"赦免"等。除此之外，无实质性变化。

1914年12月袁世凯复辟帝制，北京政府又颁布了《暂行新刑律补充条例》15条。《暂行新刑律补充条例》遵照袁世凯提出的"以礼教号召天下，重典胁服人心"原则，加重了对所谓"内乱罪""外患罪"等重大犯罪的量刑，并恢复了《（清）新刑律》中原已删除的维护伦常秩序的某些条文。例如：对尊亲属不适用正当防卫；尊亲属伤害卑幼，情节轻微者，可免除刑事责任，相反，卑幼伤害尊亲属者，即使情节轻微，也要处三等至五等有期徒刑；奸通无夫妇女即构成犯罪，并受刑事制裁等。可见，《暂行新刑律

《中华民国暂行新刑律》的前身是清末司法改革中制订的《大清新刑律》。《大清新刑律》将刑罚分为主刑和从刑两大类，主刑分死刑、无期徒刑、有期徒刑、拘役、罚金五种，从刑分褫夺公权和没收财产两种，颠覆了传统刑制，开始建立起现代意义的法律制度。中华民国建立后，对《大清新刑律》进行了某些修订，名之为《中华民国暂行新刑律》，沿用至1928年《中华民国刑法》的颁行。

补充条例》中的某些条款有倒退的倾向。

2. 刑法修正案

1915 年 4 月，法律编查会完成了《刑法第一次修正案》。该修正案为适应袁世凯专制集权及伦理教化的需要，将《暂行新刑律补充条例》纳入刑法正文，并且以"礼俗立法"为宗旨，在更广泛的范围内恢复宗法伦常原则。此修正案，在总则中增列"亲属加重"章，具体规定对直、旁系尊亲属犯罪加重处罚的程度，同时扩大对尊亲属的保护范围，将外祖父母也纳入侵害尊亲属加重处罚的范围。

1919 年，修订法律馆完成对《刑法》的再修订，形成《刑法第二次修正案》。《刑法第二次修正案》更多地吸取了近代西方国家的刑法原则和制度，在体例结构和具体制度方面，也均较《暂行新刑律》和《刑法第一次修正案》有一定程度的进步。而且，针对司法实践中出现的某些与定罪量刑、概念界定相关的新问题，也根据西方国家的法律原则，做出了新的规定。

完成《刑法第二次修正案》，表明民国前期在刑事立法方面达到了一个新的水平。但是该修正案在民国北京政府时期并未能正式颁行。1928 年，南京国民政府对此修正案进行了简单的修订，以《中华民国刑法》之名颁布实施。

3. 单行刑事法规

民国北京政府时期，为加强对政治上的反对派实行有效的镇压，以及对社会秩序的维护和控制，还制定了一些单行刑事法规，如：《惩治盗匪法》《治安警察条例》《私盐治罪法》等。其中，《惩治盗匪法》于 1914 年 7 月公布实施。该法的基本精神是加强对强盗、匪徒罪的惩治程度，而简化其审判程序。该法规定，"匪徒"

罪适用范围包括:"意图扰害公安而制造、收藏或携带暴烈物者";"聚众掠夺公署之兵器、弹药、船舰、钱粮及其他军需品,或公然占据都市、城寨及其他军用之地者";"掳人勒赎者"。对于上述犯罪者,均处以死刑。该法还扩大了上述犯罪审判机构的范围,将"盗匪"罪的审判权授予军事机关。根据该法的规定,除了审判庭,兼理司法事务的县知事具有法定审判权之外,统率军队的高级军官基于路途较远或时间紧迫等原因,亦可行使审判权。该法的制定与袁世凯镇压"二次革命"后继续加强对革命党人反抗活动的镇压,建立实现其专制独裁统治的政治及社会秩序有着直接的关系。

(三)民法典的制定

民事法律的发达程度,是一个国家法律发展水平的重要标志。民国初期,民事法律的制定和修订进展十分缓慢,民法典始终未能颁布。

1. 清朝民律的沿用

民国建立后,1912 年 3 月,临时参议院议决,在民国民法颁行之前沿用《大清民律草案》,其中与民国国体有抵触的内容由法制局签注或签改交由参议院议决公布施行。此外,清现行刑律中也杂有某些关于民商事的律条,在司法实践中,各地审判机关对于前清现行刑律中有关适用民事部分的内容其认识尚有不明确之处。

1914 年,大理院针对这种情况,通过发布判例进一步确认称,清现行刑律中,除刑事部分外,关于民、商事之规定仍属不少,除制裁部分及与国体有抵触者外继续有效,其中包括服制图、服制、名例、户役、田宅、婚姻、犯奸、斗殴、钱债等;同时,还包括清朝《户部例则》中的户口、田赋。这些部分的有关律条，一直沿用至 1929 年 10 月《中华民国民法典》颁布后，才被废止。

2. 民国民律的制定

1914 年 2 月，民国北京政府法律编查会以《大清民律草案》为基础，开始修订民律。1918 年法律编查会改为修订法律馆，继续此项工作。其间首先对《大清民律草案》中封建色彩最为浓厚的亲属编进行修订，编成《民律亲属编草案》7 章共 141 条，并在调查各省民商事习惯以及参照西方国家最新民事立法的基础上，于 1926 年编成《民国民律草案》，通称《民律第二次草案》。此民律草案分为总则、债、物权、亲属、继承等五编，共计 1522 条。与《大清民律草案》相较，《民国民律草案》删除了限制人格独立的条款，特别是有关男女不平等的条款，增设了关于"夫妻之权利义务""夫妻财产制"的条款，对于近代西方国家民法中的自由平等原则做了进一步的认同。再如，《大清民律草案》袭取德国民法典中的"不动产质权""动产质权"，而对在中国久已存在的"典权"则没有相关规定，《民国民律草案》将"典权"专列一章。如此，新修订的《民国民律草案》在袭取近代西方国家民法的基础上，也注重吸纳中国传统社会生活中的某些因素，使二者得以融合而更为适合中国的国情。

此外，《民国民律草案》对绝对的个人权利加以某些限制，表现出较《大清民律草案》更多的社会化取向。例如，在《物权编》中，强调所有权的行使不得损及第三人的合法权益；第二编由《债权编》改为《债编》以兼顾债权人、债务人双方的利益。

《民国民律草案》编成时，国会已在军阀混战中被解散，只得由北京政府司法部通令各级机关作为"条理"加以适当运用。直到民国北京政府被推翻，此民律未能正式颁行。

民国初期，还颁行了一些单行的民事法规，以弥补民法立法上的不足。如，1913年的验契条例；1914年的契税条例；1915年的清理不动产典当办法；1921年的物品交易所条例；1922年的不动产登记条例等。此外，作为最高审判机关的大理院，通过判例的形式，行使着某些法律创制的职能。大理院发布的民事判例要旨，体现了传统民法与近代西方民法以及制定法、民事习惯和"条理"的整合，指导着中央和地方的民事司法审判活动。

中国近代早期的法治思想是伴随社会经济、政治变化而出现的新的社会思潮；这一时期所进行的法制变革在中国法制史上具有重要意义。中国近代早期的法治思想与法制变革构成近代中国社会由传统向现代转型进程中一个重要的侧面。

中西文明互鉴篇

第十四讲　古代中国与希腊罗马世界的通灵术：一个文化比较研究

王以欣（南开大学历史学院教授）

通灵术（necromancy）是一种古老的巫术，旨在建立阴阳两界联系，实现生者与死者的沟通，达到招魂、占卜、驱邪等目的。古典世界和古代中国都有类似风俗，也流传着丰富的神话和民间故事。然而，由于两地社会背景和宗教传统的差异，也导致有关通灵术的传说与风俗的差异。本讲重点是比较两地之通灵术，并由此透视两个文明传统的社会生活、宗教信仰、伦理规范和文化之异同，主要从通灵故事与通灵风俗两方面入手。

一、通灵故事

（一）古代中国的"遇鬼"故事

古代中国和古希腊罗马世界都有丰富的人鬼交流故事，都对死者的灵魂心存畏惧，因而在丧葬方面很注重对死者的抚慰和防范，旨在让死者安息，不再作祟人间，干预活人的生活。然而，古人都存在这样的信念，即阴阳两界并非完全隔绝，总会有些交往。

396

在古代中国人的观念中，鬼是死去的人的灵魂。《礼记·祭法》曰："人死曰鬼。"又曰："众生必死，死必归土，此之谓鬼。""鬼"和"归"是谐音的。《尸子》曰："鬼者，归也，故古者谓死人为归人。"起初，对超自然的精灵，古人统称为鬼神，鬼神的职能并不清晰。道德观念完备后，神大多代表善，赐人以福祉；鬼则主要代表恶，作祟于人间。鬼常因自私的动机害人，即"鬼阴贼害，从厶"（《说文·卷九·鬼部》）。有时甚至毫无道理地胡乱害人，即"鬼无道理，妄为人祸"（《论衡·乱龙篇》）。因而，古代中国人对鬼的一般看法是负面的，因而非常怕鬼，尤其害怕"凶鬼"，即非正常死亡的鬼，避之犹恐不及。在神话和民间故事中，很少有自动找鬼的故事，更多的则是"遇鬼"的故事，或是鬼主动找人的故事。尽管中国古人十分重视丧葬事宜，想尽一切办法安葬死者，安抚鬼魂，把他们礼送到冥界，每到节日，不忘向祖先的灵魂献祭，但他们相信，下界的鬼魂总会因种种原因闯入生者的世界，为其带来祸福，如疾病、死亡，也能带来财富、知识等福祉。虽然人鬼交往，生者未必就是受害者，甚至可能是受益者，造访的鬼魂也并非都是心存恶意，想害人，但生者依然怕他们，通常不会主动找鬼，而是被动地被访问，更多的是与鬼不期而遇。

在鬼主动找人的故事中，鬼的动机各异。有些鬼魂思念和关注生者，因而留在阳世继续陪伴生者，与他共同生活；或索其魂魄，与其在地府团圆；或常来阳世探望，以解思念之苦；或协助生者料理家政，甚至在生者陷入困境时前来相助。有些死者曾得到生者恩惠，死后前来报恩。有些鬼魂生前受到各种伤害，受虐待，受陷害，遭遗弃，被谋杀等，因而憎恨生者，报复生者，恐吓生者，甚至前来索命复仇。有些鬼魂蒙冤，乞求生者代为申冤。此类故事多与佛教的因果报应观念有关，善有善报，恶有恶报。活人主动向鬼魂问卜的故事并不多见，尽管鬼故事中不乏擅长预言的鬼魂，为生者预测吉凶，助其趋利避害。鬼故事中也常有酷爱诗文音乐的风雅鬼魂，他们与生者交流，对答诗文，切磋音乐。据说魏晋名士嵇康的名曲《广陵散》就是鬼魂所赐（《太平广记》卷 317 引《灵鬼志》）。总的来看，鬼故事中不乏风雅睿智、善良多情的鬼魂，但可怕的蓄意害人的鬼魂更多。鬼魂不能给古代中国人带来安全感，他们始终是生者防范、畏惧和逃避的对象。然而，鬼故事也满足了人们追求刺激的猎奇心理，给平淡的生活带来些许浪漫离奇的新意。

（二）古代中国的"找鬼"故事

主动找鬼的故事主要集中在少数有支配鬼魂能力的专业人士的传奇中。这些人士包括巫师、方士、高僧、道长、萨满和民间术士，其传奇故事多与招魂、追魂、摄魂、治病、占卜、视鬼、驱鬼、役鬼和捉鬼有关。古代中国的巫师皆有通灵之术，掌握降神附体、视鬼役鬼、收摄生魂的能力。降神就是请神，巫师擅长以舞降神，让鬼神暂附于身体之上，使自己变成鬼神的传声筒，鬼神离去则恢复常人功能。巫者亦可降神于他人或器物上，从而达到生者与神鬼沟通的效果。古希腊招魂者（psychagogoi）的主要职能是招来死者鬼魂占卜，古代中国巫师的职能更广泛，可以为生者招魂，将游走的灵魂唤回，使病患者恢复健康；或为死者招魂，让客死他乡者的灵魂回归故土；让死者走失的灵魂回归尸体；等等。巫者亦可通过药物或修炼获得视鬼功能，类似佛教的天眼通。汉代的巫师还开发出一种役鬼之术，主要依靠灵符招鬼役鬼，后被道教所吸收。东汉的费长房就是有名的役鬼大师，留下很多传奇故事。巫者还可以收摄生魂，用巫术手段控制别人的灵魂，可以为生者招魂，也可将其应用于黑巫术。在北方民族中，降神和招魂的工作就由专业的萨满巫师去做。方士是道教兴起前的巫师，修炼成仙之道，炼不死丹药并擅长各种法术，包括致鬼和役鬼神之术，如汉武帝时期的李少翁和栾大。东汉汝南人费长房因得仙人所赐灵符，便可"主地上鬼神"。"后失其符，为众鬼所杀。"（《后汉书·方术列传·费长房传》）佛教传入中国后，宣传神通观念。佛教修行者能获得神通（abhijñā），如天眼通、天耳通，可遨游于三界六道之中。佛陀大弟子目犍连下地狱救母的故事虽源于印度，但在中国民间被广为加工和流传，迎合了中国的儒家孝道思想。道教兴起后，其修道精深者亦可掌握仙术符咒。东汉的张道陵在鬼神信仰浓厚的巴蜀地区创建了天师道，成为该教的首代天师。民间流传着很多张天师驱鬼降魔、禳灾去祸的传说故事。据东汉桓帝时的李膺《蜀记》所载，"张道陵病疟，于邱社中得咒鬼术书，遂解使鬼法。入鹤鸣山，自称天师"（崔颢：《通俗编》引《蜀记》）。北方萨满教的巫师们都是通灵之士，擅长降神之术，使神灵或鬼魂附体，在生者与灵界建立联系。

中国东北各少数民族中流传着神通广大的萨满的各种传奇故事，如荆文礼、富育光整理汇编的神话史诗《尼山萨满传》（上下册，吉林人民出版社2007年版），讲述一位女萨满施展法术，使人起死回生的神奇故事。大致内容是：罗洛屯的员外家财万贯，中年得子，但儿子15岁时外出打猎，途中染病而死。员外此后乐善好施，得上天慈悯，50岁时又得一子。儿子长到15岁时向父母请求出猎，员外不允，但经不住儿子的苦求，最终应允。然而，意外再次发生，儿子狩猎时染重疾，未及返家就一命呜呼。员外悲痛欲绝，被一位仙人指点，前往寻找尼山萨满，一位年轻女萨满。女萨满请神附体，说明员外两子病亡的原因，毫厘不爽。员外于是苦请萨满施法救子一命，并将萨满请到家里。尼山萨满于是穿上法衣，击鼓请神，边舞边唱，向神祈祷，随后昏厥过去，灵魂出窍去追寻已故少年的亡魂。萨满渡过两道阴河，在第三道鬼门关追上带走少年灵魂的死神，要死神放人。死神说，少年已被送到冥王的城里，得到冥王恩宠。尼山萨满于是来到冥城，但城防坚固，难以入内。萨满于是化成一只大鸟，将少年从城内救出。死神追来与萨满谈判，索要礼物，萨满则为少年增寿至90岁。返回途中遇到已故的丈夫，强要萨满使自己复生，否则就把萨满扔进油锅。萨满解释说，你尸身已朽，无法复生，但她的丈夫执意还阳，否则就杀死萨满。萨满一怒之下唤来大鹤，将丈夫抛入丰都城。萨满又带着少年的灵魂一路游览，最终返回阳世。萨满叙述冥府之行的历险，并将少年的灵魂重新推入其尸身，使少年复活。故事包括萨满请神、降神、灵魂出窍、追魂、弃魂、复活等通灵主题。

汉族民间还流行一种通灵术，可能是古代招魂术功能的一种延续和扩展，谓之"关亡"，俗称"问死看鬼"，流行于中原、华东等地。家中有人去世，家属会请巫师（"关亡术士"）招亡人之魂，与之对答，了解亡者在阴间的境遇，顺便询问家庭未来的吉凶祸福，有些占卜的成分。巫师如不了解死者情况，当日必不肯去，须约定时间，其间打探死者情况。招魂时，巫师打个哈欠，表示亡魂已附体，与家属话家常，让他们信以为真，获得心理安慰。还有一种关亡术士被称作"走阴差"，其作用相当于萨满，通灵时陷入昏厥，灵魂出窍，奔赴阴间会见亡灵，打探相关情况，还阳后向家属汇报亡灵之境遇。①

通灵故事的主角不乏业余修习通灵术者，如唐高宗时期的正谏大夫明崇俨。《新唐书·明崇俨传》载：崇俨少时随父赴任安喜县，"吏有能召鬼神者，尽传其术"。据说这位差役留给他两卷书，所列皆人名。崇俨野外独处时按书中名单呼叫，皆有人应声而至，达数百人。因而，崇俨每当需要时，就呼唤人名，随叫随到。他还可以在白天看到鬼（《太平广记》卷 328 引《纪闻》）。他后来被强盗刺死。有好事者传言："崇俨役鬼劳苦，为鬼所杀。"（《新唐书·明崇俨传》）没有受过专业训练的人使用通灵术会造成严重后果。《咫闻录》记载，浙江沈处士从庙中借来水陆斋会招魂施食的咒语书，擅自念咒，结果招来众鬼，却不知如何退鬼，结果吓出病来。后来请来僧人做道场，众鬼散去，病始愈（《咫闻录》卷 1）。

（三）古典世界的"遇鬼"故事

古希腊也流行人鬼交往的通灵故事，但远不像古代中国人那样怕鬼。鬼魂主动找上门来骚扰生者的故事并不多见。此类鬼魂通常是未获妥善葬礼处置的死者或恶性杀戮事件的受害者，也有英雄显灵救助后裔子民的故事。还有一些鬼魂托梦的故事，即鬼魂从阴间进入睡眠者的梦境来传递某种信息，但不是真实环境中

---

① 叶大兵、巫丙安：《中国风俗词典》，上海辞书出版社 1990 年版，第 796 页；庞树根、赵鹤康：《江宁史话·卷三·江宁风俗》，江苏人民出版社 2006 年版，第 359 页。

的造访。笔者将专辟一节探讨梦的故事。

受荷马灵魂观的影响，在古希腊罗马人的观念中，灵魂犹如飘忽的影像，不具实体，甚至连思考和说话的功能都没有，无力干涉生者的世界。而且，死者一旦获得埋葬或火化，其灵魂即可渡过阴河，进入一去不复返之乡，从此断了还阳的归路。因而，古希腊人对已经安葬，尤其是已经火化的死者的灵魂并没有畏惧感，很少有鬼魂上门造访的故事。只有那些未获安葬，依然滞留在阳世的鬼魂才会造访生者，请求早日安葬自己，如帕特洛克罗斯的灵魂向阿基里斯托梦的神话（Homer, *Iliad* 23.62-107）。奥德修斯在地府入口遭遇其伙伴埃尔佩诺尔（Elpenor）的灵魂，后者不慎摔死，未获安葬，因而向奥德修斯提出安葬的要求（Homer, *Odyssey* 11.51-83）。阿基里斯和奥德修斯都满足了幽灵的请求，妥善安葬了他们。死者一旦获得安葬，灵魂就渡过阴河抵达冥府，找到自己的安息之所，就不再骚扰世间了。

如果尸体未得安葬，灵魂不能渡过阴河抵达彼岸，死后不得安息，就会迁怒于生者，作祟人间，尤其是那些仇恨人类的怨鬼。幽灵留在世间，自然骚扰生者，为害一方。波桑尼阿斯曾讲过一个怨鬼作祟危害社会的故事：奥德修斯在海上漂泊期间，曾被飓风吹到南意大利的特米萨。他的一位水手喝醉了酒，强暴了当地的一位少女，因而被当地人用石头砸死。奥德修斯没有太在意他的死亡就匆匆离去了。水手显然没有获得妥善的埋葬，因而其幽灵怨怼当地人，一直未停止杀人行径，而且不分老幼，迫使当地居民决定逃离意大利而另觅栖身之所。然而，皮提亚女祭司不让他们离开特米萨，而是命令他们抚慰死者，为他拨出一块圣域并建一座庙宇，而且每年把特米萨最漂亮的姑娘献给他做妻子。他

亨利·福塞利（Henry Fuseli）约 1800 年的画作：希腊英雄奥德修斯下地府，向已故盲人老先知特瑞西亚斯询问归期。收藏于威尔士国家博物馆。

们于是遵奉神旨行事，从而摆脱了鬼魂的恐吓。后来，奥运会拳击冠军欧提摩斯来到特米萨，恰逢当地人向鬼魂奉献少女之际。欧提摩斯闻讯走进庙里观看，看到那位少女后，心生怜悯，并陷入爱河。姑娘对他发誓说，如果他能拯救她，就以身相许。欧提摩斯于是身穿铠甲等待鬼魂降临，并在搏斗中获胜。鬼魂被驱离，跳入深深的大海，从此销声匿迹。欧提摩斯举办了一个盛大的婚礼，而居民们则永远摆脱了鬼魂的祸祟（Pausanius, 6.6.7-10）。

　　如果葬礼有缺陷，也会招致鬼魂造访，尤其在死者刚刚入葬不久的时候。琉善的对话《爱说谎的人》讲述了这样一个故事：欧克拉提斯（Eucrates）是位年长的学者。他的爱妻德迈奈特（Demainete）逝世，他非常悲伤，将她生前所用的服饰都烧掉了。在她死后第七天，欧克拉提斯为了排解思念之苦，躺在床榻上阅读柏拉图的灵魂书。这时德迈奈特的鬼魂出现了，坐在他身旁。欧克拉提斯抱着她流泪，但妻子不让他哭，只是责怪他没有烧一只镀金的凉鞋。这时小狗叫了一声，**爱妻的魂魄就消失了**。原来，欧克拉提斯烧衣物时只烧了一只凉鞋，另一只丢失了。他随后在箱底找到那只凉鞋，就把它烧了（Lucian, *Philopseudes* 27）。这个故事仍然保留着传统的观念，即丧葬仪式做得不完满，鬼魂就不愿离去，容易被招来。这同中国人的"头七"观念很相似。中国人相信，死者过世第七日要回家探望。欧克拉提斯阅读的柏拉图的灵魂书，在某种程度上起着灵媒的作用。

古希腊人相信，生者通常不会受到鬼魂的骚扰，除非他杀了人，犯下血罪，才会被鬼魂缠身。无论杀戮行为是否正当，杀戮者都要履行某种赎罪和净化仪式，消除污染，平息死者灵魂的愤怒，求得其宽恕，才能重返社会生活。神明也要为杀戮行为赎罪，例如，阿波罗杀死蛇妖皮同，不得不为自己施行净洗礼，自我流放八年后才重返德尔斐（Plutarch, *De Defectu Oraculorum* 15, 21, in *Moralia* 418b–c, 421c）。只有那些犯下严重杀戮罪行的人，尤其是那些违反人伦的杀人者，才被鬼魂和复仇女神们苦苦纠缠，如神话中杀母的俄瑞斯特斯。

被杀者的鬼魂常常通过梦境报复生者，生者也会采取主动行为抚慰亡魂。例如，斯巴达摄政王波桑尼阿斯在希波战争期间驻军拜占庭时，曾召见当地的名门闺秀克列奥尼克（Cleonice），试图占有她。克列奥尼克在黑暗中接近熟睡的波桑尼阿斯，不慎碰倒灯台。波桑尼阿斯误以为遭人袭击，拔剑杀死了少女。此后，波桑尼阿斯总是梦见克列奥尼克向他吟诗："狂妄待人，必遭恶报。"搅得他心神不安。他于是来到赫拉克利亚的死人神谕所，求祭司招来克列奥尼克的魂魄，试图安抚她。后者告诉他，他返回斯巴达后就能得到安宁，暗示其大限将至（Plutarch, *Cimon* 6）。

在古希腊的地方性传说中，英雄们的鬼魂有时也会钻出坟墓，帮助危难中的后代子孙，或保护其坟墓所在地的居民。英雄虽是凡人，但也是宗教崇拜的对象，地方的保护者。他们的灵魂似乎是强有力的，不像荷马描述的那样，是幽禁在哈德斯冥府的与尸身分离的虚弱影像。需要时，他们会挺身跃出坟墓，干预人间事务。这反映了古希腊人朦胧和矛盾的灵魂观，即他们相信鬼魂依附于尸体，用爱尔兰古典学者道兹（E. R. Dodds）的话说，鬼魂与死尸是"同体的"（consubstantial），是死者生命的"遗存"，能自由地离开尸体遨游。道兹认为，这种与荷马相悖的灵魂观可能受到斯基泰人和色雷斯人的萨满宗教观念的影响（E. R. Dodds, *The Greeks and the Irrational*, Berkeley, Los Angeles & London, 1951，第六章）。

（四）古典世界的"找鬼"故事

古希腊罗马人相信鬼魂具有超常的智慧，尤其是那些死去的先知，因而常有生者主动造访鬼魂，向其问卜的故事。最早的此类故事就是荷马史诗《奥德赛》第 11 章讲述的奥德修斯下地府，向已故的盲人老先知特瑞西亚斯询问归期的故事。维吉尔的《埃涅阿斯纪》重演了类似的场景，即埃涅阿斯下地府，向其父安喀塞斯询问特洛伊民族的未来吉凶（Virgil, *Aeneid* 6.236-901）。

古典世界还流传着一些神和英雄下地府冒险的神话，如酒神狄奥尼索斯下地府救母；俄耳甫斯下地府救妻还阳；忒修斯和拉庇泰人国王皮里透斯（Pirithous）下地府劫持冥后；赫拉克勒斯下地府捉拿三头狗，救回忒修斯的故事等。

在现实生活中，我们曾听说某些历史人物召唤和问卜鬼魂的故事。例如，科林斯僭主佩里安德尔派使节前往特斯波罗提亚的

"死者神谕所"，召唤其妻墨莉萨的灵魂，向她询问一位已故朋友存放宝藏的地点。墨莉萨的鬼魂拒绝回答，因为她在阴间没有衣服穿，感到冷。佩里安德尔虽然将她的衣服与她共同下葬，但未焚化那些衣服，因而鬼魂穿不了。墨莉萨还讲出一个只有他们夫妻俩才知道的秘密。佩里安德尔知道墨莉萨所言不虚，就召集科林斯妇女盛装前往赫拉女神圣殿，然后命令士兵们剥下她们的衣服，集中放在地穴中焚毁。当佩里安德尔的使节再次前来问卜时，墨莉萨就透露了宝藏的存放地点（Herodotus, 5.92）。此类通灵占卜事件在古典世界的"死者神谕所"和某些已故英雄的神谕所中日复一日地重演着，但极少获得文献的记载。

古代文献中还零星记载了某些历史人物召唤和抚慰死者幽灵的故事，如前文提到的斯巴达摄政王波桑尼阿斯前往黑海南岸的赫拉克利亚死者神谕所抚慰被误杀的少女克列奥尼克的鬼魂的故事。绰号"渡鸦"（Codax）的纳克索斯岛武士卡伦达斯（Calondas）在战斗中杀死了帕罗斯岛的抒情诗人阿尔基洛科斯（Archilochus），后者是阿波罗神和缪斯女神们的宠儿，以"蝉"自居。在古希腊人的观念中，蝉与歌手都是阿波罗和众缪斯的宠爱者。卡伦达斯杀了神的宠爱者，因而得罪了神明。他前往德尔斐求神谕，遭到皮提亚女祭司的拒绝："离开这座神庙，你杀了缪斯们的仆人。"[*Greek Iambic Poetry*（Loeb, 1999），p.41]卡伦达斯为自己辩解，阿波罗神于是命令他前往南希腊泰纳戎海角的死人神谕所，英雄特提克斯（Tettix，意为"蝉"）的墓地，向阿尔基洛科斯的灵魂献奠酒礼，从而平息了神的愤怒（*Suda* s. v. *Archilochos*）。

古希腊也流行很多萨满型通灵巫师的故事，有神话人物，也有历史人物，被称为"神人"（Man of God, θεῖος ἀνήρ）。歌手俄耳甫斯属于神话人物，他能够下地府说服冥王夫妇，带回亡故的妻子。古风时代的哲学家毕达哥拉斯、恩培多克勒也擅长通灵术，据说前者一直同亡父在梦中通话（Iamblichus, *On the Pythagorean Life* 139）；后者曾让一位死去 30 天的女子复活（Diogenes Laertius, 8.61）。这些术士还有灵魂出窍的能力，如诗人阿里斯提亚斯（Aristeas），其魂魄能变成乌鸦从口中飞出四处漫游（Pliny the Elder, *The History of Nature* 7.53）。他们还常常多年隐身于天然或人造地穴中获取智慧，等等。此类巫师虽然是早期希腊人物，但很多故事可能是罗马帝国时期编造附会的，反映了那个时期浓郁的巫术氛围。

受外域文化影响，通灵术在共和晚期的罗马社会逐渐流行起来，这从西塞罗的演说辞中可见一斑。帝国时期，近东通灵文化喧嚣尘上，在希腊罗马世界大有复兴之势。招魂、见鬼和驱鬼的故事与事件日益增多。公元 1 世纪的提亚纳的阿波罗尼乌斯就是一位知名的术士，他的传奇故事保留在菲罗克拉特斯为其撰写的传记中。据说他会分身术（bilocation），曾在英雄阿基里斯的墓前为其招魂；让骤死的新娘复活，给年轻人驱鬼，还钻到英雄特罗佛尼乌斯的地穴里，同鬼魂交流哲学，并获赠书籍。据说他还为元老涅尔瓦的夺权效力，打算祭祀一个男孩儿，用其内脏问卜称帝之事，但被拒绝（Philostratus, *Life of Apollonius of Tyana* 4.10, 5.30, 8.25–26, 4.16, 4.45, 4.20, 8.19, 7.11, 8.7）。还有一位 2 世纪中期的先知，阿伯诺提克斯的亚历山大（Alexander of Abonoteichos），在其小亚细亚家乡创立蛇神格利孔（Glycon）神谕所，发布预言和治病，在罗马帝国影响很大，被琉善斥为骗子，写入其对话集《伪先知亚历山大》。尽管罗马法律禁止预测皇帝死亡的巫术占卜活动，并在帝国晚期将通灵术列为非法，但古罗马的很多皇帝和上层人物对通灵术抱有兴趣并付诸实践。[①]

琉善的讽刺作品《墨尼波斯》讲述公元前 3 世纪的犬儒派哲学家墨尼波斯主动下地府访问幽灵的故事。墨尼波斯带着满腹疑问奔赴下界造访幽灵，以求解惑。他来到巴比伦，拜访了一位擅长通灵术的迦勒底哲人。这位哲人愿意引领他前往下界，带着他在幼发拉底河沐浴，度过 29 天斋戒期。期满后前往底格里斯河，对墨尼波斯施行净洗礼，让他冒充奥德修斯、赫拉克勒斯、俄耳甫斯的样子，冒用他们的名字，然后踏上冥途之旅。他们沿着幼发拉底河航行，驶入沼泽地带。登陆后，念诵咒语召唤各位神灵。这时大地裂开，术士与墨尼波斯进入地府，看到地府入口的种种景象。卡戎见到墨尼波斯披着狮子皮，误以为他是赫拉克勒斯，就将他们摆渡过阴河，还给他们指路。他们看到判官米诺斯在法庭主持对灵魂的审判，随后看到灵魂受刑的地方。继而看到形形色色的死人灵魂及其在阴间的遭遇。他还看到鬼魂们召开公民大会并通过一个针对富人的决议：富人死后，肉体要受刑罚，灵魂要转生为驴，而且世代为驴，满了 25 万年才准许他们死亡。他还向先知特瑞西亚斯请教，什么是最好的人生方式，并得到了先知的人生秘诀。最后，墨尼波斯与术士告别，从特罗佛尼乌斯的地穴钻出来，重回阳世。这个故事提到通灵（入地府）前的各种准备工作，包括斋戒和净洗礼行为，并将故事的地点设置在巴比伦尼亚，这说明通灵术的真正故乡在两河流域。早在荷马时代，受

[①] Daniel Ogden, *Greek and Roman Necromancy,* Princeton and Oxford, 2001, pp.149—159.

东方化的影响，通灵术已在希腊流行，罗马帝国时期的文化融合使通灵术在希腊罗马世界得到复兴。

罗马帝国时期，东西方文化的交汇和碰撞日趋频繁，古典世界的巫术气氛再趋浓厚，法术猖獗，渗透到人们的日常生活中，擅长通灵术的女巫成为文学作品热衷表现的角色。北希腊的色萨利地区曾是巫风盛行之地，因而在帝国文学中也出现了几位色萨利女巫的典型形象。卢康的史诗《法萨里亚》（*Pharsalia*）塑造了一位可怕的女巫埃里克托（Erichtho）。她应庞培之子的请求，找到一具死尸，为其招魂，让其预测法萨卢战役的结果和庞培及其亲属的命运（Lucan, *Pharsalia* 6.413-830）。阿普雷俄斯的《金驴记》也提到色萨利地区的几位女巫，擅长用捆绑咒语役使鬼魂。阿普雷俄斯本人既是柏拉图主义哲学家，也是巫术爱好者，显示出当时的哲学日趋神秘主义化，哲学家也越来越像术士了。

（五）梦境中的通灵故事

古代中国和古典世界都认为，人鬼间的沟通可以通过梦来实现。荷马曾将梦幻解释成鬼神对睡眠者的造访，向其传递某种信息。鬼神或经过光亮的象牙门探访睡眠者，向其传达虚幻不实的带有欺骗性的信息；或经牛角门进入，向其提供真实的信息（Homer, *Odyssey* 19.560-567）。维吉尔在《埃涅阿斯纪》中讲得更清楚了："睡眠神有两扇门，一扇据说是角门，真正的幻影很容易经此门出去。另一扇是白色光滑的象牙门，闪闪发光，幽灵们把假梦从这扇门送往阳世。"（Virgil, *Aeneid* 6.893-898）换言之，鬼神经过角门向睡眠者传达真实的信息，经过象牙门传递虚假的信息。梦幻是神与人、死者幽灵与生者之间沟通的一种渠道。

荷马史诗中的梦大致有两类，大多数是访问型的梦，访问者是神明或其委派的信使，还有鬼魂，他们或直接显现，或伪装成睡眠者的亲朋好友，即所谓的幻影（εἴδωλα），向其传递真实或虚假的信息，给出预言、警告或误导睡眠者。少数是比喻性的梦兆，如佩涅洛佩的老鹰扑杀白鹅的梦，当然也是神明传递的信息（Homer, *Odyssey* 19.535–551）。后期的古典作家们归纳出三种类型的梦：1. 猜谜般的象征性的梦；2. 未来事件在梦中的直接预演；3. "神谕型的梦"，即鬼神托梦，告知睡眠者哪些事将会发生，哪些事不会发生，哪些事该做，哪些事不该做。这第三种梦就是荷马史诗中经常出现的那种梦，与我们日常做梦的经验不相符，但被古典作家们津津乐道，反复出现在文学典籍中。"神谕型的梦"最常见的内容是：鬼神在梦中指示睡眠者履行献祭或建庙等宗教活动。道兹将这种"神谕型的梦"归入某种"文化类型"（cultural pattern）或族群的宗教经验。做这种梦通常要履行某些程序，如隔离、祈祷、斋戒、自残、在祭牲皮上入睡、接触某圣物或在神圣场所睡眠（incubation），后者常常用于治病和通灵占卜。威廉·哈里斯将这种"神谕型的梦"称作"显灵的梦"（epiphanies），以区别于现代的"事件型的梦"（episodes）："无可争议的是，希腊和罗马的文本，当其描述梦时，常将其表现为警示性的显现，也就是睡眠者受到某个体的访问，访问者常常是一位神或神使，但有时就是一位权威人物或一位鬼魂，带来指示或重要信息。"[1] 这种显灵的梦在古典世界和欧洲中世纪一直延续着，直至 16—17 世

---

[1] William V. Harris, *Dreams and Experience in Classical Antiquity*, Cambridge, Massachusetts, and London, England: Harvard University Press, 2009, pp.23—24.

纪，随着欧洲思想的广泛世俗化才逐渐消失。基督教时代除了这种鬼神直接造访的梦，荷马以后的文献记载了更多的事件型的梦。在公元前 6—前 5 世纪的文学作品中，比喻或象征性的梦显著增加，这可能受到近东和埃及梦文化的影响，尤其是小亚细亚的影响，解梦的书和理论也就应运而生。

在古代中国，梦常常被解释成睡眠者灵魂的活动，"其寐也魂交"（庄子《齐物论》）。古希腊人将梦解释成鬼神向睡眠者传递的信息，睡眠者只是被动承受而已；古代中国人将梦解释为出窍的奇遇，即所谓的"魂行"。"人之梦也，占者谓之魂行。"（《论衡·论死》）魏晋时期流行的《梦书》亦云："梦者象也，精气动也，魂魄离身，神来往也。"（转引自《太平御览》卷 397）因而，"梦体验不但是鬼神信仰的心理基础和重要根据，也是人与鬼神沟通的重要桥梁"。在这种沟通中，睡眠者的灵魂似乎显得很主动，但梦魂出游及其所遭遇的种种梦象也被认为是鬼神引导的结果。"做梦被认为是神灵与人身进行交往和联系的一个桥梁和中介。神灵为什么叫人做梦，它是要向梦者说明它的意图或意志。反过来，人们通过做梦，则可以从中求得神灵的启示。"因而，古代中国不乏鬼神显灵的梦，也有很多含蓄晦涩的梦，类似古希腊的象征性的梦，需要占梦，了解梦的象征意义。古代中国有很多占梦解梦的书，大多散佚，仅余残篇，只有六部保留了残卷和完本。①

睡眠者的梦被鬼神所支配，既有好梦，也有恶梦。古代中国人相信，好梦是吉祥的梦，乃神灵所赐，恶梦则是不吉利的梦，

---

① 刘文英、曹田玉：《梦与中国文化》，人民出版社 2003 年版，第 16、30 页；刘文英：《中国古代的梦书》，中华书局 1990 版，第 1—13 页。

是恶鬼恶煞作祟所致。根据商代甲骨文的记载，商王每遇恶梦，就认定是鬼魂作祟所致，一定要祭祀作祟的鬼魂。《左传》中提到很多诸侯公卿之梦，大致分为三类：神灵赐梦，吉凶兼有；厉鬼入梦，皆为凶梦；先祖先公入梦，皆为吉梦。既然神灵可以赐吉祥之梦，人们就会向神默祷，祈求赐吉梦，而且时有应验。恶梦乃鬼魂作祟所致，就要设法禳除，可以祈求神助，或用辟邪物驱鬼，或做一种有辟邪功能的枕头，等等。[①] 例如，根据睡虎地秦墓出土的秦简《日书》甲种记载：人做了恶梦，就披头散发面向西北而坐，请求一位食恶梦的神前来，多饮多食，吃掉恶梦。神得到美食，就用财富来酬报做梦者。另载：鬼总是让人做恶梦，醒后又无法验证。这种鬼叫图夫。防范的办法是，将辟邪的桑杖置于室内，将锅倒扣在户外，恶鬼就不能入户了，也就不做恶梦了。（"鬼恒为人恶梦，觉而弗占，是图夫。为桑杖倚户内，覆鬴户外，不来矣。"）[②]

（六）与被思念的死者灵魂短暂相聚的故事

利用通灵术召回被思念的鬼魂，与生者短暂相会，此类故事在古代中国时有所见，但在古希腊人中则相对罕见。《史记·孝武本纪》载，方士少翁以通灵之方术觐见汉武帝。适逢武帝宠幸的王夫人去世，少翁就利用方术，夜间招来王夫人之形貌，让武帝从帏帐中望见。武帝遂拜少翁为文成将军，赏赐很多，以宾客之礼待之。《汉书·孝武夫人传》将故事主角换成李夫人：武帝

---

① 刘文英、曹田玉：《梦与中国文化》，第 40—41、48—49、419—424 页。

② 吕亚虎："秦简中的梦幻占禳信仰初探"，《宝鸡文理学院学报》（社会科学版）第 36 卷第 6 期（2016 年）。

思念去世的李夫人，少翁声称能招来她的魂魄，就在夜间点燃灯烛，设帷帐，摆上酒肉，而让武帝在别的帷帐中遥望。武帝看到帐中的美女与李夫人相同，坐立不安，又不能靠近看，愈加感伤，遂作诗感叹，让乐府的艺人配乐歌唱。另据东晋《拾遗记》记载，武帝深爱李夫人，总想梦见她或亲眼看到她，为此容貌日渐憔悴，嫔妃和宫女们都感到不安。武帝遂请方士李少君安排与李夫人相见。少君说，可远观，但不能同处一个帷帐中，还要寻得海中青石，刻成人像，夫人的魂魄就能依附其上。于是率楼船百艘巨力千人，历时十年搜得此石，雕刻成夫人容貌，置于帐中，宛如李夫人再世。武帝高兴，想就近观看，少君阻止他，称雕像有毒，不可近观。后来，少君命人将雕像打碎，做成药丸，让武帝服下。武帝此后再未梦见李夫人，并筑梦灵台祭祀李夫人。

与之相似的故事是，南朝宋孝武帝刘骏思念已故的贵妃殷淑仪，在巫师帮助下，在帷帐中见到其鬼魂，形态举止如生前所见。刘骏对她讲话，她默然不答，欲执其手，魂魄奄然而逝。刘骏愈加伤感，遂拟就《李夫人赋》以寄思念之情（《南史·卷十一·列传第一》）。

唐代诗人白居易的《长恨歌》曾提到"临邛道士鸿都客，能以精诚致魂魄"，有感于玄宗李隆基苦苦思念已故的贵妃杨玉环，就奉命四处寻访贵妃的幽魂。"上穷碧落下黄泉，两处茫茫皆不见。"最后来到海上仙山，寻访到已经位列仙班的杨贵妃。贵妃请他转达对君王的谢意，并托他转交一份信物和他们私密的爱情誓言。长诗中的"鸿都客"是一位擅长通灵术的道士，他在生者和死者之间传递信息和信物，但未能促成其会面。元代的志怪小说《琅嬛记》则促成了他们的见面：唐明皇思念爱妃，形神憔悴。

有道士求见，自称通灵。明皇对他恩宠有加，希望能再见上贵妃一面，死亦无憾。道士于是取出袖中画笔，口诵咒语，在黄卷上绘出一幅女像，有如灵符，只是约略像人而已。明皇按他的要求斋戒，集中精神回想往昔情景，持续了三天三夜。道士说：好了。明皇出来观看，见画中贵妃真容，栩栩如生，甚为欢喜。道士说："还不行。"于是设五色帷帐，将画供于坛壁之上。让二十四位聪慧端正的女子齐唱曹子建的《步虚词》。道士接着焚烧灵符，口诵咒语，吸烟气吐于画上。诸女子依次吐烟气于画。道士事先将五色石少许磨成细粉，与其他药物掺和，制成蜡烛，称之为"还形烛"。黄昏时，道士请明皇秉此烛入帐，让侍者退出，锁上门。此时贵妃在帷帐中见到明皇，掉下眼泪："您作为天下之主，却不能庇护一位弱女子，有何面目见我啊！"明皇亦落泪，讲马嵬坡的兵变事出突然，未曾料到。明皇讲了很多，贵妃的情绪才稍有恢复。于是对明皇极尽缠绵，胜于往昔。并从臂上取下玉环，给明皇戴在臂上。天近拂晓时，道士开门说："应该告别了。"明皇出帐，回头再看，贵妃已经消失了，只有玉环还戴在明皇的臂上。道士于是讲述贵妃是怎样成仙的，现已为某洞府之仙。道士名叫王丹，不知何许人，其法术胜过了昔日少翁之通灵术，故事情节与《长恨歌》有所不同。洪昇的《长生殿》则提供了一个大团圆的结局：临邛道士杨通幽为唐明皇找到贵妃杨玉环的幽魂。八月十五之夜，杨通幽引明皇的魂魄升入月宫与杨玉环相会。玉帝传旨，让二人居住在忉利天宫，永为夫妻。

以上都是多情帝王的浪漫传奇。《搜神记》则讲了一则普通人的故事：汉代北海郡营陵有道士有通灵术，能让生者与死者幽魂相聚。当时同郡的某个人，其妻已亡故数年，获悉道士有此异能，就前去拜访，希望自己能见见已故之妻，虽死无憾。道士说，你可以去看她。若听到鼓声，赶快出来，切勿滞留。于是告诉他相见的办法。此人果然很快就见到了爱妻，悲喜交集，互诉离情。不觉过了很长时间，忽听鼓声，恨不得留下不走。出门时匆忙，衣服的大襟被门夹住，遂强行挣脱跑开。一年多后，此人过世，与其妻开坟合葬，发现衣服的大襟仍被其妻的棺盖夹着（《搜神记·卷 2·营陵道士》）。

在古希腊，这种浪漫故事实不多见。普罗特西劳斯（Protesilaus），特洛伊战争的首位希腊战死者，与妻子拉奥达米亚（Laodamia）新婚燕尔，伉俪情深。他战死后，拉奥达米亚为亡夫造像，与之同居。诸神怜悯她，让普罗特西劳斯的灵魂暂时回家与妻相会。拉奥达米亚非常高兴，以为丈夫从特洛伊战场回来了，但仅仅度过三时辰，就不得不与丈夫的幽灵再次分离。拉奥达米亚不堪其苦，绝望自杀（*Epitome* 3.31; Hyginus, *Fabulae* 104; Ovid, *Heroides* 13）。阴间是一去不复返之乡。鬼魂返回阳世的故事，在古希腊人看来是违反自然的。拉奥达米亚会见亡夫的灵魂是诸神怜悯而被特别批准的，属于特例。此类故事因而少之又少，也就不奇怪了。生者恐怕只能在梦境中与已故亲人的鬼魂相会，如希腊神话中的刻宇克斯（Ceyx）与阿尔库昂奈（Alcyone）的故事：梦神（Morpheus）伪装成海上遇难的丈夫的幽灵托梦给日益思念的妻子。

二、通灵风俗

（一）古希腊人的通灵占卜风俗

在风俗方面，古希腊罗马的通灵术多体现在向死者求神谕，卜问吉凶祸福方面，因而存在各种神谕所，或属于某位死后成神的英雄，或笼统地归于"死者"。生者可以在这些神谕所向某位英雄或已故的亲友问卜；也可以依靠巫师，唤醒墓地或战场上的死者，向其问卜。具体做法不详，可能采用睡觉做梦的方式（incubation），然后占卜梦兆。在文学作品中，问卜者常常直接召唤死者的灵魂，与之直接对话，像奥德修斯问卜忒拜老先知那样，但在真实生活中，这是很难操作的。从文学作品的描述看，问卜者首先要为通灵做准备，履行斋戒和洁净礼仪式。通灵仪式要在夜间举行，最好是月圆之夜，黎明前完成，地点通常在死者神谕所或墓地。占卜者要挖一个坑，用来施行血祭和奠酒礼，祭牲是黑色的，牲血注入坑中祭享鬼魂，牲体被剥皮，实行燔祭，献给地下的神祇。仪式过程中伴随着祈祷和咒语，请求鬼魂们显灵，请求下界神灵放出鬼魂们，乃至用威胁和强迫的话来役使鬼神。获悉鬼神信息则靠"盘占法"（lecanomancy）或"灯占法"（lychonomancy），须一没有性经验的纯洁的男孩儿在催眠状态下凝神观察容器内的液体波纹或油灯火焰来判断。

罗马共和末期和帝国时代还流行一种令人毛骨悚然的匪夷所思的传闻，即靠祭杀男孩儿来向鬼神问卜，而且男孩儿的年龄越小越好。西塞罗曾谴责瓦提尼乌斯（Vatinius）向死者祭献男孩儿的内脏（Cicero, *Against Vatinius* 14）；提亚纳的阿波罗尼乌斯曾被指控祭杀男孩儿来问卜鬼神（Philostratus, *Life of Apollonius of Tyana* 7.11, 8.7）；哈德良皇帝恩宠的美少年安提努斯（Antinous）自愿为皇帝履行通灵仪式充当人牲（Dio Cassius, *Historiae Romanae* 69.11），等等。最骇人听闻的行为是祭献胎儿。瓦伦斯皇帝的一个保民官努麦里乌斯（Numerius）竟切开怀孕妇女的子宫，取出不成熟的胎儿，用来召唤鬼魂，预测统治者的变更（Ammianus Marcellinus, *Rerum Gestarum*, 29. 2. 17）。

　　古希腊罗马世界曾有四座著名的"死人神谕所"，分别坐落在黑海南岸的赫拉克利亚（Heraclea Pontica）、南希腊的泰纳戎海角（Cape Tainaron）、希腊西北特斯波罗提亚（Thesprotia）的阿克戎（Acheron）河畔以及意大利坎佩尼亚地区的阿维尔诺斯湖畔。赫拉克利亚是麦加拉人于公元前560年前后建立的殖民城市。这里有个山洞，被认为是地府入口，拘束赫拉克勒斯从这里将地府的看门狗带回阳间。在公元前479—前477年，斯巴达摄政王波桑尼阿斯曾来这里召唤和安抚鬼魂。南希腊玛尼半岛（Mani Peninsule）南端的泰纳戎海角有个山洞，古希腊人也视之为地府入口，据说赫拉克勒斯、俄耳甫斯、忒修斯等英雄都是从那里进入地府的。伊庇鲁斯地区特斯波罗提亚的"死人神谕所"也被认为是地府入口，坐落在真实的阿克戎河与科库托斯（Cocytus）河附近，酷似奥德修斯与鬼魂通灵的地府入口的环境，因而，自古就有人推测，荷马将特斯波罗提亚的风景和河流名称搬到了哈德斯冥府，如希腊旅行家波桑尼阿斯（Pausanius, 1.17.5）；牛津古典学者韦斯特（M. L. West）也推测，奥德修斯的通灵故事最初发生在特斯波罗提亚，后被《奥德赛》的诗人转移到大洋河畔的地府入口（*The Making of the Odyssey,* Oxford: Oxford University Press, 2014，第 122—126 页和注释 59）。这里的招魂方法在史诗中以幻化形式反映出来，尤其是祭祀方式：在深坑旁祭祀亡灵，献上掺蜜的奶、甜酒和纯净水，最后撒上大麦粉；向亡灵们祈祷、许愿，再祭杀一对黑色的公羊和母羊，让鲜血涌入坑中，并将祭牲剥皮焚烧。至于具体实例，上文提及的科林斯僭主佩里安德尔召唤妻子亡灵的故事就发生在这里。

意大利坎佩尼亚地区库麦附近的阿维尔诺斯（Avernus，古希腊文为 ἄορνος，即 "无鸟湖"）湖畔也有一座死者神谕所。约公元前 6 世纪晚期，奥德修斯的海上航行路线就被定位在意大利西海岸和西西里附近，而阿维尔诺斯湖附近的一个山洞就被认为是地府入口，奥德修斯下地府的地方。索福克勒斯的残篇曾经提到这座神谕所，斯特拉波和狄奥多罗斯亦曾提及。维吉尔的《埃涅阿斯纪》则详细描述了库麦女先知西比尔引导埃涅阿斯手持金枝由这个山洞下地府拜见其父安喀塞斯的鬼魂以便预知未来的故事细节（Virgil, *Aeneid* 6.237-898）。公元 2 世纪晚期的希腊哲学家，推罗的马克西姆斯（Maximus of Tyre），也描述过这个神谕所："我推测，在意大利，在大希腊地区（Magna Graecia）的所谓无鸟湖畔，有一座洞穴神谕所。招魂者们（psychagogoi）是该洞的执事，他们因其工作而得到这样的称呼。需要招魂的人来到这里，祈祷，宰杀祭祀牺牲，行奠酒礼，并召唤他想见的祖先和朋友们中的任何一位的灵魂。鬼魂于是出现在他们面前，朦胧不清，真假难辨，但被赋予了发声和预言的能力。当求神谕者就其所问的问题与鬼魂对话结束后，鬼魂就离开了。荷马好像也知道这座神谕所，因为他让奥德修斯来到这里，并在诗歌里将该地从我们这片海域移走。"（引自 Daniel Ogden's *Greek and Roman Necromancy,* Princeton and Oxford, 2001, p. 72）

在隶属某位英雄的神谕所中，以彼奥提亚西部勒巴狄亚（Lebadea）的特罗佛尼乌斯神谕所最为著名。特罗佛尼乌斯是俄尔科墨诺斯的王子，与其孪生兄弟阿伽墨德斯都是著名的建筑师。很多神话和历史上的著名建筑都归功于他们，包括德尔斐阿波罗神庙的地基等。最著名的建筑当属许里亚国王许琉斯的宝库。传说兄弟俩故意留下一块可移动的石块，以便盗取宝藏。许琉斯发现宝库封存严密，宝藏却持续减少，遂在库房周围设置陷阱。阿伽墨德斯盗宝时不幸陷落，其兄特罗佛尼乌斯无法相救，担心其弟不堪酷刑供出同谋，遂砍其首级逃走。许琉斯发现盗宝贼的无头尸，却无法辨认。特罗佛尼乌斯逃至俄尔科墨诺斯西南的勒巴狄亚后即被大地吞没。（Pausanius, 9.37.4–7）历史时期，这里有他的著名神谕所，坐落在山上，山下河边是其圣林，林中有他的庙和雕像。求神谕者要在某建筑居住数日，其间不准洗热水澡，只能在河水里沐浴。他要向特罗佛尼乌斯和其他神献祭，因而有丰富的烤肉享用。每次祭祀都有一位占卜者在场，查看内脏，然后告知特罗佛尼乌斯是否愿意好好接待他。即使都是吉兆，还要看最关键的祭祀，即夜间向阿伽墨德斯在坑边献祭一头公羊，占卜者通过看公羊的内脏判定是否应该去求神谕。一旦获得吉兆就可以去神谕所了。两个被称作"赫尔墨斯"的 13 岁男孩儿引导着求神谕者来到河边，为其涂油和沐浴净身，然后被祭司带到神谕所附近的泉水旁，饮用一种忘却之水，让其忘却过往之事，再饮一种记忆之水，使其记住在神谕所的体验。观看了特罗佛尼乌斯的一尊雕像并向其祈祷后，求神谕者穿着规定的衣装和靴子来到神谕所。那是一个白色大理石圆台，用青铜的柱子和链条圈起来，有双重的门进入。圆台中央是个人工建成的石坑，像个烤面包的炉子，直径约 4 腕尺，深不过 8 腕尺。无台阶，求神谕者要靠一个轻而窄的梯子下去。在地板和墙壁间有地穴，两掌距宽，一掌距高。求神谕者要先放入脚，等膝盖进去后，身体余下部分就被快速拉进去。进入地穴的人在那里获取预言，方法各不相同，有的听到声音，有的看到异象。出来时也是脚先出来。上来的人被祭司领着，坐在不远处的一把"记忆之椅"上，问他所见所闻。获得信息后，祭司就把他交给亲属，领回住处。求神谕者此时已不认识自己和他人，也不会笑，此后就逐渐恢复了各种功能。他还要把地穴中的所见所闻记录在石板上，献给神谕所。（Pausanius, 9.39.4–13）

另一座较著名的英雄神谕所，即安菲阿劳斯（Amphiaraus）的神谕所，位于彼奥提亚与阿提卡边界的奥罗普斯（Oropus）。安菲阿劳斯生前是位先知，攻打忒拜的"七雄"之一，溃逃时连同其战车被大地吞没，死后成神。这里有他的庙宇、雕像、祭坛和圣泉。他为求取神谕的患者发布"释梦的神谕"，也发布其他神谕。求神谕者要戒食一日，戒酒三天，还要净化自身，向先知和其他神明献祭，然后祭杀一头公羊，将羊皮铺在身下，在柱廊中入睡，等待梦中启示。如果神谕灵验，患者康复，就把金币或银币投入圣泉中。（Pausanius, 1.34.1–5）

（二）古代中国的通灵占卜风俗

中国的通灵占卜古已有之，商周时代主要利用龟甲和蓍草等灵媒占卜。商代流行龟卜，相信龟乃千年灵物，可通灵，谓之灵龟："灵龟者，玄文五色，神灵之精也。上隆法天，下方法地。能见存亡，明於吉凶。王者不埋远，尊耆老，则出。"（《初学记》30，《太平御览》卷 931 引《洛书》）《史记·龟策列传》点明龟的预知功能："神龟知吉凶"，"先知利害，察于祸福"。古人相信神龟有灵性，可以知天道，明阴阳，审刑德，知利害，查祸福，断吉凶等。各地发现的灵龟都要进贡，藏于太庙中的"龟室"待卜。占卜前要杀龟取甲，通常于孟春岁首举行，用祭牲之血涂于龟甲上，谓之"衅龟"。龟甲由此获得神圣性，可用于占卜。随后修整龟甲，谓之"攻龟"，通常于春季进行。继而在龟甲背面凿出凹槽或钻出圆穴，使龟甲局部变薄，便于灼烧时形成兆纹。占卜时要告知灵龟所卜之事，谓之"命龟"，随后烧灼龟甲之背面，使其正面形成兆纹。占卜完毕后要在龟甲上刻写解释兆象的兆辞，注明占卜时间、地点和占卜者的名字（前辞）、占卜内容（命辞）、根据兆纹做出的判断（占辞）以及是否应验（验辞）。然后归档。[1]

表面上看，占卜者向神龟询问，但神龟只是通灵的媒介，即通过神龟来沟通鬼神。问卜的对象其实是"天神"和"地祇"，如天帝、东母、西母、日月星辰、土地、山川、河流等；还有"人鬼"，包括先公、先王、先妣、旧臣等。占卜涉及的内容驳杂，涉及国之大事，如征战和祭祀等，还有各种天象、人事等。

商代的君主常常占卜梦兆，认为梦兆是鬼神传递的信息。《礼记·表记》载"殷人尚鬼"，盛行祖先崇拜，尤其是对先公、先王的崇拜。从商代卜辞看，商王"多鬼梦"，并对这种梦抱有消极恐惧心理，担心是祖先灵魂作祟所致，因而常常贞问梦兆，追问梦

---

[1]　宋会群：《中国术数文化史》，河南大学出版社 1999 年版，第 123—130 页。

的来源。如果确定此梦乃某位祖先作祟所致，就要举办盛大祭祀活动，对祖先的亡灵加以抚慰。[1]

西周以降，龟卜依然沿用，筮占、枚占也开始流行起来。筮是筮草，即蓍草；枚是树枝，都是计数工具。古人用蓍草茎、树枝条或其他植物茎推算出某种"数字卦"。《周易》的八卦理论形成后，则用五十根蓍草茎推算出一个六爻本卦，根据卦象来占卜神意。古人赋予植物某种通灵的神性，其中蓍草最具灵性，也最为高贵，是天子和贵族的占卜用具。蓍草在古代被视为长寿的神草。《博物志》记载："蓍千岁而三百茎，其本已老，故知吉凶。"《史记·龟策列传》记载，八十茎以上的八尺长的蓍草已经很难得了。六十茎以上六尺长的蓍草就可以用于占卜了。百茎之蓍草，其下必有神龟守护，得到这种蓍草，连同其下面的神龟，用来占卜，那就能百问百应，足以决定吉凶。蓍草与神龟类似，也是一种灵媒，长寿而神灵，因而成为古人理想的筮具。[2] 自西汉时代起，筮占或枚占成为占卜的主流方式，龟卜则逐渐退出历史舞台。

自六朝时代起，扶乩降笔的占卜方式逐渐兴起，唐宋时期渐盛，也伴有开乩焚符降神请仙之仪。所请者多为民间信仰中的神，多为死后成神者，如厕神紫姑等，亦可归入"人鬼"，与古典世界颁布神谕的英雄颇有雷同。

根据南朝梁代的《荆楚岁时记》记载：荆楚地带流行正月十五迎紫姑的风俗，"以卜将来农桑，并占众事"。南朝刘敬书《异苑》卷五载，紫姑本为家妾，被大妇所妒，每以秽事相役使，

---

[1] 刘文英：《中国古代的梦书》，中华书局 1990 版，第 40—41 页。

[2] 王兴国："龟占蓍卜解谜：论龟蓍作为卜筮具及其在古代卜筮中的作用和地位"，《文史哲》2014 年第 2 期。

因不堪虐待于正月十五激愤自尽。唐代的《显异录》则把紫姑说成是唐寿阳刺史李景之妾，因被正妻所妒，于正月十五日夜被阴杀于厕中，死后被天帝封为厕神，成为民间占卜对象。《异苑》卷五还记载了六朝时期的民间祭紫姑风俗：世人造紫姑神像，于正月十五之夜在厕间或猪栏边迎请她，向其祷告。如果神像变重，就认为紫姑神降临，奠设酒果，问卜农桑和其他事情。

迄至唐宋时期，问卜紫姑明确采用扶乩之法。扶乩（coscinomancy）是从问卜紫姑的风俗衍生出来的占卜方法，唐代开始流行，扶乩对象只有紫姑，紫姑变为乩仙。初使用倒扣的畚箕、饭箕或米筛，上覆女性服饰，下绑毛笔或木棍，谓之箕笔，两人相对扶之，谓之扶箕或扶乩。问卜者祈祷，扶乩者如觉得所扶之箕变重，即表明紫姑神降临。箕笔在碎米或沙盘上写出文字，由此预测吉凶祸福。迄至宋代，扶乩占卜紫姑的风俗更盛，沈括的《梦溪笔谈》、苏轼的《子姑神记》（《东坡全集·卷十三》）和洪迈的《夷坚志》等宋代典籍均有记载。占卜时间已不限于正月十五之夜，而是"常时皆可招"（《梦溪笔谈》）。占卜的巫师也逐渐专业化，出现了一些以扶乩为业的专职巫师。扶乩地点也走出家庭，走向社会，甚至依托于庙堂。扶乩者还应邀到别人家里设坛降仙。所降神仙也不再限于紫姑，而是扩展到各路神仙，如佛祖、玉帝、关公、吕祖、文昌帝君等，以及形形色色的小仙和死者的亡灵。箕文开始总是由仙家自报家门，说明身份和来历，然后回答问题，开药方，甚至吟诗作赋，与文人士子诗文酬唱。社会各阶层人等，事无巨细，皆来扶乩占卜。女儿问婚配，官僚问仕途，士子问试题、问功名，病人求医，小至个人的生死祸福，大至国家的前途和命运，不一而足。乩笔所书文字多为诗行，有些还很精妙，文

清代扶乩图

采飞扬，文人士大夫阶层因而乐此不疲，扶乩甚至成为一种风雅之事。文人扶乩兴起于宋代，明清时代最为流行，几乎每府每县的城市里都设有箕坛，尤其是文风昌盛的江浙地区。①

　　古代中国的占卜，殷商时期流行龟占，以龟为灵媒，间接地问卜于神鬼。周代兴起筮占或枚占，以蓍草茎或树枝为灵媒，推演六爻八卦以测天意，问卜鬼神的方法则走向衰败。数卜成为古代中国占卜的主导方式，灵媒的作用则越来越不重要。这同古希腊罗马世界通过神、英雄和死人的神谕所，直接问卜鬼神的做法大异其趣。扶乩问卜之术，始于六朝，兴于唐宋，盛于明清，在数字推演的同时，又找到一种与神沟通的更直接的方法，问卜对

　　① 许地山：《扶箕迷信的研究》，商务印书馆 1999 年版，第二章。

象从原来的紫姑扩展到各路神仙，其中不乏死后成神者，如紫姑、关公和吕祖等，兼有鬼魂和神仙的特征，类似古典世界的特佛罗尼乌斯和安菲阿劳斯。然而，扶乩的问卜对象主要是神仙、精灵而非鬼魂。古代中国并不存在那种与幽灵直接沟通的死者神谕所。受古代招魂术和萨满术影响，民间还流行"问死看鬼"的关亡术，其中也包含某些问卜成分，这与古希腊人问卜死者的风俗有相似处，但不是主流的问卜方式。与古典世界相比，鬼魂拥有超长智慧的观念较朦胧，对鬼魂的畏惧和负面看法则始终占据着主导地位，并直接影响到占卜方式的选择。

（三）招魂、驱鬼

另外，通灵术在中国还有比古典世界更广泛的应用。南方的巫祝，北方的萨满，皆有通灵之术，通过履行各种巫术仪式，为病者召回游离的魂魄，让濒死者起死回生，唤回死者游离的魂魄，让客死他乡尸骨不存者的灵魂回归故里，等等。比较典型的招魂术是先秦盛行的"复"礼，载于《仪礼·士丧礼》，为死者丧葬仪式前务须履行的仪式，旨在唤回死者游离的灵魂。招魂的巫师登上屋顶，面向北方，挥动死者生前穿过的衣服，呼唤死者的名字，将其魂魄招还到衣服上，再将衣服覆盖尸体，使魂魄回归尸身。由于中国各地的风俗习惯和文化背景不同，招魂术也显示出地区性的差异。屈原《楚辞》中的《招魂》与《大招》就是两篇招魂辞，反映了古代楚地的招魂特色：先讲天地四方凶险恐怖，再讲家乡富贵繁华，呼唤灵魂早归故土。"复"礼本有让死者复生的巫术动机，但事实上难遂其愿，沦为表达对死者情感、尽力抢救其复生的仪式，失去其巫术功能与神秘性，故而不再流行，但其种种变体仍在各种丧葬民俗中不时显现。还有一种使亡灵复现原形的招魂术，由于能够满足生者渴望见到已故亲人的愿望，且具有足够的神秘性，因而常被古籍记载，并被文学作品所渲染，相关故事已在前文论及。还有一种降神附体的法术，即巫师召唤神灵、精怪、鬼魂寄附在自己或他人身体上，使之成为鬼神的代言人；或寄附在某种器物上，如前文提到的扶乩术。还有视鬼役鬼的法术，前者通过施用或服用某种药剂或靠宗教修炼获得看见鬼神的能力；后者靠符咒役使鬼神，如前文提到的费长房等。收摄生魂是巫师支配活人灵魂的法术，主要用于治病，将受惊而迷失的灵魂唤回身体，或用于攻击他人的黑巫术。还有控制自身三魂七魄的养生修炼之法。[1]

由于幽灵蓄意为害，破坏活人的正常生活，甚至寄附于活人身体上，带来疾病和精神失常，古代中国盛行各种驱鬼、除疫、辟邪的方法，南方盛行的傩戏就有这种禳灾辟邪功能。傩是一种迎神驱鬼的远古巫术仪式，在中国多地流行傩舞传统，尤其在西南少数民族地区。演员佩戴狰狞可怖的面具，扮演驱逐瘟疫的傩神，进行舞蹈表演，旨在驱鬼除疫，禳灾避祸，祈求丰年与安宁。古人认为疾病瘟疫源自恶鬼附身，通过驱邪仪式才能恢复健康。《礼记·月令》记载，早在周代，宫中就履行"大傩"，每年春、秋、冬季都举行傩祭。乡间则履行所谓"乡人傩"。每逢此庄严场合，据《论语·乡党》，孔子必定郑重其事地穿上朝服，站立在东阶之上。汉代，傩祭发展成更大规模的宫廷傩舞，名为"方相舞"和"十二神舞"。隋唐时期的傩祭规模更大，而且从纯粹的宗教仪

---

① 胡新生：《中国古代巫术》，山东人民出版社 1998 年版，第 393—412 页。

式向带有娱乐性质的傩戏过渡。宋代的大傩仪规模更加宏大，"傩戏"的成分更明显，不仅有故事情节，还吸收了民间说唱、歌舞和杂技成分。此后，傩祭不再见诸正史记载，但在民间代代相传，持续不衰。例如，楚地自古尚巫，家人患病被认为是疫鬼附身，须请巫师驱疫，谓之"冲傩"。湘西流行"还傩愿"。患者找巫师占卜，许傩愿，拜傩神，病愈还愿，献祭牲十二，持续七天。北方流行萨满教，患病者被认为是睡眠时魂魄被鬼摄走，须请萨满跳神做法，驱鬼招魂。

此类驱鬼除疫的仪式在古代希腊世界并不多见。在古希腊人的观念中，生病与恶灵附体并无必然的联系。只有犯血罪的杀戮者才被受害人的鬼魂缠身，要通过净洗礼来洗清血罪，消除污染。渎神造成污染、务须净化的观念在古希腊人当中根深蒂固，这种观念可能源自东方。希腊古风时代曾经历过"东方化"时期，外域的术士将驱邪净化的观念和仪式传入希腊。雅典于公元前6世纪末曾发生库伦事件，躲入圣地的库伦党人被大批杀戮，导致严重的渎神污染事件，克诺索斯的埃皮门尼德斯应邀来雅典履行洁净仪式，其中也有安抚鬼魂的成分。驱逐附体的鬼魂在罗马帝国时期才开始频繁出现，可能源于犹太和近东文化的影响。

（四）黑巫术

黑巫术是损人利己的魇魅之术，旨在控制人的行为和感情，甚至使对手患病或死亡。这种反社会的害人行为虽然不道德，甚至被文明社会的法律禁止，却在民间很有市场，被暗中广泛使用，其中不乏驱神役鬼之术。在古代中国，道术高深者可以控制别人的灵魂。这种法术固然可以用于行善，为生者招魂治病，亦可用于黑巫术害人。中国古代流行的偶像祝诅术，类似古希腊罗马世界流行的捆绑符咒（binding spells），对偶像施加诅咒和攻击，打击偶像所代表的人物，控制其精神、情感和行为。这种巫术可以追溯到周代。据古代典籍记载，周武王灭商后，丁侯不朝。周朝大臣师尚父（姜子牙）画丁侯像，朝画像连续射箭三十天，致使丁侯患大病。丁侯获悉病因后，即派使节朝觐武王，表示顺从。师尚父陆续拔去画像上的箭，丁侯自愈。（《艺文类聚》卷59；《太平御览》卷739引《太公金匮》；《太平御览》卷737引《六韬》）汉代流行的偶像祝诅术被称作"巫蛊"，通常方法是制造桐木偶人代表其攻击对象，将其埋入地下，谓之"埋偶"；然后祭祀鬼神，求其协助法术成功，谓之"祠祭"；向攻击对象念诵咒语以达到某种愿望，谓之"祝诅"。汉代宫廷曾发生多起巫蛊事件，造成惨烈的政治后果。例如，陈皇后为使汉武帝专宠自己而令巫女楚服行祝诅法术的事例；还有汉武帝晚年著名的"巫蛊之祸"，受牵连被害者数万，导致太子被逼兵变而死，皇后卫子夫自杀的惨祸。黑巫术行为也从此招致国家法令的限制和取缔。此类巫术在后世依旧屡见不鲜。还有一种更残忍的黑巫术，施术者杀活人，取其五官、指甲和内脏晒干研末，收藏起来，再将死者的头发附于偶像上，利用符咒操控偶像攻击他人。此种巫术为摄生魂法、役鬼法和偶像祝诅法之集大成，极具非人道的反社会性质。术士相信幽灵附于偶像之上，可利用偶像发动攻击，而不是埋于地下。还有一种工匠魇魅术，即工匠在所见房屋中藏入偶像或其他厌胜之物，作祟于房主，使其染病身亡的黑巫术。等等。[1]

---

[1] 胡新生：《中国古代巫术》，山东人民出版社1998年版，第415—416、421、426—434页。

　　古希腊人虽然以理性著称，但民间依然很迷信，各种江湖术士在民间巡游，向公众提供各种公开和私密的法术服务，包括见不得人的黑巫术。比较流行的黑巫术是捆绑巫术，主要靠捆绑符咒（binding spells, κατάδεσμοι, defixiones）来控制人的身体功能、精神状态、情感和行为，但不会害人性命。这种巫术的应用范围很广，按伽格尔（John G. Gager）的分类，涉及剧院和赛马场的比赛，性、爱与婚姻，法庭和政治辩论，寻求正义与复仇以及其他方面。（John G. Gager, *Curse Tablets and Binding Spells from the Ancient World*, 1991, 第 9 章）捆绑巫术主要靠"诅咒铅板"（curse tablets）和"巫毒娃娃"（voodoo dolls）来施法，前者刻在薄铅板上，包括诅咒的对象和意图，卷折起来，钉上钉子；后者是用铅或金属制成的偶人，双手往往被缚，钉上钉子，上刻攻击对象的名字。咒语中还要求助于鬼神，主要是同阴间有关的神，如灵魂引导者赫尔墨斯、冥后珀耳塞福涅、巫术女神赫卡特，还有地母该亚、复仇女神、德墨忒耳等，或是异邦之神和精灵。施巫者大多将咒语和人偶埋入墓地，投入水井或下界神祇的圣域里，显然是希望借助亡灵和下界神祇来实现诅咒，有明显的役使鬼神的意图。役使的神灵多为可怕的阴间神，但并不是恶神，诅咒内容通常较温和，尚不致人死命。尽管诅咒铅板大多发现在雅典，尽管柏拉图主张严惩这种危险行为（Plato, *Laws* 933a），但雅典法律对之似乎较宽容。古希腊的法律没有针对捆绑巫术的明确条文，只有提俄斯岛（Teos）的法律规定，使用有害药物（pharmaka）者应被处死，或许其中也包含符咒的使用，但古希腊法律似乎只反对有害的巫术，而非所有的巫术。只是到了罗马帝国时代，损人利己的黑巫术变得越来越危害社会，甚至危害到皇帝的安全，罗马的法律才对恶意巫术进行约束与制裁。

巫术源自原始的观念，源自人们影响自然、社会和人事的一种愿望，以及对自然规律的歪曲认识。因而，古代的民族，即使步入了文明时代，如古代中国和古希腊罗马世界，依旧保留了浓厚的巫术残余，尤其是黑巫术行为。但如果比较细节，也发现一些差异。古代中国的鬼文化相对发达，役使鬼神的黑巫术和防范鬼神的巫术也都很发达，政治对巫术的干预也很严重，对巫蛊行为的惩罚也很严厉；古典世界的黑巫术则相对温和，役使对象多为阴间的神，鬼魂的作用相对朦胧。只是到了共和末期和帝国时期，由于各种文化的交流碰撞，役鬼和驱鬼的行为才大行其道，相关的故事也变得丰富起来，黑巫术的反社会性质也就愈加明显，甚至威胁到皇权，导致罗马法律的制裁。尽管罗马法对危害社会的某些黑巫术行为予以限制和制裁，但对巫术本身则持比较宽容的态度。

结　论

古代中国人和古希腊罗马人通常都被视为比较理性的民族，然而，如果我们把注意力从知识精英阶层转向社会，转向民间，转向更私密的空间，就会看到迥然不同的景象：巫术与迷信的成分似乎无处不在，非理性的阴郁的神秘主义气氛笼罩着人们的生活。尽管孔夫子回避怪力乱神，敬鬼神而远之，柏拉图不相信荷马描绘的神祇，不相信符咒的效力，但民众中的巫术心理、对幽冥中的各种黑暗力量的笃信和畏惧是客观存在的，并试图通过各种非理性的巫术手段加以沟通、利用或回避。在英国古典学者罗斯（H. J. Rose）的眼中，"最完美的希腊人是心智健全、精神高尚、头脑清醒的爱美的乐观主义者，从不关心来世"。他们的神话传说"几乎毫无例外地摆脱了阴郁的气氛和形形色色原始怪诞的恐怖形象"（H. J. Rose, *A Handbook of Greek Mythology*, London, 1964, p.14）。显然，这种看法似乎过于理想化了。古希腊人和古代中国人一样，尽管他们创造了精致的文明，却都没有完全摆脱原始的巫术信仰，后者如影随形地陪伴着他们的文明生活，浸透在他们的观念和风俗中。然而，由于文化传统的差异，古代中国人和古希腊罗马人在通灵的观念与风俗上仍存在差异。中国人对鬼魂的负面看法和畏惧心理似乎更严重，他们观念中的阴阳两界的界限也没有古希腊罗马人那样清晰，因而，他们的鬼故事异常丰富，遇鬼的故事尤其多，主动与鬼沟通的故事则相对较少，后者主要集中在掌握通灵法术的巫师萨满的传说故事中。古希腊罗马人受荷马灵魂观的影响，阴阳两界的隔绝似乎更有效，鬼魂作祟的故事相对较少，通灵占卜的故事较多。在与鬼神交往方面，古典世界的人似乎更具主动性。然而，在梦的领域，情况似乎相反。古典世界的梦被认为是睡眠者接收鬼神传递的信息，具有被动性；古代中国的梦则被视为睡眠者的灵魂主动与鬼神沟通的行为，带有主动性，但后者也是鬼神安排的结果。中国和古典世界都认为，人鬼间的沟通可靠托梦和梦兆实现，因而流行很多梦的故事和记载。梦有预兆功能，占梦则属于占卜行为。中国古代还流行靠法术唤回被思念的鬼魂，与生者短暂相会的故事，这在古希腊则被视违反自然，类似的故事相对罕见，除了流传一些鬼魂托梦的故事。

　　在风俗方面，古希腊罗马的通灵术多表现为向死者求神谕，卜问吉凶方面，因而存在各种死者神谕所，或在墓地、战场等阴气较重的地方，靠睡眠做梦或"盘占法""灯占法"等神秘方式进行，其间还要沐浴斋戒、履行奠酒礼、祭杀黑色祭牲、燔祭、祈祷、念咒语等。中国的商代主要靠龟甲等灵媒占卜，问卜对象包括天神、地祇和人鬼；周代流行蓍草占卜，占卜方式逐渐数字化，失去了与鬼神直接沟通的特征。后流行扶乩降笔之法，始于六朝，兴于唐宋，盛于明清，在数字八卦之外找到了一种与鬼神直接沟通的方法。此外，靠萨满巫师通灵占卜的方式在民间也很流行。与古典世界相比，古代中国的招魂术，其应用似乎更为广泛，除了问卜吉凶，亦可治病，召回病者游离的魂魄，让濒死者起死回生，唤回死者游离的魂魄，让客死他乡尸骨不存者的灵魂返回故乡，使亡灵复现原形，还包括各种降神附体、视鬼役鬼之术，五花八门，功能繁多。由于鬼魂蓄意为害的观念，古代中国盛行各种驱鬼、除疫、辟邪的方法，如古老的傩舞传统和萨满跳神风俗；古希腊的渎神污染观念较强，因而盛行各种净化污染仪式，包括为血罪者洗去血罪的仪式，但驱逐附体鬼魂的观念和仪式是在罗马帝国时期才开始流行的。在黑巫术方面，古希腊盛行捆绑巫术，靠诅咒铅板和巫毒娃娃来施行法术，与中国的偶像祝诅术十分相似。古希腊的法律似乎对之较为宽容，在罗马帝国时代才受到较严厉的法律约束；在中国则从汉代起受到官方法律的严格禁止，其主因是这种巫术危害到社会上层和统治者的安全。尽管如此，黑巫术仍在两个文化传统中以私密的方式大行其道。总而言之，古代中国和希腊罗马古典世界在通灵术方面存在很多共同点，也有很多细节上的差异，这种差异源于两种文化传统和观念的差异。

第十五讲　中西中古赋税制度的差异

顾銮斋（山东大学历史文化学院教授）

谈中古赋税问题，必须从中古国家谈起。而国家，首先有国王或皇帝，他是国家的最高统治者。此外，主要由以下群体构成：第一，官员，负责国家的管理工作，与国王或皇帝一起组成国家的官僚体系。第二，警察和军队，负责社会的稳定、国家的安全和领土的统一。第三，文人学者，负责教书育人、传播知识和传承文化。第四，宗教人员，从事立教、传教与兴教活动。此外便是城市市民和乡村农民，主要是做工或种田。上述群体彼此之间结成了一种分工的关系，无论从事什么职业，都有自己的劳动付出，因而都有自己的收入。国家的功能之一，即是将他们的部分收入收缴国家财政，然后进行统筹处理。这个收缴的部分即为赋税。通过统筹，这些群体便彼此间分享了他人的成果，而国家，也如一台庞大的机器，在财税的支持下不停地运转。所以，只要有国家存在，就有赋税征收，这一点，中国和西方国家没有不同。但在其他方面，差别就比较大。本讲从以下三方面做一比较。

一、理论

征税理论即国家或政府征税的依据，说通俗些，就是征税的理由。学术界把这种理论称为赋税基本理论。无论是西方还是东方，无论是欧洲国家还是亚洲国家，只要有赋税，就有赋税基本理论；只要征税，就都以赋税基本理论做支持。

（一）"王土王臣"说

中国学术界把中国古代国家的建构形式概括为"家国一体"或"家国同构"，认为古代国家是按照家庭的模式建构起来的，家庭是国家的缩影，国家则是家庭的扩大。作为这种建构模式的观念形态，早在传说时代已经显现。后来，出现了"君父"一词，"君"者，帝王之谓也。"父"者，家长之谓也。将"君""父"结合在一起，可以说绝好地反映了那个时代"家天下"的思想观念。在这种观念中，君主具有绝对权威，表现在政治上，则为建立专制政体，支配天下一切。所以，夏商周三代大大小小的君主皆称自己为"君父"，这在《春秋》等儒家典籍中有清晰的表现。而且，"君父"不只是君主的自我称谓，由于当时宗法观念是普遍接受的社会政治观念，社会成员也普遍认同这一称谓，认为君主相对臣民具有父亲的内涵，具有父亲的权利、义务和责任，因而在心理上也衍生出强烈的从属感。在这种观念的支配下，商、周诸王便以"我邦""我家""王家"来指称国家，从而开始了盛极一时，之后又不绝如缕的延续数千年之久的土、民分封。中国中古税制的基本特征早在古代经典《尚书》所反映的远古社会已露端倪。后来《诗》(即《诗经》)对此进行了概括,于是孕生了"溥天之下,莫非王土;率土之滨,莫非王臣"(《诗·小雅·北山》)的经典名句。意思是说,天下土地都属于皇帝,民众都是皇帝臣子。这就是中国中古社会的赋税基本理论,可简称为"王土王臣"说,其特点是以皇帝为中心表述征税理由。既然土地都属于皇帝,子民都是皇帝臣子,那么,国家向耕种皇帝土地的子民征收赋税也就顺理成章了。这一理论习见于历代著述的字里行间,可是历代学者在引用和讨论时忽视了它的经济作用,而且即或涉及经济问题,也不去联系赋税征纳,这自然很难将它们看作一种征税依据了。

既然天下与人民都属于皇帝,皇帝当然有权按照自己的意志进行处分,举凡税则制定、颁行,税款征支、管理,税制调整、改革等,无不由皇帝控制和决断。相关规定做出后,民众只能接受和执行,一般不会也不能提出自己的意见。受此理论制约,中国中古社会似乎没有也不需要西方那样的专门制税组织,制税具体工作一由中央财政部门如户部、度支、三司等负责,然后申闻于皇帝,由皇帝最后决定。

在中国古代的历史条件下,"王土王臣"说无时无处不影响、制约皇帝、国家的财政活动,无时无处不作用臣民的纳税心理和行为。一般情况下,这种影响或作用是隐蔽的、潜在的,因而是难以察觉的。因为如上所述,在征税过程中,皇帝或税吏无须向纳税人说明征税的理由,而纳税人也不去质疑他们的行为,反而认为事情本该如此。这样,如果将中国中古赋税史看作一条长长的河流,那么,这一理论因无须提出无须讲说从而无须跃出河面便成为隐动的潜流。但是,河面所以有浪花飞溅,是因为有潜流在运动,支撑并推动着河面的涌进。"王土王臣"说在征税过程中正是起着这种潜流的作用。

（二）"共同"理论

同中国中古赋税基本理论一样，西方中古赋税基本理论亦渊源有自，它植根于罗马、基督教和日耳曼文化，后经变迁演化，逐渐形成了三个组成部分，这就是"共同利益""共同需要"和"共同同意"，可简称为"共同"理论。

与"王土王臣"说不同，"共同"理论是以包括国王在内的国民为出发点来表述征税理由的，国王只是其中的一员。三个部分都包含"共同"一词，蕴含着征税者与纳税人或纳税人代表之间个体、群体并立或分立的理念。比如一位伯爵、一位主教、一位国王都是一个个体，一个城市、一个行会、一个修院都是一个群体。所谓"共同"，是指国王的征税要求代表了各个体、群体而不仅仅是国王一己、几人或少数人的要求。在这里，相关个体和群体之间是一种分立的关系，而分立就意味着一定的平等，由此决定了制税过程必然是一个提出要求，讨论协商，有时是讨价还价的过程。而征收与否，一般取决于纳税人是否同意。

受这一理论制约，税权大体由某一组织或机构执掌。在英国，这种组织曾先后经过了贤人会议、贵族大会议、国会等形式的转换。法国等西欧其他主要国家也有相应或类似的组织。国王可以参加某一组织的制税，却一般不可独立行事。而征税能否进行，怎样进行，也一般遵从这些组织的决定。国王要征税，首先要征求纳税人意见。纳税人可以同意国王的要求，也可以更改和否定国王的要求，这就使纳税变成一种权利。通过这种权利，纳税人可以获得某种补偿，并进而参与法律拟制，通过代表制度参加国家管理。

　　共同利益主要强调与赋税征收相关的各群体、各个体利益的一致性。所以在理论上，只有在这些群体、个体利益一致的条件下，方可谈及征税问题。

　　经院学者曾反复论及共同利益问题，认为君王是由上帝设立的，君王的职责是繁荣公共利益，促进公共幸福。正是由于经院学者这样的论述，共同利益便成为国王征税的基本依据或理由。可以这样说，英国12—14世纪王室颁布的所有关于征税和涉及征税的重要文件里，几乎都出现了为了共同利益，或王国利益，或公共福祉等字眼。自爱德华一世始，国王对"共同利益"的意义获得了更加深入、充分的认识，因而几乎任何征税活动都以"共同利益"作为理论支持。爱德华一世将国家面临的威胁解释为对国民共同利益的威胁，将保卫在法国的领地等同于代表共同利益。从爱德华一世经爱德华二世至爱德华三世，以共同利益为由实施征税已经形成传统。1344—1360年间，爱德华三世征俗人协助金达11次之多，每次征收都是以保护全体人民的共同安全和共同利益为由，而且征得了全体议会代表的同意或批准。

　　共同利益是国王征税的工具，也是国民抗税的武器。比如国王为了恢复或保卫某一领地，为了获得某国王位，为了进行某种仪式，为了赎取国王人身等而向直接封臣或全国人民征税，贵族或纳税人代表总要对这些征税的事由作必要的分析，论证这种征收是否符合贵族或全国人民的共同利益。而且这种分析绝非敷衍了事，因而国王难以蒙混过关。有时即使国王的征税的确代表了贵族或全国人民的利益，贵族或纳税人代表也往往借助共同利益强词夺理，以达到阻止国王征税的目的。在拟定封建文件特别是

The Magna Carta (originally known as the Charter of liberties) is a document written in Latin in 1215, that was forced onto King John of England by feudal barons, in an attempt to limit his powers by law and protect their rights. The Magna Carta required the King to grant certain liberties and accept that his will was not arbitrary, for example by accepting that no "freeman" (a non-serf) could be punished except through the law of the land, a right that still exists today. The charter was an important part of the process that led to the rule of constitutional law in the English speaking world and was used as a model for many of the new American colonies as they were developing their own legal systems.

图为英国著名封建文件《大宪章》（Magna Carta）的羊皮纸抄本。其中第 12 和 14 款对赋税征收作了规定，产生了深远影响。

具有法律效力的文件时，贵族尤注意强调和贯彻共同利益的精神。这在 1215 年《大宪章》[①]、1297 年《抗议书》、1297 年《大宪章确认令》[②] 等文件中得到了反映和体现。

在法国，"共同利益"同样构成了赋税基本理论的一个重要部分。随着时间的推移，王室的花费日渐浩繁，但国王无权在王室领地以外的地区征税。而要征收全国性赋税，就需召开三级会议，由国王或国王的代理人申述征税理由，然后由与会代表审核这一理由，以确定是否实施征收。在这里，国王申述的主要内容是关

[①] Magna Carta, 1215, see H. Rothwell, *English Historical Documents III*, London: Eyre & Spottiswoode, 1998, pp. 316—324.

[②] The Confirmation of the Charter, 1297, see D. C. Douglas, *English Historical Documents III*, London: Eyre & Spottiswoode, 1998, pp. 485—488.

于共同利益的论证。在路易九世统治时代，"最值得注意的大概就是'共同利益'这个口号了"，"它在圣路易在位期间变成了压倒一切的口号"。三级会议的代表审核国王征税理由的主要内容也是关于共同利益的论证，或者说以"共同利益"作为衡量能否征税的标准。在百年战争结束以前，法国王权远较英国王权软弱，征收全国性赋税更加困难，因而更加依赖"共同利益"的工具。贵族或人民呢？由于征税直接涉及个人的私利，同样依据"共同利益"限制国王征税。因此，"共同利益"的理论在法国赋税基本理论中与英国一样处于重要地位。

如上所论，"共同"理论既不是国王一己的理论，也不是贵族或国民单方面的理论，而是国王和人民都认同的理论。对于某种形式的征税，国王可站在自己的立场进行理解，贵族或国民也可站在自己的立场提出不同见解。但无论哪一方，不管他的或他们的见解看上去怎样牵强，都必须以共同利益为依归。否则，在征收问题上便难以达成一致。也许正是这种一致性，是"共同"理论所以为理论的关键所在。

共同需要与共同利益并非同一个概念。共同利益不一定导致共同需要，所以提出了共同需要的问题。比如关于某次征税，国王宣称他代表了共同利益，贵族也同意他的理由，但认为现在不需要征税。这样，共同需要与共同利益相比，也就具有了"突然""紧急""临时"的特点，所以在最初曾被表述为"突发事件或紧急情况理论"（doctrine of emergency）。在具体的争论过程中，"需要"一词往往冠以"明显而急迫"的限定。比如法国战舰齐集英吉利海峡，剑拔弩张，这时英王征税的需要就是"明显而急迫"的。"明显"者，法国兵临城下，战争在即，铁证如山。"急迫"

者，战争一触即发，战费筹集刻不容缓。这时国王的征税即为共同需要。

共同需要的概念起源于罗马，确切地说起源于罗马共和国。而罗马共和国是一个城邦国家，公民集体在国家体制中起着重要作用。这种体制注重公民的共同要求，强调国家的公共性质。受此制约，罗马法中很早就出现了"共同需要"的概念，比如，国家为了共同需要对外宣战，然后将战利品或土地分给公民。在这里，对外宣战是共同的要求，均分战利品是共同的目的。帝国建立后，虽然政体形式发生了变化，但共和时代的许多机构如特里布大会、元老院等不仅得以存留，而且仍很活跃。与此相关，帝国政府仍然承袭共和传统，开疆拓土，以应公民要求。而中古时期的共同需要，正是根源于古罗马的概念。

共同同意是"共同"理论中最引人注目、发人深思的部分。政府为了共同需要而征税，是否就一定导致共同同意的结果？答案须视具体情况而定。因为即使如此，纳税人也会而且在很多情况下做出不同的反应，有的可能同意缴纳，有的则反对；有的认可要求的税率，有的则否定。这些情况都会导致不同的结果，有时是共同同意，有时则是个人同意。这样，共同同意便不单纯是对国王所述理由即"共同需要"的肯定，也不单纯是对征税的最后批准，而是通常包括这两层含义，虽然在具体讨论表决过程中，两者并没有形成两个前后相续的严格程序。由于对"需要"的认可并非必然意味着对征税的通过，由于需要还停留在理论阶段，而征税却要付诸实际，触动每个人的切身利益，所以还要进行表决。这样，也就形成了"共同需要"和"共同同意"两个具有内在联系又各自独立的部分。

　　但是，共同同意与共同利益、共同需要在"共同"理论中并非处在平分秋色的地位。如前所述，共同利益、共同需要的说明和论证是国王征税的理由，理由的说明不能说对纳税人或纳税人代表的表决不产生影响，但它毕竟不是表决本身。在中世纪的具体条件下，影响赋税征收的因素不纯粹是经济的或财政的，有时是阶级关系、权力斗争或群体利益。而国王又缺乏控制全局的实力。比如法国加佩王朝早年，王室力量还不及一个大封建主，在这种情况下国王依靠什么实现自己的征税目标呢？而且，在很多场合，国王的征税目的不能说不符合人民的利益和需要，但结果却遭到了否决。由此可见，共同同意在"共同"理论中具有决定性意义。

　　共同同意主要强调王国内社会上层首先是贵族等群体、个体的表决的一致性，这是它的本质。所以在理论上，只有在这些群体、个体一致同意的条件下，方可实施征税。共同同意是在假定共同利益、共同需要已获公众评判的条件下进行的。由于评判的结果必居"是"与"否"其一，所以在程序上，有时与公众评判没有严格的界限，因此并不构成一道独立的程序或某一程序的一个阶段。但有时候，情况可能完全不同。理由阐述和公众评判可能进行得非常顺利，但在表决上遇到阻力。而由于共同需要迫在眉睫，税款必须马上筹措。这就需要王室或财政署成员多方协调。在这种情况下，共同同意的获得就可能迁延时日，由此形成一道独立的复杂的程序。

　　迄今为止，还没有看到作为精神权威的经院哲学家关于共同同意的直接论述。不过阿奎那的著述中无疑蕴含了这样的思想。他说：有时国王没有足够资财预防敌人进攻，在这种情况下，"公民们捐助必要的款项来促进公共利益，那是正当的"。意思很明显，国王在这种情况下必然要征税，而公民捐助款项的前提必然是他们已经同意了国王的要求。而这种同意在阿奎那看来是"正当"的。由此看来，关于共同同意的说明主要出自法学家的论述和日耳曼人的习惯。罗马法中有"涉及众人之事应由众人决断"的规定，而集体议决也一直是日耳曼人的传统，虽然进入罗马后原始民主制业已解体，这一传统仍然得到了一定的保持。

共同同意因源于罗马法的规定和日耳曼人的习惯，同时又得

图为木板油画《支付》，作者系小彼得·勃鲁盖尔（Bruegel, Pieter il Giovane，1564—1638 年），创作于 1620 年，反映的是中世纪欧洲什一税的征纳情况。公元 6 世纪，教会利用《圣经》中农牧产品的 1/10 "属于上帝"的说法，开始向信徒征收。779 年，查理大帝规定缴纳什一税是每个法兰克人的义务。10 世纪中叶，西欧各国相继仿行，所征包括大什一税（粮食）、小什一税（蔬菜、水果）和血什一税（牲畜）等。

到了经院哲学家的认可，所以成为包括王室在内的各利益集团都认同的理论。在英国，早在《大宪章》颁布以前，这一理论已经成为贵族集团限制国王征税的武器。1215 年，贵族将这种理论赫然写入了《大宪章》。而《大宪章》是由贵族起草、由国王签署的具有宪法性质的封建文件，其中即主要反映了贵族的意见，而且贯彻了共同同意的理论。1297 年《大宪章确认令》更多处征引了这一理论。《大宪章确认令》是在王室财政陷入危机、国内矛盾严重激化的背景下，国王对过去发布的令状予以重新确认的诏令，包括对补充条款、森林宪章、自由宪章、任意税征收等多个封建文件的确认。它同样是在贵族的胁迫下签署的，因而仍然反映了贵族的意见，其中多处重申了共同同意的理论。共同同意不仅作为理论写入了具有宪法性质的文件，贵族集团也一直将之作为有力武器控制赋税征纳。从某种意义上说，一部中世纪赋税史就是一部贵族捍卫和实践共同同意理论的历史，其间，对于国王的征税要求无论是通过还是否决，都是对共同同意的贯彻和落实。

如果说 12 世纪以前，共同同意还仅仅表现为贵族主要是国王直接封臣的坚持、维护和贯彻、落实，那么，从 13 世纪初始，这些活动已经大众化或广泛化了。这时国王协商的团体除贵族组成的大会议外，始有由郡代表、城市代表、教会代表、商人代表分别组成的团体。国王常常在征税要求遭到贵族否决的情况下单独召开某一团体会议，或派代理人深入基层与某一团体的代表面谈，以征求他们的意见。如果获得同意，则国王所征便不是全国性赋税，而是单独向各团体征收。这种现象表明，共同同意业已成为人民认同的赋税理论了。

共同同意也是国王认同的理论。由于《查士丁尼法典》中有

"事关众人之事须经众人同意"的规定，由于日耳曼人素有遇事集体讨论的习惯，西欧中世纪的国王一般视之为法律。在英国，无地王约翰与贵族的关系虽然最为紧张，但大多数情况下也还是遵守这一习惯或法律的。他在位近20年，多次征税，无一不是征得了大贵族的同意。爱德华一世即位后，励精图治，对法律制度进行了重大改革。正是这位被誉为"英国的查士丁尼"的国王，视共同同意为"最公正的法律"。而同时期的法学家布拉克顿说，国王宣布的法律就是习惯，必须得到封臣的同意。这样，在英国，共同同意便成为国王、贵族、骑士、市民、教士、商人等利益群体的一致认同的赋税基本理论。

在西欧其他国家，共同同意也是赋税征收中国王和臣民认同的理论。这种认同对于纳税人来说很容易理解，对于国王来说则不得不去认同，因为在这种征纳关系中，王权处于被动地位，如不去认同，则征纳关系不能建立，国王难以获得税款。正因为如此，国王要扩大征收，便不得不召集各种纳税人集团进行协商。而由于人口有了一定的增长，代表会议制度遂应运而生。正是由于这一原因，13世纪前后，西欧各国大多建立了等级代表会议。在法国，三级会议诞生之前，国王要征税，都要征得地方会议的同意。而同意的习俗不仅国王和臣民都遵守，在观念上也都认同。《大敕令》的颁布即是法国风俗习惯或传统文化演化的结果。三级会议产生以后，所批准的赋税都具有临时性质，且严格规定征收的年限。国王也承认他应当用他自己领地的收入支付他的开支，而无权下令征收一种新税。有的学者以17世纪初年三级会议的停征证明法国君主专制政体的强大，但须知，此后国王仍然召开一种由社会名流参加的会议，谓之"名士会议"，组成成分虽不似三

　　1381 年 5 月，英格兰埃塞克斯郡和肯特郡的农民为抗缴人头税而爆发起义，后波及赫里福德、剑桥、萨福克、诺福克等 25 郡，持续一个多月之久。起义军推举瓦特·泰勒为领袖，所以史称瓦特·泰勒起义。图为国王理查二世（Richard II，1367—1400，1377—1399 年在位）在史密斯菲尔德会见起义军。

级会议那样广泛，但仍然来自组成三级会议的三个等级。即使在路易十四时代，全国三级会议虽停开已久，国王征税仍需征得地方三级会议的同意。须知，在西欧各国中，只有法国税制在 15 世纪前后基于百年战争特定的历史条件而出现了有利于王室征税的趋势。在其他国家如英国，即使在王权最强大的伊丽莎白女王统治时期，由于议会严格控制赋税征收，王室财政一直处于拮据状态，以至于贵族们都嘲笑女王处事吝啬。在卡斯提，国王甚至穷得成了"他的臣民们嘴上的一个笑柄"。

　　中西中古赋税基本理论又与法律问题密切相连。在中国，由于帝位至高无上，历代王朝似乎没有专门针对皇帝的成文立法。因此，也似不存在皇帝违法犯法的问题。所谓汉武帝轮台罪己，主要是一种道德自责，并无法律意义。而所谓法律，也便都由皇帝或在皇帝的控制下制定，为皇帝执掌，而立法的根本目的在于控制臣下和子民，维持社会秩序，巩固君主统治。另一方面，关于赋税的征收支用，虽然皇帝颁布了太多的律令，但并不以此为重，且常常朝令夕改，前后相违，甚至苍黄反复，出尔反尔。这样，中国中古税制在法律意义上便表现出随意性的特征。在预算内支出中，由于皇帝封官设爵往往随心所欲，常常出现"冗官现象"，所谓"民少官多十羊九牧"正是关于这种"冗官"现象的描述，其所导致的结果，是机构臃肿，官俸高涨。官员到任后，国家必须通过增税来支付他们的俸禄，由此对税制造成了直接影响。而与封官设爵相比，赏赐吏员更是司空见惯。关于对外战争，皇帝的喜怒哀乐等情感变化常常产生决定性作用，因而给国家财政带来沉重负担。制度是什么？是在一定时空内定型化或凝固化、规范和限制人的行为的规制。它靠什么维系和保障？靠立法，既然没有针对皇帝的立法，或如上文所言王位凌驾于国法之上，既然对自己的法令常常置于不顾，所谓制度，只能是专制制度。这就是中国中古税制的基本状况。

西方则不同。税制中首先包含针对国王的立法。英国的《大宪章》《大宪章确认令》《牛津条例》[①]，法国的《大敕令》等，即是这类立法的典型。这些立法甚至都具有宪法特征，因而较法律更加稳定。虽然国王时有违背，因而与相关组织形成对立或冲突，但与中国毕竟不同。需要强调的是，这些文件中都有关于"共同

---

① D. Douglas, *English Historical Documents III*, *1189—1327*, London: Eyre & Spottiswoode, 1998, pp. 361—362.

利益""共同需要"特别是"共同同意"的规定。虽然官位的设置亦由国王决定，但官俸的发放须由王室也就是国王个人收入而不是国税收入支付，所以，国王要设置官位必须充分考虑他的收入状况，这就不会出现或在相当程度上避免了中国式的"冗官"现象。至于宣战，国王必须征求纳税人意见，如遭到纳税人或纳税人代表的否定，则战费无从筹集，军队难以集结。所以，在西欧中古税制中不具有随意性特征。

二、权力

赋税基本理论解决的主要问题是赋税权力问题，我们简称为税权，包括制税、用税和审计三方面的权力。税权问题是在西方封建社会提出来的。在征税过程中，纳税人意识到，赋税收支是一种权力，既然是一种权力，那么，应该归谁执掌？难道国王和他的机构就可以随意征收吗？所以在封建社会前期，就围绕这一问题进行了很多争论。对国王来说，他当然希望把这种权力控制在自己手里，但是，作为纳税人的封建贵族却不同意，这在英国的《大宪章》和法国的《大敕令》等著名文件中规定得很明确。于是，经过博弈，这一权力收入议会手中。中国历代虽不乏赋税财政史家和研究成果，不乏谴责官府重税甚至因此"为民请命"的朝廷命官，而以武装斗争的形式抵制征税的农民起义更史不绝书，但他们从来没有将之看作一种权力作为一个问题提出来，并通过斗争分割或夺取这种权力。所以，税权在中国集于中央并归于皇帝，表现为官府组织制税、用税和审计诸活动，在西方则大体归属某一组织。

（一）制税权

制税，即制定征税规则。在中国，制税权由皇帝控制，制税活动中的原则和制度由皇帝决定。但这在法律上似不见反映。中国历代法律有多种形式，如秦有律、令、科、比等，唐有律、令、格、式等。所说皇帝的制税权在法律上似无反映即指在这些形式中不见表现，相反，对国家财政官员的权力却多有涉及。这是不难理解的。由于皇帝掌握一切大权，权力的具体执掌，即皇帝以下各级官员所享权限由皇帝或由有关人员秉皇帝之意做出规定，而不是相反，也无须皇帝自己规定自己。而且"权归于上""政出于一"已经成为历朝历代的定规定则，即使在寻常百姓中也家喻户晓，尽人皆知，自然无须在法律中作重复规定。另一方面，皇帝一则为一国之君，政务繁杂，不可能事无巨细，一一过问；一则晓谕"贵在执要"的"君人之道"，抓大事、用重臣是历代皇帝"君人"的起码道理。基于以上原因，皇帝必然把制税事务委于下属，并在法律中作相应规定，而这样，也就难以窥见关于皇帝执掌制税的条律了。

皇帝的制税权在律中虽不见反映，皇帝却可直接通过法律进行制税。这种法律即上面所举的"令"。令的颁布当然有一定程序，例如魏晋南北朝时皇帝制诏，先与宰相商议，后交中书省起草，再由门下省审署，门下省可提出异议，请皇帝考虑修改或取消。但是不管诏令的颁布经过多少衙门，皇帝的意愿和对诏令的签署无疑具有决定性意义。所谓"一兵之籍，一财之源，一地之守，皆人主自为之"（《叶适集·水心别集》卷十，《始议二》），便反映了皇帝在制诏中的决定性作用。

事实上，"律"对皇帝的制税之权没有规定，并不影响皇帝将这一权力集中到自己手中。因为律令对赋税如何征收都作了详细严格的规定。通过这些规定，制税权从基层官吏起即渐次收拢，最后集中于皇帝之手，形成了中央集权的财政专制体制。所以，作为这种体制的直接表现，制税与征税都有"律"可循，如非法课征，要受"擅兴律"的制裁。

"律""令"规定当然不可能将制税权力包揽无遗，所以，主管人员有时也享有一定的决定权。西汉的丞相即如此，他有权对宫外、庙宇之地的出租部分课税，有权增加盐铁之税，前指征收新税，后指增加税额。但是丞相的这种权力十分有限，且最终还是受制于皇帝，因为他对皇帝要严格负责。如成帝时丞相薛宣即因"赋敛无度"而被罢免。

制税具体包括税项立废、税额增减等内容。中国历代税项立废、税额增减主要是通过皇帝的诏令颁行的。这类诏令在汉代、宋代极为多见。汉代高祖、惠帝的什五税一、口赋、算赋、更赋，武帝的盐税、铁税、酒税、市税等，唐代名目繁多的杂税，宋代的"杂变之赋"无一不是通过皇帝的诏令设立的。汉文帝则曾下令"除田之租税"长达 12 年之久，和帝亦曾罢免"盐铁之禁"。而通过皇帝诏令增添税额的例子更是多不胜数。

在西方，制税由国王与议会共同进行，但议会在其中一般起决定性作用，这首先在法律上有明确的规定。在英国，议会制度确立之前，赋税征收已形成征求王国社团意见的原则。1215 年《大宪章》特别强调了这一原则。为了确保《大宪章》的贯彻实施，议会又于 1297 年迫使爱德华一世签署了《大宪章确认令》。自此以后，制税权便牢牢掌握在议会之手。在法国，赋税的征收也必须征得议会的批准。1338 年，腓力六世签署文件，其中规定："除非有紧急需要，而且经过各级人民同意，国王无权征收任何新税。"

西方税项立废和税额增减之权归属议会。在英国，议会所立包括中古社会全部重要项目。直接税如财产税、人头税、教区税、户税、等级所得税等。间接税包括古关税、新关税和布税等。城乡资产税在 14 世纪以前已按资产比例征收，但无定率。1332 年，议会确定其税率为城市 1/10，乡村 1/15，并决定以此作为直接税主要的、基本的项目。教区税、人头税、户税、等级所得税等都是在国家财政急需时由议会临时立项征收并于此后不久废除的。间接税中的古关税于 1275 年设立，后因议会反对而停征，代以临时的吨税和磅税。新关税本由国王与外商协商于 1302 年设立，专征外商，后因国王企图适用于本国商人而遭议会废除，以后又在议会的允准下恢复。呢绒税则由议会于 1347 年设立。在法国直接税如炉灶税、户口税，间接税如交易税、食盐税也都由议会设立或议会产生前业已存在而后由议会确认。15 世纪以前，这些税都是临时税，后由议会确定为永久税或常税。税额增减也主要由议会决定。英国城乡资产税的税额确定后，税收总额也就固定在38000—39000 磅之间，如需增加，经议会批准可外征 1/2 个 1/10税和 1/15 税。

与制税权密切相关的财产估值之权在中西中古社会的归属亦不相同。中国史籍中这方面记载比较少见。不过我们可以推定，这种权力仍大体由皇帝掌握，因为依据制度，估值方法与原则即使由主管部门或官员商定，最后仍需由皇帝下诏实施。在西方，由于资产估值牵涉王室及纳税人的切身利益，常常引起争论和对国王的不满。正因为如此，议会自始便关注财产估值问题，并几乎在它形成的同时，即将估值之权控制在自己手中。在参照前此估值实践，接受其经验教训的基础上，议会规定了估值程序、征收对象，列举了估值物品和豁免物品的种类，并将这些种类印制成文，存入议会卷档，作为以后估值的蓝本和基础，责令税吏遵照执行。13 世纪以后，英国动产税的估值基本上遵循了这一规定。在法国，虽未见议会有估值规定，但国王每次征税，大体上都与三级会议商定估值事宜。

（二）用税权

用税权是指规定税款用途，控制支出数额的权力。中西中古社会不同的政治制度决定了中西用税权的差异。

由于中国中古财政实行集权专制体制，税收的很大部分税额归皇帝支用。虽然中国历史上较早产生了预算制度，甚至提出了"量出制入"的制税原则，但由于这些制度和原则并未得到认真贯彻，甚至仅仅流于形式，对于皇帝支用税款的权力并无多少限制作用。

皇帝的用税之权首先表现在官俸的支出方面。官俸的发放当然由财政主管部门具体负责，但部分官员特别是高级官员的任免却属于皇帝的权力范围。只要皇帝任命了新的官员，薪俸的发放也必须马上到位。在这里，皇帝对官员的任命在官俸的发放中显然具有决定性意义。一般说来，在王朝初期，官位设置相对简约，但随着王朝的日趋腐败，增官设位甚至卖官鬻爵越来越成为严重现象，终致冗官大增，机构臃肿，官俸巨涨。在增加的官员中，排除人口增长、经济发展而必须设置的职位外，大部分皆非必要，因而大多是冗官。这些冗官无疑都由皇帝设立或设立前预先经过了皇帝的允准，并毫无例外地拨发了薪俸。皇帝的用税之权其次表现在军费开支方面。秦汉至宋元间，各王朝的军事用项很多并非必要。如秦皇举天下之力修筑长城，以三十万军北击匈奴，五十万众屯戍岭南，致使田租、口赋、盐铁之税二十倍于古。汉武北伐匈奴，多者岁费数十百巨万，少者亦百余巨万，致使正常收入不足支付，不得不专卖盐铁，卖官鬻爵。即使如此，仍不免国库空虚，财力难支。官俸与军费是政府开支的主要项目，此外还有用于农田、水利、教育、祭祀、赈灾、赏赐等多方面的开支。这些开支一般也都经皇帝允准，从而使中国历代的用税之权在绝大程度上归属皇帝。

在西方，用税权初归国王，但随着议会君主制的形成和发展，逐渐转归议会执掌。西方用税不同于中国。所谓税款，主要是战争用款，受此制约，议会的用税权也就主要是规定并监督国王将税款用作战费，以免挪作他用。至于官俸，因此时的政府规模很小，且官员人数很少，具有一定的"私人政府"的性质，则由国王支自王室收入。其他如教育、农田、水利等用项在这一时期的西方基本不存在。

由于财政制度的运作采用集权专制体制，中国皇帝的用税权具有显著的随意性特点。皇帝的喜怒哀乐对财政支出往往产生重大影响。例如，公元前215年秦始皇发兵30万出征塞北，诱因于"亡秦者胡也"的谶语；汉高祖北击匈奴诱发于韩王信的叛变。这些行动都会给国家财政带来沉重的负担。也正是因为这种用税的随意性，皇帝支用税款过于便利，常常导致外交政策的盲目与失误。在西方，由于议会控制用税权，国王一般须按议会决议行事，从而在很大程度上避免了一人专断的随意性。这作用于税制，可以减少不合理的赋税征收，降低纳税人的负担。由于确定税收用途时须在一定的调查研究的基础上对所需税额进行预算，结果可大体符合用税实际，这样便不致造成征收量的过大或过小，从而减少了国王将税款挪作他用的机会，或造成国王因税量不足再要求征收的口实。

（三）审计权

中西中古审计制度的职能都主要是稽核财政收支账目与实际数额是否一致，以保证国家财政的完整性。但是审计权的归属不同。在中国，审计权属于皇帝，具体表现为对审计人员的任命和审计权的分授与集中。中央审计人员都由皇帝任命，以下各级由吏部或主管部门确定。审计权由皇帝和主管部门按高低大小分授各级审计人员具体执掌，同时又从基层审计人员开始依次收归中央审计机关，进而收归皇帝。与此相应，审计材料也由下而上层层汇总，最后集中皇帝过目，以定奖惩。在西方，审计权约于14世纪转归议会。从此以后，审计人员的任命便由议会行使。

由于审计权的归属不同，中西中古审计制度的对象也存在差异。在中国，审计对象主要是各级财政机构和财政官员，以避免或处理财政人员玩忽职守、贪污侵占与营私舞弊。西方审计机关除了监督财政机构和官员外，还专门查阅王室财政账目。查阅王室账目的目的不同于对财政机构和人员的监督，主要是监察王室财政是否违反议会决议将所征税款挪作私用。这无疑是对王权的有力限制。中国古代也偶有官员指责国藏、私藏不分，皇帝假公济私的实例，但这至多是个别官员对财政腐败现象提出改革建议或给予批评，对皇帝而言却不过是普通的不同意见，因而只能听候随意处理。如遇励精图治、善于纳谏的明君，这种建议或能采纳，否则不仅不能产生任何积极效果，进谏者反冒削官贬谪之险甚至杀身株连之祸。在中国财政专制体制下，官员们可以抨击不合理的财务现象，却不能形成西方式的审计，通过法律程序从制度上钳制皇权，以有效地抑制腐败现象。基于审计权的归属和审计对象的差别，中国中古审计制度的基本目的是保证国家拥有强大的经济后盾，巩固皇权；西方审计制度的目的则主要是保管税款，监督王室开支，以防税款纳入王室私藏或挪作国王私用。

在西方，议会掌握税权后，国王要征税，须首先征得与会代表的同意。一般而言，国王的要求只要代表们认为合理，议会大都给予允准，但须有个前提：国王对于议会必须给予"回报"。税款与回报是并行的，互为条件的，在一定意义上是不可割裂的。那么，议会究竟怎样获得和获得了什么回报呢？

在英国，这具体表现为"补偿"原则[①]的实施。"补偿"原则是通过下院议员向国王提交请愿书，国王接受这些请愿书并对上面提出的问题和要求给予一定的解决而实施的。后来，补偿原则固定为一定程序：议会召开时，国王须首先接受下院的请愿书并予以处理，然后由下院讨论国王的征税问题，即所谓"先补偿，后供给"。在法国，"先补偿，后供给"的表述虽未见诸文献，但体现这一原则的具体实例却不少见，而且三级会议的要求在一些方面较英国国会的补偿原则更为激进。

通过补偿原则的实施，纳税人或议会（在英国主要是下院）

---

① B. Lyon, *A Constitutional and Legal History of Medieval England*, New York: W. W. Norton & Company, 1980, p. 551.

获得了众多权益。这些权益依据请愿书的性质可大体分为两类：一类是国王直接解决纳税人的具体问题；另一类是立法创制。它的意义在于，从此以后，民众请愿书取代了国王与御前会议制定的法案而成为法案的主要形式。也就是说，议会获得了立法创制权。对于民众请愿书，国王与御前会议可在作答时修改，不再拥有创制权。

这样，西方国家的议会通过手中的税权，限制了国王的权力，而国家政体也就因此形成了议会君主制。中国呢？依然因循传统。税民的抗税目的既然是为了减免赋税，那么，汉唐的轻徭薄赋、与民休息，清代的盛世滋丁、永不加赋，便是他们理想的结果。税权既没有作为问题提出来，便只能而且永远作为客观事实而归属官府与皇帝。

三、组织

赋税组织或赋税机构，包括制税与管理两部分。在中国，似乎没有也不需要专门的制税组织。但在西方，制税权力一直由某一组织或机构执掌，国王可以参加制税，却不可独立行事。在管理上，由于中国基本上采取帝室财政与国家财政分理的模式，所以中国中古王朝一般有两套管理系统。而西方由于主要采取合理的方式，直至很晚才划分开来，所以主要是一套管理系统。

（一）制税组织

中国中古社会似乎没有专门的制税组织，具有一定身份或职位的人似乎都可以参加制税。一种新的税制或税则的是否采纳，须先奏明皇帝，却不一定提交具有一定规模的会议讨论。综观中国赋税史，每次重大赋税改革似乎都是先由个人提出，再由皇帝采纳而后推行。唐代两税法，明代一条鞭法，清代摊丁入亩，大致经历了同样的过程。

这里所谓制税组织，实际上是在与西方的比照中提出来的。中国既没有专门的制税组织，便必须有某人执掌这一权力，这个人既不是宰相或丞相，也不是财政部门的首长，而是凌驾于这些高官之上的皇帝。正是皇帝，在制税中起着决定性作用。

隋唐以前，皇帝并非事无巨细参与整个制税过程。宋代以后不同了，由于财政官吏营私舞弊频发，皇帝开始密切关注赋税的征收与管理，不但亲自参与有关财计的各项重要制度的制定，亲自主持涉及财计的重要会议，而且还经常过问财计的盈亏与虚实，这使财政体制形成了一些新的特征。

中国历代税项立废，税额增减主要是通过皇帝的诏令颁行的，这在前文已有涉及。诏令的出台过程由于文献无征而难以详知，但皇帝定制甚至在不明优劣的情况下轻易采纳某一税法则是可以肯定的。宋元以来特别是从元开始，情况不同了。由于资料遗存日多，我们有可能了解到一些定制的具体细节。考察元代赋税财政的历史感到，事关民族国家大计的税制在君臣的嬉笑怒骂举手投足间，即可以确定下来，其轻易与简单，在世界历史上可谓罕有其匹。何为赋税？赋税乃国家之根本，生民之所系，但就是这种关乎国家生存命运的制度被皇帝玩弄于股掌之间，而这种现象，也只有在专制政体下才会出现。自宋元开始，皇帝的专权可谓步步升级。朱元璋即位伊始，便迫不及待地诛杀丞相胡惟庸，并借机立下规矩，废丞相之制，从此直接掌握财权，"权不专于一司"

而专于一人。接着又借助"胡蓝之狱"广造冤案，终于以数万余鲜活的生命矗立起专制的庞然大厦。

但是，无论权力怎样集中，也不能缺少臣民的意见或建议，这与西方没有不同。关键在于决策方式，决策方式决定了中西方税制的根本差异。这种差异表现在制税上，在西方起决定作用的是某一组织，而在中国，则为皇帝一人。

西方的制税程序不同，大体上先由国王提出征税要求，再由某一组织或机构讨论决定，并具体谋划、制定征税事宜。这一组织在不同时期有不同名称、构成和权限。在英国，最早的组织称贤人会议（witenagemot）。贤人会议当为盎格鲁－撒克逊人原始民主组织的遗存，较早见于 8 世纪的麦西亚王国，至 10 世纪，英格兰七国中，都可以看到贤人会议活跃的身影。贤人会议在国家政权体系中居于重要地位，这决定了它在赋税征收中的重要作用。在盎格鲁－撒克逊时代，国王主要依靠他的领地收入、司法收入和各种间接税生活，因此全国性赋税较少征收。但只要征收，便涉及贤人会议的同意与劝告问题。在法兰克王国，国王也只有经过民众的同意方能处理或决定包括征税在内的重大问题。随着国家制度的日趋健全，国王之下开始设立御前会议。会议由高级官吏和主教构成，类似英国的贤人会议。御前会议之外，还有贵族会议，每年春秋两季召开，讨论重要问题，其中也涉及赋税征收。《凡尔登条约》颁布后，由西法兰克王国发展来的法兰西，仍然继承了法兰克王国的传统。

诺曼征服之后，英国的贤人会议逐渐演变为贵族大会议（curia regis），虽然编年史仍循习惯称之为贤人会议，实际上已与贤人会议不同。贵族大会议与贤人会议的重要区别是其成员依据封建义务参会，因为诺曼征服之后，征服者威廉建立了一种比较规范的封建制度，封建主都依据领地承担封建义务，而能否参加贵族大会议也就成为封建权利义务的重要体现。法国的御前会议也逐渐分野为御前小会议或御前库里亚和御前大会。这两个会议都参与国家重大事务的处理。其中库里亚设财政或会计院，以监督税款解进王室金库的情况。而且库里亚并非王室行政管理的独有建制，大封建主的领地都设有库里亚。这些库里亚除教俗封臣参加外，还常常吸收贵族和市民代表参加。12、13 世纪，大封建领地也开始召开等级代表大会。正是这些等级代表会议，演变成为后来的地方三级会议。

英国贵族大会议形成后，贤人会议原享有的权力包括制税权，也就相应转入后者之手。此后征收财产协助金、卡路卡奇、动产协助金等，便都须经过大会议同意。1237—1269 年间，亨利三世征税曾遇到九次拒绝。而 1269 年岁末，会议因十字军东征是一个非常事件，同意征收一个动产协助金。而授予的目的仍然遵循传统，所征税金必须用作战费。

随着政府机构的发展，贵族大会议由于主要处理国计民生的重大问题而渐具代表性质，开始朝着议会的方向演变。但这并非说议会只由贵族大会议一个组织演变而来。它的形成还必须有地方或城乡政治力量的参与。乡村代表，主要由骑士或其他自由人组成。城市代表则主要由市议员、市民等组成。国王与贵族大会议以及地方代表协商的传统构成了议会制度形成的基础。可以说，议会的产生正是这种协商传统水到渠成的结果。

关于议会的权限或职能，尽管早期议会已经享有多方面权力，但讨论和批准国王征税无疑是其中主要的方面。在批准国王征税的同时，也处理一些司法事务。但必须指出，议会的这些权力都是通过税权获得的，没有税权的控制，议会的产生是不可思议的，更遑论它的发展与壮大了。

议会的形成，同时也促进了"共同"理论的定型和赋税制度的进一步完善。在议会管理之下，长期的制税实践使前一阶段的"共同同意"上升为理论，并在"共同同意"之外增加了"共同利益""共同需要"等部分，从而使"共同"理论臻于定型。以后的赋税征收基本上是在这一理论的制约下进行的。与此同时，赋税制度也趋于完善。例如在制税方面，关于税项的设定，1332 年将城市和乡村的 1/10 税和 1/15 税确定为城乡动产税的基本项目。这在前文已经涉及。

法国三级会议始建于腓力四世时代，议会召开的目的主要是处理财政问题，特别是在百年战争期间，三级会议一直发挥重要作用，而且从这时起，选举代表逐渐形成了制度。高级教士和世俗贵族不再单独应召开会，而是和"第三等级"的代表一样需要经过选举。在城市，每逢礼拜天的大弥撒结束后，各家家长不分男女集中在一起，选举他们的代表。当选者然后再聚集到主要城市选出他们中的 6—8 人参加三级会议。1356 年 10 月的会议规定，以后三级会议定期召开，每年召开两次并在必要时召开特别会议。宣布，赋税只能"根据人民的意志，得到人民的同意"方可征收。1357 年 3 月会议，制定了著名的《三月大敕令》，重申三级会议定期举行，决定清洗枢密院，改革国家行政机构，由会议每年单独确定货币价值。1381 年 3 月，会议规定间接税只能用于战争，代表有权在他们认为必要时集会，讨论税收与支用问题。

作为制税组织，法国三级会议在其上升时期不仅掌握了税权，控制了制税过程，甚至控制了立法、官员任免等大权。但它没有始终如一地执掌和利用这些权力，而是在百年战争的后期拱手让给了国王，致使后来税制的发展偏离了中古传统路线而与英国有了不同。但如参之以中国中古财政体制，则两国的税权归属仍属同一类型。

其实，早在12世纪，西欧已经出现议会组织。在西班牙诸王国中，阿拉贡和卡斯提王国的国王咨议会已吸纳城市代表参会。议会不仅经常召开，而且权力很大。在税法方面，不经议会批准，国王不得征收任何赋税，实施任何新律。15世纪末，卡斯提、阿拉贡和加泰罗尼亚等王国合并为统一的西班牙王国后，原来各国的等级会议仍然保留了旧有的权力。国王要征税，必须征得议会同意，满足议会的要求，类似英国的补偿原则。

资产阶级革命前的尼德兰，各省都有三级会议，各省会议之上是全国三级会议。如果征收新税，须经各省议会批准。西班牙国王查理一世及其继任者腓力二世无视尼德兰的传统，加重税收，结果导致了革命的爆发。

在西西里，1232年形成了地方代表会议，称大法庭；在德国，1255年出现城市代表会议，称迪耶茨（diets）。它们都具有一定的制税权力。

我们所以将议会看作制税组织，是因为它一般决定赋税征收的种类、额度、征收对象、时间和地点等。而如征收新税，更要进行广泛的讨论，而后形成决议。这些，也就构成了制税的基本内容。在制税过程中，国王或皇帝多半只能提出要求，而征税能否进行，怎样进行，则一般遵从议会的决定。中国中古社会没有议会组织，所以制税的具体工作由中央有关财政部门如户部、度支、三司等进行，最后由皇帝决定。这样，不仅制税程序同西方不同，重要的是纳税人的意见被完全忽视了。

（二）管理组织

管理组织是中古财税部门的重要组织。其构成是否合理，运作是否有效，吏员是否清廉等，都直接关系到税款是否用得其所，从而关系到国家机器运转是否正常，因此深受帝王重视。

中西中古社会财政管理的一个重要差别，是中国采取国家财政和皇室财政分理的方式，西方主要采取合理的方式。中国的财政机构门类齐全，分工细密，职权大体分明，由此形成了国家财政和皇室财政两大管理系统。西方则不同，有的国家由于进入文明时代较晚，俗淳事简，机构不够完善；有的国家虽曾经过奴隶社会，但由于受到了北方蛮族入侵的干扰，古代遗产的传承受到影响，国家机构同样不够完善。相对中国而言，这些国家机构设置简单粗拙，职责重叠、职权不明，所以在相当长的时间内，王室财政和国家财政收支不分。约到 14 世纪，方现分理端倪。

上古中国，国家财政与王室财政不分，公私混一。至秦汉，两者开始分理，且各有自己比较固定的税源。这一变化表现在管理上，则是国家与王室分设机构、分理收支事务。东汉建立后，光武帝曾废除分理制度，将前此少府掌管的山泽园池等租税悉归大司农管辖。但东汉之后，又恢复了西汉旧制。唐大历年间，鉴于左藏库屡遭侵夺，度支盐铁使第五琦也曾建议将金帛尽储于大盈库，以便天子取给。但杨炎为相后，复将租赋自大盈库分出，纳入左藏库，后经德宗允准，复归分理。综览中国两千余年的赋税财政史，东汉及唐大历年间国家财政和帝室财政只是短暂地合并，在绝大多数时间里，两者都是分理的。

帝室财政与国家财政分理是中国财政管理的基本制度安排。那么，我们应该如何认识这种分理体制呢？在笔者看来，分理当然优于合理，但须有一个条件，即将帝室财政限制在一个合理的用度之内，且皇帝必须严格遵守财务制度，力避两者混用，尤其不要去侵吞国家财政。所以，就体制本身来说，虽然分理的初衷是首先保证帝室的用度，但如果由此形成对这一用度的限制，则这种制度安排仍然具有可取之处。但事实似非如此，在具体实践中，皇帝或帝室财政常常将这种制度置之不顾，以致经常发生两者相互调配的情况，而且主要是帝室财政侵吞国家财政。另外，我们还发现这样一种现象：由国家财政调配帝室财政往往激起人们（包括时人和今人）的愤慨；而以帝室财政接济国家财政却常常引起人们的赞佩，不由得认为皇帝是好皇帝。但在我们看来，比较两者调出的多寡没有多少意义，重要的是如何看待皇帝对赋税的认识。其实，无论是王室财政接济国家财政，还是国家财政调配帝室财政，性质都一样，都反映皇帝的同一心态，这就是由"王土王臣"的古老理论衍生而来的天下财富都归皇帝或皇家所有的观念，虽然文献典籍对这种观念或情结的表述很不直白。这样，所谓分理，便仅仅为了帝室花费的便利，而分理的体制也就在相当程度上流于形式。由此再论及两者的相互调配，便都可视为皇帝财政专权的表现。

西方封建社会初期，由于战争绵延，社会动荡，国家缺乏有效的管理组织和运输系统，这时的国王，大多采取巡游的方式（peripatetic lifestyle）收取赋税，"游动的宫廷是中世纪政府的普遍特征"。巡游的目的，一则按季节变化享用封臣应该缴纳的尚未货币化的赋税，一则向辖区内居民宣布他的存在和权威。7世纪的法兰克诸王即通过这种方式从私有领地上获取税收。11世纪神圣罗马帝国的皇帝康拉德也通过这种方式获取税收。直至13世纪末期，英国国王爱德华一世仍然主要通过这种方式收取赋税。

在这种情况下，财政官制便缺乏系统。比如英国财政署，理应是一个财政专门组织，但它的上部各主要官职，不仅都是兼职，而且主职并非财政管理。即使国库长，虽名为专职，在相当程度上也还是兼职。下部则更是如此。由于财政署一年只有两次结账，其中一些职位便都非常设。而且，这些职位均由国王个人设置，并由国王私人付酬。再看地方税官。郡守为地方行政区划的首脑，其首要职责理应在行政方面。但在13、14世纪之前，郡守的职责主要在财政而不是行政。郡守一般由国库长任命，主要负责王室收入的征收，如王田收入、司法罚金、封建地产及空缺教职收入，同时代国王征收盾牌钱、任意税、协助金，负责其在此巡游时之生活消费，以及军费开支等。所以，郡守与其说是一地方行政长官，不如说是一地方财政长官。郡守以外，包括郡守财政属员和下层税吏，也都由郡守依照习惯从地方征召，从事征税事务。

而且，作为财政组织的宫室、国库、锦衣库和财政署的职能一向游移不定，这又必然影响税官职位的设置和体制的建立与巩固。宫室、国库都曾为财政管理部门，后因财政署的兴起，其职能以及官员的职责发生了变化。但财政署的地位仍不稳固。后来又建立了锦衣库。锦衣库原只保管宫内细软之物，有似一后勤机构。但由于经常随侍左右，在国王常年巡游流动办公的情况下，出于方便，遂也处理一些现金收支事务。于是，原归财政署管理的一些事务便转归锦衣库处理。久之，锦衣库成了收支机关，而财政署变为结算部门。随着锦衣库与财政署某些职能的转换，二者的人员构成也发生相应变化。锦衣库增设财政管理岗位，财政署则裁减执事人员。

（三）审计组织

中西审计机关具有不同特点。中国只有一套审计机关，审计权力集中于皇帝之手。西方则有两套机关，一套由国王控制，主要职责是保证王室财政的完整性；另一套由议会执掌，主要目的是保护国税收入，以免国王或王室挪作私用。但是西方审计机关不像中国那样完善，甚至不常设。

审计是国家维持财政完整、保障经济基础稳固的重要工具。在中国中古社会，审计制度与政治制度息息相通，一损俱损，一荣俱荣。可以说，审计制度史每一阶段的变化和发展，都是政治制度演变、强化的结果。

中国古代审计制度主要是沿着行政和司法两条路线发展的。所谓行政，是指审计机构由行政组织统领，或者说是由行政组织行使审计权力；所谓司法，是指审计同时属于监察机关的工作范围，或者说监察机关也行使审计职权。审计必然意味着处罚，所以在很多情况下审计的专职机关隶属于刑部。正因为如此，审计具有行政与司法的双重性质。但审计与监察又各有特点，前者的工作对象主要是财政，而后者的工作性质主要是司法。受此制约，前者的工作范围主要是清理、核实账目，而后者主要是监督、稽查包括财政在内的机构和官员。正是基于各自的特点，审计与监察又有大体分工，而分工的目的又在于合作，以最终保证税款用得其所，维持国家财政的完整。

中国中古审计制度由秦汉奠基，但在秦汉，尚无独立的审计机关，审计权力由监察组织行使。在秦代，审计的职官、权限、管理和运作都是作为监察制度的组成部分设置的。监察机构以御史大夫为最高首长，总揽文武百官和各级政权机构的监察工作。在这里，财政上的审计从属于监察，而监察，在性质上属于司法范围，审计自然具有了司法性质。从长官的设置来看，秦代负责审计的御史大夫位列三公，居一人之下万人之上。而负责征税和会计的治粟内史则位居其下，受其监察。汉承秦制，审计制度在基本的方面沿袭秦代而又有发展变化。御史大夫或御史中丞不再列三公之位，因此缺乏明确的行政之职，而审计官员也就可以相对独立地进行工作，甚至直接面奏皇帝而不受行政权力的干预。与秦代相比，汉代的审计具有多系统多官员的特点，这说明皇帝正在技术上摸索如何加强审计制度的途径。

作为相对独立的机构，审计组织产生于三国时代的曹魏，称比部曹。与秦汉审计机构相比，比部曹乃一专门的审计机构，能够独立地进行工作，其职权一部分来自尚书省的委授，一部分来自御史台的转移。而御史台作为监察机构，仍享有一定的审计权力，但工作重点在于监察。所以从性质上说，御史台属于监察机构，而比部曹属于行政机构。至隋唐，比部曹改称比部，负责对户部所属机构的审计。在唐代，它隶属刑部，而刑部又隶属尚书省，所以比部具有行政与司法的双重性质。御史台仍为最高监察机关，享有一定的审计权力。在比部与御史台的关系上，二者分工合作，各有侧重。前者主管审计，侧重中央，核查籍账；后者主管监察，侧重地方，稽核国库。

在宋代，审计制度一度显得十分紊乱，主要是因为三司之下设置了审计机关。三司是国家最高财政机关，下设勾院、都磨勘司等机构，主辖收支等司和判官等职，审计权力很大。这种财政与审计合一的制度，在技术上很不可取。由于审计不独立，而且恰恰隶属于财政，审计人员便很难开展工作。神宗重整财政机构，将三司并归户部，审计权力方由财政机关转归比部。而比部仍同隋唐，由刑部统领，具有行政、司法双重性质。至此，审计制度又恢复了宋代之前的建制，重新获得独立地位。宋代的御史台，享有一定的审计权力，但地位有所变化，主要是丧失了唐代的独立性，受到其他机关的监督和牵制，自然不能像唐代那样独立行使审计之权。另外，由于三司使享有审计职权，御史台的审计职能受到影响。而神宗改制，主要是将三司使原享有的审计职权转归比部，御史台之审计权并未扩大。比部专司审计，勾覆账簿，御史台则进行实际监督，两相配合，使审计机构之间的关系趋于合理。但总体看来，比部的权力相对大些，御史台则自始至终受到其他机关的限制。

至元代，沿用千年之久的比部遭到废除，而原属比部的审计职权转交户部。户部由中书省统领，为最高财政机构，下置审计科执行审计职责。这有似宋初的制度安排，这种安排由于财政部门执掌审计而易生弊窦，所以皇帝又在中书省下别置检校照磨官，审计中书省所属六部，以防户部因掌握审计便可以逃脱审计自身的隙罅。在监察制度方面，元代在中央御史台的基础上，设置派出机构，谓行御史台，专门负责某一地区的监察事务。这样的派出机构有两个，一是江南行御史台，负责江南十道的监察事务；

一是陕西行御史台，负责附近四道的监察事务。

随着专制制度的加强，审计制度在明清两朝发生了重大变化。明初曾设比部以掌审计，但不久，比部即遭砍削，审计之权悉数转归户部。而为了严厉控制地方财政，洪武与宣德皇帝又借助十三布政使司的建制增设了十三清吏司，由户部统领，每个清吏司负责一个布政使司的审计。监察制度也发生了重要变化。洪武间，罢御史台，将唐宋以来的三院建制合并且加以扩大，称都察院。地方则依托十三布政使司设十三道监察御史。都察院主要负责中央各机构的监察审计，十三道监察御史则为中央派出机构，负责各布政使司的监察审计。与前朝相比，这种安排显然大大加强了户部的权力，而为了避免户部作为最高财政机构主掌审计，即财政与审计合一的体制滋生腐败，又于六部特别是户部之外增设六科给事中。该机构品秩不高，但权力很大，独立于都察院，专门监督六部。在三省、宰相制度废除，六部地位空前提高的情况下，该机构的创立，对于六部的坐大无疑具有重要的牵制作用。这样，审计制度也就形成了三套系统：一为户部及其统领的十三清吏司；一为都察院及其管辖的十三监御史；一为独立于都察院的六科给事中。其中，户部主掌审计，而都察院与六科给事中侧重监察。随着专制制度的进一步加强，经过调整归并，审计权力在清代得到了高度集中，这就是将明代审计的三套系统合并为一，即将六科给事中和十三清吏司并入都察院。这一改革一举改变了延续两千年之久的政出多门的格局，使审计制度具有了统一性和单一性的特征。改革后的都察院，直接对皇帝负责，摆脱了任何牵制，独自开展审计，权力达到了高度集中。

这样，在中古末期，适应登峰造极的皇权的需要，审计制度最终形成了独立而单一的组织。这种归并避免了历朝重复设置从而造成权力重叠职责不明的弊端，也标志着专制体制下审计制度在技术上的进步。审计技术的进步和政治权力的集中在一定意义上是并行不悖的，没有技术进步的权力集中是没有保障的。所以说，中国中古社会专制权力逐步加强的过程就是审计技术不断调整、进步的过程。而审计技术的进步又必然促进权力的集中和专制制度的加强。

中国古代审计的对象首先是财政机构和官员；其次是其他机构与官员，这些机构与官员虽不执掌财权，却总有一定的办公经费，有些机构也常常经手一定财物，比如兵部，需要支付战费和官兵津贴等，因此与财政结成了或多或少的关系。但中国中古历史悠久，朝代更迭，随着专制制度的发展，前后产生了一些不同。

秦汉审计的对象是中央各机关及其官员。由于秦代刚刚完成国土统一，管理工作不够健全，审计工作尚无侧重。汉代已有不同，掌管国家和帝室财政的部门和官员已经成为审计的重点对象。审计内容趋于广泛，而其核心，仍无外于会计账籍的数字是否真实，与钱物是否吻合，收支是否反映皇帝的意愿和财政规定。魏晋时，审计对象仍然主要是财政官员，但审计的内容更加具体。及至隋唐，随着专制制度的加强，审计的对象和内容进一步具体化，规定之细致，涉及之具体，已远非前代可比。隋唐之后，审计制度的发展主要表现为技术的进步，审计的对象和内容基本上逐代相袭，所谓变化，主要是审计权力的分散与集中。而权力的分散与集中，又必然引起对审计对象侧重点的差别。例如明代的审计比较分散，有三个系统，审计的对象也自然各有侧重，内容亦有区别。至清代，由于这些审计组织悉并都察院，审计权力自然高度集中，明代各审计系统的侧重也就相应消失。专制制度加强的结果，必然导致有关规定的细化，这是审计技术进步或提高的表现，但审计对象与内容不会因此发生性质的变化。

审计方法主要是定期稽核各部门的籍账，不定期巡查地方相关机构和官员。秦代的定期查账一般为一年一次，不定期巡查则根据地区、习俗、季节的不同，派专人勘探有关部门和官员的财政行为是否违背了皇帝旨意和财务规定。秦已有"上计"制度。按这一制度，地方官员须定期向皇帝报告政令执行和税收统计情况。由于干系相关人员的地位和前途，尤其事关皇帝对国家财政控制的是否有力，这种审计便属于一种更高层次的审计。汉承秦制，汉代仍然袭用"上计"制度。而秦汉之后，自魏晋，经隋唐，以迄明清，随着专制制度的发展和审计技术的进步，审计方法更加严密有效，仍然采取稽核账目、巡查官吏、定期与不定期审计的形式。而皇帝对财政的控制，仍基本采取官员上报即秦汉的"上计"制度。

西欧中古社会的财务审计具有显著特点，即它包括国王审计和议会审计两个组织。国王审计与中国相比无大的区别，审计的目的都在于维持王室财政的完整性，以确保税款用得其所。但在中国，皇帝至高无上，所以绝无另一个审计组织凌驾其上。西欧则不同，在国王审计之外，还有议会审计，审计的目的在于维持国家财政的完整，以防税款挪作国王私用。而且在议会产生之前，每一个组织都曾有自己的审计活动，只是由于历史记录缺乏周备，且存留有限，难以据实描述。所以，这里主要介绍议会审计以及议会君主制时代的国王审计。

议会审计主要是查阅王室账目，监察王室财政是否违反了议会决议而将专项拨款挪作了私用。但无论英国议会还是法国议会，似乎都没有专门的审计组织。通常是先由议会做出审计决定，然后通知国王，或由议会指定人员组成审计组织，或由国王选择人员执行议会决议。专项拨款设置专账实行专门管理，在一定程度上说也是为了审计的方便。每于查账，审计人员便可单刀直入，方便而快捷地解决问题，而不致因千头万绪、错综复杂而纠缠不清。这种管理，对国王来说，便利也是显见的，但更重要的是如果拒绝这样做会招致议会不满，从而影响赋税的授予。

英国自金雀花王朝建立后，审计活动日趋频繁，国王也积极配合工作，很少与组织发生争执。这种情况延续了约三百年之久，包括了金雀花和兰加斯特两个王朝。这时的议会，虽没有常设的审计组织，但审计活动却已经常态化，这对于国王形成了有力的钳制作用，从而对中古乃至近代政治制度产生了深刻影响。

国王审计主要监查财政官员是否侵吞了国王的个人收入和议会的专项拨款。西欧中古早期，国王没有专门的审计组织，审计活动主要表现为王室临时派遣代表分赴各地稽查地方官员尤其是涉税人员的财政行为。12世纪中期，法国国王已经在中央与地方管理阶层之间设置了一个监督阶层，以检查和惩处地方官的营私舞弊。他们属于有给职，称为baillif，是从巴黎派往各省区实施巡回监察的国王的代表。这个阶层的权力之一即对地方官员实施审计。随着王国的扩大，这个阶层逐渐脱去临时、巡游的特点，具有了常设、定点的性质。13世纪中叶，他们开始居住在各行政辖区，任期一般为3—5年。在英国，国王财政管理在继承诺曼传统的基础上发展起来。12世纪，亨利二世宣称他有随意罢免、任命郡守的权力。他选任居于中间阶层的骑士以取代自撒克逊时代以来即掌管地方管理的贵族。这个阶层因地位比较低下等原因而不似男爵那样桀骜不驯，比较容易管理，但由于家资薄弱却难以恪尽职守。为此，亨利设立了津贴制度，并规定每6个月在向财政署上缴税款时，扣除所有超出其津贴的合法支出。

12世纪，国王开始建立审计组织。在英国，这个审计组织实际上就是财政署。财政署具有双重职能，主要管理国王财政，其次审计涉税人员账目。审计工作一年进行两次，一次在复活节，一次在米迦勒节。每到这两个节日，王室领地的征税人员主要是郡守便接到通知，到国王驻地缴纳所征税款并接受审计和质询。在复活节，征税人员只需将大约半年的税款上缴，其间的花费，也仅由缴税者报上一个大体合理的约数，而上缴的税款则为半年税款金额扣除花费后的实数。但在米迦勒节，情况不同了。无论是收入还是支出，缴税者必须将票据或账册如数呈上，而后由审计人员清点金额，累计支出，并依据上年度审计结果，做出结论。无论欠还是超，都清楚地写在木码上。然后将这个木码一割两半，一交缴款人，一存财政署。下次再来结算，须持此木码，并与财政署所存一半勘合，以验证真伪。所谓审计，主要在于这一环节。如所报不实，或账目出现漏洞，则结算人须受惩罚，严重者可以入狱。

财政史家描述了半年审计的过程，将审计活动称为"游戏"："现在，游戏开始了。国库长质问他的对手是否准备提供他的账目。后者做了肯定的回答，并马上就前者正在计算的第一项提出挑战。继而，全场骚动。执事人员翻开羊皮纸卷档以比较前几年的账目，同时警卫长的执事将筹码、票据堆上桌子。然后，计算人员站起来，准备口述卷档中的相关内容，以使游戏继续进行。各郡庄园都单独记账，各账册的金额宣读后，……他用硬币或筹码在占用栏中排出上面所引的数量。接着在他面前拣出赊欠并堆在同一栏中，事毕，从便士中扣除便士，先令中扣除先令，英镑中扣除英镑，直至两面对应物兑换完毕。……同时，为防作伪，郡守执事的木码已与财政署所执部分做过仔细比较，……如发现任何缺损，则当事人必受惩罚，……除非他将此强加在它的代理人身上。"①

---

① C. Webber and A. Wildavsky, *A History of Taxation and Expenditure in the Western World*, New York: Simon and Scguster, 1986, pp. 214—215.

第十六讲　近代中国对西方文明的认识

田　涛（天津师范大学历史文化学院教授）

中国与西方的联系，有一段很长的历史。公元 1 世纪绵延到公元 6 世纪的丝绸之路建立了中国与欧洲的贸易通道，也使双方感知到彼此的存在。7 世纪初，东罗马教士聂斯托尔（Nestorius）创立的景教（聂斯托尔派）传入中国，从唐朝都城长安扩散到其他城市，到安史之乱后才告一段落。12—13 世纪，随着蒙古人入主中原，基督教再次进入内地，时称"也里可温"，在蒙古语中意即"福分人""有缘人"或"奉福音之人"，直到元朝灭亡。这一时期的马可·波罗（Marco Polo）来华游历，也被看作古代中国与欧洲交流的重要事件。不过，这些时断时续的来往和交流，仅能传达一些简单且时常被扭曲的信息，中国与西方还缺乏接触，也谈不上对西方文明有什么特别的认识。这种情形直到明末清初才开始发生改变。16—18 世纪，一批天主教耶稣会士相继来华，向中国介绍西方文明，开启了西学东渐的序幕。1840 年鸦片战争后，随着清朝的大门被迫打开，西方文明大规模输入中国，绵延百年而不衰。这一历史过程，也是中国人认识和理解西方文明的过程。

一、中国对西方文明的早期反应

明末清初，随着西方殖民势力的东来，中国与欧洲开始发生直接联系，对西方文明有了最初的了解。天主教耶稣会传教士是西方文明输入中国的主要中介者。耶稣会成立于 1540 年，以维护教皇权威、反对宗教改革为宗旨，强调纪律，重视知识，提倡教育，积极开拓海外传教。1552 年，奉命来华传教的耶稣会传教士方济各·沙勿略（Francis Xavier）到达中国，在广州西南 140 多公里的上川岛上居留了四个月，于当年底病逝于该岛。在他之后，耶稣会士接踵而来，研究者估计，明清之际到过中国的耶稣会士约在 800 人左右，加上其他天主教组织派到中国的传教士，总数在 1200—1500 人之间。

从 16 世纪中期开始，耶稣会士在中国活动了约二百年时间。耶稣会士采取知识传教策略，以天主教义迎合儒家学说，交接士大夫，向宫廷进献西洋"奇器"，从事修订历书、用西法推算日食月食等活动，为在中国传教打开通路。其中尤以利玛窦（Matteo Ricci）、汤若望（Johann Adam Schall von Bell）、南怀仁（Ferdinand Verbiest）等为代表，利玛窦更被看作是明末清初西学的奠基人。这些耶稣会士获得了朝廷的礼遇，如明朝万历皇帝对利玛窦进献的各种器物很有兴趣，特准他居留北京，并在其死后赐以墓地。清朝建立后，也曾任用汤若望为钦天监监正，顺治皇帝对其优礼有加。康熙时，南怀仁等也颇受重用。

来华耶稣会士通过翻译和著述活动，介绍了欧洲天文历算、地理、数学、生物、医药、音乐、美术等知识。根据美籍华人学者钱存训的统计，二百年间来华耶稣会士共译著西书 437 种，除了 251 种圣经、神学、仪式等纯宗教书籍外，人文科学书籍 55 种，包括地理地图、语言文字、哲学、教育等；自然科学 131 种，包括数学、天文、生物、医学等。传教士和商人输入中国的欧洲"奇器"，则有望远镜、显微镜、自鸣钟、西洋表、天球仪、地球仪、瑞光镜（灯塔）、温度计、湿度计、蓄电池、风扇、风琴、长笛、吉他等。这些器物有的为科学专用器具，有的作为珍宝收藏于宫廷，有的流传民间，如钟表等。当时天津就有一条洋货街，诗人崔旭有《竹枝词》谓："百宝都从海舶来，玻璃大镜比门排。和兰琐伏西番锦，怪怪奇奇洋货街。"西洋艺术也被介绍到中国，乾隆时耶稣会士郎世宁（Giuseppe Castiglione）以中国画具、中国题材、西洋画法作画，别开生面。由他设计的圆明园西洋楼采用 17、18 世纪欧洲大陆流行的巴洛克和洛可可风格，含多个西洋式景点，环以意大利式花园。这一时期中国制造的瓷器上，也能看到欧洲艺术风格的影响。

　　耶稣会士还向中国传达了西方的地理、历史知识与社会文化信息。1623 年出版的意大利传教士艾儒略（Jules Aleni）的《职方外纪》，就颇有代表性。《周礼》夏官有"职方氏"，"掌天下地图，主四方职贡"，艾儒略以此为书名，意在说明尚有一个不为中国人了解的"世界"。该书第二卷专门介绍欧洲，涉及欧洲地理方位、国家、制度、武备、教育、宗教、风俗等多方面。其记"以西把尼亚"（西班牙），称西班牙人善于航海，"曾有绕大地一周者"，即指麦哲伦。记"拂郎察"（法兰西）称，"其都城名把理斯，设一共学，生徒常四万余人"，即指巴黎。记"意大理亚"（意大利）称，"罗玛为圣，勿搦祭亚为富，弥郎为大，那坡理为华，热拿亚为高，福楼察为整"，即指罗马、威尼斯、米兰、那不勒斯、热那亚、佛罗伦萨。还提到威尼斯"所造玻璃极佳，甲于天下"，比萨斜塔"斜倚若倾，而今已历数百年未坏"。记"厄勒祭亚"（希腊）称，"凡礼乐法度文字典籍，皆为西土之宗"。该书向中国人首次介绍了"阁龙"（哥伦布）发现美洲的过程：

> 初，西土仅知有亚细亚、欧逻巴、利未亚三大州，于大地全体中止得其什三，余什七悉云是海。至百年前，西国有一大臣名阁龙者……一日行游西海，嗅海中气味，忽有省悟。谓此非海水之气，乃土地之气也；自此以西，必有人烟国土矣。因闻诸国王，资以舟航、粮糇、器具、货财，且与将卒以防寇盗，珍宝以备交易。阁龙遂率众入海，展转数月，茫茫无得。路既危险，复生疾病，从人咸怨，欲还。阁龙志意坚决，只促令前行。忽一日，船上望楼中人大声言："有地矣！"众共欢喜，欲谢天主，亟取道前行，果至一地。[①]

哥伦布是意大利航海家，相信大地球形说，认为从欧洲向西航行可达东方的印度。在西班牙的支持下，先后 4 次出海远航，开辟了横渡大西洋到美洲的航路。这里说，哥伦布在海边闻到大地的气息，然后出海寻访，最终发现了美洲，很有戏剧性。不管细节是否准确，它把哥伦布的事迹介绍到了中国。

耶稣会士为中国社会了解文艺复兴以来的西方文明打开了最初的窗口，也吸引了一些中国士大夫的关注。徐光启 1600 年结

---

① 〔意〕艾儒略:《职方外纪》，商务印书馆 1936 年版，第 101—102 页。

识利玛窦后，为其学问折服，三年后受洗入教，1604 年中进士后留京任职，与利玛窦等合作译书，切磋学问，来往密切。进士出身的光禄少卿李之藻、杨廷筠与耶稣会士也有很多交往，并合译了多种著作。其他如明末官员王徵、清初学者梅文鼎等，对西洋的数理、器械之学做过深入探究，并亲身制造和实践。但就整体而言，明末清初士大夫对西方文明并未表现出积极和开放的态度。保守主义者坚持"夷夏之防"，指责西洋神学违背中国的宗法，奉天主为至高无上的崇拜对象，背离了中国君权独尊的原则，至于"凡我人类，皆亲如兄弟"的基督教伦理，也与中国的君臣、父子之道完全不相容。他们撰写了攻击天主教的文字，一再上书朝廷，声称教士在中国败坏风俗，"阴谋不轨"，要求驱逐传教士。西洋历法传入中国之后，虽然远较中国先前所用的大统历、回回历为准确，但也屡遭守旧者的反对。康熙年间以反西教著称的杨光先声称："宁可使中夏无好历法，不可使中国有西洋人。"他们把中国

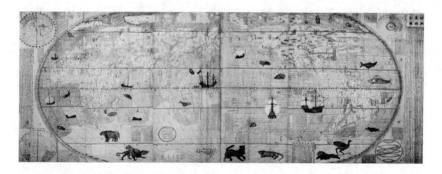

《坤舆万国全图》由利玛窦和李之藻刊刻于明万历三十年（1602 年），这是收藏于南京博物院的万历三十六年（1608 年）彩色摹绘本。这幅图以当时欧洲的世界地图为蓝本，但将中国置于中央。图中五大洲以不同颜色区分，还绘有帆船和多种海洋与陆地动物。

的天文历法之学看成是尧舜以来不变之道，认为一旦改变，就会带来亡国大难。传教士介绍的大地为圆体、世界有五大洲等近代世界地理知识，被不少人视为海外奇谈。杨光先就嘲讽说，如果地球是圆体，球下国土之人必然是倒悬身体，球侧国土之人只能横立，这怎么可能呢？

康熙年间，由于清政府与罗马教皇在是否允许中国信徒祭拜孔子和祖先等问题上的分歧，清朝开始禁止天主教传播，雍正、乾隆时期也厉行禁教，传教士被陆续逐出内地。到 18 世纪下半期的 1773 年，耶稣会解散（1814 年恢复），西方文明的东渐进程也暂告一段落。

1840 年的鸦片战争是中国与西方世界碰撞的开始，也成为近代中国人士观察和了解西方文明的起点。鸦片战争前夕林则徐在广州禁烟期间，就注意搜集有关西方国家的情况，接受过美国传教士伯驾赠送的《各国地图册》和地球仪，还主持翻译了《四洲志》等资料。鸦片战争失败后，部分士大夫开始主动探求世界，魏源的《海国图志》、徐继畬的《瀛环志略》等一批海外舆地著作相继出现。《海国图志》按照"以西洋人谈西洋"的原则，对世界各国的地理位置、山川形势、历史沿革、政事变迁、民情风俗乃至人口、物产、宗教、建筑等作了尽可能详尽的介绍，提到了哥伦布、华盛顿、彼得大帝、拿破仑、莎士比亚、弥尔顿等人及其事迹，也包括英国、美国的政治，还收有《独立宣言》的部分内容。《海国图志》尤其关注欧洲，魏源表示，他对南洋、北洋、西南洋的介绍，目的都在于揭示欧洲的形势，"实所以志西洋也"，表明他已经认识到欧洲在 19 世纪世界的中心位置。关于欧洲的兴起与扩张，魏源写道：

欧罗巴内城邑大兴，并操自主之权，始知印书、知制火药、初造罗经，洎明嘉靖年间，舟楫无所不至，初寻出亚默利加大地，次到五印度国，后驶至中国。通商日增，见识日广。此时欧列国万民之慧智才能高大，纬武经文，故新地日开，遍于四海焉。[①]

15、16世纪以来，民族国家的兴起和工业文明的发展，使欧洲成为资本主义时代的世界中心，开始了全球范围的扩张，魏源的描述大体上是合乎事实的。魏源称欧洲人"性情缜密，善于运思，长于制器"，虽然在五大洲中面积最小，但文化的发达远远超出其他各洲。他赞叹工业文明的成就说，西洋的各种制造，借助风力、水力、火力，达到"夺造化、通神明"的地步，这都是欧洲人努力学习和思考的结果。他把战舰、火器、养兵练兵之法，看作是"夷之长技"，提出了著名的"师夷长技以制夷"主张，表明魏源已经明确承认了欧洲科技文明的领先地位。

徐继畬曾在福建任职，他于1848年出版的《瀛环志略》，是一部较为全面、准确的世界地理著作。与《海国图志》一样，《瀛环志略》也用大量的篇幅介绍了西方国家，尤其是英国。如介绍伦敦由东到西、由南到北均有70里长，人口140万，规模宏大，建筑巍峨，政府机构分布合理，街道纵横，商品堆积如山，十分繁华，是西方最大的都市；介绍伯明翰机械制造发达，对外贸易活跃，每年其他国家到伯明翰的商船就有千余艘，英国出入伯明

---

① （清）魏源:《海国图志》，陈华等点校注释，岳麓书社1998年版，第1103页。

翰港口的船只则达到3000余艘；介绍英国的织布业使用机器织布，工人有49万人，人工节省，价格价廉；英国的轮船，激水如飞，瞬息不见，一昼夜约行千余里。介绍苏格兰说：苏格兰民众十分勤劳，善于谋生，四海经商，虽然土地寒冷贫瘠，但人民富裕。《瀛环志略》写道：

> 欧罗巴一土，以罗经视之，在乾戌方，独得金气。其地形则平土之中，容畜沧海数千里，回环吞吐，亦与他壤迥别，其土膏腴，物产丰阜。其人性情缜密，善于运思，长于制器，金木之工，精巧不可思议。运用水火尤为奇妙。火器创自中国，彼土仿而为之，益加精妙，铸造之工，施放之敏，殆所独擅。造舟尤极奥妙，篷索器具，无一不精，测量海道，处处志其浅深，不失尺寸，越七万里而通于中土，非偶然也。①

在传统中国，士大夫普遍相信“天圆地方”、中国是天下中心。所谓“天圆如张盖，地方如棋局。”“天处乎上，地处乎下，居天地之中者曰中国，居天地之偏者曰四夷。四夷，外也，中国，内也。”与这种地理观念相对应的，是以华夷之辨为核心的文明秩序观。中国是文明的中心，是“天朝”，周边部族是缺乏教化的蛮夷。鸦片战争时期，中国人对西方国家几乎一无所知，有人描述英国人称：“英夷之腿极长，青布裹缠，直立。不能超越腾跑。睛色碧，畏日光，卓午不敢睁视。”可见当时对西洋的无知。

《海国图志》《瀛环志略》等海外舆地著作的出现，展示了前

① （清）徐继畬：《瀛环志略》，上海书店出版社2001年版，第112—113页。

所未见的世界图景，使人们了解到天下之大，世界之奇，瀛寰、
海外不再是虚无缥缈的想象，而成为真实的存在，初步冲击了以
中国为中心的天下观和华夷观。魏源和徐继畬都表示，西方国家
有其文明礼仪，天文、地理无一不通，因此要改变观念，不能把
他们看作蛮夷。他们承认西方是文明国家，表明当时开明人士观
念上的进步。但在鸦片战争前后，中国社会还十分保守，华夷观
念仍然占据着主流地位，魏源等人对西方文明的肯定，还没有为
社会普遍接受。但无论如何，随着近代中国大门的打开，开明之
士睁眼看世界，中国也开始了对欧洲文明的认识历程。

二、器物之精：关于西方物质文明的认识

鸦片战争后，随着中西方关系的正式建立，西方在中国人面
前越来越真切。在香港及各处通商口岸，西方传教士、商人和外
交官设立租界，兴建教堂，出版书刊，从事商业和贸易活动，使
之成为展示和传播西方文明的中心。连片洋楼、西式马路的出现，
开始改变口岸城市的面貌。在上海，各式洋行、货栈、船坞码头
鳞次栉比，新式娱乐如跑马场、弹子房、舞厅等争奇斗艳，汇成
了灯红酒绿的十里洋场景象。火轮船行驶长江及沿海，逆波浪如
履平地，往来快捷，使人们为之感叹；高大建筑物上安设的自鸣
钟，在成为城市标志的同时，改变着人们的时间观念；招摇过市
的西式马车，时常引行人侧目；各种洋布、洋油、香烟、洋皂、
洋伞、洋针、洋纸、火柴、玻璃与五金制品以及洋酒、饼干等日
常消费品，以精致的做工令人目眩。带有异域风情的城市社会面
貌和各种西洋事物，直观地展示了西方新文明。1848年，初游上

海的学者王韬就感受到了强烈的视觉冲击：

> 一入黄歇浦中，气象顿异，从舟中遥望之，烟水苍茫，帆樯历乱，浦滨一带，率皆西人舍宇，楼阁峥嵘，缥缈云外，飞薨画栋，碧槛珠帘，此中有人，呼之欲出。然几如海外三神山，可望而不可即也。[①]

与此同时，以基督教传教士为中介，西学的输入也渐成规模。1807 年，第一位新教传教士马礼逊（Robert Morrison）来华，至1842 年，先后到中国的新教传教士有 60 余人，他们主要活动于南洋和香港、澳门、广州等地，首次将《圣经》完整地译为中文，出版数十种世界历史、地理等中文著述，发行刊物，开办学堂，设立诊所和医院，开启了近代西学东渐的大幕。鸦片战争后，传教士在教育、报刊、出版等多个领域十分活跃，代替了明末清初的耶稣会士，成为 19 世纪西方文明输入中国的重要推动者。

19 世纪 60 年代，洋务运动兴起，开启了中国引进西式工业文明的进程。洋务派举办新式企业，如江南制造局、天津机器局等，雇用西洋人为顾问或工程师，引进西方机器生产方式与制造工艺，成为欧洲工业文明的形象展示。洋务派还开设了一批新式学堂，如京师同文馆、福州船政学堂、天津水师学堂等，学习外国语言文字和数学、物理、化学、天文、历史、地理、国际法等知识。这些企业和学堂还承担了翻译西学著述的工作。1868 年设立的江南制造局翻译馆，以及京师同文馆等机构，在这一领域都

---

① （清）王韬：《漫游随录图记》，山东画报出版社 2004 年版，第 23 页。

有很大的贡献，直接促进了西方近代文明的引进和传播。

近代中国人在与西方文明的接触中，首先了解到的是船炮之利、制造之精这类物质文明成果。在镇压太平天国过程中，曾国藩、李鸿章等都对西洋各国的坚船利炮留下了深刻印象。李鸿章1862 年在上海参观英、法军舰后，向曾国藩报告说，西洋海军队伍整齐，火炮、弹药制造精良。陆军攻城拔寨时的各种军火，都是中国没有的。曾国藩也曾表示："外国技术之精，为中国所未逮，如舆图、算法、步天、测海、制造、机器，等等，无一不与造船、练兵相为表里。"思想家王韬号召学习欧洲之长技，他说：

> 呜呼！至今日而欲办天下之事，必自欧洲始。以欧洲诸大国为富强之纲领，制作之枢纽，舍此，无以师其长而成一变之道。中西同有舟，而彼则以轮船；中西同有车，而彼则以火车；中西同有驿递，而彼则以电音；中西同有火器，而彼之枪炮独精；中西同有备御，而彼之炮台、水雷独擅其胜；中西同有陆兵水师，而彼之兵法独长。[1]

洋务运动时期，中国人对西方文明印象最深刻的，就是西洋制造。他们承认西洋船炮的优势，承认中国已经落伍，主张学习和引进。他们说，现在的天下是机械时代，西洋人靠机械发展国家，各种发明标新立异，轮船火车，枪炮制造，尤为代表。他们进一步指出，西洋国家在枪炮、器械发达的背后，乃至国家富强的背后，是知识的进步。思想家郑观应说，西人士农工商，各有其学，"士

---

[1]　（清）王韬：《弢园文录外编》，上海书店出版社 2002 年版，第 11 页。

有格致之学，工有制造之学，农有种植之学，商有商务之学，无事不学，无人不学"。曾经游历欧洲的王韬说，与中国讲求诗词歌赋不同，英国讲求的是天文、地理、电学、火学、光学、化学、重学这些实用知识，这些知识运用到大大小小各个领域，西方国家的发展就以此为基础。

洋务运动时期，清政府开始派官员出洋，或随外人游历，或办理交涉事宜，或为常驻使节。他们的见闻和体验中也留下了对西方文明的印象。城市是近代西方文明的重要载体，出洋官员对欧洲城市文明留下了深刻的印象。如关于阿姆斯特丹，19 世纪 60 年代随同赫德游历欧洲的斌椿有这样的描写：

> 居民修治河道，于水中立桩砌石，架木其上，筑阁楼六七层……通都计桥七百六十座。河之阔处，舸舰迷津，商货辐辏。贸易之盛，为欧土大都会。①

与之同行的同文馆学生张德彝对巴黎是这样记述的：

> 周有四五十里，居民百万，闾巷齐整，楼房一律，白石为墙，巨铁为柱，花园戏馆、茶楼酒肆最多。四围火轮车道，遥望如蛛网。甬路胥以小方石墁平，专行马车，宽约三丈许。两边砌起高半尺，宽约丈五，皆煤油与白沙抹平。数武植树一株，如桐如杨，以便行人游憩。每两三树后置一绿油长凳，又两树间立一路灯……每隔半里有一铜眼，机关通于水道，

---

① （清）斌椿：《乘槎笔记》，湖南人民出版社 1981 年版，第 33 页。

每晨每午有人以皮筒插于铜眼，转则水出，遍涤街道……楼上楼下皆有铜管通于地道，若沟洫然。[1]

这些新奇的景象和设施，使走出国门的中国人对西洋城市文明有了最初的了解。与此同时，西洋的社会风尚，也赢得了中国人的关注和赞誉。王韬说：

> 英国风俗醇厚，物产蕃庶……日竞新奇巧异之艺，地少慵怠游堕之民。尤可羡者，人知逊让，心多悫诚。国中士庶往来，常少斗争欺侮之事。异域客民旅居其地者，从无受欺被诈；恒见亲爱，绝少猜嫌。无论中土，外邦之风俗尚有如此者，吾见亦罕矣。[2]

刘锡鸿是作为副使随郭嵩焘出使英国，是一位思想保守的人物，但到英国两个月后，也不得不承认英国社会的优长之处：

> 细察其政俗，惟父子之情、男女之别全未之讲，自贵至贱皆然。此外则无闲官，无游民，无上下隔阂之情，无残暴不仁之政，无虚文相应之事……两月来，拜客赴会，出门时多，街市往来，从未闻友人语喧嚣，亦未见有形状愁苦者。地方整齐肃穆，人民欢欣鼓舞，不徒以富强为能事，诚未可以匈奴、回纥待之矣！[3]

---

[1]　（清）张德彝：《航海述奇》，湖南人民出版社 1981 年版，第 45 页。
[2]　（清）王韬：《漫游随录图记》，山东画报出版社 2004 年版，第 93 页。
[3]　（清）刘锡鸿：《英轺私记》，岳麓书社 1986 年版，第 109—110 页。

在中国历史上，基于对外部"世界"认知的有限性，形成了以华夷之辨为核心的自我中心主义观念。在一定意义上，中国自居于天下中心的认识可以被看成是一种想象性的知识，但历史上中国文明在东亚地区的特殊地位，又使这一华夷区隔具有合理性。19世纪西方人东来之初，中国士大夫多根据华夷之辨解说中国与西方国家的地位，但西方近代文明的突兀浮现，无论是制造的日新月异还是社会的政教修明，都使中国人感到震惊，使他们意识到今日欧西国家不能等同于古之蛮夷，进而以相对现实和开放的心态接受西方文明，寻求中、西方文明关系的新定位。在这种情形下，他们以中体西用为框架，对西洋文明及其特征进行了初步的评判。概括而言，他们的观点大致是：

（一）西方文明是器物文明，即承认西洋文明在富国强兵方面的实用功效，认为这是西方的优长之处。明末清初耶稣会士将欧洲知识介绍到中国时，就被中国士大夫定位为器数之学，19世纪的开明之士，最早也是体认到西洋火器战具的优越性，进而承认天文算学及声光化电各学的价值。思想家冯桂芬1861年说"以中国伦常名教为原本，辅以诸国富强之术"，其背后就是将西学视为器数之学。王韬同样把欧洲技术与机器视为富国强兵之术，称："诚使孔子生于今日，其于西国舟车、枪炮、机器之制，亦必有所取焉。器则取诸西国，道则备自当躬。盖万世不变者，孔子之道也，儒道也，亦人道也。"出洋官员薛福成谓："取西人器数之学，以卫吾尧、舜、虞、汤、文、武、周、孔之道。"虽然其表述语汇各不相同，但总体认识上都是一致的，即西洋文明在器物层面上有优胜之处，可以采用为富强之术，这就是洋务运动时期的中体西用理论。晚清名臣、洋务派代表人物之一张之洞在其所著《劝学篇》中对这种观念进行了总结和概括，并成为官方认可的指导思想。

（二）西方文明以中国上古文明为源头。西洋文明渊源于上古中华，欧洲各种器物、器数之学都是中国先圣率先发明其原理，而后传到西洋，在西洋发扬光大。这种说法早在明末就已出现，1860 年代以后成为一种流行的观点。他们认为，西方近代科技以中国"古法"为滥觞，薛福成称："上古之世，制作萃于中华……即如《尧典》定四时，《周髀》之传算术，西人星算之学，未始不权舆于此"，所谓"昔者宇宙尚无制作，中国圣人仰观俯察，而西人渐效之"。他甚至认为"《墨子》一书导西学之先者甚多"，如光学、重学、机器船械之学、千里镜（望远镜）、显微镜，乃至航海旗语，都不出《墨子》范围。化学可以从《吕氏春秋》《淮南子》中找到根据。曾担任驻英、法公使的曾纪泽谓："西洋人近日孜孜汲汲以考求者，中国圣人已曾道破。"圣人不仅预言了"电线之理""西医之说""礼拜之数"，乃至于"火轮汽机""圣人亦于数千年前烛见之矣"，西学"种种精巧奇奥"，都不出《易经》范围。把西方近代科技的学术渊源推溯到中国上古时代，这就是所谓的西学中源说。

强调西洋文明起源于中国，目的在于为学习和引进欧洲技术和知识提供依据，既然西洋文明本来就不是与华夏文明相异的夷狄之学，学习西方不过是恢复中国古学，绝非"用夷变夏"。但在另一方面，将中国视为西洋文明的源头，也反映了当时不少人士对西方文明的真实理解。在接触西方科技之初，他们发现其与中国古代科技遗产之间的某些契合，因此把中国古学视为西方科技的源头。这里透露出晚清人士面对西方世界时经常表露出的一种思维方式，即从自身的传统经验出发推论新事物的性质。在对近代科学技术和资本主义文明还缺乏本质理解时，他们习惯的做法就是从历史和传统中寻求解释的依据，把西洋文明看作与中国古代科技同质，也与这种认识方式有关。

尽管承认西洋物质文明的优长，但在涉及社会伦理问题时，中国士大夫立场是坚定不变的。早期出洋游历的官员对欧洲社会妇女受尊重的情形留下了深刻的印象，并给予了一定的肯定。王韬记述说，英、法社会男女一样求学读书，没有区别，"食则并席，出则同车"，他称赞西洋女子"秉德怀贞，知书守礼"。出洋官员志刚记述说，欧美的社交、体育活动，参加者无男女之别，让人们心情舒畅，不无益处。但这种风气却不可行于中国，原因是"中国之循理胜于情，泰西之适情重于理"。张德彝同样观察到这一现象，称西方女性在社会上受到尊重，可以独立生活，但他不承认这是社会文明进步的结果，而称其为"地气使然"。薛福成对西方社会深有好感，但在这个问题上立场也毫不动摇，认为西方社会在夫妇、君臣、父子关系上讲求平等，"稍违圣人之道"。总之，开明士大夫虽然承认西方文明在技术制造乃至社会组织等方面的优越性，但在社会伦理等方面，仍然坚持了传统立场。

洋务运动时期西方文明的输入是一个艰难的过程。洋务派设立同文馆后，准备招收科举出身的正途官员入学，请西洋人讲授天文算学。保守派称，读书人的责任是守尧舜之道，而不是学习天文算学之类的末技。有人建议朝廷撤销同文馆，说北京久旱不雨、御河水枯竭，是因为同文馆以蛮夷为师，不合天理，引来"天象示警"。在这种气氛下，没有一位正途官员到同文馆学习。外国公使到北京后，按照西方外交惯例，觐见中国皇帝时以鞠躬为礼。顽固派对此大加反对，坚持要求行中国的跪拜礼。他们说，朝廷之礼是列祖列宗所定，一旦变更，廷臣骇异，民心难平，大乱将萌。洋务派要修铁路，保守派称，外国以商业立国，中国以养民为本，铁路可行于西方，不可行于中国，修铁路是舍本务末。还有人说，铁路有碍风水，震动地脉，万不可行。以卫道士自居的保守主义者始终坚持华夷之辨，力图把与西方"蛮夷"有关的一切拒于国门之外，表明在意识形态领域，西方文明仍然遭到很强的抵制。

三、政治模式：关于西方制度文明的认识

近代中国对西方文明的认识，经历了一个逐步深入的过程。洋务运动初期李鸿章称："中国文武制度，事事远出西人之上，独火器万不能及。"实际上代表着当时中国人对西洋文明的认识水平。随着时间的推移和对欧洲了解的加深，中国人也逐渐超越物质文明的层面，开始对西方制度文明进行理解和认识。

鸦片战争后，魏源、徐继畬等人已经对欧洲的政治与社会体制有所介绍，且不无肯定之意。《海国图志》介绍过英国的君主立宪制，以及英国议会的组织方式和功能。《瀛环志略》曾称赞普鲁士的国家治理："欧罗巴人皆称普鲁士为善国，强大不如奥地利，而修政睦邻，不事搂伐，则远过于奥。非哩特威廉第三遭强邻之难，转败为功，有卫文大布大帛之风，其治军亦得古人寓兵于农之意，岂可以荒裔而忽之哉。"至于瑞士，更被称为"国无苛政，风俗俭朴淳良，数百年不见兵革"，为"西土之桃花源"。洋务运动时期，一些人士也对西方政治进行了初步的观察。康有为1879年游历香港后，"览西人宫室之瑰丽，道路之整洁，巡捕之严密，乃始

知西人治国有法度，不得以古旧之夷狄视之"。西洋治国理政的法度和体制，开始受到了关注。

西洋国家的各种制度举措，受到了中国人的肯定。对专利制度的认识就是一例。王韬说，西方国家凡有发明制造，由国家发给凭证，独享专利，他人不得仿造。薛福成把专利制度看作欧洲医学发达的原因。他说，中国名医学说，数世之后往往失其真传，但西洋医家有所发明，国家许以专利，就可以广为传授，并借此获利，绝不会有失传的危险，所以越来越精深。其他学问也是如此，这是西方国家国势日强的原因。他们从制度角度对西方科技的发达进行解释，开始注意到中国与西方文明差异的社会原因。薛福成总结西洋富强的本源，一是通民气，二是保民生，三是牖民衷，四是养民耻，五是阜民财，归结起来，就是政府与民众上下情通，国家治理以顺民意、便民利民养民为本。这也是当时不少人的共同看法。出洋官员志刚有一段话这样说：

> 泰西立君，虽不拘于男女。然为君而不能尽君道者，国人不服，则政令有所不行，不得安其位矣。故西国君主，治法不必尽同，而不敢肆志于拂民之情，则有同揆焉。[1]

西方国家不论男女都可立为君主，但君主如果不能履行自己的责任，违反原则，民众不接受，就无法推行政令，君主本人也不能安于其位。所以西方各国，治国方法未必相同，但在顺从民意这一点上，则是一致的。中国第一位驻外公使郭嵩焘 1870 年代到英

---

[1] （清）志刚：《初使泰西记》，湖南人民出版社 1981 年版，第 118 页。

国后，对英国政治也很有感慨。他说，英国施政以便民、利民为原则，换来了民众对国家的支持，国家与商民上下一心。欧洲各国之所以越来越富强，原因即在于此。在他看来，英国的政治是"君民兼主国政"。下面这段话是郭嵩焘在日记中的记述：

> 其初国政亦甚乖乱。推原其立国本末，所以持久而国势益张者，则在巴力门议政院有维持国是之义；设买阿尔治民，有顺从民愿之情。二者相持，是以君与民交相维系，迭胜迭衰，而立国千余年终以不敝；人才学问相承以起，而皆有以自效，此其立国之本也。①

所谓"巴力门议政院"就是议会（parliament），"买阿尔"即市长（mayor）。郭嵩焘把"君与民交相维系"看作西洋立国之本，是独到的见解。在出使期间的日记中，郭嵩焘还表示，西洋各国之所以能够保持强盛，原因就在于知识精英和国家管理者追求道德与正义，并以此规范和引导社会的发展。西洋国家对政治的研究和改善，并不限于各自的私利，而是以实现全天下的公平为目标："西洋考求政务，辄通各国言之，不分畛域，而其规模气象之阔大，尤务胥天下而示之平。"对西方政治运作方式的高度评判，代表了当时少数中国人对西洋制度文明的肯定态度。

洋务运动时期，一些人士开始关注到西方的议会政治。王韬说，西洋国家的政体有三种类型，一是君主之国，二是民主之国，三是君民共主之国。他认为，君民共主也就是君主立宪是最好的体

---

① （清）郭嵩焘：《郭嵩焘日记》第 3 卷，湖南人民出版社 1982 年版，第 373 页。

制，所谓"朝廷有兵刑礼乐赏罚诸大政，必集众于上下议院，君可而民否，不能行，民可而君否，亦不能行；必君民意见相同，而后可颁之于远近"。他认为这种制度能够上下相通，君民一心，实现国家的富强。思想家郑观应说，议会的好处是能够集思广益，"朝野上下，同心同德"。"昏暴之君无所施其虐，跋扈之臣无所擅其权，大小官司无所卸其责，草野之民无所积其怨"。所以，"欲张国势，莫要于得民心；欲得民心，莫要于通下情；欲通下情，莫要于设议院。"思想家陈炽也认为议院是"英美各邦所以强兵富国、纵横四海之根源"。从传统的民本思想出发，他们把议会看作为沟通上下之情的机关，议院是民众参与政治、疏通君民关系的空间，西洋议会政治和中国传统民本政治完全一致。一直到19世纪末维新运动期间，维新派也是这样的看法。梁启超在1896年说："问泰西各国何以强？曰：议院哉！议院哉！问议院之立，其意何在？曰君权与民权合，则情易通，议法与行法分，则事易就。二者斯强矣。"结论是"强国以议院为本"。

与此相联系的另一种观点，是所谓的"泰西近古说"。这种观点认为，当今西方社会的政治法度、社会气象，都有中国上古社会之遗意，"与吾华上古之世为近"，"西人一切局面，吾中国于古皆曾有之，不为罕见"，这就是所谓的"泰西近古说"。王韬说，英国政治之本就是上下情通，君民相亲，"观其国中平日间政治，实有三代以上之遗意"。薛福成把西方国家议会政治、工商公司的民主组织原则，看作是《淮南子》"千人之群无绝梁，万人之聚无废功"的体现。他认为，西方治国之法，与《管子》一书多有相合。他说，《管子》的宗旨，就是富国强兵，当时离三代圣人之治还不远，所以《管子》还保留了三代政治的一些精神，他举例说，

《管子》云"量民力，则无不成。不强其民以其所恶，则诈伪不生。不欺其民，则下亲其上"。"西国之设上下议政院，颇得此意。"

在对西方制度文明的解读中，议会被看作是西方国家富强的本源，一方面表明中国人对仅仅学习西洋制造的不足已有所认识，开始从制度层面上反思中国的问题；另一方面，他们把议会看作是富国强兵的工具，强调其现实功效，对议会政治的实质认识有限。他们把西方社会人情风俗与中国上古社会相比拟，也没有什么依据。三代之治，是指尧舜禹汤文武周公的治统，也就是古圣先王之治，在中国一直被看作理想社会，但这种理想，一方面是因对现实社会的不满而产生，一方面也夹杂着中国人对上古传统的尊崇情结。以自由、民主、平等、天赋人权为精神象征的资本主义文明，与天下为公的社会理想之间，尽管存在思想倾向上的一致性，但在本质上并不能等同。

从维新运动到辛亥革命，在追求制度变革的背景下，越来越多的中国人开始认识到西方政治体制的优越性和进步性，开始脱离民本的视角，较为准确地理解民主政治的内涵。维新变法失败后，1899 年梁启超撰文对西方宪政体制进行了介绍，涉及宪政的源起，立法、司法、行政三权分立原则以及议会、议员制度等。梁启超称："宪政（立宪君主国政体之省称）之始祖者，英国是也。英人于七百年前，已由专制之政体，渐变为立宪之政体。"这里所谓的英国七百年前政体之变，就是 1215 年英国国王与贵族签订的《大宪章》，这一旨在限制君主权力的文件，是英国君主立宪体制的法律基石，也是英国乃至西方宪政的历史起点。第二年，梁启超发表《立宪法议》，将君主立宪视为最合理的制度，强调宪法的根本法地位。文中写道：

宪法者何物也，立万世不易之宪典，而一国之人，无论为君主为官吏为人民皆共守之者也。为国家一切法度之根源，此后无论出何令，更何法，百变而不许离其宗也。西语原字为THE CONSTITUTION，译意犹言元气也，盖谓宪法者一国之元气也。[①]

宪政是欧洲历史的产物，作为一个制度框架，其意义是在对政府权力进行有效制约，以保障个人的权利和自由。限制国家权力，保障公民权利，是宪法的根本精神。梁启超正确指出：立宪政体是"有限权之政体"，专制政体是"无限权之政体"。与洋务运动时期相比，他不再从民本角度理解议会政治，而是把它看作社会政治进化的必然。与此相联系，自由、平等、人权、民主、法制这些起源于欧洲的政治概念在中国开始获得认同。梁启超把自由看作西洋立国的本源，严复也将自由视为西方社会的根本特征，强调"身贵自由，国贵自主"。这些认识，表明20世纪初年知识分子对西方政治体制的认知，较此前已有显著的进步。

从戊戌变法到辛亥革命，西方的政治与社会模式成为中国效仿的目标，无论改良派还是革命派，都围绕制度变革进行了尝试和努力。不过，尽管一些思想家对西方政治体制进行了较准确的解释，但从总体上来说，近代中国对西方政治模式仍然存在着明显的误读，特别是以中国现实的救亡图存、富国强兵需求为取舍标准，更看重民主政体的工具性价值。以实用为出发点评判西方

---

① 梁启超：《立宪法议》，《饮冰室合集》文集之五，中华书局1936年版，第1页。

政体的功效，一方面，导致他们忽略了西方民主体制形成的历史与文化背景；另一方面，也会影响人们对西方制度文明形成完整、准确的理解，比如，近代中国人对西方"有限政府"观念，就没有予以充分的重视。

四、文明精神的比较：反思中的评判

近代中国对西方文明的认识，是以中国文明本身为参照的。近代中国人最初接触西洋文明之际，多以夷夏之辨为据，自居于文明，而以西人为野蛮，体现了既往文明秩序观的自然延伸。随着西方现代文明的浮现，他们意识到今日之欧西不能等同于上古之蛮夷，从而寻求对中西文明秩序进行重新理解并定位。不过，尽管当时一些人士对中国"不如夷"之处已不乏指陈，但就总体而言，他们仍保持了对中国文教的自信，面对欧西文明的东渐，大多取平视姿态，尚未全然处于被动境地。

这一点在洋务运动时期的中西文明比较中即有所体现。左宗棠曾说："中国之睿知运于虚，外国之聪明寄于实……中国以义理为本，艺事为轻，外国以艺事为重，义理为轻。"这段话可以看作是洋务官员对中西文明进行的比较性认识，但其中并没有明显的褒贬意味。1870 年代，曾出使英国的刘锡鸿则说：

> 英人无事不与中国相反，论国政则由民以及君，论家规则尊妻而卑夫（家事皆妻倡夫随，坐位皆妻上夫下……），论生育则重女而轻男，论宴会则贵主而贱客（主人居中，客夹之），论文字则自右而之左（语言文字皆颠倒其先后……），

论书卷则始底而终面（凡书自末一页读起），论饮食则先饭而后酒；盖其国居于地轴下，所戴者地下之天，故风俗制度咸颠而倒之。[1]

刘锡鸿对中国与欧洲社会风俗的对比，只是其所观察到的表象差异，其中一些说法也很难成立。他判断英国社会的人情风俗是"颠倒"的、不正常的，政治是由民及君，家庭是尊妻卑夫，生育重女轻男，宴会贵主贱客，文句表达颠倒，书卷始于底终于面，他看到的这些现象，都和中国相反，表明其在对英国社会进行理解时，其潜在的参照标准是中国文明。至于刘锡鸿把中西风俗制度"颠倒"的原因，归于英国位于地球的下面，更属无稽之谈，可见其时士大夫的认识水平。

刘锡鸿站在中国文明本位立场上对西方文明进行贬抑，但随着对西方了解的深入，人们意识到西方国家不能等同于上古蛮夷，开始对中西文明的地位高下问题进行重新思考。曾经以随员身份出使德国的钟天纬在 1887 年的一段话则透露出这种立场的变化。他说：

中国惟尊古而薄今，西人则喜新而厌故。中国尚义理之空谈，西人得物理之真际。此则中西相背而驰之发轫处也。统观大势，西人之性好动，动则勤，勤则喜事，而好为更张。视学问为后来居上，往往求胜于前人……其究也，人心则日益聪明，国势亦坐成强大。而华人之性好静，静则懒，懒则自画，而惮于有为。视古人为万不可及，往往墨守成法，而

---

[1] （清）刘锡鸿：《英轺私记》，岳麓书社 1986 年版，第 205 页。

不知变通……其究也，人心因之委靡，国势亦渐成不振。①

钟天纬在中国与西方的比较中，褒扬西方、反省中国的立场已经显而易见。随着中国人对西方文明认识的深入，传统的华夷观念开始被突破，对西洋文明的肯定，与对中国文明的批评相表里，表明了知识分子观念的潜在变化。

甲午战争失败，对中国是一次前所未有的打击，也引发了中国人学习西方的热潮。国人认识到，洋务运动只学了西学的皮毛，即所谓的"西艺"，它不能实现中国的强国梦，策中国于富强非"西政"不可，由此在学习西方的进程中迈出了关键性的一步。这一时期，以进化论为代表的新哲学，包括天赋人权、自由、平等以及主权在民、男女平权等在内的新观念，政治、法律、教育、经济等各门社会科学知识，以及小说、音乐等文学艺术等，都开始输入中国。启蒙思想家严复通过翻译《天演论》《原富》《群学肄言》《群己权界论》等经典著作，较系统地引进了欧洲资产阶级政治理论、哲学和社会政治学说，在近代中国认识西方文明的进程中占有重要的地位。特别是 20 世纪初年，以留日学生为中介，西方的新知识、新理论、新思想、新观念从日本大规模地转口输入中国。同时，随着国内新式报刊媒体的兴起，来自海外的各种信息空前丰富，在推动中国思想变革的同时，也促使中国人对西方文明有了新的认识。

在甲午之后亡国灭种的现实危机下，知识分子对中、西文明

---

① （清）钟天纬：《刖足集》，《清代诗文汇编》第 742 册，上海古籍出版社 2010 年版，第 700 页。

地位的理解发生了反转。其申说重点，由此前的"欧西非蛮夷"渐变为"中国降夷狄"。在对自我文明的反省中，欧西为文明、中国为野蛮，成为知识分子新的文明秩序观。欧美被奉为"文明之导师"，中国则沦为"三等野番之国"。19世纪末梁启超表示，"以今日论之，中国与欧洲之文明，相去不啻霄壤。"特别是义和团运动失败后，对义和团"野蛮"行为的反思，更强化了这一点。孙中山说，义和团失败后，"中国人便知道从前的弓箭刀戟不能够和外国的洋枪大炮相抵抗，便明白欧美的新文明的确是比中国的旧文明好得多……所以，从那次义和团失败以后，中国一般有思想的人，便知道要中国强盛，要中国能够昭雪北京城下之盟的那种大耻辱，事事便非仿效外国不可，不但是物质科学要学外国，就是一切政治社会上的事都要学外国……这是中国政治思想上一个最大的变动。"到这一时期，承认西洋文明的先进性和优势地位，反思中国自身文明的不足，已经成为中国思想界和知识界的流行话语。

同样，在新知识分子对中西文明进行的比较中，彰显西方文明的价值，批判中国文明的落伍，是最常见的立场。近代著名启蒙思想家严复称："尝谓中西事理，其最不同而断乎不可合者，莫大于中之人好古而忽今，西之人力今以胜古；中之人以一治一乱、一盛一衰为天行人事之自然，西之人以日进无疆，既盛不可复衰，既治不可复乱，为学术政化之极则。"严复实际上指出了中西两种世界观念的不同，中国人相信天命，是保守和"好古"的，西方人则相信人力，是积极和进步的。严复一段广为人知的话是：

> 中国最重三纲，而西人首明平等；中国亲亲，而西人尚贤；中国以孝治天下，而西人以公治天下；中国尊主，而西

人隆民；中国贵一道而同风，而西人喜党居而州处；中国多忌讳，而西人众讥评。其于财用也，中国重节流，而西人重开源；中国追淳朴，而西人求欢虞。其接物也，中国美谦屈，而西人务发舒；中国尚节文，而西人乐简易。其于为学也，中国夸多识，而西人尊新知。其于祸灾也，中国委天数，而西人恃人力。[①]

尽管也是罗列中西文明的表象特征，但与洋务运动时期相比，严复的认识显然更为深入，更重要的是，在中国文明和西方文明孰优孰劣的问题上，严复的立场已迥然不同。在他看来，西方与中国文明恰成反例，西方文明之长，恰是中国文明之短，这种对比实际上是对中国与西方文明进行的价值评判。梁启超在1902年也有过类似的说法："白人之优于他种人者何也？他种人好静，白种人好动，他种人狃于和平，白种人不辞竞争，他种人保守，白种人进取。以故他种人只能发生文明，白种人则能传播文明。"严复和梁启超等人的言论表明，在知识分子的观念中，中国与西方文明的高下之分已经完全被颠覆。

　　如果说晚清的中西文明比较只是简单的表象罗列，那么民国初年新文化运动兴起后的中西文明比较则具有一定的理论色彩。新文化运动的倡导者肯定西方社会的价值观，号召个性解放，建立自主自由的人格。陈独秀表示，西洋文明为近世文明，东方的中国、印度文明为古代文明。"近世文明者，乃欧罗巴人之所独有，即西洋文明也，亦谓之欧罗巴之文明。"他将近世文明的特

---

① 严复：《论世变之亟》，王栻主编：《严复集》第1册，中华书局1986年版，第3页。

征概括为"一曰人权说，一曰生物进化论，一曰社会主义"，其中科学与人权是近代欧洲文明的最重要的成就，"近代欧洲之所以优越他族者，科学之兴，其功不在人权之下，若舟车之有两轮焉"，"国人而欲脱蒙昧时代，羞为浅化之民，则急起直追，当以科学与人权并重"。这里的人权，就是民主。在陈独秀看来，中国应该在学术、政治、伦理道德上，全面学习西方，只有这样，才能进化为文明国家。

1915 年陈独秀创办《青年杂志》（自第二卷起改名《新青年》），倡导新文化运动。当年 12 月 15 日发行的第一卷第四号，封面有托尔斯泰的肖像和法文"青年"（LA JEUNESSE）。

中西文明比较是新文化运动的一个热门话题，陈独秀、李大钊等人都有参与，并与保守派形成了思想交锋。在《东西民族根本思想之差异》一文中，陈独秀称：

（一）西洋民族以战争为本位，东洋民族以安息为本位……西洋民族性恶侮辱，宁斗死，东洋民族性恶斗死，宁忍辱。民族而具如斯卑劣无耻之根性，尚有何等颜面高谈礼教文明而不羞愧……

（二）西洋民族以个人为本位，东洋民族以家族为本位……宗法制度之恶果盖有四焉：一曰损坏个人独立自尊之人格，一曰窒碍个人意思之自由，一曰剥夺个人法律上平等之权利，一旦养成依赖性，戕贼个人之生产力。东洋民族社会中种种卑劣不法、惨酷衰微之象，皆以此四者为之因……

（三）西洋民族以法制为本位，以实利为本位；东洋民族以感情为本位，以虚文为本位……凡此种种恶风，皆以伪饰虚文任用感情之故……①

陈独秀认为，古代东西方都处于君主专制制度下，其文化并无特异之处，但以法国大革命为转机，西方进入近代社会，形成近代文明，而东方社会则停滞。西方文明强调科学与人权，东方则崇尚专制与迷信，中西文明优劣可鉴。

李大钊将东西文明的差异概括为静与动的差异，但认为西方文明是人间征服自然，东方文明是自然支配人间，西方道德在于个性解放之运动，而东方道德在于个性灭却之维持，西方倚重国民，结果为民主政治，东方想望英雄，结果为专制政治。他的一段话是：

东西文明有根本不同之点，即东洋文明主静，西洋文明主动是也……一为自然的，一为人为的；一为安息的，一为战争的；一为消极的，一为积极的；一为依赖的，一为独立的；一为苟安的，一为突进的；一为因袭的，一为创造的；一为保守的，一为进步的；一为直觉的，一为理智的；一为空想的，一为体验的；一为艺术的，一为科学的；一为精神的，一为物质的；一为灵的，一为肉的；一为向天的，一为

---

① 陈独秀：《东西民族根本思想之差异》，《青年杂志》第 1 卷第 4 号。

立地的；一为自然支配人间的，一为人间征服自然的。[①]

新文化运动对传统文化的冲击和批判，遭到守旧力量的激烈反对。当时站在《新青年》对立面进行挑战的，是杜亚泉及其主编的《东方杂志》。1916 年 10 月，杜亚泉发表《静的文明与动的文明》一文，将东西方文化分别概括为静的文明和动的文明，西洋社会为动的社会，发生动的文明，中国社会为静的社会，发生静的文明。文中比较了中、西文明的不同，如西洋重人为，中国重自然，西洋人生活为外向的，中国人为内向的，西洋重竞争轻道德，中国重道德轻竞争，西洋社会以和平求战争，中国社会以战争求和平，等等。强调西洋社会发达于地中海沿岸，中国社会发达于黄河流域，地理条件的不同，决定了东西方文明的根本差异。两种文明并无高下之分，而各具特色，动的社会冒险进取，生活丰裕，但身心忙碌，静的社会消极柔弱，日益贫啬，但身心安闲，两种文明如同鱼与熊掌，不可兼得。

这一时期的中西文明比较，在精神层面上概括了中国与西方文明的一些特征，这种比对式的罗列有其意义，但仍较为片面和肤浅。罗列中西文明精神的差异，将中国文明与西方文明简单对立，也不可能从根本上为解决中国出路问题提供参考方案。

第一次世界大战给人类带来了惨痛的灾难，也引起了世界性的文化反思。在这一背景下，东方文明救世论在国内兴起。1920年，梁启超游历欧洲后归国，出版了《欧游心影录》一书。梁启

[①] 李大钊：《东西文明根本之异点》，《李大钊全集》第三卷，河北教育出版社 1999 年版，第 39、40 页。

超总结了对"一战"后欧洲社会的观感，认为物质文明没有给人类带来幸福，相反却将人类带入战乱频仍、道德丧尽的黑暗深渊，因此，西洋文明已经破产，需要东方文明来拯救。梁启超的看法得到了一些人的响应，以保守主义为特征的新儒家随后逐渐兴起。梁启超的弟子张君劢称："要拿西洋科学西洋政治同我们的儒教佛教消化而融会之，这就是我们对未来的使命。"他论欧洲之危机说："现在之欧洲人，在思想上，在现实之社会上，政治上，人人皆知不满于现状，而求所以改革者之，则其总心理也。"1935 年 1 月 10 日，王新命等人发表《中国本位的文化建设宣言》，倡导新儒家的文化立场，反对完全模仿欧美，声称"吸收欧美的文化是必要而且应该的，但须吸收其所当吸收，而不应以全盘承受的态度，连渣滓都吸收过来。吸收的标准，当决定于现代中国的需要"。在表面上，新儒家承认学习西方的必要性，但在实质上，仍然强调西方文明为物质文明，中国文明为精神文明。

与新儒家相对立的，是主张全盘西化的人物，他们对西洋文明有不同的评价。1926 年胡适在《我们对于西洋近代文明的态度》一文中指出，不能将西洋文明概括为物质文明，东方文明概括为精神文明。"凡一种文明的造成，必有两个因子：一是物质的（Material），包括种种自然界的势力与质料；一是精神的（Spiritual），包括一个民族的聪明才智，感情和理想。凡文明都是人的心思智力运用自然界的质与力的作品；没有一种文明是精神的，也没有一种文明单是物质的。""我们可以大胆地宣言：西洋近代文明绝不轻视人类的精神上的要求。我们还可以大胆地进一步说：西洋近代文明能够满足人类心灵上的要求的程度，远非东洋旧文明所能梦见。在这一方面看来，西洋近代文明绝非唯物的，乃是理想主义的（Idealistic），乃是精神的（Spiritual）。"胡适指出，"西洋近代文明的精神方面的第一特色是科学"，西洋的文艺、美术、道德、宗教的成就，也表明了这一点。"十八世纪的新宗教信条是自由，平等，博爱。十九世纪中叶以后的新宗教信条是社会主义。这是西洋近代的精神文明，这是东方民族不曾有过的精神文明。"

全盘西化最典型的代表人物陈序经认为，西洋文化是现代的基础文化，是现代化的根本和主体。中国文化则是在闭关锁国时代苟延残喘的文化，是一种不适宜现代的旧文化。西方文化并非尽善尽美，但中国文化在根本上不如西洋，所以只有全盘西化。在谈及全盘西化的理由时，他说："（1）欧洲近代文化的确比我们进步得多。（2）西洋的现代文化，无论我们喜欢不喜欢，它是现世的趋势。"1930 年代初，陈序经在其所著《中国文化的出路》中，从衣食、娱乐、交通、政治、法律、道德、哲学、教育、经济、医学、美术、音乐、文字等多方面比较中西，认为中国文明全面落后于西方，故而有全盘西化的必要。

一直到 20 世纪二三十年代，中西文明比较并未形成公认的结论，这些不同的理解和认识，均有各自的合理性，但也都存在着问题与不足。但无论如何，这些比较和反思从文明精神的层面上寻求对中国与西方的发展差异进行解释，使近代中国人加深了对西方文明的认识，也具有重要的启示意义。

结　语

对西方文明的理解和评判过程，贯穿了近代中国社会始终，构成了近代中国思想发展的一个侧面。总结起来，可以初步归纳为以下几点：

第一，近代中国对西方文明的认识，经历了一个逐步深入的过程。从最初将西方文明定位为器物文明，到承认西方制度文明的价值，再到对科学与民主精神的肯定，随着对西方了解的加深，中国人对西方文明的认知水平也在不断提高。与这一过程相伴随的，就是中国向西方学习的不断深化过程。

第二，近代中国对西方文明的认识，与对自我文明的认识相表里。对西方文明的接受和肯定过程，也是对中国文明的反省和再评估过程。华夷观念的解体，与以西方为标准的新文明观建立几乎同步发生。但全盘西化倾向与本位文化立场的显著分歧，仍然表明中、西文明地位调适的复杂性。

第三，近代中国对西方文明的认识，存在着较为明显的误读现象。以上古制作比附西洋科技，以三代遗意诠释欧洲社会，以民本理念解读议会政治，都属此类。在近代中国的历史背景下，对西方文明的价值评判与救亡图存的现实需要直接联系，具有富国强兵功效的内容更受到关注，在导致误读的同时也难免理解上的偏失。

第四，近代中国对西方文明的认识，存在着理想化的想象。在中、西文明特征比较的背后，隐含了将中、西文明二元对立的思维方式和认识逻辑，而忽略了中国与西方各自文明的复杂样貌，其中既包含了对西方文明的理想化想象，也有脱离历史情境对中国文明的浪漫主义解读，二者都值得反省。

第十七讲　中西婚姻中的女性世界

郭玉峰（天津师范大学历史文化学院教授）

　　婚姻是指男女两性结成的生活载体，是人类社会最基本的组织形式，也是人类进入文明时代后生存繁衍的前提。由于世界各民族各地区的发展道路不同，风俗习惯不同，婚姻形态也各具特色，而透过这些差异和特色，我们可以更好地理解世界各文明的异同。婚姻是男女两性的结合，然而过去我们关注更多的是男性在婚姻方面的权力与话语权，而在本讲中我们将从女性的视角，就中西女性在婚姻中的择偶权、财产权、离婚权、婚姻观念等相关内容进行勾勒和讲述。

一、女性的择偶权

　　根据现行《中华人民共和国婚姻法》的规定，缔结婚姻的一个重要前提是男女婚姻当事人必须完全自愿结合，不受他人胁迫，也就是说现代婚姻是当事人自己选择配偶。那么，在中国传统社会，女性婚姻当事人是否有择偶的权利呢？

（一）中国传统社会的女性择偶："父母之命""媒妁之言"与自择女婿

稍懂历史常识的人可能随口而出：在中国传统社会里，按照礼法的规定，婚姻的缔结需遵从"父母之命，媒妁之言"。顾名思义，是说男女婚姻当事人在求亲、定亲、结亲的整个婚姻的过程中不能亲自见面，商讨婚姻大事，而是必须经由媒人从中牵线搭桥，最后由父母为自己做主，也就是说男女婚姻当事人并没有自由择配的权利。那么事实情况果真如此吗？

事实上，在商周时期，男女婚姻当事人在择偶方面还是有相当的自由的。当是时，每年会定期地举行各种形式的祭神仪式和男女集会，青年男女可以趁此机会寻找自己的中意伴侣。《周礼·媒氏》记载，"中春之会，令会男女，于是时也，奔者不禁"；《史记·滑稽列传》也说："州闾之会，男女杂坐。……履舄交错，杯盘狼藉，堂上烛灭，罗襦襟解，微闻香泽。"由此可见，青年男女借助仲春、乡里聚会之机，可以自由选择意中人，而这时男女两性的结合无须媒人、父母的介入。

根据现存的文献显示，至迟到了两周时期"媒人"出现了。如《诗经·卫风·氓》记载"匪我愆期，子无良媒"，《礼记·曲礼》也说"男女非有行媒，不相知名"等。可见，按照礼法的规定，至迟到了两周时期男女婚配已经必须通过媒人这一中介。如若女子不由媒人牵线、父母做主而经由自己择婿，将会被世人鄙视，其社会声誉也会大大降低。《管子·形势解》中说："自媒之女，丑而不信"；《孟子·滕文公下》也载："不待父母之命，媒妁之言……则父母国人皆贱之。"

　　秦汉以降，"父母之命，媒妁之言"已成为被中国传统社会所认同的择偶模式和主流做法，如坦腹东床故事中的东晋书法家王羲之与郗鉴之女的结合、《红楼梦》中贾宝玉与薛宝钗的婚姻以及民间故事"梁祝"中祝英台的不幸婚姻都遵循这一模式。而违反这一模式的男女结合往往被视为"私奔"或"私订终身"，是不合礼法的，也是不被社会所认同的。如我们所熟悉的汉代才子司马相如与卓文君的结合，在后世的文学作品中被视为"私奔"的典型。可见，秦汉之后，男女婚姻当事人的择偶权被弱化了。

　　由上可知，自两周以来，按照礼法的规定，父母、媒人在缔结婚姻的过程中占据主导地位。不过，这并不意味着在选择配偶

司马相如（约公元前179年—前118年），字长卿，蜀郡成都人，西汉辞赋家。司马相如生活清贫，与临邛令王吉交好，临邛富人卓王孙得知县令有贵客，故设宴请客结交。宴会上，在娘家守寡的卓王孙之女卓文君被司马相如的琴声、才气所吸引，二人一见钟情，遂趁夜色私奔至成都。卓王孙大怒，后经亲友劝说，接受现实并给予丰厚的嫁妆，司马相如与卓文君自此过上了富足的生活。两人的结合，在后世的文学作品中被视为"私奔"的典型。

问题上女子没有任何发言权。从史料反映的情况来看，父母在为女儿择婿的过程中有时也会征求女儿的意见，甚至也存在着个别父亲让女儿自择夫婿的现象。

据《开元天宝遗事》记载：宰相李林甫有六个女儿，各有姿色。李林甫在自家厅堂墙壁上开了一扇横窗，并用绛纱等物加以装饰，每当有贵族子弟来厅堂拜见之时，李林甫就趁机让女儿们从窗幔中自己挑选佳婿，如果遇到中意的，就答应将女儿许配于该男子。元代王实甫的《西厢记》中也记载：考中探花的张珙在京城游街，当行至尚书家门之时，被尚书家小姐从绣楼上所抛的绣球打中，尚书家的下人便强行将张生拉入尚书府与其小姐拜堂。尽管这种女子自择夫婿的现象在传统社会并不普遍，但从中亦可窥见中国传统时代的女子在择婿过程中并非毫无发言权。

这是中国传统社会的情况，那么西方女性在择偶的过程有怎样的权利呢？

（二）西方女性的择偶：父母包办与双方同意——世俗与教会的较量

说到欧洲女性的择偶权利，让我们先听听三个不同世纪里已婚女性对不幸婚姻的抱怨吧。15世纪诺曼底一个年轻姑娘抱怨道："父亲把我出嫁，嫁给了一个小傻瓜；父亲把我嫁给了一个农民，他既不识文断字，也不知体面是啥。"到了17世纪，另一姑娘则说："父亲把我嫁给了一个驼背，结婚的第一天，他就对我连打带捶。"18世纪初的一个姑娘也说："父亲也把我嫁了出去，我听到了纺车的响声。他把我嫁给了一个老头，那老头一无所有。"① 由上可知，尽管时代不同，但都反映了欧洲女性的世俗婚姻是由其父亲做主的，这一点与中国传统社会里的父母包办婚姻是一致的。在这些由父母包办的婚姻中，缔结婚姻时考量的因素主要是社会身份、经济利益、政治权势等，而对婚姻当事人是否自愿或是否有感情却被忽视了。

不过，当时教会人士对家长包办婚姻感到愤慨。教会认为，上帝造人之时，没有强迫每个人都必须进入婚姻状态，因此应将男女婚姻当事人是否自愿同意视作婚姻是否合法的必要条件。

然而，按照当时的习俗，婚礼是在神甫不在场的情况下完成的，而且一般由父亲包办，倘若女儿拒绝服从父亲的安排，便被视为犯罪，是要受到上帝惩罚的。如女儿不服从父亲安排的婚姻，父亲可以因此剥夺女儿的财产继承权或不给嫁妆，更何况很多女孩是在年纪很小的时候由长辈做主订婚的。另外，在诸如国王、王室、贵族等社会上层的婚姻中，缔结婚姻时考量更多的因素是政治经济利益、军事联盟，在这样的婚姻中，女性婚姻当事人也几乎没有什么发言权。

尽管到了 12 世纪教会同意的理论最终确立，并把这一理论融入教会法之中，将其作为对世俗社会婚姻事务进行裁决的标准。但是这并不意味着完全排斥家长、亲属的权力。事实上，教会并不反对父母对子女的婚姻发表意见，只是不赞同父母完全违背子女的意愿，强迫子女按照家长的意图结婚。有证据表明，在 11、12 世纪，子女选择婚姻伴侣仍处在家长的监控之下；教会对于世

---

① 〔法〕让－克洛德·布洛涅：《西方婚姻史》，赵克非译，中国人民大学出版社 2008 年版，第 112 页。

俗社会中普遍存在的家长干涉子女婚姻大事的现象也是无能为力，或者说听之任之。直到 16 世纪，做父亲的仍然可以不求助于教会、神甫而嫁女儿。由此可见，在中世纪的欧洲，子女尤其是女子的婚姻选择权仅是一种幌子而已，教会在此问题上也是治标不治本。[①]

　　教会在插手婚姻之前，婚姻是一件世俗之事。起初，教会将自己置身于世俗婚姻仪式之外，也就是说，教会、教士不干涉世俗的婚姻。但种种迹象表明，从最初的几个世纪起，教士们就不拒绝为新婚夫妇祝福。当然，教士并非作为仪式的主持人，而是当作贵宾邀请来的，因为教士的精神权威使他在被邀请参加婚礼时代表了神的光临。在 12 世纪初的一些典礼规则中，神甫的介入，依然只是为了批准事先已经结成的婚姻。实际上，仪式一直在家里举行，由新娘的父亲把女儿交给女婿，并把两人的手结合在一起。神甫之所以让他们进入教堂，是因为给已经"礼成"的婚姻祝福。当然，为了给婚姻祝福，神甫需要检查婚礼是否按照教会的规定举行，夫妇双方是否出于自愿。后来，神甫在婚仪中的作用越来越重，并最终取代了父亲，代替父亲把新娘交给新郎；再后来，神甫要求新婚夫妇自己将手合在一起。此时，神甫在场只起到了权威见证人的作用，真正算数的是新婚夫妇的行为。

　　1184 年，教皇吕西安三世颁布教谕，第一次把婚姻纳入传统圣事；1234 年，教皇格列高利九世颁布手谕，把婚姻正式列为天主教的七圣事之一。自此以后，"婚姻"意味着接受婚姻圣事的人

---

① 薄洁萍：《上帝作证——中世纪基督教文化中的婚姻》，学林出版社 2005 年版，第 70—74、82 页。

得到了上帝的特殊恩典，得以按神的戒律行事，并能够面对夫妻生活中可能出现的种种困难。

既然婚姻成了圣事，教会自然就要求取得管理婚姻事务的全权。1545 年特兰托公会议之后，婚礼上必须有神甫在场，且神甫不再只是见证人，而是圣事的执行者。这样，婚礼就变成了一种纯粹的宗教仪式。婚礼要有神甫在场且婚姻当事人双方必须自己同意的原则，成为现代教会的理论。

由上可知，不经当事人同意、由父母包办（有时带有胁迫）的婚姻理应受到谴责，但教会所强调的双方同意的原则也会带来问题。双方同意原则意味着男女双方只要承认曾"谈婚论嫁"或者"许下诺言"，那么他们的婚姻就应得到保护，这就导致了大量背着父母"暗中结婚"现象的出现。

其实，教会内部对于双方同意的原则也存在分歧，有人主张合法有效的婚姻必须在教堂当着神甫、家人、证人的面，举行庄严的结婚仪式。1563 年，特兰托公会议第 24 次会议公布的"关于婚姻改革的决定"中，教会公开了反对暗中结婚的立场，规定：没有教区本堂神甫（或由本堂神甫指定的神甫）和"两三个证人"出席婚礼，婚姻无效；为不属于自己教区的两个青年男女主持婚礼的神甫，将受到停职处分。在教会看来，本堂神甫既认识新婚夫妇，也认识他们的家长，这样就不可能出现暗中结婚的现象。1556 年，法国国王亨利二世颁布的上谕中，对暗中结婚指责说"在王国之内，每天都有孩子违反父母意愿，不经父母同意就结婚，随随便便，不讲规矩，全凭肉欲驱使"；为了惩罚暗中结婚者，上谕允许父亲剥夺暗中结婚儿子的继承权，取消了寡妇的亡夫遗产用益权，同时要求惩治诸如主持婚礼的神甫、充当证人的朋友等暗中结婚的同谋者。1697年国王路易十四发布的敕令规定，必须在本教区住满半年（如果是从另一主教管区来的，必须住满一年）才能请本教区的本堂神甫出席婚礼；同时要使婚姻有效，还必须请本堂神甫为婚姻祝福。事实上，在法国大革命乃至整个19世纪，惩治暗中结婚一直是个热门话题。在英国，直到18世纪，暗中结婚现象依然盛行。为了预防这一现象，1753年颁布的婚姻法中规定：结婚必须发布预告，必须领结婚证，必须有父母同意的证明，必须当着牧师的面举行婚礼。由此可以认为，教会对于子女结婚需经父母同意的规定是对传统世俗婚姻中父母择配权的某种认同以及对父母包办婚姻传统做法的某种保留。

到了18世纪，婚姻已经被看作感情的结合。在乡村，平时的集体农业劳动和晚上的聚会，都为青年男女见面提供了方便。如果某个小伙看上一个姑娘，小伙子就会在晚上到姑娘家周围转悠，这事迟早会传到姑娘及其父母的耳朵里。姑娘会找个借口出来，如果小伙子还行，姑娘喜欢，她就能很容易得到父母的允许；万一姑娘看不上，姑娘父母拒绝的，好像只是无伤大雅的夜间外出，小伙子的名誉也会保全。1765年，教区圣器报关员、以制造罗底为业的工人路易·西蒙与教堂使女安娜·沙波在经历了一段罗曼蒂克式的自由恋爱之后走到了一起。路易在其回忆录中说："我纯粹是因为爱情才结婚的，没有一点利益上的考虑，因为我的女友什么都没有，她父母什么也没给她。"1803年安娜去世以后，路易拒绝再婚，他说："我只有一颗心，已经给我可怜的亡妻。"他在回忆录的最后，给自己的儿子们写下了这样的建议："如果你们想结婚，那就选个脾气相投的女人，好脾气比财富重要。因为，贫而乐地生活，比富而忧地生活好。"

面对乡村这种简朴、单纯、自由的恋爱之风，当时身处社会上层的人们难免会产生几分羡慕，因为他们受社会身份、地位的限制不可能去恋爱结婚，反而以攀比的心态绞尽脑汁地寻求理想的姑爷或儿媳，或为了过高的陪嫁而忧心忡忡，或出于某种利益的考虑而迫不得已跟社会地位低下的人结婚……这一切给社会上层人士带来了不少的烦恼。与农村单纯、较为自由的结合形成鲜明对照的是，在路易十四统治的最后几年里，城市中的多数婚姻还是由父母包办的利益上的结合。

在法国人的想象里，西班牙、英国是夫妇之爱的主要避难所：西班牙是爱情的天堂，在那里是先把所爱的女人抢走，然后再偷

这是一幅反映欧洲 18 世纪乡村生活的画面。在乡村，帅气的小伙、漂亮的姑娘在放牧之时互生情愫，反映了当时乡村青年男女自由恋爱的风气。

偷结婚；英国小姐不管父母是怎么想的，只按照自己的心愿结婚。1879 年，法国瓦朗西安纳的国民议会议员路易·勒格朗成了恋爱结婚的坚决捍卫者，他抱怨说：法国的姑娘们在修道院里与世隔绝，与异性没有任何交往，需要找丈夫时只能认可父母做出的选择；进而羡慕美、英等国的自主婚姻，"在美国、英国和德国，姑娘们自己外出，一切自立，自主结婚；看到她们与青年男子随随便便或热情友好地相处，没人觉得唐突，正是从这种亲密接触之中产生爱情，再因爱情而结婚的"。一些伦理学家和政客也小心谨慎地提议，父母应允许孩子们自己择偶，同时依然建议孩子们不要缔结父母不赞成的婚姻。

爱情婚姻在第三共和国时期渐渐多了起来，恋爱结婚的要求当时变得非常普遍。20 世纪初，恋爱结婚流行的程度前所未有。如今，爱情婚姻成了最普遍的婚姻形式，父母之命已经不再是必需的了；犹豫了 8 个世纪的天主教会也承认爱情是结婚的充分理由——婚姻是两颗心的结合。这是个当事人自己主宰婚姻的时代！ [1]

由上可知，在中国传统社会，婚姻的选择是个纯粹的世俗事务，按照礼法的规定，"父母之命，媒妁之言"是缔结婚姻的主流方式。但礼法的规定与具体的婚姻实践之间并非完全画等号，事实上，女性在婚姻选择的实践中并非完全没有发言权，有些父母在择婿的过程中也会征求女儿的意见，甚至也有个别父母让女儿做出自己的选择。而欧洲的婚姻经过了从世俗事务到宗教圣事的发展演变，在中世纪由父母包办的婚姻较为普遍，但受教会双方

---

[1]　以上关于"西方女性的择偶"内容的撰写主要参考：〔法〕让-克洛德·布洛涅：《西方婚姻史》，第 77—79、113—125、184、200—263、326—347 页。

同意原则的影响，女性在择偶的实践中也有一定的发言权（诸如暗中结婚）；而伴随着恋爱结婚的流行，爱情婚姻成了最普遍的婚姻形式，男女婚姻当事人可以自由地选择结婚的对象。

二、女性的财产权

传统社会是个男权社会，那么中西方女性在婚姻生活中有没有自己的财产以及是否具有对自己财产的支配权呢？首先看中国的情况。

（一）中国女性的财产权

在传统中国，一般妻子个人财产很少，不过是些衣物而已；少数妻子，个人财产可能会多一些。她们的财产主要有两类：一类是嫁妆，包括衣物、珠宝、现金、家具、田地、房屋以及奴婢等。另一类是继承的财产，按照古代的法律，女子出嫁，就成为婆家人，在娘家不得享有财产的继承权。但如果父母双亡，家中又无男子和同宗人继承，这个时候出嫁女子就具有一定的财产继承权。如宋元时期，如果娘家出现"户绝"情况，那么出嫁之女就可获得娘家财产的三分之一，其余归官；而唐、明两代的法律则规定：不论是否出嫁，女儿都可以得到"户绝"父母的财产。[1]

在夫妻关系存续期间，一方面，丈夫有权利用、支配妻子的财产。《史记·陈丞相世家》记载：陈平娶了富人张负的孙女，陈平利用妻子丰厚的妆奁"赍用益饶，游道日广"；《汉书·司马相

---

[1] 参见白凯：《中国的妇女与财产：960—1949 年》，上海书店出版社 2003 年版，第 11—12、37—38 页。

如传》说：卓文君与司马相如私奔，其父起初暴跳如雷，最后还
是承认现实，不仅送给女儿"钱百万"以及衣被财物，而且还有
"僮百人"，司马相如用嫁资买田宅，最终成为富人。宋朝时期，
有个叫陈圭的人，状告他儿子陈仲龙私自典卖田业给蔡仁。蔡仁
拿出地契，证明此田为陈仲龙妻子的妆奁田。结果官方认为，陈
仲龙私自典卖自己妻子的田产，属于正当交易，完全合法。①

　　另一方面，按照礼俗规定，妻子的财产一般视为丈夫的家庭
财产，归夫家享用，妻子并无支配权。《礼记·曲礼》："父母存，
不有私产。"也就是说，父母活着，不许有私产。事实上，女子一
旦嫁到夫家，其个人财产也就成了夫家的公共财产。《礼记·内
则》对家庭财产的归属说得更为具体："子妇无私货，无私畜，无
私器，不敢私假，不取私与。或赐之饮食、衣服、布帛、佩帨、
茝兰则受而献诸舅姑；舅姑受之，则喜如新受赐。若反赐之，则辞；
不得命，如更受赐，藏以待乏。如若有私亲兄弟，将与之，则必
复请其故，赐而后与之。"即是说，媳妇不允许有任何私有财产，
不能私存积蓄，不能私自做主把东西借给他人或送给他人。人家
送的东西，也应当交给公婆，即便饰物、香草等一类小玩意儿也
不得归自己收藏。若是公婆再送给媳妇东西，她也应当妥善保藏，
等到物品短缺的时候再用。即便想送些东西给自己的亲兄弟，也
必须要得到公婆的许可。

　　不过，在某些情况下，妻子的"财产"又不同于夫家的一般
财产。即在丈夫兄弟分家的情况下，妻子的个人财产不在兄弟均
分的财产之中。按照唐律、宋律等明文规定，凡是应分的田宅和

---

① 陈鹏：《中国婚姻史稿》，中华书局 2005 年版，第 581—582 页。

财物，兄弟要平均分配；但妻子从娘家所得到的财产，不在平分之列。

先秦及两汉时期，夫妇离婚后，女子可以带走妆奁。后世因女方过错而离婚的，夫家则留其财产；若夫妇双方自愿离婚（和离），女子可以带走妆奁。[①]如《钦定大清会典事例》卷七五六载：康熙十二年，又题准凡夫妻因为不和而离异者，其女子的衣饰嫁妆，凭中给还女家。

如果妻子去世，妻子所有的资财、奴婢等都要归夫家所有，娘家不得追索。如若丈夫去世，无子寡妻可以拥有亡夫财产的监护权，无子守志时也可以代承夫份。如明清律令规定：凡妇人夫亡无子、守志者，合承夫分。此制始见于唐代，宋元以降，相沿未改。[②]

在元代之前，如若女子守寡再嫁，她可以带走其奁产。但自元代以后，法律明文规定不准带走原来陪嫁的田产，理由是媳妇随嫁的妆奁以及田产，乃是父母给予夫家的田业。《元典章·户部》规定，今后应嫁妇人，不问生前离异，夫死寡居，如若再嫁他人，其随嫁妆奁、财产等物，听前夫之家人为主，并不许前搬取随身……无故出妻，不拘此例。明律沿袭元制，如《明会典》卷十九规定："凡妇人夫亡，……其改嫁者，原有妆奁，并听前夫之家为主。"

---

① 参见陈顾远：《中国婚姻史》，岳麓书社 1998 年版，第 163 页。
② 陈鹏：《中国婚姻史稿》，中华书局 2005 年版，第 561—562 页。

（二）西方女性的财产权

在欧洲，女性的财产包括三类：从家里继承来的东西、嫁妆和亡夫的遗产。

在欧洲一些地方，女儿也有继承权，但与儿子相比不占优势；如父母没有儿子只有女儿的，财产可在女儿之间分割。

嫁妆是指新娘的父亲将一部分遗产作为女儿应得的提前传给新娘，给的是动产，通常为现金，以便把土地原封不动地留给长子，后来演变为陪嫁的妆奁。

亡夫的遗产是古时候丈夫给的一笔使妻子守寡时能活下去的彩礼演变而来，按照法律的规定，亡夫的遗产为已故丈夫财产的三分之一，这体现了丈夫去世后妻子对丈夫部分财产享有的权利，是妻子守寡以后的生活保障。

至于陪嫁的数量，因女子出身、地位、经济条件以及所嫁丈夫身份、地位的不同而有较大差异，这在 17、18 世纪表现得尤为突出。如菲勒蒂埃在《市民小说》（1666 年）中描述说：一个有 2000—6000 利弗尔陪嫁的姑娘，可以嫁给宫廷商人、小职员、治安警察或为诉讼代理人一类的丈夫；有 6000—12000 利弗尔的陪嫁，可以嫁给一个丝绸商或裁判所的检察官；如果想嫁给一个庭长，一个真正的侯爵，一个总监，一个公爵和贵族议员，她就需拿出 30 万—60 万利弗尔。17 世纪，出身高贵的德·诺瓦埃夫人的大女儿嫁给了吉什伯爵，陪嫁为 40 万法郎；法国元帅德·洛尔热公爵的女儿出嫁给德·圣西门公爵时的陪嫁为 40000 利弗尔。时间到了 20 世纪，为了防止把结婚当成敛财的手段，有人提出了取消陪嫁的要求。第一次世界大战之后出现了经济衰退，人们对陪嫁制度失去了兴趣；然而，在社会上层和乡村，陪嫁仍有吸引力，在乡下地主仍然可以用多少公顷土地来估价一个女孩子。

在妻子受丈夫监护的地区，平素管理妻子财产的是丈夫，他可以动用妻子所带陪嫁的收益。不过，如果没有妻子的同意，他不能转让妻子的财产，这说明妻子有一定的财产权和"支配"权。1707年，布永家族的德·埃夫勒伯爵与金融资本家安托万·克罗扎的女儿玛丽·克罗扎结婚，其妻获得了两百万利弗尔的陪嫁，伯爵用妻子的陪嫁做了几次投机，因此赚了不少钱。当然，一旦守寡，妻子则可把陪嫁收归自己所有，同时取得亡夫遗产的用益权；而当享受亡夫遗产的寡妇死了以后，亡夫的遗产则留给儿子娶媳妇之用。

在夫妻离异之时，倘若是因为丈夫犯了严重过失而妻子提出离婚或者妻子犯了一般的过错而丈夫提出离婚的情况下，女性可以保住自己的妆奁；而丈夫犯了一般过失而妻子提出离婚或者妻子犯了严重错误而丈夫提出离婚的情况下，女性的妆奁则归丈夫。如罗马的离婚法规定，丈夫因妻子犯通奸罪而与她离婚，丈夫能保留妻子的全部或部分嫁妆；日耳曼人在妻子没犯什么过错的情况下而丈夫单方面提出离婚，丈夫必须放弃对妻子财产的控制权并付给她相当于她嫁妆的财物。[①]

由上可知，中西方婚姻中女性的在财产权方面有很多相似的地方：诸如她们的财产都包括嫁妆、从娘家继承的财产；在夫妻

---

① 以上关于"西方女性的财产权"内容的撰写主要参考：〔法〕让-克洛德·布洛涅：《西方婚姻史》，第95—107、152、222—228、237、339页；薄洁萍：《上帝作证——中世纪基督教文化中的婚姻》，第174、176、240—241页。

关系存续期间，丈夫拥有妻子财产的收益权；在寡居时，女性可以对自己的财产进行支配；在夫妻离异的条件下，如果离婚的过错主要在男方，女性则可以保住自己的妆奁。当然，中西方婚姻中女性财产权的规定是男权社会的产物，丈夫的权益占有绝对的优势。

三、女性的离婚权

我们所熟知的汉代乐府民歌《孔雀东南飞》，记载了汉末小吏焦仲卿的妻子刘兰芝很勤劳，"鸡鸣入机织，夜夜不得息，三日断五匹"，但焦母仍嫌其行动迟缓，并抱怨"此妇无礼节，举动自专由"，于是命令儿子"便可速遣去，遣去慎莫留"。尽管焦仲卿夫妇二人感情笃厚，立志"结发共枕席，黄泉共为友"，但迫于阿母的压力，仲卿只好忍痛割爱，将其妻遣归，最终酿成了双双殉情的爱情悲剧。按照现代的婚姻观念，离婚是男女婚姻当事人的权

汉代乐府民歌《孔雀东南飞》，讲述了焦仲卿、刘兰芝虽然夫妻二人情投意合，但因焦母对刘兰芝不满意，夫妻被迫分离并最终双双自杀的故事。焦、刘二人的婚姻悲剧，在一定程度上反映了汉代的婚姻制度与风俗。

利，包括父母在内的其他亲人无权干涉。那么焦仲卿为什么却要遵从母亲的意愿将自己的结发妻子休掉了呢？这与中国传统社会的礼法规定有关。

（一）"七去""三不去"与中国的女性离婚

离婚古称"仳离"，晋人始有"离婚"之语，自此以后，离婚成为解除夫妇婚姻关系的通称。[①]中国传统社会是个男权社会，礼俗上所指的离婚主要是针对男子而言的，所以离婚实际上是指"出妻"或称"休妻"。古人休妻有七种正当理由，即"七去"或"七出"，这是关于男性的七条离婚权利。

1. "七去"——男性的离婚权

依据《大戴礼记·本命篇》的记载，所谓的"七去"是指：

七去之一：不顺父母

表面来看，是说儿媳对公婆不孝顺，事实上是说如果儿媳的行为得不到公婆的欣赏或认可，作为丈夫理应将妻子休掉。倘若丈夫顾及两人的感情，而没有休妻，则是对父母莫大不孝。《左传·襄公二年》记载："亏姑以成妇，逆莫大焉。"基于这一原则，妇人不必在公婆面前有什么过错，只要公婆不高兴，丈夫即可出妻。东汉鲍永因为他的妻子在母亲面前叱狗，即以不事舅姑而出妻。宋代陆游与唐婉是姑舅亲，婚后两人感情如漆似胶，只因婆婆对这个既是侄女又是儿媳的唐婉不满意，陆游只好将唐婉休掉。

七去之二：无子

孟子讲，"不孝有三，无后为大"。古人娶妻以生子继宗为目

---

① 陈鹏：《中国婚姻史稿》，中华书局 2005 年版，第 589 页。

的，妻子不生孩子则可休妻。不仅父兄可代子弟出妻，甚至门生、朋友也可以代为出妻。

《后汉书·桓荣传》说，东汉时期博士桓荣年 40 岁尚无儿子，其门生何汤就代替自己的老师将师母休掉而为老师娶了新的师母，新的师母不负众望，为桓荣生育了三个儿子，何汤也因此事而得到老师的器重。有许多恩爱夫妻因无子离异，留下了无数的遗憾。三国曹植《弃妇》诗写道，"有子月经天，无子若流星"；唐朝人张籍的《离妇诗》则更催人泪下，"薄命不生子，古制有分离……无子坐生悲，得人莫作女"。

七去之三：淫

万恶淫为首，中国男子最不能容忍、最大的屈辱是妻子与人通奸，给自己戴了绿帽子。妻子淫僻，不仅要休掉，唐代以后甚至可以杀掉。下述"三不出"的原则，唯独淫僻一条不在其限。

七去之四：妒

嫉妒与生子有关。古书讲，不妒忌是妻子的美德；不嫉妒则多子多孙。《魏书·刘辉传》云，北魏刘辉尚兰陵长公主为妻，公主非常爱妒忌，刘辉就状请离婚。《魏书·李孝伯传》载，北魏李安世的妻子也因为妒忌而被休掉。

七去之五：恶疾

恶疾指癞疮、麻风一类的疾病。有恶疾遭出的事例，史传不多见，倒是有男子有恶疾而离异的记载。《汉书·卫青传》说，西汉丞相曹参的曾孙曹时娶平阳公主，曹时因长疥疮而使公主归国，平阳公主改嫁给卫青。

七去之六：多言

古代家族几代同居，妇人多言就会惹是生非。民间有谚语讲：

"娶妇舌长，家丑必扬。"所以东汉班昭的《女诫》以妇言为四德之一。《汉书·陈平传》记载，陈平游手好闲，他的嫂子说了一句：有这样的小叔，还不如没有。之后，嫂子就被陈平的哥哥休掉了。

七去之七：盗窃

盗窃除本义之外，还包括攒私房钱。古时候同居共财，盗窃和攒私房钱会损害同居的利益。《礼记·内则》载"子妇无私货，不敢私假，不敢私与"，即使接受别人的馈赠也要交给公婆。《汉书·王吉传》说，西汉王吉东邻有枣树垂到院子里，他妻子摘了一枚给王吉吃，险些因此被休掉。[①]

"七去"或"七出"的规定到了唐代正式纳入法制体系之中，唐代律令规定："诸弃妻须有七出之状，一无子，二淫佚，三不事舅姑，四口舌，五盗窃，六妒忌，七恶疾。借夫手书弃之。男及父母伯舅姨并女父母伯舅姨、东邻西邻及见人皆署。"就是说，丈夫要休妻，必须写成休书，并邀请男女双方亲属、近邻出面署名、作证，方才有效，从而使休妻的程序日趋复杂化。同时，法律上也严禁丈夫随意出妻。《唐律疏议·户婚》中规定，"诸妻无七出及义绝之状而出之者徒一年半"；清律规定，"凡妻无应出……之状而出之者，杖八十，虽犯七出，有三不去而出之者减二等，追还完聚"。

可见，礼法中有关"七去"或"七出"的规定，主要体现了男权社会中男性的意志，是男性休妻的七种正当理由。事实上，

---

① 以上关于"七去"的内容主要参考：陈鹏：《中国婚姻史稿》，中华书局2005年版，第614—628页；秦永洲：《中国社会风俗史》，山东人民出版社2000年版，第240—242页。

男子休妻并非拘泥于"七出"的规定，如《诗经·卫风·氓》中氓的出妻是因为妻子青春既逝，容颜已老；卫定公的夫人定姜出妇是因为其子早逝；曾参的出妻是因为妻子"蒸梨不熟"；齐桓公的出姬是因为与他开玩笑。另一方面，妻子虽犯"七出"之条，但要不要出妻，不在于礼法的限定，而是取决于丈夫的意愿。如据《后汉书·梁冀列传》载，东汉梁冀之妻孙寿嫉妒成性，对梁冀所私爱的美人进行人身摧残，但梁冀并没有以嫉妒为名而出妻;《后汉书·郭丹列传》所言，东汉的范迁，将田产、宅地"推与兄子"，妻子对此不满，但范迁并没有因其"多舌"而休妻。这一点，唐律中有明确的规定，据《唐律·名例问答》云"犯七出者，夫若不放，于夫无罪"。

2. "请去""三不出"——妻子的离婚权

如上所言，"七去"体现了男性的离婚权，但女性在婚姻问题上也并非完全没有发言权。在一定条件下，妻子可以主动提出离婚，即文献中所说的"求去""请去"。

例如孟子之妻因为"袒而在内，孟子不悦"，而主动"辞孟母而求去"[1];《汉书·朱买臣传》中说，西汉朱买臣与其妻靠卖柴为生，曾与妻子束薪道中，且行且歌，"妻子羞之，求去"，朱买臣"不能留，即听去"；唐代的秀才杨志坚家贫，妻子王氏便到官府请求离婚，州官颜真卿判决同意离婚[2]等。直到宋代，女子主动提出离婚的现象仍时有发生，如宋仁宗时外戚吴氏、哲宗时章元弼的妻子陈氏都主动要求离婚。[3]

①　《列女传》卷一《母仪传》，民国石印本。
②　《云溪友议》卷一，参见高世瑜：《中国古代妇女生活》，商务印书馆国际有限公司1996 年版，第 94 页。
③　祝瑞开主编：《中国婚姻家庭史》，学林出版社 1999 年版，第 420 页。

　　上面例子说明妻子具有一定的离婚权。然而，妻子的离婚权是不完全的，她们仅有离婚的请求权而没有决定权。倘若真正离异，必须征得丈夫本人或男方家长的同意方可。倘若男方不同意离婚，女子是不得擅自弃夫的，否则会受到责罚，如《唐律疏义》卷十四规定：妻妾擅自离开的要判徒刑二年，因而改嫁的要罪加二等；明清时期《户律·婚姻》也规定：如果妻子背着丈夫外逃的，要打一百杖，并任凭丈夫嫁卖，如若改嫁他人的要判处绞刑。

　　此外，又有"三不去"的规定，这是对妇女婚姻权益的一种保护，也是对男性离婚权的某种限制。《大戴礼记》中记载："妇有三不去：有所取无所归不去，与更三年丧不去，前贫后富贵不去。"也就是说妻子具备下列条件之一的，丈夫不许把她休掉：娘家已没有人，被休后无处去；妻子为公婆持丧三年，尽了孝道；当初结婚时夫家贫寒，如今家境变得富贵了。如《后汉书·宋弘列传》所载：东汉光武帝试图将守寡的湖阳公主许配宋弘，于是劝宋弘与原配妻子离异。宋弘婉言谢绝，说："臣闻贫贱之知不可忘，糟糠之妻不下堂。"宋弘以"三不去"中"前贫后富贵不去"的规定为依据敢于冒犯龙颜，其借口又有理有据，身为皇帝的光武帝也无可奈何，只好作罢。"三不去"的规定到唐代被固定化、法律化，在《唐律疏议·户婚》中规定："虽犯七出，有三不去而出之者，杖一百，追还合"；宋元明清的法律也有类似规定。

　　3. 其他理由的离婚

　　中国传统时代的离婚，除了上面"七出"或"七去"之外，还有违律为婚、义绝、和离等离婚理由。

　　违律为婚，是指男女双方的结合违背了法律规定、依法强制离异的婚姻，即便会赦，也要离异。依据《唐律·户婚律》的规定，违律为婚的情况包括：为婚女家妄冒、有妻更娶、居父母夫丧嫁娶、同姓为婚、外姻尊卑为婚、尝为袒免妻嫁娶、夫丧守志而非父母祖父母强嫁之者、娶逃亡妇女、监临娶所监临女、私娶人妻、奴娶良人为妻、杂户娶良人女。明律规定大体与唐律同，只是增加了典雇妻妾、娶乐人为妻妾及僧道娶妾等条。违律为婚，类似今天的无效婚姻。

义绝，是指夫妇之间的恩情礼意乖离违碍、夫妻情义已绝而离异。对于义绝之说由来已久，但唐代以前的规定不甚详知。唐律始设强制离异的规定，凡"犯义绝者，离之，违者徒一年"。据《唐律疏议》的记载，唐代义绝的情况有以下几种：丈夫殴打妻子的祖父母、父母的，杀害妻子的外祖父母、伯叔父母、兄弟、姑、姊妹的；夫妻双方的祖父母、父母、外祖父母、伯叔父母、兄弟、姑、姊妹自相残杀的；妻子殴打、谩骂丈夫的祖父母、父母的，杀伤外祖父母、伯叔父母、兄弟、姑、姊妹的；妻子与丈夫的缌麻以上亲发生奸情的；丈夫与妻子之母相奸的；妻子欲加害丈夫的。及宋又增加了家长及丈夫让媳妇为娼的也属于义绝的范畴。元明清三代的律令对"义绝"没有明文规定，只是散见于判例之中。其中元代义绝大致包括：丈夫将妻子转嫁的、逼令妻妾为娼的，男妇告发公公奸淫的、公公调戏男妇的，女婿虚指丈人奸女者、殴伤岳母的，丈夫虐待妻子损伤身体的、强奸妻子前夫的儿媳的。

和离，即协议离婚，是指夫妻因情志不合而离婚，如《唐律·户婚律》规定"如夫妇不相安谐而和离者不坐"，《疏义》解释说"彼此情不相得，两愿离者不坐"，元明清时期的律条皆有类似的规定。

由上可知，违律为婚、义绝为强制离婚，而和离则为自愿离异。前者既为强制，自然不顾夫妇是否愿意，后者则经男女双方同意，体现了男女当事人的意愿。

4. 离婚观念的改变

先秦时期，离婚的风俗盛行。如据《战国策·赵策》载，战国赵太后时刻担心女儿被遣返回来;《韩非子·说林上》记载，当了人家的妻子之后被休掉是常有之事。

在汉代，女子离婚再嫁的现象仍很普遍。一方面，她们并没有因为已醮之身而降低择夫的标准，男子也没有产生后世那种注重处女童贞的观念，更不以娶再醮之妇为耻;另一方面，随着儒家思想确立及进一步传播，"从一而终"的观念日渐为妇女所接受。

至唐，出现了士大夫无故休妻而遭免官的现象;宋代以后，随着理学的兴起和"处女嗜好"的产生，离婚后的妇女身价大跌，男子也以娶再醮之妇为耻。因此，自宋代开始，视离婚为丑事，把替人离婚看成是"损阴骘"。士大夫不敢轻言离婚，官吏断案也多方调解，或逼迫双方和好，不愿判离。妇女一旦婚嫁，即使夫妻感情不和、生活窘迫，也只好抱定"嫁鸡随鸡，嫁狗随狗"的信念，聊度余生，而不肯冒天下之大不韪主动提出离婚。这一状况只有到了近代，随着"婚姻革命"的兴起才有了较大改观。

（二）西方女性的离婚

古代罗马人和日耳曼人是可以离婚的，但男女双方的权利却不尽相同。

对于罗马人而言，离异是双方的：丈夫犯了严重罪行，妻子可以把丈夫赶走；妻子出了事，丈夫也可把妻子赶走。当然，离婚一般情况下是由丈夫提出的，但结婚是以双方同意的原则为基础的，有一方想重获自由，婚姻便自动取消，无须履行任何法律程序，法官的作用体现在双方在妆奁或者后代归属问题有争议时才进行干预。离异的双方不仅可以再婚，而且是受到鼓励的。而日耳曼人的离婚却由丈夫主导，丈夫可以休妻，而妻子在任何情况下都不能和丈夫分开，否则就会被活埋。

基督教在离婚问题上，起先是比较宽容的，在某些情况下可以离婚且可再婚。但到了中世纪，教会在婚姻方面的权威得以树立，至 12 世纪时婚姻成为圣事，这样婚姻的不可分离性也得以确定。教会法认为，婚姻是神圣的，离婚是大逆不道的，因为婚姻关系体现的是基督与教众的关系，是上帝钦定的结合，离婚被视为背教，就如同背弃上帝一样。但也有一特例：只有在发生了奸情的情况下才能离婚，而且离了婚的夫妇，双方都不能再婚且从此完全戒绝性欲。然而，在中世纪的世俗社会中，夫妻离婚的事情却时有发生，且往往采取非正式方式，即夫妻对婚姻感到不幸福，他们可以到别的地方去，在那里没有人知道他们以前是否结过婚，因此他们可以分别再婚。当然，他们也可以通过教会解除婚姻，但需要交钱，所以他们更喜欢自行离婚。

在 13 世纪以来的教会法词汇中，"离婚""分离""废除婚姻"这几个词之间有了明显的区别。

"离婚"是夫妻关系的终止，其原因出现在结婚之后；离了婚的人可再婚，但一般不会得到教会的同意。

"分离"可以是分居或者财产分有，分离之后婚姻关系继续存在，因此不能再婚；在中世纪，遇到夫妻之间存在严重不和时，实行分离是相当容易的。就其现实而言，分离是由宗教裁判所宣布的，最常见的情况是财产分有，一般是在夫妻之间产生诸如家庭暴力、挥霍财产等严重不和的情况下实行的。在财产分有的情况下，夫妇双方各自生活，但双方还得尽必要的夫妻义务，时间和地点由法庭指定。而分居的情况非常少见，一般都发生在出现了奸情以后；且即便有了奸情，也不一定就判分居。

　　"废除婚姻"是证明婚姻关系原本不存在，因此存在原因在结婚之前，只是举行婚礼的时候尚未被发现；不合法的婚姻，存在着使婚姻受到玷污的结婚障碍，一律在废除之列，婚姻废除之后可以缔结新的婚约。废除婚姻后，双方既可另行结婚而又不违反婚姻的不可分离性。而要使一桩婚姻废除，就必须找出结婚时不曾发现的构成婚姻作废或无效的婚姻障碍。婚姻障碍在不同的时期、不同的教区存在着差异，诸如血缘关系、领养关系、教父教母关系、姻亲关系、通奸以及年龄不般配、进修道院的心愿、品级、宗教不同等因素都会导致婚姻被废除。在诸多的婚姻障碍当中，禁婚亲等、丈夫婚前的性无能是较多被提及的。在教会法看来，具有近亲（包括血亲、姻亲）的一对男女是不能结婚的；近亲的结合将视为乱伦，而且因其违反了禁忌被视为一种无效的婚姻，并使得以废除。对于丈夫性无能的关注，在8世纪已现端倪，至12世纪的时候被列入可以废除婚姻的结婚障碍之中，而且性无能不再局限于男子，而是涵盖了妨碍性事的一切生理障碍：男子性欲的缺失（妨碍勃起）和女子"性冷感"（生殖器官狭窄或畸形）。当然，导致婚姻作废的性无能必须是婚前的，否则的话，到了一定的年龄，可能很多女子都要摆脱丈夫。1917年颁布的教会法，仍然规定婚姻可以作废。

对于教会宣扬的婚姻的不可分离性，自 16 世纪以来，不少人文主义者提出了质疑。如蒙田认为，离婚其实是婚姻的一种保证，正是有了离婚的自由，男人可能会因失去妻子的担忧反而会对她更加珍惜，这样反而会使婚姻得以体面、稳定、长久地维持下来。到了 18 世纪，哲学家们从天赋权利的角度出发，认为婚姻是契约而非圣事，进而对教会法不许离婚的规定进行了批评、攻击。法国作家丰特内勒认为，不许离婚是一项野蛮而残酷的法律；孟德斯鸠也声称只要双方，至少有一方同意，离婚就是顺其自然的事情。

就现实社会而言，18 世纪里和丈夫分开的要求在增加。据康布雷宗教裁判所的记录，76% 的诉讼是由女人提出的，提出分开的理由主要是身体受虐，其次是通奸和丈夫挥霍无度，排在最后的理由则是不信教、与丈夫前妻的子女不和。大约有 80% 的诉讼得以批准，分开的时间至少三年，更多的是终生仳离。当然，虽然分开但禁止再婚。

法国大革命后，在重建离婚制度的道路上采取的是将婚姻世俗化的方式，企图摆脱教会对婚姻的控制。在 1791 年法国颁布的第一部宪法里，把婚姻视为民事契约，允许因通奸和恶意遗弃而提出离婚，并把离婚视同中止合同。法国共和国成立后表决通过的离婚法中规定：只要夫妻双方同意，仅到户籍官员处开具离婚证书即可，离婚用不着什么理由；一方要求离婚的，要以严重错误或缺陷为理由：精神失常、被判了徒刑或加辱刑、杀了人、实行虐待、严重辱骂配偶、伤风败俗、遗弃配偶两年、五年无回家又没有音讯……尽管复辟之后的 1816 年保皇党和天主教曾一度废除了离婚法，但自 1830 年革命以来，天主教已不再是法国的国教，也就没有什么力量阻挠世俗权力投票通过离婚法了。1884年通过的离婚法里规定离婚有三项理由：通奸，不仅指女性，男性通奸也包括在内；判了刑的加辱刑；虐待和严重辱骂。离婚法通过后，提出离婚的多为妇女，其中虐待和严重辱骂是女性最常用的离婚理由。第二次世界大战以后，1884 年通过的离婚法已不能适应形势的需要，1975 年通过的法律做出了相应调整，规定离婚有三种情形：协议离婚；因共同生活中断（至少六年）而离婚；因多次严重违反婚姻义务（包括通奸、辱骂和虐待等）而离婚。同一时期，英国、德国、荷兰等国也通过了离婚法。

尽管各国通过了离婚法，但离婚一直为天主教所拒绝。1983年颁布的教会法典中仍禁止离婚。至于离婚后的再婚行为，在教会看来，在任何情况下都被视为通奸，将受到包括逐出教门、不能当教父、死了以后不能举行宗教葬礼等惩罚。[1]

由上可知，在中国整个传统时代夫妻都是可以离婚的，但自宋代以后，离婚行为因受到道德的谴责而受到一定的限制。在欧洲，尽管受教会所宣扬的婚姻是神圣的、不可分离观念的影响，离婚在中世纪受到很大的限制，但离婚现象在世俗社会一直存在着。在离婚权益上，妻子有一定的离婚权，但同丈夫相比明显处于劣势。

---

[1] 以上关于"西方女性的离婚"内容的撰写主要参考：〔法〕让-克洛德·布洛涅：《西方婚姻史》，第 23、65—77、154—196 页；薄洁萍：《上帝作证——中世纪基督教文化中的婚姻》，第 170—186、243、251 页。

四、中西婚姻观念及女性地位

婚姻观念包括了婚前、夫妻关系持续之间以及离婚、再婚等一系列的礼法或宗教方面的规范与限制。当然，婚姻观念并不是一成不变的，而是经历了一个发展变化的过程。先看一下中国传统时代的婚姻观念。

（一）中国的贞节观念与女性地位

中国传统时代的婚姻观念当中，贞节观念备受人们的关注。所谓的"贞节"，是中国传统时代的一种婚姻道德和法律规范，是对性行为的限制和约束。

在中国，贞节观念在其产生之初，首先是针对男女双方而言的，指的是夫妻双方在婚姻持续期间所要恪守的道德或法律规范，即夫妇必须彼此忠诚，共同维护婚姻家庭的存在，决不允许男子另觅他欢、女子红杏出墙，否则就被视为"淫乱""奸淫"或"禽兽之行"，将会受到道德的谴责或法律的惩罚，这种贞操可称为"夫妻之贞"。《尚书·吕刑》中有"男女不以义交者，其刑宫"的规定，是说如若违背夫妇之义，男女之间发生婚外两性行为，那么这对男女都要受到宫刑的惩罚。这里的"宫刑"，对男子而言是割其势，对女子而言是撞击女子的下腹部，令女子的子宫脱落。秦始皇在统一全国以后，几次颁布诏令或以刻石的形式严禁淫佚事件的发生，如在会稽刻石中，就曾明确地写道："防隔内外，禁止淫佚，男女絜诚。夫为寄豭，杀之无罪；男秉义程。"是说男女都应恪守节操，如果男子有淫乱之举，知情者可以将其杀死而不会受到任何处罚。汉代社会对男女婚外的两性行为也予以严惩，班固在《白虎通》中也载有："女子淫，执置宫中不得出；男子淫，割其势。"汉代以后的历代王朝都沿袭了这一传统，严禁男女婚外性行为的发生。北魏时规定"男女不以礼交，皆死"；《唐律疏议·杂律》中规定"诸奸者徒一年半，有夫者徒二年"；《元史·刑法志》中规定："诸和奸者杖七十七，有夫者八十七；诱奸妇逃者加一等。男女同罪，妇人去衣受刑。未成者减四等"；"诸夫获妻奸，奸拒捕，杀之无罪"。明清律令基本上沿袭元律，明律曾规定："凡和奸杖八十，有夫杖九十，刁奸杖一百。……其和奸刁奸男女同罪"；清律："凡和奸处八等罚，有夫者处九等罚"，"凡妻妾与人奸通而于奸所亲获奸夫奸妇，登时杀死者勿论；若止杀死奸者，奸妇依律断罚，学官价卖，身价入官"。

通过上面叙述可以看出：在中国古代社会，历朝历代对待婚外奸淫行为均采取了"男女兼惩"的原则，而非单方面地惩罚有婚外性行为的女子。元代所提出的"男女同罪"就是一个明证。另《金瓶梅》第三十三回《陈敬济失钥罚唱 韩道国纵妇争锋》亦有"叔嫂通奸，两个都是绞罪"的说法。因此，笔者认为那种把贞节单纯视作对女性限制的观点是值得商榷的。因为在整个传统社会，法律上对"夫妻之贞"的提倡和监管始终没有忽视过。正是在这一意义上，可以说中国古代的贞节并非仅对女性的规范。

但自夏商以来的社会毕竟是个男权社会，社会生活的方方面面打上了男权的烙印。体现在贞节方面，除了上面所言的夫妻双方都要恪守的"夫妻之贞"之外，还表现在单方面对女性"从一之贞"和"童贞"的要求和限制上。

所谓"从一之贞"是指一个女性在其一生的生命历程中只

能有一个丈夫，即使这个女子被夫所弃或丈夫不幸先她而故，这个女子不可另觅新夫，只能独守其身，聊度余生。《周易·恒卦·象传》中率先提出："妇人贞吉，从一而终。"《礼记·郊特牲》亦说："信，妇德也。壹与之齐，终身不改，故夫死不嫁。"到了战国时期，有人把妇女的"从一之贞"与臣子对国家的赤胆忠心相提并论，提出了"忠臣不事二君，贞女不更二夫"的说教。秦始皇在公元前 210 年的会稽刻石提出："饰省宣义，有子而嫁，倍死不贞。……妻为逃嫁，子不得母，咸化廉清。"指出妇人有子再嫁有悖于情义，是对死者的不忠。西汉刘向撰述的《列女传》中记载了许多恪守"从一而终"的模范妇女，这对汉代妇女的行为起到了导向的作用。东汉时，班固提出了"夫有恶行，妻不得去者，地无去天之义也……一与之齐，终身不改"的主张；其妹班昭不仅提出了"夫有再娶之义，妇无二适之文"的说教，而且身体力行，在其丈夫曹世叔早卒之后，没有再嫁，成为后世妇女的楷模。魏晋南北朝三百六十多年的时间里，尽管社会动荡不安，政权更替频繁，但对妇女"从一之贞"的提倡并未因此而中断，《北史·列女传》云："盖女子之德虽在于温柔，立节垂名咸资于贞烈。"隋文帝统一全国之后，针对大臣所提出的"礼教凋敝，公卿薨亡，其爱妾侍婢，子孙辄嫁买之"情况，于开皇十六年（596 年）颁布了一个诏令，规定"九品以上妻，五品以上妾，夫亡不得改嫁"，对官宦阶层的妻妾再嫁作了一定限制。唐宣宗时曾下诏："夫妇，教化之端。其公主县主有子而寡，不得复嫁。"《唐会要》卷六亦载："大中五年（851 年）四月敕，起自今以后，先降嫁公主县主，如有儿女者，并不得再请从人。如无儿女者，即任陈奏委宗正等准此处分。如有儿女委称无有，辄请再嫁人者，仍委所司，察获奏闻，别议处分。"可见，在唐朝，官方曾一度对皇室女子有子而嫁的做法予以禁止。除了法律上的规定以外，唐代还出现了《女孝经》和《女论语》两部女教著作，对当时"从一之贞"观念的强化起到了推波助澜的作用。宋初期宗室女子改嫁在法律上不受什么限制，但至宋仁宗庆历四年（1044年）规定，"宗室大功以上亲之妇不许改嫁，自余夫亡而无子者，服除听还其家"，从而使皇室近亲的妇女改嫁成为违禁之事。有宋一代，需要特别提及的人物是程颐，他所提出的"饿死事极小，失节事极大"的思想对后代贞节观念的宗教化产生了深远的影响。元代的法律也提倡"从一之贞"，对朝廷命妇的再嫁行为也曾加以禁止。据《元典章·户部》记载，元武宗至大四年（1311年）规定："妇人因夫、子得封郡县之号，……若夫、子不幸亡殁，不许本妇再醮，立为定式。如不遵式，即将所受宣敕追夺断罪，离异。"《元典章·户部四·婚姻》亦有"命妇夫亡，不许再嫁"的规定。同时，元统治者为了保持军队的战斗力、解除士兵的后顾之忧，对军婚作了专门规定，在《元典章·户部四·婚姻》说"出征军妻不得改嫁"。朱元璋建立明朝以后，大力提倡理学，致使明代社会形成了一股崇尚贞节的风气。朱元璋于洪武元年（1368年）颁布了这样一条诏令："凡孝子顺孙，义夫节妇，志行卓异者，有司正官举名，监察御史按察司体核，转达上司，旌表门闾。……凡民间寡妇，三十以前，夫亡守志，五十以后，不改节者，旌表门闾，除免本家差役。"这条诏令的颁布有着极其重要的意义，它标志着官方公开褒奖节妇制度化的开始。另外，《大明律·户律》亦有"命妇夫亡再嫁者"，杖一百，"追夺并离异"的规定。正是由于明代官方的提倡和理学家们的大肆鼓吹，至明末形成一种大众心态："为男子者，率以妇人之失节为羞，而憎且厌之"；为妇者，则视守节为"妇分"，"不幸而寡，唯有守节与死而已"。此外，明代还出现了未婚女子"衿褵未结即矢志以相从"，竞相为未婚夫上门守志或殉节的现象。在对女子教化方面，明代出现了徐皇后的《内训》、解缙等的《古今列女传》、吕坤的《闺范》、温氏的《母训》等书，这些书的说教对当时贞节观念的大众化起到了导向作用。清代对"从一之贞"的提倡同明代相比有过之而无不及。清代对贞节妇女的旌表不仅其范围比任何一代要广泛，而且还专门任命礼部的仪制清吏司来掌办，从而使清代的旌表制度更加完备。再加上清世祖御纂的《内则衍义》、蓝鼎元的《女学》、王相母亲的《女范捷录》等几部女教之书的倡导，使得清代的贞操观念达到了无以复加的地步，形成了"好马不备双鞍，烈女不嫁二男""嫁鸡随鸡，嫁狗随狗"的民众心态。

在男权社会，"童贞"是针对女子而言的，它要求一个女子在结婚之前必须保持"处女"之身，不得与任何一个男子发生性关系。对女子童贞的关注由来已久，马王堆三号汉墓出土的帛书《养生方》中记载："取守宫置新瓮中，而置丹瓮中，令守宫食之。须死，即冶，（取其汁——笔者加注）画女子臂若身。节（即）与〔男子〕戏，即不明；……"何为"守宫"呢？唐代颜师古在《汉书》卷六十五《东方朔传》中"守宫"条解释说："守宫，虫名也。术家云以器养之，食以丹砂，满七斤，捣治万杵，以点女人体，终身不灭，若有房室之事，则灭矣。言可防闲逸，故谓之守宫也。"可见，"守宫"是一种检验女性贞操的虫子（壁虎之类）。这种方法是否灵验姑且不论，但对女子防范之严是显而易见的。北魏时期，泾州女子兕先氏，许嫁给彭老生为妻，未及成礼，老生求欢，她以不合礼俗而拒绝。老生一气之下将她杀死。她在弥留之际，对老生说："生身何罪，与君相遇。我所以执节自固者，宁更有所邀？正欲奉给君耳。"后来此女子因"守礼履节，没身不改，虽处草莱，行合古迹"而得到孝文帝的褒奖，并赐以"贞女"的美名。在此事例中，从女子兕先氏的言论可知：她之所以拒绝在婚前与自己的未婚夫发生性关系，是因为这样做不符合礼教闺范，而非简单地反对交欢；她认为只有在"六礼"具备以后，才可以名正言顺地过夫妻生活。无独有偶，北魏高乾欲求崔氏女为妻，女家嫌他无权无财，不许，其弟高昂协助他将崔氏女夺来。到了村外，怕被夺回，高昂对他哥哥说：为何不快行婚礼呢？高乾会意，在野外与崔氏女发生了性关系，然后才领回家去。由此记载可知，在时人的观念中，举行婚礼与进行交欢是同步的；言外之意，未婚之前是不得发生性关系的，这从一个侧面反映了时人对女子"童贞"的关注。在此事例中，高氏的行为似乎带有后世所说的"生米做成了熟饭"的味道，即使崔家不同意此门婚事，但木已成舟，只好认可。至迟到了宋代，社会出现了男性对处女的嗜好，并将寡妇再嫁的行为讥为"旧店新开"；程颐亦发出"若娶失节者以配身，是己失节也"的高论。伴随着这种心态的蔓延，社会出现了以出妻、离婚为丑行的现象和助人离异受天谴的观念。虽说妇女再嫁仍为社会所许，但离婚之妇、寡妇终究不若处女之为人见重。宋代以后，对处女嗜好的现象相因成习。至明清时期，男性对处女童贞的追求达到了丧心病狂的地步。倘若女子是处女而嫁，两家皆大欢喜，不仅女子本人觉得十分荣耀，她的家庭也觉得脸上有光，而且夫家也会趾高气扬。倘若女子一有不慎失身，自己会觉得罪孽深重，家族也会遭受万般耻辱，乃至出现了以处死失身之女而后快的现象。一旦夫家发现所娶女子已不是处女之身，此女子的去留取决于夫家的态度。关于处女的鉴定，元代已有了验贞之法。元代王实甫《西厢记》第四本第一折中"春罗原莹白，早见红香点嫩色"的记载，就指处女第一次性交时的情景。到了明代，已经积累了相当丰富的有关"处女检查"的经验与方法。在成书于明代的《杂事秘辛》中详细记录了官方稳婆检查女子是否是处女的整个过程。此外，明清时期的民间，也有一套"验红"的方法，即在成婚之夕备一白巾，如交欢后女子有"元红"则视为处女，无红则认为是失身女子。如系处子，次日夫家则将擦拭"元红"的白巾示人，两家亲人皆大欢喜；如无新红则"家人对坐愁叹，引为大辱"，于是贺客"未见喜帕之先，例不道贺，盖恐新妇不贞，则不以为喜而转以为辱也"。受以上习俗的影响，明清时期的男性对童贞观念趋之若鹜，未婚女子亦将"处女之身"看得比自己的生命还要珍贵。

在中国传统社会，历代的统治者之所以对贞节格外重视，旨在维护个体家庭的稳固。首先，男女双方恪守"夫妻之贞"是维持家庭稳定的基本保障；而男女的婚外性行为却是影响家庭稳定的一大隐患，传统时代的政治家、思想家们很早就意识到了此问题的严重性，历代王朝也都制定了相应的法律对这种行为予以严惩，这一点在前面已经提到过。需要补充的是，在对待违犯"夫妻之贞"的处罚上，明确提出了"男女同罪"的原则。这表明，即使在男权社会里，统治阶级对男子扰乱家庭稳定的淫乱行为并没有姑息养奸，而是男女同罪受罚，可见维护社会秩序的稳定高于一切。其次，女子再嫁现象的存在对于家庭履行养老抚孤的社会职责是不利的。在传统社会，没有什么社会保障制度，子女的抚养和老人的赡养问题基本上是通过"家庭"这一社会组织来实现的。一个家庭中男子的不幸早逝，对家庭来说是个难以弥补的巨大损失，它使家庭失去了一个重要的劳动力。如若妇女再嫁，势必造成"老的老，小的小"、家庭无人照管的局面。传统时代的政治家、思想家们从"养老扶孤"的角度出发，提出了"从一而终"的主张，企图通过限制女子再嫁的办法使其承担起维持残缺家庭的重任，即"妇人守寡养孤，上欲激贞名于世，中欲不负黄泉，下欲育遗嗣而继宗也"。这一点在清代雍正皇帝于 1728 年所下谕诏中说得非常明白："……夫亡之后，妇职之当尽者更多，上有翁姑，则当代为奉养。他如修治蘋蘩，经理家业，其事难以悉数……"对于那些不讲情义而毅然再嫁的妇女，就是推卸她的责任。纵观历代名垂青史的节妇，无一不是夫死守节不嫁，或侍奉舅姑，或抚养幼孤而扬名于世的。再次，在唐宋之前，尽管政治家和思想家们鼓吹"从一而终"的贞节观念，朝廷和官府也不时地对这种行为予以褒奖，但妇女守寡再嫁、离婚改嫁的现象仍旧十分普遍。为了改变这一状况，宋代中后期，儒士们进一步提出了女子"饿死事极小，失节事极大"和男子"若娶失节者以配身，是己失节"的主张，随着这一主张的蔓延，社会上产生了对"处女"的嗜好。既然孀妇已不是童贞之身，身价自然大打折扣，甚至有人形象地将寡妇再嫁称为"旧店新开"，至明代乃至出现了一套严格的检验处女的方法，这说明寡妇再嫁的行为渐受社会的歧视。受此风气的影响，在明清时期，孀妇守节成为社会的主流做法，这在一定程度上阻塞了已醮之妇再嫁的道路，家庭的稳定性较前也大大增强了。

通过上面的论述可以看出，中国古代的贞节观念就其发展演变而言，经历了夫妻之贞→从一之贞→童贞的变化过程；就其关系而言，"从一之贞"的提倡进一步强化了"夫妻之贞"，而"童贞"的大力鼓吹又使得再嫁成为困难的事情，从而进一步巩固了"从一之贞"的观念，最终有利于"夫妻之贞"的维持，三者之间是相互递进、相互影响的。当然，由于传统社会是个男权社会，在贞节问题除了"夫妻之贞"是要求夫妻双方恪守的规范以外，"从一之贞""童贞"是对女性的要求，而对男性却没有相应的限制。由此可见，中国传统社会，稳定婚姻家庭的维持，是以牺牲女性的离婚、再嫁权利为代价的，这也体现了女性在婚姻关系中的从属地位。[①]

（二）西方的婚姻观念与女性地位

中世纪的欧洲是基督教文化主导的世界，这一时期的婚姻观念也深受基督教文化的影响。奥古斯丁认为，性欲在人类邪恶中最肮脏、最不洁净、最能表明人对上帝意旨的不遵从，它能彻底摧毁理性和自由意志，是人所驾驭不了的最基本、最普遍的邪恶。可见，根据基督教的伦理，一切性交都是罪恶的、不洁净的（即便是婚姻内的性行为也不例外）；而像圣徒、教会领袖，由于他们过着一种守身如玉、保持贞洁的独身主义生活，因此可以直接与神接触，得到上帝的恩宠，成为上帝与普通信徒的中介者，并可以拯救普通的信徒，使其灵魂不死，进入天国的极乐世界。因此在基督教看来，贞操优于婚姻，保持独身（女性当修女）是到达

---

① 以上内容详见郭玉峰：《中国古代贞节的结构、演变及其实质》，《天津社会科学》2002 年第 5 期。

福境的一种手段。1563 年，特兰托公会议第 24 次会议发表的 12 条教会法中，第十条就规定"贞洁和独身优于结婚"。另外，基督教十诫中第九诫为"性交只能在结婚后进行"[①]，在信奉基督教的国家，人们普遍认为第一次性交是新郎的特权，并且大多数基督徒至今仍这样认为。

在世俗婚姻中也存在着崇尚处女观念。在法国各地一直到 19 世纪，新娘在婚礼上穿的长外衣都保持着鲜艳的颜色，以红色为主。而白色是一种豪华颜色，是在人们不再喜欢大红大紫的装束时流行起来的。然而，白色的衣服只许以处女之身来到婚姻殿堂的新娘穿着。在乡间婚礼上，新娘更喜欢头上戴着用白花编织的花冠，因为白色象征着纯洁；到了 19 世纪，在富裕阶层，橘花变得时髦起来。婚礼之后，花冠或橘花束会被珍藏起来，用玻璃罩住，因为橘花最终象征的是新娘失去的童贞。在某些地方，如果新婚夫妇已经完婚，则用丁香花代替橘花。

由上可知，基督教伦理与世俗社会中都有崇尚婚前保持贞洁的观念，前者的主张与其宗教信仰有关，后者主要目的在于防止未婚先孕，因为婚前保持贞洁是防止未婚先孕的最佳方法，而后来避孕药的出现，使人们从贞操的神话中解放了出来。这与中国传统社会对女性"童贞"的嗜好（为未来丈夫保持清洁之身）有所不同。然而，在世俗社会中，未婚同居的现象在欧洲历史的发展过程中始终大量存在（有些未婚同居的男女后来成为合法的夫妻）；甚至教士与情妇共同生活的现象也屡见不鲜。对此，《蒙塔

---

① 〔英〕伯特兰·罗素：《性爱与婚姻》，文良文化译，中央编译出版社 2009 年版，第 15 页。

尤》中的一位主妇感叹教士对女人的态度时说："你们这些教士对女人的欲望比其他男人还强烈。"而教士则辩解道："由于一切都被禁止，因此一切都是允许的。"这真是一次颇具嘲讽意味的对话！所以尽管教会反对同居，但其禁令的效果并不明显。

对于结婚，在古代罗马、希伯来传统文化中，则将其看作是一种道德义务。罗马法对独身者课以重税；从《旧约》传承下来的犹太教法典也认为男人独身丢脸，夫妻不育是不祥的事情。而基督教的早期传统也认为，虽然保持贞洁的独身高于婚姻，但婚姻是男女生育后代的合法结合，而生育关系人类的繁衍，所以结婚是个无奈之举，是在无法保持贞操或可能陷入通奸局面时所采取的权宜之计，且结婚目的仅仅为了传宗接代，"令身体产生快感"的性行为会使婚姻蒙羞。对此，圣保罗说："与其欲火攻心，倒不如嫁娶为妙"，"但要免淫乱的事，男子当各有自己的妻子，女子也当有各自的丈夫"。也就是说，在有些人的性欲无法控制的情况下，可以通过婚姻这种合法的形式来宣泄他们欲望，以免做出更加淫乱的事来。而对于夫妻之间的性行为，奥古斯丁说，性本质上是婚姻中的邪恶因素，但因生育目的而进行的性行为是对邪恶的利用，所以当夫妻只为了生育而发生性关系时并没有犯罪；而如果是为了相互的欢乐和享受发生性行为，就是犯罪。因此一旦有了一两个孩子，就应该停止性生活，停止得越早，对夫妇的道德健康就越好。也就是说，夫妇之间的性生活仅仅为了生育本身，彼此之间不能有温存、激情，否则就是一种犯罪行为。然而，在12世纪教会接手婚姻并将其作为圣事之前，婚姻一直是世俗之事，教会的主张很难被世俗婚姻所认同。于是，从8世纪中叶开始，教会采取更加务实的做法，不再把保持贞洁这种只有少数人才能做到的完美境界作为一种普遍美德，而是承认婚姻在世俗社会中的合理行为，并通过各种渠道不失时机地向世俗婚姻灌输自己的主张和要求。如通过悔罪规则书（一种基督教道德说教文学）的形式，主张婚姻中的性要严格控制，实行定期的性节制，并规定了禁止夫妻性生活的日期、性生活的姿势……通过这些说教，力图使婚姻中的性生活道德化，避免婚外性犯罪。伴随着教会将婚姻视为圣事以及对夫妻性生活的有限许可，基督教教义中的禁欲主义有所松动，但对性的贬低仍未改变，仍规定夫妻之间不能安然、尽情地享受性爱。

　　根据罗马法、犹太教的传统，对于处于婚姻状态中的夫妻应保持忠诚，倘若妻子通奸，惩治妻子不仅是丈夫的权利，也是他的义务；倘若知情不举，丈夫的财产就可能被没收，其本人甚至会被流放甚至被处死。在日耳曼社会，倘若妻子与人通奸被丈夫当场抓住，丈夫甚至可以杀死他们。圣保罗也在《哥林多前书》中说："妻子没有权利支配自己的身子，除丈夫外；丈夫也没有权利支配自己的身子，除妻子之外。"[①] 这也说明夫妻之间应该彼此忠贞，在他看来，婚外的性行为（私通）是该罚入地狱的重罪，是无法被拯救的。依据基督教教义，婚姻是性行为的唯一合法形式，一切婚姻以外的性行为都是不道德的，更是对上帝旨意的严重背叛。然而，在欧洲的世俗社会，已婚者婚外同居的现象仍较普遍。如罗马社会存在着有妻子的男人与情妇同居的现象，这种行为虽被罗马法所禁止，但有钱有势的男人在妻子之外拥有一个或多个情妇的情况较为普遍，尤其在帝国晚期。在中世纪早期的日耳曼

---

① 〔英〕伯特兰·罗素：《性爱与婚姻》，文良文化译，中央编译出版社 2009 年版，第 50 页。

人中同居现象也普遍存在，结了婚的男人除了妻子外还有一个或多个情妇，她们一般为仆人或女奴隶。此外，封建时代的国王除了妻子外有情妇的现象也不罕见，如墨洛温国王查理曼一生先后娶了4个妻子，另外拥有6个情妇。尽管教会会议或教会法庭三令五申禁止婚外与情妇同居的行为，但同居现象却屡禁不止。究其原因，是因为同居现象早已根深蒂固，难以靠一两条法律规定真正改观。

如前所述，古代罗马人是可以离婚的，离异的双方可以再婚。按照犹太传统和习俗，不满意的婚姻也是可以解除的，而且也允许双方再婚。虽然中世纪基督教会遵循婚姻的神圣性、不可分离性，规定即便是一方发生了奸情而离婚的男女也禁止双方再婚；但直至11世纪教会改革之前，世俗社会中离婚、再婚的现象依然很多。如果夫妻对婚姻感到不幸福，他们可以到别的地方去，在那里没有人知道他们以前是否结过婚，因此他们可以分别再婚。当然，对于存在着血缘、姻亲、教亲等结婚障碍、不合法的婚姻，婚姻关系本不存在，自然应在废除之列，婚姻废除之后双方可以缔结新的婚约。

在中世纪早期，世俗社会中寡妇再婚的现象普遍存在，尤其是继承了遗产或前国王的寡妇成为很抢手的新娘。在6、7世纪，国王的寡妇成为新任国王或篡权者瞄准的对象，因她们被认作是权力的输送管，能够把王位继承的合理要求转到新的丈夫手里；即便是9世纪以后的国王、贵族的寡妇再婚的现象也为数不少，如爱塞巴德、奥托一世、路易四世、路易五世、罗伯特等都娶了前国王或者贵族的寡妇。而基督教对于寡妇和鳏夫的再婚行为，则采取了不禁止也不鼓励的做法。①

由上可知，在贞节问题上，中西方既有一致的地方，也存在较大差异。一方面，中西方都存在某种崇尚婚前保持贞洁的观点，婚姻持续期间夫妻都应保持忠诚，离婚、再婚受到某种程度的限制。另一方面，中西方在注重贞节的许多方面又有所不同，如西方基督教伦理与世俗社会中崇尚婚前保持贞洁的观念，与宗教信仰和防止未婚先孕有关，且是对男女两性而言的，而中国传统社会对女性"童贞"的嗜好，却是为未来丈夫保持清洁之身，对男性没有相应的限制；西方教会禁止离婚、再婚的规定也是针对男女双方，而中国传统社会所赞扬的"从一而终"主要是针对女性；从提倡、褒扬贞节的程度上而言，中国传统社会的力度比西方社会要严格得多，尤其是在明清时期。

---

① 以上关于"西方的婚姻观念与女性地位"内容的撰写主要参考：薄洁萍：《上帝作证——中世纪基督教文化中的婚姻》，第 32—38、127—135、159—185、231、251—257 页；〔法〕让－克洛德·布洛涅：《西方婚姻史》，第 23、69、155—160、209、274—275、345 页。

第十八讲　以道观之：理解西方哲学的中国话语

邱文元（曲阜师范大学历史文化学院教授）

在过去一百多年的西方哲学研究的历史中，中国学人一贯遵行"以西释西"的原则，以期达到在对西方哲学理解上的原汁原味。但是，在对西方哲学的理解不断加深的同时，我们也逐渐清晰地意识到，在我们试图原汁原味地把握西方哲学的研究过程中，存在着一个无论如何也挥之不去的"初心"。这个"初心"就是借助于会通西学，借助于融汇西学的资源，来复活自己的文化传统的愿望。这个"初心"普遍存在于早期就向国人传播西学的中国学人身上。就是主张西化的胡适，也认为彻底西化是不可能的，中西结合是必然的结果。后来，在坚持"以西释西"原则的中国几代学人身上，这个"初心"虽然不断被边缘化，却若隐若现地，一直伴随着一百多年西方哲学研究的过程。随着我们西方哲学研究的深入，特别是在中国文化复兴时代的到来之后，站在中国文化的立场上观察、理解和评价西方哲学的必要性，就得到了西方哲学研究界的高度重视。现在是我们回到"初心"的时候了。

19 世纪产生的西方哲学，借助于西方文明的殖民主义扩张，取代了被征服地区传统话语的权威，成为"普世"的哲学话语。但是随着西方殖民主义话语体系的崩溃，哲学的中国话语就有了其产生的迫切性了。我们对西方哲学的理解，不能仅仅依据西方哲学家对西方哲学的解释来理解它，我们还要搞清楚西方哲学实际上是什么样子的。在这个进一步的研究工作中，我们的诠释学前理解就成了我们"以中释西"的出发点。我们研究西方哲学的前理解——实际上就是我们的传统留给我们的对哲学的理解，就是我们研究西方哲学的一个基础和平台。在这个平台上，我们才能够产生中国哲学和西方哲学的贯通理解。

我们研究西方哲学的"以西释西"的原则，本来就隐含着"以道观之"或"以中释西"的立场。我们之所以追求"以西释西"，就是因为我们认为"理在事中"——一个事物的道理是内在于这个事物的发展演化中的。我们过去的几代学人基本上是遵循这个立场进行哲学研究的。我们过去的西方哲学研究的错误或不足在于，我们对西方哲学的理解只是按照西方哲学家自己说的那个样子来理解。换句话说，我们只是教条主义地理解西方哲学。实际上，西方哲学的"理"——虽然被教条主义地理解为"普遍"真理或"普世"价值，也总是"事"中之"理"。我们需要在西方历史文化发展的进程（事）中理解西方哲学的"理"。西方哲学之理和西方文明之事是互根互动的，西方哲学的发展演化和西方文明的历史发展密切关联着。

"以道观之"或"理在事中"的立场带来了一种思维方式上的革命——我们在浅薄的非此即彼的形式逻辑的言说之背后，可以发现一系列彼此相即的深层逻辑结构。

首先是在理事关系上，我们可以发现西方哲学的理事相即。

中国哲学认为普遍性都是在特殊性中表现出来的，也就是承认理事相即。西方哲学却主张普遍性是和特殊性对立起来的，普遍性是排除了特殊性的。柏拉图主义以追求永恒不变的真理为目的，认为理念是超越于变化世界之上的永恒不变的东西。但是西方哲学的起源和基本特征及其发展演化都和西方历史发展演化存在着互动（相即相入）的关系。西方哲学的人神与主客的二元论，是西方历史发展破裂式路径的观念表达。

其次是神人关系或哲学与宗教关系上的彼此相即。

中国哲学出于"理在事中"的立场，而有天人合一的观念，因此在中国学术中不存在哲学与宗教的分裂对立。西方哲学则因为理事的分裂对立，而有神人对立和哲学与宗教的对立。过去二十多年研究西方哲学的中国学人，对西方宗教有了持久深入的探究，对于哲学与宗教的深层次关系有了清楚的认识。哲学与宗教虽然在表面上存在着互相排斥的关系，在深层面上却是相即相入的。

一方面，在共时性结构中，互相否定的宗教和哲学，彼此之间存在着深层次的一致性。希腊奥菲斯教和希腊古典哲学存在着相互对立，但是二者又是同一种历史精神的不同表达形式。中世纪以来，基督教神学和俗世的哲学存在着对抗，黑格尔却发现二者都是绝对理念的不同表达。

另一方面，在历时性关系中，哲学和宗教也存在相即相入的深层关联。西方哲学的历史发展和演化中，我们也可以看到这种相即相入的互动关系。从古希腊哲学到中世纪经院哲学，在思辨哲学的演化过程中，自然目的论的本体论为神学本体论所取代，造成了神人关系上的极端化对立，近代哲学高扬人性否定神权，又走向了"上帝死了"的另一个极端。在这种神人关系的以神否定人的极端，自身导致了人否定神的另一个极端。在这两个极端的相互否定中，我们看到了天（神）人相即逻辑的存在。

"以道观之"或"理在事中"的立场，为我们提供了一个中西哲学比较研究的平台。中国哲学和西方哲学都是普遍的哲学的具体表达，都是以特殊性的形式来表达普遍性的"理"的。所有的哲学表达都必然是特殊性的表达，而承认表达的特殊性并不是否定了哲学的普遍性。因为普遍哲学的"理"，不能离事而存在。所以老子说"道可道，非常道"。但这并不是对中西哲学混同一气不作区分。中国哲学和西方哲学的区分不是简单化的谁对谁错，而是对普遍的哲学之理的理解的境界上的区别。西方哲学虽然自己宣称自己的哲学论说已经超越了特殊性，成为绝对普遍性的了，但是，这并不因此就使得西方哲学的论说摆脱掉特殊性。中国哲学的优胜之处就在于，中国哲学对于普遍性与特殊性的关系有一种自觉的理解。因此，中国哲学，和西方哲学相反，对于普遍性的理解就不是异化了的或扭曲的理解。

一、道的自觉："理在事中"与彼此相即

中国哲学的思维方式受中国文明起源的历史连续性路径的影响，形成了"理在事中"的独特个性。和西方哲学的基于理事分离而强调非此即彼的逻辑不同，中国哲学形成了对立面相即相入的思维方式。

首先我们要看一看中国文明起源的连续性路径，是如何影响和造就了中国哲学的"理在事中"的独特性的。

一个文明起源时经过的发展路径，会影响到其后来历史的发展演化，也就是说这个文明的发展演化对于其起源路径存在着路

径依赖的关系。世界上的古代文明，大致可以分为两种起源路径，一种是连续型路径，另一种是破裂式路径。除了欧洲文明能够称得上典型的破裂式文明外，世界上其他地区的文明大体上都可归类于连续型路径。在亚欧大陆的东端的中国文明是连续性路径文明的典型，西欧的希腊文明、罗马文明和日耳曼文明可以说是典型的破裂式路径的文明。从亚欧大陆的东端到西端，形成了一个从连续型到破裂式文明递次演化的彩色光谱。

　　一个文明的路径依赖，大约由三个要素组成，那就是过程、结构和观念。这三个要素借助于前两个要素之间和前两个要素与第三个要素之间的两个循环，形成了一个有机整体。其中过程和结构两个要素构成历史实在，在其中过程规定着结构，结构又反过来规定着过程，二者之间相即而构成一个循环。一个文明的哲学观念是这个文明对其历史实在的自我意识，不同的文明起源路径造就不同的哲学观念，这些哲学观念又反过来影响和强化着原有的路径发展。观念和实在之间的循环是第二个循环。

　　一个文明发展的路径依赖主要是由组成历史实在的两个要素的循环造成的。中国历史起源的连续性路径在过程上具体表现为，它不是如同希腊、罗马文明那样通过打破血缘关系的家庭（氏族部落）而建立原子化个体公民的城邦国家，而是通过扩展这个家庭结构，而产生扩大了的家庭——家国一体的国家。在中国从原始的氏族部落到文明国家的演化过程中，和西方诸文明一样都产生了财富分配上的不平等和人们在社会生活中的等级分化，但是和它们不同的是，中国在氏族部落时代（传说中的大同）所产生的土地公有制被后来的大一统国家扩展继承了下来。由于土地公有制的延续，在氏族、部落到国家的不断扩展进程中，政治权力上不断集中的君主制中央集权也就出现了。而希腊罗马则是在打破氏族部落的血缘纽带的同时，废除了土地公有制，产生了对土地和人民私有支配的贵族阶级及其在政治上的主导地位。即使在王制存在的希腊罗马历史的早期阶段，君主也只是贵族阶级的一员，而不能不接受后者的制约。而在中国历史的大一统国家君主集权的制度下，精英阶级至多是准贵族化的。到秦汉大一统国家产生后，中国社会结构的一个突出特点就最终定型了：国家在经济、政治和文化上高度集权，精英阶级只能依附到这个国家机器上，成为通过考试录用和监察监督下的官僚士大夫阶级；中央集权国家对精英阶级的贵族化倾向的抑制，就解放了农民和其他劳动者，使他们成为直接向国家负担税赋和兵役的民众，借此他们也从国家获得了相当程度上的保护，从而以劳动条件和劳动者相结合的自耕农的形式出现在古代历史中。在文明起源的过程中，与希腊、罗马文明一样，中国文明也经历了社会的贫富分化，但与它们不同的是，这个分化是有过渡的等级分化（等级不是固定的而是可变动的）。从经济所有制的方面来看，中国社会的财富所有是多元的，从国家和君主代表的居主导地位的土地公有、官僚地主和豪族地主的大土地所有，到庶族地主和自耕农的小土地所有，构成了一个连续性变化的光谱。秦汉以后的中央集权和精英阶级的官僚化，就成为中国历史连续性路径文明发展的结构特点。这个结构特点是中国历史文明起源的连续性路径造成的，又反过来影响到历史演化的进程，尤其是在秦汉以后的两千多年的历史中，一旦国家崩溃，精英阶级无法控制土地和人民，只能期待着新的中央集权国家的建立才能实现和平和统一。

中国文明的连续性路径发展造成了中国社会的连续性结构，

图为甘肃天水伏羲画卦山，相传伏羲画卦处（在河南淮阳也有画卦台）。《易·系辞下》说："古者包牺氏之王天下也，仰则观象于天，俯则观法于地。观鸟兽之文与地之宜，近取诸身，远取诸物，于是始作八卦，以通神明之德，以类万物之情。"大意是讲作为《易》的基础的八卦是史前时期的伏羲所创。

这个连续性结构把连续性变化的过程包含在自身中，这样沿连续性文明路径形成的中国文明就形成了过程和结构相入相即的关系统一体。对于这个特点我们的祖先早就有自觉的认识，这就是传说中伏羲画八卦、文王演绎周易的历史根据。这样文明发展的历史实在就进入到文明观念的自觉认识之中，而一旦这种连续性存有的观念成为人们的自觉意识，它就和历史实在形成了互动——结构和过程的互动互构，就进入了实在和观念的互动互构之中，产生了中国历史发展连续性的第二个循环机制。

中国哲学的"理在事中"的思维方式就是在这个循环机制中获得立足的。在《论语·子路》篇中，孔子提出"君子和而不同，小人同而不和"的看法。他区分了君子的同和小人的同，指出君子的同是包含了差异的和谐。中国文明的大同理想就是一个诸差异的个体和结构互动互补和互相转化达到和谐共存的连续性存有。《庄子·天下》篇引用惠施的历物十事其一："大同而与小同异，此之谓小同异；万物毕同毕异，此之谓大同异。"惠施对中国文明的连续性存有观念进行了阐述。我们的祖先在《周易》的八卦和六十四卦描述的变化的世界观中，解释了阴阳、五行诸因素之间的相互影响、相互制约、相互转化。《周易》的连续性存有的观念为中国哲学奠定了基调，那就是不存在任何东西可以置身于变化之外。

在雅斯贝尔斯所说的哲学突破的轴心期中，中国和印度、希伯来、希腊一样有了理性的觉醒，开始了对事物本质的探讨。由于从印度、希伯来到希腊的文明发展越来越具有破裂性，导致印度佛教对个别和现象世界的否定性认识而开启了对本体世界的超越的歧解。西方破裂式路径的文明起源导致了西方文明的人与世界的分裂对立——鉴于神性不过是人的本质的异化——也就是神人的对立，其实就是人自身的分裂；世界的万物其自身分裂为彼岸的理念或灵魂与现象界的现象。由于中国历史发展的连续性造成的连续性存有之观念的影响，中国哲学的突破带来的对本质的认识，仍然是这个连续性存有的组成部分，这因此就有了"理在事中"的基本观点。"理在事中"是连续性路径在哲学的突破时产生的认识，理事分离则是破裂式路径在观念上的具体表现。

中国哲学的"理在事中"观念和西方哲学的"理事分离"观念，导致了中西方哲学的不同的思维方式——后者走向了非此即彼的逻辑，前者走向了彼此相即的逻辑。

理事观所讨论的"事"可以理解为"事物"和"做事"，前者是认识的对象，后者是实践的内容。若把事理解为现象界的事物，那么理就是认识之理，是现象界事物的本质规定性即物自身。

"理在事中"就是说事物的本质规定性或者物自身在现象界的事物之中。若把事理解为"做事"也就是针对该事物的实践行动，那么"理在事中"就包含着认识之理来自实践的观点以及认识之理即实践之理的观点。这就有了"理在事中"的更深层次的意义内涵，以事物自身的理，即对物自身的认识，来指导实践行动对待该事物，就是从促进其"自由发展"的态度对待该事物，也就是从"己欲立而立人，己欲达而达人""己所不欲，勿施于人"的立场来对待它。这样就实践了仁的原则，所谓"仁者与天地万物为一体"。在这个"一体"中，万物相即相入，各自自由自在而又彼此和谐，构成一个一即一切、一切即一的部分与整体同构的一元化自组织结构。

在庄子《齐物论》中鲲鹏和学鸠相去甚远，不可以道里计，然就其自身的自由自在而言，却是没有高下之差别的。在庄子眼里，万事万物都是互相依存的，但相互依存却无碍于万事万物的自由自在，只有达到对世界这样的理解程度的人，才是能够逍遥游于世界的至人和神人。庄子用他的恢诡谲怪的语言揭示了儒家大同理想的内涵，对后世的思想和文学艺术有深远的影响。

希腊哲学的理事分离，对于事也有认识和实践的区分。就认识对象的事即现象界的事物而言，理事分离指的是柏拉图的理念与现象界事物的分离，前者存在于永恒不变的理念界，后者则是存在于变化消逝的现象界。在实践上理事分离，则表现为理性认识与人的实践智慧的分离。亚里士多德把全部知识区分为理论的、实践的和制作的三类知识。理论知识又包括神学、数学和物理学。他认为理论知识中的第一哲学是研究与现象界分离永恒不变动事物的神学，数学是研究与事物不分离但不变动的对象的学科，而物理学则是研究可以变动事物的学科。实践智慧研究的是伦理学和政治学，是关于人与人特别是城邦治理的知识学科。相比于柏拉图，亚里士多德对于实践智慧要重视得多了，但是他也认为属人的实践智慧不如属神的理论知识重要。这种把理论和实践分离的取向，在西方哲学后来的历史发展中就更加突出了。近代的休谟就把认识和实践彻底隔绝开来了，认为理论认识研究的"是（存在）"和实践研究的"应该"是完全不同类的研究对象。康德虽然提出思辨理性和实践理性是同一个理性，但是他认为思辨理性作为理性的思辨的运用和实践理性作为理性的实践运用，却存在着难以跨越的鸿沟。

希腊哲学的理事分离导致了两个方面的后果，一个是宗教的此岸和彼岸的两个世界的分离，另一个是逻各斯中心主义。从克塞诺芬尼、巴门尼德到苏格拉底、柏拉图，希腊哲学批判了希腊神话的自然神多元主义，从哲学本体论的思考出发炮制了理性神的新的宗教信仰。和这一后果联系在一起的另一个后果是逻各斯中心主义。由于理事分离切断了理论和实践的联系，西方哲学的逻各斯中心主义思维方式，就把理论和实践的一致性牺牲掉了，只关注着理论的系统化和逻辑一致性。和理事合一的彼此相即的逻辑相反，从理事分离产生了以同一律不矛盾律为基础的形式逻辑。

上面我们大体演绎了中国哲学"理在事中"的历史实在的根据，指出其产生只是中国历史连续性路径发展的观念反映，还通过与西方哲学的理事分离相比较，叙述了"理在事中"的中国哲学的彼此相即逻辑的产生机制。

二、西方文明破裂式路径与宗教和哲学的起源

在破裂式路径的演化进程中，西方哲学形成了对历史的超越的观念。但是，我们的研究发现，西方哲学也客观上是文明的历史起源和发展的产物，西方哲学史上的种种观念仍然是"理在事中"的历史观念。

西方文明破裂式路径在过程上最突出的特点是，在文明国家形成的过程中，原始社会的氏族部落公有制被私有制所取代。中国文明连续性路径通过氏族部落的融合走向国家，保留并扩大了原始社会的土地公有制。与此不同的是，希腊罗马的破裂式路径不仅废除了土地公有制，还取消了血缘关系为基础的政治和社会秩序，建立了一个由原子化的个体公民组成的城邦国家。

私有制占主导地位的希腊罗马社会，建立在血缘关系基础上的亲亲原则和仁道被法权的观念所取代。社会的法权秩序是私有制下自由法人的外在秩序，是私有制关于物权占有的相互外在的规定性，它在观念上被当作超越的和必然性的秩序。这种外在秩序的观念必然会侵入到家庭血缘关系中来，必然撕裂着夫妇和父子之间的亲情关系。在罗马的《十二铜表法》中由私有法权确立下来的夫权和父权，把其妻子儿女定义为其私有财产。儿子要长大成人成为法权的主体，就只有挑战父权这一途径——希腊神话中就存在着这种法权秩序，宙斯的爷爷乌拉诺斯被其小儿子克罗诺斯（宙斯的父亲）所推翻，后者又被宙斯所推翻。儿子一旦挑战成功，就成为了父家长权的新的代理。

希腊罗马的父家长权的真正基础是私有制，即对土地和劳动

奴隶的私人占有。在私有化的进程中，只有氏族部落的担任公职的家族才能利用公权力来取得财富上的优势地位，他们就在原始氏族部落瓦解的过程中成为贵族阶级。希腊罗马文明的破裂式路径造成的贫富分化在其社会结构中的突出特点就是贵族阶级的主导地位。由于亲亲的血缘关系原则被法权所废除，又没有公有制的调节限制，私有制实际上表现为贵族阶级对财富、荣誉和权力的独占。这是破裂式路径在结构上的特点。

和连续型路径的情况一样，过程和结构的互动也造成了路径依赖的实质内容。一旦破裂式路径产生了私有制，并且没有建立在土地公有制基础上的公权力对它的制约，那么也就形成了社会结构上的贵族阶级的财富、权力、文化的垄断地位。贵族阶级作为一个阶级是凌驾于国家之上的，所谓的国家法律就是这个阶级意志的体现。因此，反过来结构规定了过程。在过程和结构的互动互构中，西方文明对其起源的破裂式路径就产生了依赖。这是过程和结构的循环，它构成了历史实在的内容，又成为了历史意识的对象。

在轴心期哲学的突破中，破裂式路径文明中的希腊哲学也产生了本体与事物二元分离的观念。在走向私有制的贫富分化的过程中，原始的氏族部落的社会关系就瓦解了，社会分裂对抗造成了观念中的天国和俗世的分裂对立。

"荷马史诗反映出希腊氏族社会的瓦解和向新型社会组织的过渡，众天神的形象和活动实质上是氏族显贵统治在天上的投影。"[①]奥林匹斯多神教是希腊城邦的贵族制现实秩序在意识形态上的反

---

① 王晓朝：《希腊宗教概论》，上海人民出版社 1997 年版，第 182 页。

映。而在贵族制走向极端和崩溃的时候，出现了平民和奴隶阶级的反抗斗争。这时，手工业和商业也日趋繁荣。作为城邦公共信仰的奥林匹斯多神教已经不能满足民主化时期平民阶级的需要，以厄琉西斯教、奥菲斯教为代表的秘仪宗教在民间兴起并迅速传播开来。[①]

奥菲斯教崇拜的是酒神狄奥尼索斯，他虽是一个古老的神，但在荷马史诗中他不属于奥林匹斯十二主神之列，只是到了后来希腊进入民主化阶段后，狄奥尼索斯才取代了灶神赫斯提亚的位置，成为主神之一。根据奥尔甫斯的信徒们的说法，狄奥尼索斯最初是宙斯和冥后佩尔塞福涅所生，名叫扎格琉斯，作为宙斯指定的众神中最后的一位王，遭到古老的泰坦巨神的嫉妒。当扎格琉斯还是一个小孩的时候，被泰坦诸神剁成碎块并吞食了。雅典娜正好路过，奋力抢夺，把扎格琉斯的心脏救了下来，并交给了宙斯。宙斯将其吞下，后来他与塞默勒交合时，这颗心就转到塞默勒体内从而使扎格琉斯获得再生，这就是狄奥尼索斯的出生。

吞食了狄奥尼索斯肉体的泰坦诸神被宙斯以雷电烧成了灰烬，而人类就从这些灰烬中诞生。因此，人类由两种互相对立的成分组成，即泰坦诸神肉体的成分和狄奥尼索斯肉体的成分。人类因为继承了狄奥尼索斯的成分而具有神性的灵魂，而因为继承了泰坦的成分而具有了肉体和罪恶。这是奥菲斯教最与众不同的原罪说，人类因为继承了泰坦的肉体因此一生下来就有罪恶，必须通过净化的涤罪仪式使灵魂的神性得以解放而获救。那些生前未参加这种仪式的人死后将永远不能离开苦难的深渊。"自此，一种罪

---

① 魏凤莲：《狄奥尼索斯崇拜探析》，《世界历史》2005 年第 3 期。

恶和良心的概念——肉体是恶和灵魂是圣的二元论进入了希腊。"①

奥菲斯教和奥林匹斯多神教的最大不同是它关注死后和来世，有强烈的罪感。狄奥尼索斯的故事讲述人类的起源，给出了一种原罪说的解释。

奥菲斯教的灵魂不死说就建立在此岸和彼岸的二元对立之上，这一学说是古希腊破裂式路径下私有制发达的社会分裂状况的意识形态表现。古希腊奴隶制和社会分裂对立也型构了在社会分裂对立基础上产生的、灵魂肉体分裂对立的个体人格。伴随着人格分裂的是关于现世肉体欲望的原罪观念，以及与其对立而产生的超越概念。彼岸是超越的，灵魂本来来自彼岸，故而可以恢复到自己的本来样子而返回到彼岸世界。这样就有了灵魂不死的学说，灵魂因来自彼岸因而分有神性，虽然处在肉体的束缚中却是不死的。灵魂是不死的，而生命个体却是有死的。因此，灵魂必须在诸多身体中转世，只有精通奥菲斯教秘仪的人才懂得如何使灵魂净化而摆脱肉体的束缚。有些中国学者，陷入了对西方宗教和哲学的迷信中，不懂得彼岸超越观念以及现世原罪观念，都是人格分裂的结果，却反过来贬低和敌视没有把此岸和彼岸对立起来的中国哲学思想。

奥菲斯教的灵魂不死观念，极大地影响了随后兴起的希腊哲学。古希腊哲学在根本上是奥菲斯教的世俗化和理性化的理解和诠释。古希腊哲学继承了奥菲斯教的二元宇宙论和灵魂不死的观念，也把灵魂的净化看作哲学的最重要目的。早期希腊哲学的代表毕达哥拉斯、赫拉克利特、恩培多克勒就熟悉奥菲斯教的秘仪。埃利亚学派的

---

① 吴晓群：《古代希腊仪式文化研究》，上海社会科学院出版社 2000 年版，第 144 页。

《葡萄酒节》（1871 年）。劳伦斯·阿尔玛－塔德玛（1836—1912 年）作。据博萨尼亚《希腊志》所说，祭献给狄奥尼索斯的最常见的牺牲是公羊，祭献他的圣物通常还有葡萄藤、常春藤、月桂枝和水仙，以及海豚、蛇、虎、猞猁、豹和驴等。

巴门尼德和苏格拉底对包括奥菲斯教在内的希腊多神教进行了批判，但是他们并没有摆脱宗教，而是试图对古希腊宗教进行改革。

20 世纪 90 年代以来，在研究希腊哲学与后来的基督教神学的关系的基础上，学者们把苏格拉底的哲学归诸一种自然神学或叫作理神学。离开了神，离开了对超越对象的思考，希腊哲学就一步也不能前进。这不是希腊哲学的优点所在，却是其根本的局限性所在。卿文光在一篇文章中正确地指出了奥菲斯教与希腊哲学的密切关系，但他对希腊人的灵魂不死观念的理解是错误的。"奥林匹斯多神教歌颂现世生活，对超现世超感性的领域一无所知，奥菲斯教则认为现世生活感性生活有罪，肉体是灵魂的牢狱，人应当努力使灵魂摆脱肉体束缚，超越现世生活摆脱肉体束缚的纯粹的灵魂才是人的正当归宿。"这儿的观察是正确的，但是对奥菲斯教灵魂观念的评价却是错误的："奥菲斯教的灵魂观念对希腊人的生活具有何种意义呢？我们知道，奥林匹斯多神教对希腊人的生活是有积极意义的，奥林匹斯多神教中的诸神完全是个体性的人格神，这与希腊的公民政治、与希腊人社会生活所享有的自由是一致的，它既是以希腊公民政治为核心的希腊人社会生活的反映，也是希腊人社会生活的自由所得以产生和维持的最初根据。在希腊科学和哲学产生前的希腊精神中，真理完全在奥菲斯教的不朽灵魂这里。"①这些对希腊人社会生活自由的溢美之词是没有根据的，希腊人有的只是对自由的观念和信仰，而现实生活中希腊文明因为私有制造成的人格的物化而实际上处于不自由的境地。

从克塞诺芬尼和巴门尼德，到苏格拉底、柏拉图和亚里士多德，希腊哲学继承了奥菲斯教的超越观念，批判了奥林匹斯多神教的观念，提出了理神论观点。在埃利亚学派的奠基人克塞诺芬尼眼里，希腊多神教是同人同性论的，宙斯为代表的诸神和人类一样荒淫无耻，也和人类一样遭遇命运的支配。苏格拉底因为在雅典城邦引进了新神而被陪审法庭判处死刑。苏格拉底引进新神的行为是对希腊多神宗教的否定，是对雅典城邦现有政治秩序的挑战。苏格拉底藐视法庭视死如归，成为新宗教的第一个牺牲者。柏拉图的理念世界对现实世界的否定，把奥菲斯教的二元世界观发展成为神秘唯心主义的精致学说。

柏拉图的理念世界还是一个多神论的满天繁星，亚里士多德对柏拉图理念论的批判、继承和发展，就在这些星星之上追溯到一个思想着思想的思想本身。这是一个比柏拉图的理念更加抽象的概念，具有更大的普遍性。这个思想本身已经是一个唯一

---

① 卿文光：《论希腊奥菲斯教的"灵魂"观念及其意义》，《求是学刊》2001年第4期。

神，虽然它只是一个思辨的对象。

和亚里士多德按照思辨逻辑达到一神信仰相同，罗马帝国实现了对崇奉多神教的诸城邦的征服以后，多神教的现实基础已经不存在了。在罗马普遍的奴隶制下，普世唯一的神就取代了多神教的诸神。一神崇拜虽然源自西亚的犹太民族，但是基督教却是西方的和罗马的。基督教区别于犹太教的根本特征是它从希腊哲学，更远一点追溯到奥菲斯教，继承下来的世界二元论。在彼岸的诸神统一为一个普遍的理性神之后，神性就摆脱了多神教中诸神的感性形象，而成为至上的神，从一种思辨和观照的对象变成了伦理的至善（绝对观念）。罗马帝国时期，新柏拉图学园派的哲学家斐洛和普罗提诺就在一神论的前提下发展了柏拉图的二元论，提出了对唯一超越的神的三位一体的理解，为基督教提出上帝、圣子、圣灵三位一体的上帝观念做了预备和前导。

三位一体的上帝是外在超越的上帝，它首先是一个否定的认识，是各种事物最高的本源，本身超越一切事物，是不可以述谓的，只能叫它"太一"。其次它是心智或逻各斯，逻各斯是与上帝同在的，是一切理念的理念，是理性直觉的对象，然后是世界灵魂。世界灵魂和努斯的不同在于它包含了一和多、同和异。上帝作为自身完满的太一依次流溢出努斯和世界灵魂，从世界灵魂又流溢出个体的灵魂和自然界。在柏拉图和亚里士多德那里，唯一的理性神还是一种逻辑推论或逻辑要求，但是在经历了怀疑论对希腊古典哲学的思辨理性的颠覆后，理念世界必须要有所依托才能存在，这样曾经作为推论和假设的最高神就成为最真实的和根本的存在，万事万物都要从其中派生而出。

奥菲斯教不仅对希腊哲学产生了深远的影响，也和希腊哲学一起，在基督教的起源和演化过程中发挥了巨大的作用。奥菲斯教和基督教的关系，是十分紧密的。前者是后者的雏形，后者是前者的发展和成熟形态。"在希腊，这种灵肉二元论的思想在与奥林匹斯神话针锋相对的奥尔弗斯神秘祭中初现端倪，而奥尔弗斯神秘祭的阴郁基调与整个希腊文化的明朗欢愉特点形成了十分强烈的反差，它是希腊文化的特洛伊木马，在它的腹中孕育着基督教的最初的精神萌芽。"①

　　基督教和奥菲斯教的继承关系是十分清楚的，我们可以把后者看作前者的孩儿时期。它们都强调神人的分裂对立，都认为人有赎罪的需要：前者的耶稣基督和后者的狄奥尼索斯的死而复活，以及信徒可以分享基督耶稣或狄奥尼索斯的神性而获得解脱。我们可以从狄奥尼索斯崇拜和耶稣崇拜的社会背景看到二者的这些相似性是怎样产生的。

　　希腊城邦文明是罗马文明发展的基础，罗马继承发展了希腊城邦文明，又突破了其局限性，发展成一个把地中海变成内湖的大帝国。最直接的观察，我们可以从希腊和罗马的奴隶制的不同特点上看到两种文明的差别。那就是罗马的奴隶制才是典型的奴隶制，而希腊诸城邦因为奴隶制贵族大庄园的规模不大，数量也不多，大多数奴隶拥有者是一些自己和奴隶一起劳动耕作的小农。只有在罗马军队通过征服建立一个环地中海的帝国的时候，大规模的征服战争才为奴隶主大庄园提供十分廉价的奴隶来做劳动力。大规模奴隶制庄园的出现有两个互相关联的条件：一个是平民阶级争取民主权利的趋势遭到遏制，造成了无数小农破产和土地兼

---

① 赵林：《论希腊宗教的文化特点》，《宗教学研究》1998 年第 1 期。

并；另一个是在罗马共和晚期出现的大规模征服战争为奴隶主大庄园提供了廉价奴隶。在罗马帝国不管是社会内部的分裂对抗达到了古代世界的顶点，其对外的殖民主义暴力征服也是史无前例的。基督教也把奥菲斯教已经形成的宇宙二元论推向此岸和彼岸的绝对对立，是罗马社会深度分裂对抗在意识形态上的反映。

三、西方哲学和宗教的共时性和历时性对抗背后的相即逻辑

西方哲学和宗教的分裂对立，既是一个共时性结构，也是一个历时性结构。但是，西方文明破裂式路径发展所造成的这种破裂式或二元化的结构，却成为在其深处存在着的相即逻辑的曲折表达。

我们先看哲学与宗教的共时性结构，如何构成了对神人合一的遮蔽，或者说成为神人相即逻辑的曲折表达。

20 世纪 90 年代以来研究西方哲学的中国学人对西方宗教史产生了浓厚的兴趣，借此中国的西方哲学研究也迈进了一大步，获得了对西方哲学和宗教的永恒对立的深入理解。那就是说西方哲学和西方宗教之间存在着相互影响和相互渗透以及相互转化的辩证关系，它们之间的辩证关系并非如黑格尔那样必定走向一个总体化的合题而终止于某个哲学体系（黑格尔认为他的逻辑学就是这样的一个体系）。任何一种宗教的教义都包含着哲学思考，而任何一种哲学都必定是一种神学。因此中国学人认为苏格拉底、柏拉图、亚里士多德的哲学实际上是一种理神学。而康德、黑格尔的哲学则是广义上的基督教哲学。所以中国学人认为对西方宗教的研究也是深入西方哲学的必修课程。

　　中国学人对西方哲学和宗教关系的研究就是从天人合一（天人相即）的中国哲学的视角展开的。从这个视角出发，中国学人就获得了对西方哲学和宗教的表面上的对立和相互排斥的表面现象之下的二者相即的深层逻辑。这个相即首先是哲学和宗教间的：在西方哲学和宗教之间存在着内在一致性，这种一致性在二者相互渗透、相互转化的关系中具体地表现了出来。这个相即归根结底是神（天）人之间的：西方哲学和宗教的神人对立对于终极的神人和解而言，只是一个中介和过渡。

　　在西方历史上哲学和宗教的冲突很多来自手段和途径的差异，例如宗教借助于表象来表现的，哲学则用思辨来表现。但是，有辩证头脑的黑格尔对此就有清楚的认识："宗教对象与哲学的对象一样，都是永恒的真理、神，而且除了神和对神的说明以外别无他物。哲学当其说明宗教时仅仅是在说明自身，当其说明自身时就是在说明宗教。由于渗透于这本质和真理中的就是思想着的精神，正是思想享有真理和净化主观意识，所以宗教与哲学是同一的。事实上，哲学正如宗教一样是神的仆役。但宗教和哲学各以自己的方式为神服务，它们的区别仅在于它们关注神的独特方式。"[①]

　　从黑格尔的这个深刻观察出发，我们看到西方哲学和宗教的内在关联。希腊哲学一方面是要用思辨的方式消化奥菲斯教通过表象获得的认识和洞见，另一方面它也通过思辨的批判推进了这些认识——我们在巴门尼德到亚里士多德的哲学发展进程中，发现了对多神教的批判和为基督教的出现培育基础的理神论的一神

---

① 转引自赵林：《黑格尔的宗教哲学》，武汉大学出版社 2005 年版，第 156 页。

论。同样，我们也可以发现早期教父哲学、经院哲学一直到近代西方哲学，都是广义上的基督教哲学（或神学），都是为基督教的"真理"进行阐发的结果。和古希腊哲学不仅仅是对奥菲斯教的消化和辩护，也是对它的批判和反思一样，欧洲近现代哲学——必须而且只能在基督教文化的背景中才能获得理解，也在诠释基督教真理的同时，对其进行了反思和批判。

西方哲学和宗教的对抗关系，也表现在历时性结构中，这个历时性结构也在遮蔽着天人合一的真理的同时曲折地表达了它。

希腊哲学在对希腊宗教的批判反思中发展起来了，到苏格拉底、柏拉图和亚里士多德达到古代的一个高峰，却因此而产生的理性认识打上了奥菲斯教信仰的烙印，希腊哲学又因为这种起源而无法经受希腊化时期怀疑主义的攻击，不得不把自己交给基督教的信仰主义的救赎。西欧近现代哲学发展从批判基督教的蒙昧主义开端，再度举起了理性的大旗，但是近代哲学发展到德国古典哲学的高峰以后，又因为其继承自基督教的信仰主义和非理性主义而再度经受不住怀疑论的攻击。黑格尔以后，神人和解的希望被放弃了，西方哲学也一步步进入到碎片化和解构主义的泥潭中去。

希腊哲学在早期或者说前苏格拉底时期关注的是自然，因此被叫作宇宙起源论或自然哲学。经历了伦理的转向以后，就产生了苏格拉底、柏拉图到亚里士多德的希腊古典哲学。希腊哲学是在对希腊神话和宗教的批评和继承中产生和发展演化的。从继承一面说，希腊哲学不过是用观念取代了祭仪和表象来服侍希腊人的真理和诸神。就是苏格拉底为标志的哲学的伦理的转向，也是希腊神话和宗教自身演化进程中出现的伦理转向的概念表达。在奥林匹斯多神教那里，对现实世界的乐观主义使得彼岸生活失去了吸引力；死后灵魂就降到冥府居住在那里，没有任何意义。但是在奥菲斯教作为平民宗教兴起以后，这种新的宗教就带有了强烈的伦理批判的特点。在贵族和平民的矛盾随着私有制的产生日益激化之后，面临着债务奴隶制的威胁的平民阶级，就借用奥菲斯教对贵族阶级道德象征的奥林匹斯多神教进行了激烈的批判。奥菲斯教认为现实人生是有罪的，因此人的灵魂被囚禁在肉体中，灵魂只有净化自身使自己回到它的神性的来源才能摆脱罪恶。奥菲斯教的秘仪，就是要分享酒神的神性以克服自己灵魂的污染。奥菲斯教对于希腊哲学的影响是十分深刻的，首先要指出的是，只有有了奥菲斯教的个体灵魂不朽的观念，才会有希腊哲学的整个历程的开端和归宿。希腊哲学之所以以奥菲斯教的灵魂不朽为开端，是因为没有灵魂不朽的观念希腊哲学就没有了舞台上的演员。卿文光认为："从巴门尼德到亚里士多德的希腊本体论哲学的发展，完全可看作是对奥菲斯教不朽灵魂的内涵的一个愈益深刻的揭示过程，这一过程在亚里士多德那里得到彻底完成。""亚里士多德的本体论及从巴门尼德到亚里士多德的希腊本体论哲学的发展，原本已蕴涵在奥菲斯教的灵魂观念中了。"[①] 可见奥菲斯教用表象和祭仪所表达的，哲学要用思想来表达却要走老长一段道路。

奥菲斯教是希腊文明破裂式路径发展的观念，它是把奴隶归于私有财产之一部分的古代私有制即奴隶制的自我意识。在它那里基督教的雏形已经出现了，罪和救赎的主题第一次被提了出来，而且，酒神祭仪就是基督教的圣餐礼、弥撒礼的胚胎。

---

① 卿文光:《论希腊奥菲斯教的"灵魂"观念及其意义》,《求是学刊》2001 年第 4 期。

哲学家苏格拉底（公元前469—前399年），是希腊古典哲学的奠基人，在他的学生柏拉图和后者的学生亚里士多德手里，希腊古典哲学发展到了顶峰。

罗马帝国对外族的强大征服力和更大规模的奴隶制的出现，使得罗马人的观念重现了希腊人在宗教上的伦理转向，这一次转向的不再是雏形的基督教而是基督教本身。因为这一次转向继承了前一次转向的全部成果。它不仅继承了第一次转向的宗教表象的形式，还继承了第一次转向的哲学表象形式的成果。希腊哲学经过苏格拉底、柏拉图和亚里士多德的古典哲学的发展，已经从对奥菲斯教的伦理阐释中产生了伦理神的理念，学者们称之为理神。这个古典哲学的伦理神学实际上已经预示着基督教这个伦理的宗教的诞生。因为苏格拉底、柏拉图到亚里士多德的理神已经具备了基督教上帝的大部分哲学内涵，似乎只需要添加上一神教的礼仪就可以了。但是在从犹太人那里来的一神教秘仪在希腊化或伦理化以后产生的基督教中，有一种和希腊哲学的理神论完全不同的精神特质。如果说作为奥菲斯教哲学表象的希腊哲学还是思辨的话，——彼岸对于它来说还只是回忆和思乡病，那么基督教就有了实践的特点——基督教认为上帝是按照他自己的样子造人的，因此人是有自由意志的。希腊哲学如果是对灵魂不朽的宗教表现的观念表达，那么经院哲学和近代哲学则是对自由意志的执着探问。像奥菲斯教的哲学表象到了希腊古典哲学才丰满起来一样，基督教的哲学表达或对基督教的哲学理解，也经历了一个漫长的过程，直到德国古典哲学的康德、费希特、谢林和黑格尔才完成这一工作。

虽然基督教早就有了自由意志的宗教表象的表述，奥古斯丁就认为亚当夏娃和其子孙之所以犯罪，就是因为上帝创造人的同时赋予了几乎是神性的自由意志，但是，康德才是第一个提出实践理性即自由意志的优越性的基督教哲学家，在他之前尤其是中世纪的神学和经院哲学几乎都没有足够重视自由意志的存在。中世纪的教父神学和经院哲学还沉浸在对柏拉图和亚里士多德的思辨中，还停留在对彼岸世界的向往和幻想中，还只是停留在奥菲斯教的灵魂不朽的自我意识的阶段。德国哲学的典范性不仅仅在于它的体系的恢宏和严谨，更根本的在于它揭示了基督教的实践意义。尽管康德已经对自由意志的重要性有了自觉的意识，但是他犹豫不决最终还是让自由意志留在现实世界的彼岸——尽管康德称之为自由的彼岸。黑格尔在《精神现象学》中解释了自由意志产生的秘密：自由意志产生于自我的苦恼意识中。黑格尔在新教改革中看到了自由意志的实践性，它决定实现一个灵魂转向，那就是把此岸世界看作它的历史舞台。后来韦伯提出的新教资本主义观念早在黑格尔的《法哲学原理》中就已经出现了。马克思，而不是黑格尔，才是德国哲学的最高峰。基督教的最根本的实践转向，最终是由马克思阐述出来的。基督教的天国理想的现实实践，蕴含着对自身的激烈否定，因为基督教用罪性捆绑住的自由意志只有否定了基督教之后才能解放出来。

就像古希腊古典哲学在批判奥菲斯教而发展出人类理性的哲学体系的同时，也继承了奥菲斯教的非理性主义，现代哲学也在根子上是基督教性质的，当西方哲学试图脱离它的这个基础而展翅飞翔的时候，它才发现它把自己的一切成就归功于的自由意志，还是以原罪为其最初的规定性的。浮士德博士的人间伟业，根本来自他向魔鬼的投诚和对神圣权威的背叛。

四、神人和解与天人合一

从西方思想史上的宗教与哲学的相互渗透、相互影响和相互转化的进程中，我们发现了一种复杂的神人关系，和中国思想史上的天人关系迥然不同，却又可以彼此沟通。

西方思想史上的哲学突破造成了神人分裂的超越观念，其分裂的不断深化便造成了基督教的绝对的一神论崇拜。在走向神人分裂极端的基督教原罪论中，全盘皆输的人却赢得了自由意志。以自由意志为起点，现代哲学终于否定了经院神学。但是尽管现代哲学以否定神学为其宗旨，却无法摆脱它从后者那里继承下来的神人的分裂对立。本来，基督教经院哲学还可以借助神恩，即基督的救赎，重建神人的关系，从而赢得神人的和解。但是现代哲学以人的觉醒否定了神意的支配之后，却发现一度经历困苦而赢得的自由竟然是虚无主义的和荒谬的，这就是尼采在 19 世纪末的伟大发现：上帝已经死了。后现代神学试图为人们重新建立对神灵的信仰，却无法回答这样一个问题：已经告别了的中世纪如何能够重新赢得？

现代哲学要回到它的起源那里寻找新的开端。维特根斯坦要回到基督教早期那里，尼采和海德格尔要回到前苏格拉底哲学，施特劳斯要回到柏拉图、亚里士多德，他们都要返回到西方哲学的源头去解决西方现代性的困境。这些企图也是注定不能成功的，因为现代文明在产生的路径上依赖于古希腊罗马的文明起源，就如同奥菲斯教作为胚胎已经为基督教的出生准备了条件。

通过基督教排除人主观能动性的基督救赎，来实现神人和解是没有希望的，这是中世纪的教训；而现代哲学从神学那里夺取来的康德的主体性和海德格尔的此在，也是没有根基的被抛入和出离，这是我们今天在哲学中遇到的困境。这个二难推理的问题存在于它的前提中，不管是基督教还是康德、海德格尔的哲学都预设了神人对立的前提。我们看到西方哲学从前苏格拉底哲学家巴门尼德的"存在"概念，到海德格尔的无家的被抛入世界的"此在"认同，虽然有哲学言说形态上的诸多变迁，却存在着一种在神人关系上的高度一致性。海德格尔一反巴门尼德和柏拉图从非时间性的永恒来思索存在的路线，而把他们拒绝的时间性对存在的诠释作为哲学的路线。但是海德格尔只是揭示了被形而上学的话语遮蔽的东西，他的重新返回和解构，因此就具有补充的特点。这就注定了海德格尔的返回跳跃的局限性。

必须准备一个更大的返回跳跃，这就是向对于破裂式路径而言更具本源性的连续性路径开端的返回跳跃。神人关系本来是天人关系。天人关系是一个相即关系，神人关系只是它的异化形态。人的本质与人分裂对立起来而异化为外于己的神，人与自己的关系因此幻化为神人关系——对自身天性的背离幻化为对神的背叛。这种背叛从而成为人性的规定性。奥古斯丁对于初生婴儿原罪的强调，康德关于根本恶的普遍性的断言，都是这同一个幻化结出的果子。在中国传统中，儒家认为对人类自身天性的偏离只能是非本质性的习性，从而是人自身可以克服的。对于基督教关于人的罪只能通过基督之死来救赎的教条，儒家从来都目之为荒诞不经的言论。

儒家思想对于人性的乐观主义，产生自对本源意义上的天人关系的自觉认识，反过来，又把天人关系塑造成一种动态的而不是静态的关系。从对人性的乐观主义出发，天人关系成为君子自强不息、修业进德的动态关系。这样的一个向着连续性文明本源的返回跳跃，才给克服我们时代西方文明扩张带来的虚无主义提供了有光明前途的"另一个开端"。

小结：西方哲学研究的中国话语

在实现了"理在事中"的视角转换之后，我们在西方哲学那里也发现了西方哲学的理事分离的原理以及西方哲学的发展演化与西方文明破裂式路径的互动关系。我们在这里，就发现了西方哲学自身意识不到的东西，原来西方哲学的理事分离原则也是受"理在事中"的逻辑所支配的。同样在这个转换之后，我们也在西方哲学与宗教的分裂对立的表象后面发现了二者内在一致和互动互构的相即逻辑。

张光直在文明起源和人类考古学的研究中，早就发现："中国的形态很可能是全世界向文明转进的主要形态，而西方的形态实在是个例外。""一般社会科学上所谓原理原则，都是从西方文明史的发展规律里面归纳出来的。我们今后对社会科学要有个新的要求，就是说，任何有一般适用性的社会科学的原理，是一定要在广大的非西方世界的历史中考验过的，或是在这个历史的基础上制定出来的。退一步说，任何一个原理原则，一定要通过中国史实的考验，才能说它可能有世界的通用性。"[1]

对于严重依赖西方的哲学范式研究中国哲学的中国学人来说，要从中国文明的哲学观念出发去全面地解读西方哲学的发展历史还有很长的一段路要走。但是，一旦我们有了这样的视角的转向，我们对西方哲学的理解就会深入一大步，我们会发现一些原来都意想不到的新的见解。

---

[1] 张光直:《考古人类学随笔》，生活·读书·新知三联书店 1999 年版，第 55—56 页。

第十九讲　中西社会的文学镜像:《红楼梦》与莎士比亚戏剧

张秋升（天津师范大学历史文化学院教授）

中国清代的曹雪芹和西方英国文艺复兴时期的莎士比亚，都是人类历史上伟大的文学家,《红楼梦》和莎士比亚的戏剧都是人类文学史上的丰碑式作品，是迄今为止难以企及的文学巅峰。在他们二人的作品里，有着对东西方社会多方面的、生动的、典型的描述，蕴含着作者对各自民族文化的深刻思考，也寄寓着作者美好的社会理想。

《红楼梦》是中国封建社会的百科全书，上至皇宫贵族，下至里巷百姓都有描写，涉及政治、经济、文化、风俗等社会的各个方面；莎士比亚留给人类的 37 部戏剧，描绘了国王、大臣、商人、法官、律师、淑女、乞丐各色人等，涉及政治制度、权力斗争、经济关系、法律、宗教、战争、爱情、友谊等。他们都以社会学家的视野、哲学家的眼光、文学家的手笔、艺术家的审美理念，把历史上、生活中发生的事演变成一个个感人至深的故事，塑造了多个不朽的艺术形象。

他们的作品，自产生之初，就备受欢迎，而后来则传布全球。

《红楼梦》产生不久，清代民间就流传着一首《竹枝词》，其中两句是:"开谈不说《红楼梦》，读尽诗书亦枉然。"常州一位书生，寝食俱废，一个月内连续读了七遍《红楼梦》，心血耗尽而死。一部书能将人读死，在古今中外，恐怕绝无仅有。自《红楼梦》产生近三百年以来，研究它的著述已经汗牛充栋，浩如烟海，以至于成为一门专门的学问——红学。《红楼梦》被改编成电影、电视剧等其他艺术形式，上演不衰；并被翻译成各国文字，传布世界。

莎士比亚戏剧的魅力亦是如此：1632 年《莎士比亚全集》对开本的卷首献词，同时代的另外一名著名剧作家本·琼生承认他是"时代的灵魂"，"他不属于一个时代，而属于所有的世纪"。莎士比亚的戏剧直到今天仍然是常演不衰，并被改编成不同的艺术形式上演；被翻译成多国文字，也是传布世界各地。英国首相丘吉尔说："我宁愿失去一个印度，也不肯失去一个莎士比亚。"

这些都说明，曹雪芹和莎士比亚对人类的贡献是多么难以估量！

需要说明的是，我们对《红楼梦》和莎士比亚戏剧的研究和讲述，不同于文学，我们的目的是要从他们伟大的作品中，透视中西社会的巨大差异，是把他们的作品作为一种独特的、不同于历史著作的文本，当作一面反映中西社会的明亮的镜子，看它们究竟映照出了怎样的中西不同。我们的宗旨是从更广泛的角度来认识历史上的东西方社会。

文学能够反映社会历史吗？回答当然是肯定的。普列汉诺夫曾说："任何文学作品都是它的时代的表现。"梁启超也说："须知作小说者无论骋其冥想至何程度，而一涉笔叙事，总不能脱离其所处之环境，不知不觉遂将当时社会背景写出一部分以供后世史家之取材。"红学大家周汝昌将小说看成是"活历史"，认为小说是活的历史，是"研究历史文化的一大重要途径"。

当然，文学作品反映社会历史有其自身的特点。虽然文学作品与历史著作一样，都是历史的显示器，但它们反映历史的方式和方法不同：其一，历史著作重在再现，文学作品主要是表现；前者追寻原貌，后者有理想建构。其二，历史著作写实，文学作品写虚。其三，历史著作多用摹写的手法，文学作品采取典型化手法。

但文学作品有历史著作不可替代的价值，虽然有歪曲、夸张和虚构，但亦包含不少的历史真实。它在历史细部的描写、时代精神的展现等方面，有不可替代的价值。马克思曾经指出："现代英国的一批杰出的小说家，他们在自己的卓越的、描写生动的书籍中，向世界揭示的政治和社会真理，比一切职业政客、政论家和道德家加在一起所揭示的还要多，他们对资产阶级的各个阶层，从'最高尚'的食利者，和认为从事任何工作都庸俗不堪的资本家，到小商贩和律师事务所的小职员，都进行了剖析。"①

一、曹雪芹、莎士比亚的时代与生平

（一）时代

曹雪芹的时代：

《红楼梦》产生于清朝乾隆时期，到乾隆二十七年（1762年）除夕曹雪芹去世，还没有最后完成。这一时期，是中国封建社会的最后辉煌与回光返照时期。这一时期比莎士比亚生活的时代虽然晚了近150年，可依然是一个闭关自守的专制主义中央集权的

---

① 《马克思恩格斯论艺术》第2卷，人民出版社1978年版，第402页。

《红楼梦》（人民文学出版社 1982 年版）书影。人民文学出版社出版的《红楼梦》，主要以庚辰本为底本，以戚蓼生序本、程甲本、程乙本等版本为参考，博取众长而成，多次重印发行，反映了《红楼梦》这部小说的巨大魅力和广泛影响。

封建帝国。

具体来说，《红楼梦》产生的时代，正是历史上的所谓"乾隆盛世"，实际上，在王朝鼎盛的背后危机重重。统治阶级内部，宫廷争权谋位，残酷地迫害异己，官吏贪污腐败，钩心斗角，生活腐化堕落。而百姓则民不聊生，各族人民的反抗斗争不断，贵州、湖南的苗民起义，川陕的白莲教起义等此起彼伏。在文化领域，清政府提倡封建纲常礼教，沿用八股取士制度，同时大兴文字狱，从思想上控制各族人民，压制知识分子的反清思想。

曹雪芹生活的时代，封建制度显然已经是末日临头，同时资本主义生产方式已经在中国萌芽，并在民间蓬勃发展起来，新兴的市民阶层和社会上的民主意识开始浮出水面，并迅速传播。西洋传教士和商人已经敲开"天朝"的大门。所以这又是一个即将发生变革的时代。

莎士比亚的时代：

莎士比亚生活的时代，是英国伊丽莎白一世统治时期，是封建社会衰亡而资本主义蓬勃兴起、文艺复兴运动春风化雨的时代。

莎士比亚时代的英国，正进行着资本主义的原始积累，圈地运动在全国范围内进行。经济的发展需要一个广阔而统一的商品市场，从而也要求国内有一个统一强大的王权，在国外则要求开辟殖民地。伊丽莎白实行了有利于资本主义工商业发展的政策，得到了新兴资产阶级的支持，王室和资产阶级之间形成了暂时的联盟。这时的英国，已经成为贸易大国，随着航海业的发展，英国人疯狂地将触角伸向四面八方。英国在外国的贸易公司如雨后春笋般成立起来，"俄罗斯公司""东方公司""东印度公司""非洲公司"，等等，为了解决与海上霸权者西班牙的贸易矛盾，伊丽莎白女王打败了西班牙的"无敌舰队"，为英国的海上发展奠定了基础。

这一时期，人文主义思潮兴起，文艺复兴运动的中心也由意大利转移到了英国。新兴的资产阶级对腐朽的封建制度和宗教神学进行批判，在复兴古代希腊罗马文化的形式下，宣扬人文主义。这是历史的转折时期，一方面，旧的封建制度正在迅速瓦解；另一方面，新的资本主义的生产方式，正以原始积累形式迅速崛起。人文主义以"人"来与教会所尊崇的"神"对抗，以个性解放反对教会提倡的禁欲主义。这些思想在资本主义替代封建主义的历史时期，起到了很大的进步作用，也反映在当时众多的文学作品中。如果说意大利文艺复兴运动的主要表现在绘画方面，那么在英国，则主要体现在戏剧方面。"大学才子"戏剧脱颖而出，莎士比亚正从社会的最底层进行艰苦的跋涉，并最终取得了戏剧艺术的辉煌。

（二）生平

曹雪芹生平：

曹雪芹于康熙五十四年（1715 年），出生于南京江宁织造府。少年时代过着"锦衣纨绔""饫甘餍肥"的奢华生活，这时曹家虽不及先前兴盛，但曹雪芹的幼年赶上了家族最后一段繁华时期。他的曾祖母孙氏曾做过康熙皇帝的奶妈，祖父曹寅从小就是康熙的"奶兄弟"，又是康熙特别亲近的小侍卫和伴读。为了酬报曹家，康熙特意让曹家先后三代四人担任江宁织造的肥缺。康熙南巡，其中有四次由曹寅接驾。雍正继位，曹家被抄；乾隆继位，曹家再次被抄。曹家败落后，穷困与贫窘一直追随着曹雪芹。

曹雪芹大概在四十岁前后移居北京西郊西山附近的一个荒村，过着"举家食粥酒常赊"的穷困日子。他工诗善画，喜欢喝酒，对黑暗的社会抱着不屈的傲岸风骨。他撰写《红楼梦》，屋里只有一桌一凳，空无他物。他没钱买纸，便将旧皇历拆开，在纸背面写作。最后竟卧病不起，无钱医治，于乾隆二十七年（1762年）凄惨地死于万家灯火的除夕之夜。可谓"泪尽而死"，终年还不到五十岁，连埋葬的费用都是他几个好友资助的。

曹雪芹《红楼梦》的出现，与曹家是诗书世家有关。特别是曹雪芹的祖父曹寅，是当时有名的才子，曾主持刊印过著名的《全唐诗》。曹家又是著名的藏书家，家有藏书数万册。这样一个有极深文学修养的家庭，造就了曹雪芹创作《红楼梦》所需的优良的文化素质和艺术素质。

另外，人生际遇也是《红楼梦》成为经典的重要原因。曹雪芹是一个"翻过筋斗来的"人，从"锦衣纨绔""饫甘餍肥"到"蓬牖茅椽，绳床瓦灶"的生活巨变，特别是后半生的坎坷遭遇，对他的思想感情产生了强烈冲击。困居北京西山，他有机会接触劳动人民和新兴的市民阶层，目睹严酷的社会现实。艰苦的生活及经济地位的变化，使他对黑暗污秽的封建社会有着更为深刻的认识。正因为如此,他才能"敢于如实描写,并无讳饰"。

莎士比亚生平:

1564 年 4 月,莎士比亚出生于英国埃文河畔的斯特拉福镇,这是英国中部沃里克郡三大商业市镇之一。四岁时,他的父亲当上了镇长,到他十五六岁时家境开始困难,于是辍学。到了 1585 年,莎士比亚离开了斯特拉福镇,来到了当时英国的政治、经济、文化中心——伦敦。

这一时期的伦敦,戏剧兴盛起来,出现了一批著名的剧作家,"大学才子"和马洛等剧作家,对莎士比亚影响非常之大。莎士比亚来到伦敦后,一开始只能在剧团里打杂充役,但他刻苦好学,注意观察戏剧的演出,并苦练演戏的本领。

1592 年,年仅二十八岁的莎士比亚创作完成历史剧《亨利六世》,并在伦敦著名的玫瑰剧场上演,引起了强烈的轰动,一鸣惊人。莎士比亚由此充满了信心,看到了辉煌灿烂的前景,于是奋力前行,乐此不疲。从此一部部惊人的戏剧从莎士比亚手里抛出,震撼了当时英国的戏剧界。莎士比亚在大约 20 年的时间里,完成了 37 部戏剧,有历史剧、喜剧、悲剧、传奇剧等类型。最著名的是他的四大悲剧:《哈姆雷特》《奥赛罗》《李尔王》《麦克白》,标志着莎士比亚对时代和人生的深入思考达到了相当的高度。在剧中,他着力塑造了多个悲剧人物,这些人物的悲惨命运,鲜明地表现了人文主义理想与残酷现实之间矛盾的不可调和,深刻地揭示了资本主义原始积累时期开始出现的种种社会罪恶,寄寓了作者的社会理想。

晚年的莎士比亚,生活富裕而安逸,他有自己的剧场股份,收入颇丰。从伦敦回到故乡后,他置办了巨额房产,安度了晚年。

《莎士比亚全集》（人民文学出版社1978年版）书影。该版的主要翻译者是近代著名的翻译家朱生豪（1912—1944年）。朱生豪是较早翻译莎士比亚作品的翻译者之一，1936年开始翻译《莎士比亚戏剧全集》，一生翻译莎士比亚戏剧31部。

1614年4月23日在家乡斯特拉福镇病逝。

曹雪芹和莎士比亚，一个在东方没落的王朝中痛苦反省，一个在西方新时代的阳光下深入思索。他们被各自的时代和民族所孕育，用心血浇灌出了流芳万古的伟大著作。

二、从故事内容看中西社会形态

不论是小说还是戏剧，都是讲故事的，故事的内容往往是映照社会形态的一面镜子。曹雪芹的《红楼梦》和莎士比亚的戏剧，都非常真切地、典型地、艺术地再现了中西方各自的社会形态。他们作品中最突出的：一是农业社会，一是商业社会；一是宗族伦理社会，一是契约法律社会。

（一）农业社会与商业社会

东方农业社会：

中华文明是典型的农耕文明，有辽阔的土地和丰富的水资源，大河的定期泛滥在中下游形成了肥沃的冲积平原，土壤肥力逐年都有滋补，十分适宜农耕。而且中国农作物种植较早，种类丰富，面积广阔，也非常有利于牲畜的养殖。这里的人民，祖祖辈辈附着于土地上，遵从时令季节，通过辛勤劳作，获取农作物的丰收。商业作为一种经济调节形式，虽然存在，但历整个中国古代社会，一直没有占据过主导地位。

《红楼梦》所展示的社会，正是这样一个有着悠久的重农抑商传统的农业社会。虽然《红楼梦》中没有正面描写农业生产和农民生活，但却有贾府这个大家族生活背景的描写。贾府的经济收入，一是为官的俸禄，二是皇帝的赏赐，但这些都不足以支撑他们的豪奢，最主要的还是靠地租。贾府里的乌进孝和周瑞家的都是负责田庄地租的庄头。比如，小说写道：乌进孝是东北黑山村宁国府庄头，管着八九个庄子，他的兄弟还管着荣国府的八个庄子。宁国府收租一节，将粮食、家禽、野味、山珍统统开列出详细的清单，使得《红楼梦》在不经意间，为所处时代的农业生产情况留下了记录。同时，也将交租人一年的辛苦劳作，经受自然灾害的情况展示出来。贾家被抄家后，贾政翻看账簿时发现，"东省地租，近年所交不及祖上一半"。这些点点滴滴的描写，实则隐含着贾府豪奢铺张的经济来源主要是靠佃农的劳动地租，其家族后面的一个基本支撑就是农业生产。除了贾家之外，小说还写到甄士隐遭遇火灾，准备到田庄去住，可是"偏值近年水旱不收，贼盗蜂起，官兵剿捕，田庄上难以安身"[①]，则暗示了地主与农民之间不可调和的矛盾。关于农业社会的田园风光，《红楼梦》

---

① 曹雪芹：《红楼梦》上，人民文学出版社 2000 年版，第 11—12 页。

中也有几处反映：如对大观园稻香村的描写，就是典型的农业社会的田园风光，以至于引起了贾政的"归农之意"。另外，第十五回写给秦可卿送殡的路上，路过一处田庄，贾宝玉"凡庄农动用之物，皆不曾见过。宝玉一见锹、镢、锄、犁等物，皆以为奇。不知何项所使，其名为何。小厮一一地告诉了各色，说明原委。宝玉听了，因点头道：'怪道古人诗上说：谁知盘中餐，粒粒皆辛苦。正为此也。'"而《红楼梦》中的一个线索式人物刘姥姥，则是地地道道的一个农民，从她的口中，说出了不少农业生活的信息，也反映了农民的质朴善良。

当然，《红楼梦》中不是没有写到商业活动，比如薛家就是皇商，薛蟠除了是一个花花公子外，还是一位给皇室进货的商人。但自由的商业活动描写，在《红楼梦》中几乎是见不到的。

西方商业社会：

西欧中世纪晚期，城市大量兴起，商人云集，商品经济得到迅速发展。16世纪后半期的英国，城市日趋繁荣，地方城市约有七十多个，或以商业，或以手工业著称。

伊丽莎白时代是资本积累的时代，商人阶级正在兴起，商人的活动在对内积累资金和对外掠夺财富等方面，发挥了越来越大的作用。这一时期，上至女王、大臣，下至百姓，包括莎士比亚这样的戏剧家，从事商业活动是非常普遍的。当时的伦敦，已是全国的政治重心，也是经济贸易中心，聚集了全国大部分财富。伦敦市政为富商所主宰。文艺复兴之后，政府借商人之手获得了对海外的控制，并增加了财政收入，而商人则依靠政府的力量获取巨额财富，并迅速地、大规模地拓展到海外，扩充了资本。所以，在英国，根本没有中国意义上的抑商，商人的地位很高，得到了社会的尊重。

生活在当时商业中心城市伦敦的莎士比亚,其笔下所写,自然是一个商业社会。遍览莎士比亚的所有戏剧,我们看到的是海上贸易,大海,商船,荒岛,几乎很少见到农田,也没有农业的描写。在所有的戏剧中,对商业社会进行过突出描绘的有:《错误的喜剧》,描写的是商人家庭的生活情况及其他们的悲欢离合;《雅典的泰门》,表现了商人和金钱之间的关系;《亨利八世》,反映了纺织商解雇工人以及引发的劳资矛盾;尤其是《威尼斯商人》,刻画了两个对立的商人形象,犹太商人夏洛克和基督徒商人安东尼奥。虽然该剧以威尼斯命名,但反映的是英国商业社会,其所表露出来的商业观也是那个时代的。这一戏剧实际上就是写的16世纪英国社会土壤中孕育出来的大商人。

金钱是商业的象征物,也是商品的等价物,金钱具有双重特性。正是通过大量的商业活动,莎士比亚认识到了金钱的本质、金钱的作用及其由此引发的罪恶。所以,莎剧中对金钱罪恶和人性堕落的反思,便成为一个突出的主题。莎士比亚认为,在商品经济社会中,不仅仅有金钱和买卖的关系,还有其他更加重要的关系,如道德、法律、良心、友谊、荣誉、品质,等等。但金钱成为了人们顶礼膜拜的对象,为了追求它,人们践踏道义、亲情、契约和秩序。于是,莎士比亚在他的戏剧里,对金钱进行了有力的批判。最典型的台词是《雅典的泰门》中,莎士比亚借泰门之口所说:

　　金子! 黄黄的、发光的、宝贵的金子! ……这东西,只这一点点儿,就可以使黑的变成白的,丑的变成美的,错的变成对的，卑鄙变成尊贵，老人变成少年，懦夫变成勇士……这黄色的奴隶可以使异教联盟，同宗分裂；它可以使受诅的人得福；使害着灰白色的癞病的人为众人所敬爱；它可以使窃贼得到高爵显位，和元老们分庭抗礼；它可以使鸡皮黄脸的寡妇重做新娘，即使她的尊容会使身染恶疮的人见了呕吐，有了这东西也会恢复三春的娇艳。[①]

（二）宗族伦理社会与契约法律社会

宗族伦理社会：

所谓宗族，是指同一父系血缘关系的各个家庭在宗法制观念下聚族而居的社会群体。宗族的事务有建祠堂、修族谱、立族规、置族田、设义庄、办义学等，以发挥宗族的社会作用。宗族强调尊祖、敬宗、尊卑贵贱和封建礼教。所谓宗法制度，是以男性血缘关系为纽带，以维护皇权或贵族世袭的一种宗族制度。这种以血缘为纽带、以利益为轴心的婚姻家族，在中国封建社会结构中，是各种制度配置的中心，无论经济、宗教、政治、教育等制度，均以家族团体为主。家庭和国家两者的组织形态、社会功能、思想意识同构于一体。

整个封建国家，就是由众多这样的家族构成的，这种封建王朝的特点是"家国同构"。家族是整个国家的细胞，国家的政治结构和治理方式与家族的是一样的，家是国的缩微，国是家的扩大。据记载，乾隆二十九年（1764 年），江西巡抚辅德巡查本省所建的宗祠，

---

① 《莎士比亚全集》第 8 卷，朱生豪译，人民文学出版社 1979 年版，第 176 页。

一省之中竟达 8994 族。[①] 整个国家有多少这样的宗族，是可想而知的。

《红楼梦》所描写的世界，就是这样的家族世界，它也以对家族世界衰亡史的细致描述，展示了与之同构的清王朝的必然灭亡。曹雪芹亲身经历了自己家族由"烈火烹油"到"忽喇喇似大厦倾"的衰败，对家族的认识全面而深刻。《红楼梦》也正是通过贾史王薛四大家族衰亡的历史，生动地再现了我国最后一个封建王朝内部的各种斗争，广泛而深刻地反映了封建社会末期的黑暗现实。《红楼梦》第四回的"护官符":"贾不假，白玉为堂金作马。阿房宫，三百里，住不下金陵一个史。东海缺少白玉床，龙王来请金陵王。丰年好大'雪'，珍珠如土金如铁。"[②] 这几句话是全书的总纲，贾史王薛是书中描写的四个典型的封建家族。他们是大贵族、大官僚，又是大地主、大高利贷者。他们上通朝廷，中结官府，下欺百姓。除了这四大家族外，书中还写到了江南甄家，还有北静王府、忠顺王府等世家大族。这样的大家族，在中国封建社会是很多的，曹雪芹的曹家，就是这样的一个大家族。四大家族之间"一损俱损，一荣俱荣"，结成了一个巨大的利益网络，形成了不可分割的利益群体。

关于这样家族的宗法制度，《红楼梦》有细致的描写和深刻的反映，包括宗族继承制度、宗族祭祀制度、宗族的功能，尤其是这个宗族的管理。如贾家是按照嫡长子继承制度，宁国府为大宗，所以贾府祭祖由宁国府主祭;宗族有修族谱、办义学、置祠田等

---

① 辅德:《复奏查办江西祠宇疏》，见《皇清奏议》卷五十五，凤凰出版社 2019 年版。
② 曹雪芹:《红楼梦》上，人民文学出版社 2000 年版，第 40 页。

功能；贾府的管理由长房负责，所以贾珍管理宗族事务。比如收取地租、主办丧事、赈济同宗等，都由贾珍出面。这样的家族，极为强调等级制度，而维护这一等级制度的是封建礼教或封建伦理道德，而不是法制。

贾府是一个等级森严的小社会。在贾府里面，有主子与奴仆的等级。在奴仆里面，又有三六九等，像周瑞家的，专门替贾府收地租的，属于上流奴仆，上夜的老妈子等属于下流奴仆；赖大、赖升、林之孝等人是一等奴仆，吴新登、詹光、程日兴等是低一等的奴仆。在丫鬟里面，也分不同等级，鸳鸯、袭人、平儿是有头有脸的，而晴雯等则是等而下之的。贾府里主子，依据血缘关系，处于最高等级的是辈分最高的贾母，贾赦、贾敬、贾政及其夫人属于次一等的，贾珍、贾琏、贾宝玉等属于又次一等的，这是按照血缘辈分的高低划分的等级。同时，虽属同一辈分，又因出生于妻妾的不同，有高低贵贱之分，比如贾宝玉和贾环。

但是，在家的层面上的等级，又要附属于国家层面的等级，就像众多的世家大族要服从于皇室一样。当元春省亲的时候，作为其奶奶的贾母也要下跪，作为其父亲的贾政也要称臣。这与三纲——"君为臣纲，父为子纲，夫为妻纲"——将"君为臣纲"放在第一位是一个道理。这种把君臣礼仪置于家族礼仪之上的实质在于，元春虽属晚辈，但因为是皇妃，所以代表了君主，而普天下的人都是君主的臣民，必须对他绝对服从，皇帝是蹲踞在金字塔的塔顶的。

封建末世的道德，以三纲五常为核心，以程朱理学为哲学基础，以天理作为终极依据，以"存天理，灭人欲"为手段，但是，这样的道德，在封建末世，却走向了自己的反面——"以理杀人"。大观园一个个青春少女的死亡，深刻地控诉了这种伦理道德的虚伪性和残酷性。

契约法律社会:

西方社会有着悠久的法律传统。商业贸易的需要和陌生人的社会交往，使得西方在很早的时候就产生了契约意识和法律观念。

在莎士比亚的 37 部戏剧中，超过 20 部的剧作涉及了法庭场景，占莎翁戏剧总数的三分之二。其中涉及的法律问题也相当宽泛:在《一报还一报》中，涉及法律应当在多大程度上实现道德的要求问题;《哈姆雷特》中，涉及法律通过疏导报复的情感，可以为社会带来什么样的利益等问题;《亨利四世》涉及法律公正问题;《奥赛罗》《无事生非》《冬天的童话》中，涉及法律在保护个人不受诬陷中的作用问题;《一报还一报》《威尼斯商人》涉及避免僵化解释法律及契约，以免出现不正当的结果的问题;《理查二世》《李尔王》涉及包括国王在内的任何人都不能高于法律的问题。

在莎士比亚的戏剧中，有几个例子非常鲜明地反映了西方社会对法律的高度重视。一是《李尔王》中关于立法权问题。如果立法者仅仅依靠强权，那么就会出现如李尔王控诉的那样:"你没看见法官怎样痛骂那个卑贱的偷儿吗? 侧过你的耳朵来，听我告诉你:让他们两人换了地位，谁还认得出哪个是法官，哪个是偷儿?"《李尔王》中对于王权、法律和正义关系的描写，正是莎士比亚对当时何为法律的一个文学上的反应。当时这一问题是有争论的，比如大法官柯克与国王詹姆士一世之争，柯克对于理性乃至司法独立的推崇，实际上开启了英国普通法的近代化转型。

二是《一报还一报》中法律条文与执法尺度问题。该剧写到维也纳生活着一群社会底层的卑贱的人，这里妓院林立，却有着极为苛刻的法律。文森修公爵出访国外，让一丝不苟的安哲鲁临时摄政。安哲鲁对妓院一律拆除，还把私订终身但未婚先孕的青年男女克劳狄奥与朱丽叶游行示众，并将处以极刑。克劳狄奥承认自己罪有应得，但感到执法尺度太严格，但安哲鲁只是个执法者不是立法者，他说："法律判你兄弟的罪，并不是我。他即使是我的亲戚，我的兄弟，或是我的儿子，我也是一样对待他。"这里涉及法律本身是否违背了人的基本道德权利，即法律的界限问题。

最能反映西方是法律社会的剧作是《威尼斯商人》。在威尼斯这个商人共和国中，自由竞争、权利至上、契约自由是公民的基本理念。这是一个不同人自由融合的地方，它是那个时代最具包容性的城市。为了保障商业活动的正常与公平，上至公爵下至法官鲍西亚、被告安东尼奥和原告夏洛克，都极力维护法律的神圣和不可变更性。剧中大小人物，包括主张公爵动用行政手段变更法律的巴萨尼奥，均以不同的方式，共同维护着威尼斯的法律。被告安东尼奥清楚地知道，违约以后，法庭无法驳回夏洛克的申诉，因为"公爵不能变更法律的规定，因为威尼斯的繁荣，完全依赖着各国人民的来往通商，要是剥夺了异邦人应享的权利，一定会使人对威尼斯的法治精神发生重大的怀疑"。因此，夏洛克才狂妄地说："您要是拒绝了我，那么你们的法律去见鬼吧！"因为是包容性的城市，所以有基督徒安东尼奥，也有犹太人夏洛克，可是二人关系非常紧张，放高利贷的夏洛克对借钱不取利钱的安东尼奥恨之入骨。于是，乘安东尼奥之危，订立契约，如果不能按时还钱，就要割下安东尼奥身上任何地方的一磅肉。他们二人签订的一磅肉的契约，是合同双方合意的法律制订，属于实在法的范畴。最后，女扮男装的巴萨尼奥的妻子鲍西娅同样是运用了法律的手段，斗败了夏洛克，而不是利用行政命令或权势。[1]

可以说，《威尼斯商人》中人们一直围绕法律展开斗智，而《红楼梦》中不论是薛蟠违法杀人而逍遥法外，还是王熙凤怂恿张华告状，都反映出权势大于法律，所以说：中国是一个崇尚权力的社会，而西方是一个遵守契约和法律的社会。《红楼梦》中不是没有写到诉讼，但是无一例外地都是徇私枉法，权势大于法律，人情大于法律，这是中国古代社会的突出特点。

三、从人物形象看时代精神和社会关系

马克思主义认为：人是一切社会关系的总和。《红楼梦》和莎士比亚的戏剧，塑造了大量的鲜明生动的人物形象，展现了各自的时代精神，反映了各种社会关系。在这里，我们想通过贾宝玉与哈姆雷特的比较，看那时的时代精神；通过女性人物的描写，洞悉东西方社会关系的差异。

（一）旧礼教的叛逆者与新人文精神的承载人——贾宝玉与哈姆雷特比较

《红楼梦》写了 448 个人物，中心人物是贾宝玉；莎士比亚描写了 682 人，其中塑造最成功的人物之一是哈姆雷特。两位大师在塑造人物性格方面都从现实主义出发，塑造出了性格鲜明立体

---

[1]　以上所举三个例子，可参见冯伟《莎士比亚与早期现代英国的“法律”建构》，《外国文学》2014 年第 4 期。

清代孙温（1818—？）绘《红楼梦》大观园贵族生活场景（《孙温绘全本红楼梦》，现代出版社 2010 年版）。孙温是较早运用绘画方式传播《红楼梦》的画家，他以工笔重彩将《红楼梦》的故事用 230 幅画展示出来。

的形象，展示了他们那个时代的精神。他们一个是旧礼教的叛逆者，一个是新人文主义精神的承载人。

贾宝玉：

贾宝玉是世家大族荣国府的公子，外表俊美灵秀，备受宠爱，聪明智慧，生活在"花柳繁华地，温柔富贵乡"。其所处的时代，表面上是昌明盛世，实则是"水旱不收，盗贼蜂起""昏惨惨似灯将尽"；他的家族——贾府表面上是"诗礼簪缨之族"，实际上充满了罪恶。

作为衣食无忧、富贵闲人的贾宝玉，实则受到种种束缚：从身份隶属上，他是贾家的公子，将来的希望，他要读书科举，为官做宰，维护家族利益；他的婚姻不能自己做主，要服从金玉良缘；他的感情要隶属于家族，不能自由恋爱。就像他自己说的，

"虽然有钱，也不让我使"；交接什么样的朋友，都要管着；出门去干什么了必须事先告知，事后汇报；甚至自己人身自由行动也受到限制，"但凡行动就有人知道"。而这一切的束缚都来自宗法制度和封建礼教。

贾宝玉叛逆的主要表现是：反对封建礼教，反对等级制度，厌恶"学而优则仕"。

具体体现在：

第一，同其父贾政的矛盾冲突。贾政是封建秩序、封建礼教的忠实维护者，为了维护其家族的利益，他力图把贾宝玉塑造成读书做官的人，贾宝玉是贾家全力培养的后世接班人。但是，贾宝玉不愿读书做官，却愿意在女孩堆里厮混，不愿读四书五经，却喜欢看《西厢记》等禁书，不愿结交贾雨村这样的禄蠹，却喜欢与蒋玉菡这样的戏子成为知己。这使得贾政见了宝玉骂"畜生""不肖孽障"，最后痛下毒手，要勒死这一叛逆的祸胎。

第二，与家族在婚姻问题上的对立。贾宝玉与林黛玉志同道合，心心相印，共读《西厢》，从不说讲求仕途经济的混账话。宝黛的结合，显然不利于家族的利益。于是贾政、王夫人、王熙凤以调包计扼杀了宝黛爱情，强迫宝玉娶三从四德的薛宝钗，结果黛玉泪尽而死。

第三，主张不分等级，人与人平等相待。贾宝玉提倡同情人，尊重人，认为人与人之间应该平等相待，其中包括男女平等、主奴平等、嫡庶平等。他反对等级贵贱之别，在家中，视庶出者与自己一样；在外，他渴望平等地交友，即使对作为戏子的柳湘莲和蒋玉菡，也友好平等相待。他对秦钟说"不必论叔侄，只论弟兄朋友就是了"；在栊翠庵品茶，对妙玉说"世法平等"。尤其可贵的是对主子们视为草芥的奴仆丫鬟，表现了罕见的尊重和同情。他从不摆主子的架子，甘心为她们办事充役当差，怡红院主奴界限"乱了套"，他允许按照各人的意愿行事。

贾宝玉本是家族的最大希望所在，担负着光宗耀祖的使命，但却成了一个叛逆者。如果说，最初的叛逆是自发的儿童自由发展与礼教的冲突，凸显了礼教对人性摧残的话，到了后来的叛逆，则是理性思考的结果。随着金钏、尤二姐和尤三姐的死，抄检大观园，驱逐了司棋，撵走了芳官，特别是他知心奴婢晴雯被撵出大观园，怀愤而死，一连串的青春的死亡，使他看清了封建贾府的罪恶，在叛逆的道路上一去不回头。当调包计逼死了林黛玉后，他对家族残留的一点希望和温情最后冷却。但贾宝玉的叛逆是消极的。梦醒了，无路可走，只好走当时许多人走的路——皈依佛门。众多的少女如花生命的烟消云散，把他的世界彻底打碎；黛玉含恨而去，斩断了他在尘世的唯一精神维系；而家族的溃败，使他失去了尘世之中立足之地。

曹雪芹的时代，戴震、黄宗羲、王夫之等提出一些具有民主因素的异端思想，再加上李贽、袁枚、汤显祖、冯梦龙等倡导"童心"，强调"独抒性灵""任情而发"等主张，都具有一定的反封建精神和民主意味。曹雪芹继承这一传统，强调"情"，具有某种自由、平等、解放的人文主义色彩。但是，这些都没有上升为理论体系和社会改革方案。这是贾宝玉叛逆者的局限，是曹雪芹的局限，也是时代的局限。

哈姆雷特：

《哈姆雷特》是根据 12 世纪丹麦传说《王子复仇记》的故事改编的，所描写的故事虽然是丹麦王国，实际上却渗透着莎士比亚时代的精神，该剧是对人文主义最好的诠释。

哈姆雷特出身王室，在当时新文化中心的德国威登堡大学接受人文主义教育，回到丹麦，他看到的却是一个冷酷的社会现实：父亲暴亡，叔父篡位，母亲在父亲尸骨未寒之际就

电影剧照:《王子复仇记》(1948 年在英国首映) 中的哈姆雷特 (由劳伦斯·奥利弗扮演)。该电影改编自莎士比亚的戏剧《哈姆雷特》。

匆匆改嫁，"迫不及待地钻进了乱伦的寝被"。朝廷里，荒淫无耻，花天酒地。外敌压境，民怨沸腾。心爱的人充当了敌人的工具，昔日的朋友变成了奸王的密控和帮凶。大小朝臣趋炎附势，唯唯诺诺。他发现处处有暗礁，事事有阴谋。亲情、友情、爱情同时抛弃了他。

他所面临的，用剧中的台词："压迫者的凌辱，傲慢者的冷眼，被轻蔑的爱情的惨痛，法律的迁延，官吏的横暴和费尽辛勤所换来的小人物的鄙视"，"世界是一所很大的牢狱，丹麦就是其中最黑暗的一间"，"那是一个荒芜不治的花园，长满恶毒的莠草"。

理想中的真善美和现实中的假恶丑形成鲜明对比。冷酷的现实毁灭了他的爱情，他感慨并痛斥"在这世上，一万个人中间只不过有一个老实人"，他痛苦地思索，愤怒地观察，清醒地认识现实，"这是一个颠倒混乱的时代，唉，倒霉的是我却要负起重整乾

坤的责任！"

人文主义理想的美好和高尚，现实的污浊和罪恶，在哈姆雷特心里如暴雨如雷电，撕裂着他的思绪，也撕裂着他的心，他甚至想到了自杀："生存还是毁灭，这是一个值得考虑的问题；默默忍受命运的暴虐的毒箭，或是挺身反抗人世的无涯的苦难，通过斗争把它们扫清，这两种行为，哪一种更高贵？"经过思考，人文主义的理想给了他力量，他克服了忧郁的心情，决定复仇并扭转乾坤，崇高的理想和责任感，使他意识到必须以行动来反抗命运。这充分反映了人文主义对人自身价值的肯定，他认为，人可以改变社会！是对人的生存"高贵"的追求。

于是他雷厉风行地采取了一系列措施——他采取演戏的方法探察父王被害的真相，改写密信摧毁了奸王将他放逐英国借刀杀人的阴谋，最后完成了为父报仇的大任，但最后也身亡，没有完成扭转乾坤的重任。哈姆雷特的最强音是人文主义思想，是对人的深刻思考、剖析，以及对人的肯定和对邪恶的痛恨。

从哈姆雷特的言语和行动上，我们看到了文艺复兴时期"新人"的特点：

第一，颂扬人的价值、人的尊严、人的理想，相信人的力量。

"人类是一件多么了不得的杰作！多么高贵的理性！多么伟大的力量！多么优美的仪表！多么文雅的举动！在行为上多么像一个天使！在智慧上多么像一个天神！宇宙的精华！万物的灵长！"[1]这里不是赞美上帝和天神，而是指完美的人。在这里，莎

---

[1] 〔英〕莎士比亚：《哈姆雷特》，见《莎士比亚全集》，朱生豪译，人民文学出版社 1994 年版，第 327 页。

士比亚通过哈姆雷特之口，表现了对人的价值的充分肯定与高度赞美。人类应该具有高贵理性、伟大力量、优美仪表、文雅举止。

第二，人与人之间应该是平等的。

哈姆雷特认为人与人之间的关系应该是平等的，相互尊重的。当朋友霍拉旭自称"忠仆"时，他则愿意以好友相称，这是对友谊的新解，是对人的尊重。他欣赏别人的美德，对奴颜媚骨的朝廷大臣则给以嘲弄，他痛恨虚伪和罪恶。他甚至认为国王与乞丐一样。他的这种平等思想是建立在人文主义思想之上的。

第三，人应该是理性的。当父王的亡灵告诉他正是他叔父害死了自己，并让他复仇时，他没有马上采取行动，而是忍住巨大的悲痛，进行痛苦的思考，并通过《捕鼠机》这出戏，试探并验证了凶手就是叔父，但仍然没有采取行动，这反映了哈姆雷特身上有着文艺复兴时期人文主义的理性，是对中世纪宗教神学蒙昧的反叛。此外，面对强大的对手，用发疯来保护自己，用智慧来摧毁奸王的谋害。这些都反映出人文主义者的理性精神。

第四，人应该具有仁爱之心。在其叔父祷告时他本来可以直接杀了他，但没有。而祷告时不杀，又说明了人文主义者的仁爱精神。另外，他的恋人奥菲莉亚，受奸王蒙蔽，试探哈姆雷特是否真的发疯了，一方面哈姆雷特痛彻心扉，一方面用疯言疯语说："到尼姑庵去吧，越快越好！"因为他深知宫廷的险恶，不想让奥菲莉亚卷入，可能会招来杀身之祸。

第五，人应该有责任感。一方面他要为父报仇，同时作为王子，审视这混乱罪恶的国家，要重整乾坤。

这些人文主义的时代精神在哈姆雷特身上有着集中而鲜明的体现。

人本主义精神是一种乐观向上、积极进取的人生观和价值观，它反对教会的禁欲主义，肯定人的价值，主张一切以人为本，要求把人的思想、感情、智慧从宗教神学的束缚中解放出来，肯定现实生活，歌颂爱情和个性解放。针对封建压迫和等级制度，人文主义则倡导仁慈、博爱、纯真的友谊和崇高的品德，提倡个性自由。人的觉醒和人的发现是文艺复兴时期的时代特征。在莎士比亚的戏剧中，哈姆雷特、李尔王、奥赛罗等都是具有人文主义理想的新人。

曹雪芹的时代，是中国封建社会后期，"外面的架子虽未甚倒，内囊却也尽上来了"，已经是末世景象。在这样的土壤里，叛逆者的出现是稀少的，思想也是朦胧的。而莎士比亚生活在资产阶级迅速崛起的文艺复兴时期，资产阶级正创造全新的社会制度、生活方式和思维方式，所以才会造就出哈姆雷特这样的新人。

（二）旧世界的女儿悲歌与新时代的女性赞美诗

马克思在《1844 年经济学哲学手稿》中说："人和人之间的直接的、自然的、必然的关系是男女之间的关系……从这种关系的性质就可以看出，人在何种程度上成为并把自己理解为类存在物——人。"傅立叶说："妇女解放的程度是衡量普遍解放的天然尺度。"他们都指出，从女性观上，最能深刻地反映出社会关系的合理与否。

旧世界的女儿悲歌：

鲁迅先生说：悲剧就是把人生有价值的东西毁灭给人看。《红楼梦》被称为"悲剧中的悲剧"，而这一悲剧，首先是青春女儿的悲歌。

在中国古代封建社会，妇女的地位最为悲惨，三从四德的思想，节烈的观念，存天理灭人欲的礼教，不知残杀了多少女性。曹雪芹将处在各种社会关系里最悲惨的一类——女性，进行了惊心动魄的描画，深刻地揭示了旧时代的真正罪恶和不合理。这些美丽的女性不仅代表小说中的人物，更是封建社会女性的缩影，她们有自己独立的品格、敏捷的思维、丰富的思想情感，有着丰华的外表容貌，内心的独特美丽，才华横溢，聪明美丽，情韵高雅，行为高洁，但以金陵十二钗为代表的这些美丽女性，却都进了"薄命司"，成了册子上的注定的悲剧人物。《红楼梦》展示的不只是某一女儿的悲剧，而是整个女性的悲剧。

《红楼梦》开宗明义，说写作目的是"使闺阁昭传"。第五回贾宝玉神游太虚幻境，看到了金陵十二钗的判词，听了十二支曲子，号为"千红一窟（哭），万艳同悲（杯）"，用谐音的方法寓含了群体女性的悲剧。

林黛玉从小父母双亡，寄人篱下，多愁善感，聪明敏感，虽爱宝玉，但一年三百六十日，风刀霜剑严相逼，最后含恨而死。薛宝钗是封建淑女，尊崇三从四德，温柔敦厚，"女子无才便是德"，爱宝玉但封闭自己的感情。竭尽全力，争取理想的婚姻生活，最后还是成了封建礼教的殉葬者。元春贵为元妃，但在那"不得见人的去处"，幽闭深宫，熬春守秋，将青春和才貌埋葬，也是一封建制度的献祭者。迎春嫁给了中山狼孙绍祖，被蹂躏折磨而死，金闺花柳质，一载赴黄粱，成为家世利益的牺牲品。探春精明志高，刚毅果断，最后仍然没有逃出家长的摆布，远嫁他乡，骨肉分离。惜春看破三春之景，出家为尼。王熙凤大权在握，不可一世，机关算尽，威势熏天，代表了封建阶级的残酷本性，但最后被休，死在狱中。史湘云豪爽豁达，但守寡终身。妙玉是世外高人，皈依佛门，一尘不染，但最后落入强盗之手，终陷泥淖中。

贾府中，贵族少女不能掌握自己的命运，丫鬟奴婢更是悲惨：平儿善良，但备受贾琏和王熙凤的辖制，最后被卖为奴；晴雯身为下贱，不为封建势力所容，被撵出大观园，一病而死；鸳鸯侍奉贾母，遭贾赦威胁，贾母死后，悬梁自尽。金钏跳井自杀，司棋撞墙而死，尤二姐吞金而亡，尤三姐吻剑而去，香菱从小被拐卖，连家乡父母都不知道，落在呆霸王薛蟠之手，备受虐待，后被夏金桂折磨而死。

不论是善良的，邪恶的，美好的，丑陋的，最后都落了个白茫茫大地真干净。无数青春少女的陨落，均与封建制度、封建礼教和封建文化有关。

新时代的女性赞美诗：

莎士比亚笔下的女性，完全不同于曹雪芹。莎士比亚的戏剧特别是喜剧，多以爱情、婚姻、友谊为主题，文本中的女性身上往往彰显出独立的女性意识和对平等的两性关系的追求。他塑造出一批反抗中世纪道德和思想的新女性形象：《威尼斯商人》中的鲍西娅，高雅而机敏；《驯悍记》中的凯瑟琳娜，挑战男性霸权，不甘心被男人"当作一个木头人一样任意摆布"；《无事生非》中的贝特丽丝，不甘心女性屈辱命运，质疑并蔑视男权，她们都以自我为中心，勇敢追求个人自由与幸福。另外，《仲夏夜之梦》中的郝米娅与《温莎的风流娘儿们》中的安妮大胆反抗家长意志，与意中人私奔，果敢地去追求婚姻自主。莎士比亚笔下的这些女性，在爱情和婚姻中往往都占据主导地位，她们一个个感情纯真、聪明伶俐、才思敏捷、潇洒泼辣、意志坚强、优雅风趣，都在一定程度上反映了莎士比亚时代女性的真实状况。

第一，她们都有着婚姻自主意识。

《威尼斯商人》中的鲍西娅，有自己明确的择偶标准，对于那些向她求婚的王孙公子，她都回绝，因为在他们高贵富有的背后，或以自我为中心，或脾气极坏，或只知道酗酒。她坚持以才情和品质为择偶标准。

《奥赛罗》中的苔丝德蒙娜，欣赏奥赛罗的勇敢和才智，不顾周围人的鄙视，不管奥赛罗黝黑的肤色，把心和财产全部献给了这个德才兼备的人。最后瞒着父亲私奔。《威尼斯商人》中夏洛克的女儿杰西卡也是私奔。《罗密欧与朱丽叶》中的朱丽叶冒着被赶出家门的危险与情人私订终身，自择配偶，自主婚姻。《驯悍记》中的比安卡从三个求婚者中挑出了理想的丈夫人选，《第十二夜》中奥丽维娅不爱热烈追求她的公爵，反而主动追求冷漠的西萨尼奥。

第二，她们都具有男女平等意识。

莎翁的戏剧中有很多女性与男性站在平等的立场上追求爱情，如《皆大欢喜》中的罗瑟林主动向奥兰多示爱并赠送给他爱的信物；《终成眷属》中的海丽娜始终不渝地主动追求原本不爱她的勃特拉姆；《第十二夜》中的奥丽维娅拒绝公爵而热烈追求西萨尼奥；等等。这些女性都是主动的，大胆的。她们也要求自己的丈夫是忠贞的，比如《威尼斯商人》中的鲍西娅要求巴萨尼奥对自己忠贞不贰，将指环交给丈夫说："要是您让这指环离开您的身边，或者把它丢了，或者把它送给了别人，那就预示着您的爱情毁灭，我可以因此责怪您的。"当巴萨尼奥将指环给了法庭博士之后，她痛责道："正像你虚伪的心里没有一丝真情。我对天发誓，我再也不跟你同床共枕！"

第三，她们都有聪明才智。

《威尼斯商人》中的鲍西娅，有多方面的才华：一是有杰出的管理才能，将父亲留下的一大笔产业管理得很好。二是学识渊博，在庭审一场中有出色表现。三是有辩论的才能，她女扮男装走上法庭，在庭审中以律师的身份出现，面对凶残的夏洛克，所有的男人全都束手无策，鲍西娅则从容不迫、干净利落、无懈可击地打败了夏洛克。

但从总体上看，英国的尊卑等级制度没有被完全打破，伊丽莎白在法律方面没有提高妇女的地位，也没有给予更多的权利的保障手段。只是在思想观念领域有了新气象，这些被莎士比亚敏感地捕捉到了，并反映在戏剧中，塑造了这么多鲜活可爱的女性形象，但毫无疑问，时代的价值观念是指向人文主义的。而中国还要等上漫长的历史过程。

这种东西方女性形象的巨大差别，有多方面的原因。

第一，中西所处的历史阶段不同。虽然英国这一时期距离资产阶级革命还有半个世纪，但与中国相比，封建思想已经不占优势。这一时期的英国，人文主义思想成熟，文艺复兴运动如火如荼，影响遍及宗教、政治、社会、经济、思想各个领域。

第二，欧洲女王的时代效应。欧洲 16 世纪是一个女王辈出的时代，该世纪有卡斯提尔的伊莎贝拉女王，英格兰都铎王朝的玛丽和伊丽莎白一世女王，其中莎士比亚同时的伊丽莎白一世，建立了国家财政，支持海军和商业，建立殖民地并击败了西班牙无敌舰队。

第三，中西传统的差异。当时，西方女性在财产继承、权力继承上，都比中国女性有更多的权利。在婚姻上，西方占主导地位的是一夫一妻制，这种法律化的婚姻形式在一定程度上阻止了女性地位的进一步下降。西方女性还有提出离婚的权利，在中国只有休妻之规定。中国的婚姻制度是一夫多妻制，而且只能男性妻妾成群，女性却必须坚贞守节，至死不移。